한일 관계와 국경

이 저서는 2016학년도 대한민국 교육부와 한국연구재단의 재원으로 대학인문역량강화사업(CORE)의 지원을 받아 수행된 연구임

한일 관계와 국경

초 판 인 쇄	2017년 02월 15일
초 판 발 행	2017년 02월 23일
저 자	이성환·황달기·홍민표·김명수·고미야 히데타카
발 행 인	윤석현
발 행 처	제이앤씨
책 임 편 집	최인노
등 록 번 호	제7-220호
우 편 주 소	서울시 도봉구 우이천로 353 성주빌딩 3층
대 표 전 화	02) 992 / 3253
전 송	02) 991 / 1285
홈 페 이 지	http://jncbms.co.kr
전 자 우 편	jncbook@hanmail.net

ⓒ 이성환·황달기·홍민표·김명수·고미야 히데타카, 2017. Printed in KOREA

ISBN 979-11-5917-048-5 13300   정가 16,000원

* 이 책의 내용을 사전 허가 없이 전재하거나 복제할 경우 법적인 제재를 받게 됨을 알려드립니다.
** 잘못된 책은 구입하신 서점이나 본사에서 교환해 드립니다.

한일 관계와 국경

이성환·황달기·홍민표·김명수·고미야 히데타카 공저

머리말

 2011년 3월 11일 동일본대지진이 발생했을 때, 임시 거처인 난민 수용소에서 흥미로운 사실이 발견되어 세간의 주목을 끌었다. 지진의 공포와 언제 생사를 가를지 모르는 위기 상황에서도 사람들은 자기의 영역을 표시하기 위해 골판지 상자를 이용해 무릎 높이의 칸막이를 만들었다. 얼핏 보기에 거의 무의미한 종이로 된 울타리이지만 이렇게라도 타자와 구분하기 위해 경계를 만들어야만 심리적으로 안정을 얻을 수 있었다고 한다. 개인의 집합체인 국가 또한 다르지 않다. '골판지 상자의 울타리'에서 알 수 있듯이, 사람들은 어떠한 형태로든 경계를 짓거나 경계 속에서 살고 있다. 그 경계는 정치, 경제, 사회, 문화, 역사, 언어 등 모든 영역에 존재한다.
 이 책에서는 국가를 단위로 하거나, 또는 국가를 배경으로 하는 이러한 경계를 국경(国境, border)이라 하며, 국경을 둘러싸고 일어나는 다양한 현상을 국경현상이라 한다. 그렇기 때문에 이 책에서 말하는 국경은 단순히 지리적, 공간적 경계(국경선)만을 의미하지는 않는다. 이 책을 정치, 경제, 역사, 사회 문화, 언어의 5부로 구성한 이유이기도 하다.
 국경이 국가를 단위로 한 것이라면 국가의 존재가 전제되어야 한다. 그리고 대부분의 사람들은 국가에 소속되어 삶을 영위하고 있다. 그러면 우리는 왜 국가를 만들까? 국가 생성에 대해서는 다양한 이론과 의견이 존재하나, 그 목적은 미합중국 헌법 전문에서 말하듯이 "국내적 안녕(domestic tranquility)을 보장하고 공동의 방위(defence)와 복지(welfare) 증진"에 있을 것이다. 즉 공동의 삶을 통해 안전을 추구하는 것이라 할 수 있다.
 역사적으로 국경은 고정된 것이 아니며, 생성, 소멸, 분화, 통합 등의 다양한 변화를 겪어 왔다. 현대사회는 이러한 국경의 변화가 더욱 두드러지고 있으며, 국내외적으로 다양한 국경현상을 낳고 있다. 금융은 국경을 자유로이 왕래하고 있으며, 시장에서는 각국의 상품이 교차하고 있다. 식량 자급률이 30%에도 미치지 못하는 한국과 일본의 식탁에서는 국경이 허물어진 지 오래다. 또한 한국과 일본 사회에는 이주민의 유입으로 '단일민족 신화'가 붕괴되고, 이로 인한 다문화주의라는 새로운 국경현상이 대두했다. 일본에서의 '한류 붐'과 한국의 일본 대중문화 개방은 한일 간의 문화적 국경을 허물고 있다.
 이처럼 다양한 형태로 발현된 국경현상으로 국경의 장벽이 낮아지면서 통합을 지향하는 국제사회의 흐름이 자주 발견되고 있다. 이러한 경향과는 달리 새로운 국가의 출현(구소련의 독립국가연합(CIS), 동티모르 등), 미해결 영토문제의 재등장, 그리고 이주민(난민) 문제를 둘러싼 갈등 등이 증가하는 추세에 있는 것 또한 사실이다. NAFTA(북미자유무역협정)를 통해서 국경을 초월한 경제적 통합을 지향하면서도 미국과 멕시코 사이에 국경 장벽(Trump's Border Wall)을 쌓으려는 트럼프 미국 대통령의 구상은 현대 세계의 다양한 국경현상의 착종(錯綜)을 보여주는 한 예이다.

　이 책에서는 이러한 다의적인 국경 개념을 사용하여 한일관계를 다층적으로 재해석하려고 시도했다. 이를 통해 한일관계를 보다 보편적인 시각에서 통합적으로 바라볼 수 있게 하고, 한일관계 연구에 대한 새로운 지평을 제시하고자 노력했다. 필자들은 이 책이 글로벌시대에서 생활하고 있는 우리 학생들이 눈앞에 펼쳐지는 다양한 국경현상에 대한 새로운 관점과 시각을 형성하는 데 보탬이 되기를 희망한다.

　끝으로 책의 출판을 기꺼이 맡아주신 제이앤씨에 깊이 감사드리며, 공사다망한 가운데에도 원고 집필에 노고를 아끼지 않으신 교수님들께도 큰 고마움을 표한다.

2017년 2월
필자들을 대표하여 이성환 씀

차 례

머리말/5

제Ⅰ부 한일관계와 국경　　　　　　　　　　　　　　이성환…11

제1장　국가와 국경　　　　　　　　　　　　　　　　　　　13
　　　1. 국가 형성과 국경　　　　　　　　　　　　　　　　13
　　　2. 아이덴티티와 국경　　　　　　　　　　　　　　　15
　　　3. 세계화와 국경-보더레스　　　　　　　　　　　　17
　　　4. 국경의 다의성　　　　　　　　　　　　　　　　　19
　　　5. 한일관계와 국경　　　　　　　　　　　　　　　　20

제2장　한국의 국경, 일본의 국경　　　　　　　　　　　　　23
　　　　－센카쿠, 독도, 간도－
　　　1. 청일전쟁과 센카쿠　　　　　　　　　　　　　　　24
　　　2. 러일전쟁과 독도　　　　　　　　　　　　　　　　28
　　　3. 식민지제국의 형성과 간도　　　　　　　　　　　37

제3장　한일 간의 상호인식의 경계　　　　　　　　　　　　45
　　　1. 한일 양국의 상호 호감도　　　　　　　　　　　　46
　　　2. 상대국가에 대한 정보 습득의 경로　　　　　　　51
　　　3. 식민지 지배 문제와 한일관계　　　　　　　　　　54
　　　4. 한일관계에 대한 인식-독도문제를 중심으로　　　59

제Ⅱ부 경제와 국경　　　　　　　　　　　　　　　　　김명수…67

제4장　경제 국경의 경계에 선 재조일본인　　　　　　　　71
　　　　－아라이 하츠타로의 사례－
　　　1. 한국 진출까지의 전사(前史)　　　　　　　　　　73
　　　2. 조선에서의 토목청부업 활동과 성장　　　　　　79
　　　3. 맺음말　　　　　　　　　　　　　　　　　　　　94

제5장	사라진 경제 국경과 인천재계	97
	－인천 조선신탁주식회사의 사례－	
	1. 조선신탁(주)의 설립과 반동공황	100
	2. 경영권 쟁탈전의 전개와 경영변동 (1) : 桑野健治의 등장(1921.11-1927.3)	106
	3. 경영권 쟁탈전의 전개와 경영변동 (2) : 堆浩의 경영권 탈환(1927.3-1930.4)	109
	4. 경영권 쟁탈전의 전개와 경영변동 (3) : 桑野一派의 고소와 조선신탁사건(1930.4-1932.1)	113
	5. 맺음말	118
제6장	경제 국경의 부활과 일본 경제의 고도성장	121
	1. 패전 이후 일본제국주의의 해체와 부흥의 계기	121
	2. 일본의 부흥과 고도경제성장	125

제Ⅲ부 역사와 국경 　　　　고미야 히데타카…137

제7장	일본의 국경과 역사학	139
	1. 현대 역사학과 일본의 국경	139
	2. 에조인식-에미시와 왜·일본의 경계	143
	3. 일본 남쪽의 경계와 류큐	147
	4. 과제와 전망	150
제8장	왜·일본-당의 항로와 한반도	155
	1. 외교의 역사 서술과 국경	155
	2. 왜의 북로 이용과 신라·백제	157
	3. 일본의 견당사 행로와 당 정보	160
	4. 고대 동아시아 교역망을 보는 시각	162
제9장	재당신라인의 교역과 국가권력	167
	1. 재당신라인의 개념	167
	2. 재당신라인의 거주 지역과 교역권	169
	3. 흥덕왕의 교역 통제정책과 장보고	171
	4. 장보고 사후의 재당신라인	174
	5. 재당신라인의 성격	176
	6. 역사 서술과 국경 재고	177

제Ⅳ부 사회·문화와 국경　　　　　　　　　　　황달기…181

제10장　한국 속의 일본문화　　　　　　　　　　183
－한일문화의 대비와 조화를 위한 '한일우호촌'의 가능성－
1. 한일우호촌 조성의 필요성　　　　　　　　　184
2. 대구시 우록리에 설립해야 하는 이유　　　　　187
3. '지역만들기'의 새로운 패러다임　　　　　　　190
4. 한일우호촌 조성의 구체적 방안　　　　　　　197
5. 한일 간 상호이해와 가치관의 공유　　　　　　203

제11장　일본 속의 한국문화　　　　　　　　　　205
－미야자키현 '낭고손'의 '백제마을'을 중심으로－
1. 낭고손의 현지조사　　　　　　　　　　　　　206
2. '백제마을'이란 관광개발의 경위와 전개　　　　207
3. 낭고손 관광문화의 특징　　　　　　　　　　　223
4. 일본 속의 백제문화　　　　　　　　　　　　　226

제12장　한국의 일본대중문화 수용　　　　　　　229
－1990년대 이후의 일본영화를 중심으로－
1. 일본대중문화가 개방되기까지　　　　　　　　230
2. 대중문화개방을 둘러싼 찬반논의　　　　　　　232
3. 일본대중문화 개방 이후의 일본영화　　　　　232
4. 초국적(超国的) 문화의 소비와 유통　　　　　　241

제Ⅴ부 언어와 국경　　　　　　　　　　　　　홍민표…243

제13장　언어행동문화의 한일비교　　　　　　　245
1. 언어행동의 이론적 배경　　　　　　　　　　　246
2. 인사행동의 한일 비교　　　　　　　　　　　　248
3. 간접발화의 한일비교　　　　　　　　　　　　252
4. 맞장구행동의 한일비교　　　　　　　　　　　255

제14장　비언어행동문화의 한일비교　　　　　　261
1. 비언어행동이란　　　　　　　　　　　　　　　262
2. Mehrabian의 법칙　　　　　　　　　　　　　263
3. 비언어행동의 특징　　　　　　　　　　　　　264

4. 시선접촉(eye contact)   264
　　　5. 대인거리   266
　　　6. 착석행동의 한일비교   268
　　　7. 신체언어의 한일비교   271

제15장 언어생활문화의 한일비교   277
　　　1. 언어생활이란   277
　　　2. 쓰루오카(鶴岡/山形県鶴岡市) 조사   279
　　　3. 언어생활의 변화   280
　　　4. 한일 양국인의 독서실태   284
　　　5. 연간독서율의 국제비교   287
　　　6. 최근 10년 간 일본인 미디어 접촉 시간의 변화   288
　　　7. 일본인 고교생의 경어의식   289

찾아보기   295

제 I 부

한일관계와 국경

이 성 환

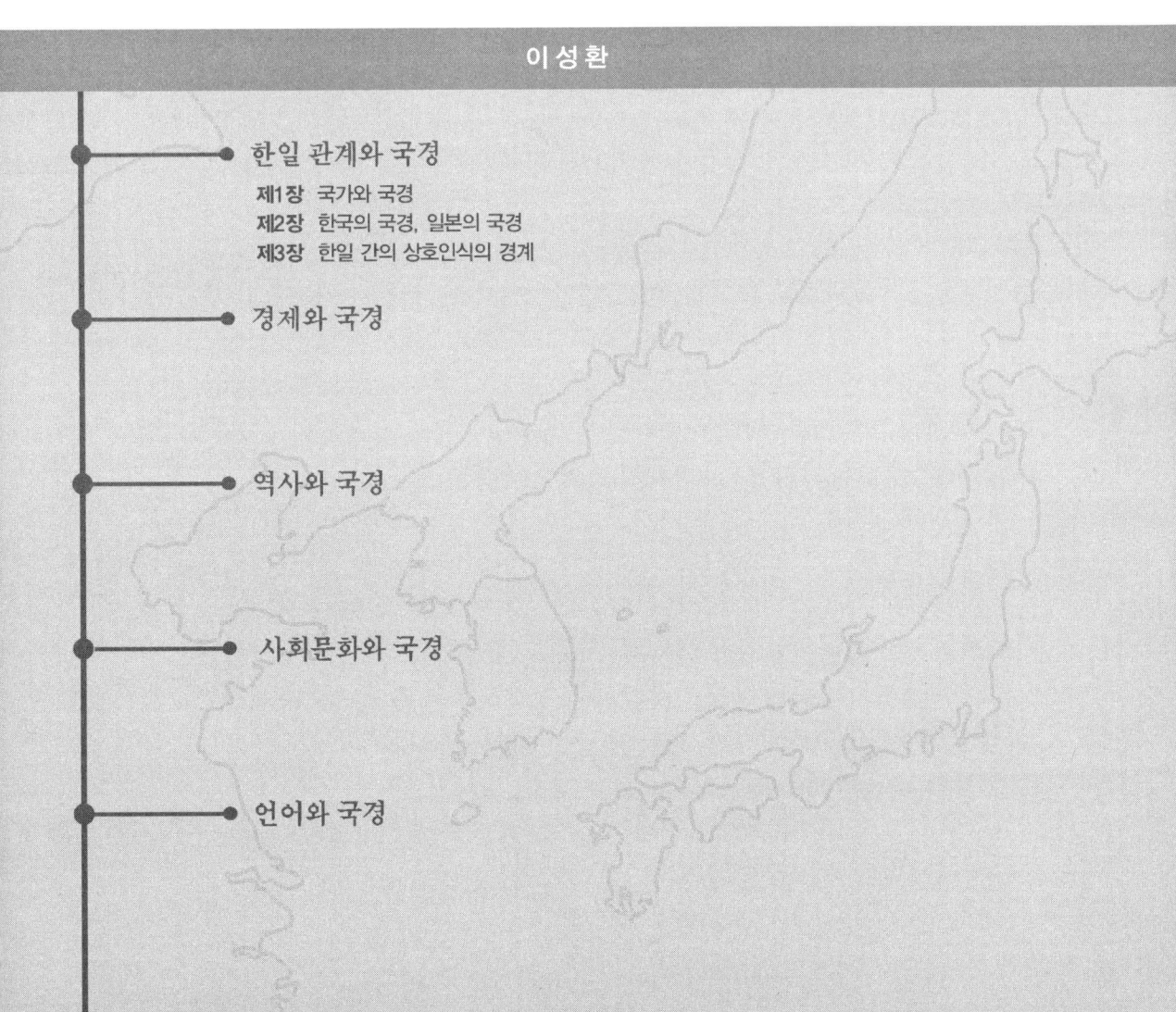

- 한일 관계와 국경
  - **제1장** 국가와 국경
  - **제2장** 한국의 국경, 일본의 국경
  - **제3장** 한일 간의 상호인식의 경계
- 경제와 국경
- 역사와 국경
- 사회문화와 국경
- 언어와 국경

한일 관계와 국경

제1장

국가와 국경

••••

지구상의 육지는 남극대륙(1959년의 남극조약으로 영유가 금지)을 제외하고는 거의 대부분이 국경으로 구분되어 어느 나라의 영토로 되어 있다. 국경은 육지뿐만 아니라 바다(영해)와 하늘(영공)에도 설정되어 있다. 이러한 구분된 영토위에 일정한 통치체제를 갖추고 있을 때 우리는 이를 국가라 한다. 국가를 구분하는 것이 국경인 것이다. 오늘날 대부분의 사람들은 어떠한 형태로든 국가에 속하는 국민이며, 국제사회의 주요한 교섭이나 교류도 국가를 단위로 이루어지고 있다. 국경을 논하기 위해서는 국가를 언급하지 않을 수 없는 이유이다.

그런데 우리가 일반적으로 국경이라 할 경우에, 그것은 반드시 지리적 국경선만을 의미하지는 않고 레벨을 달리하는 다양한 분야와 영역에서 다의적으로 사용되고 있다. 국경은 문화적 동질성과 이질성 등을 규정하기도 하다. 국제공항이나 세관 등은 국경이 아니면서도 국적확인, 국가 간의 이동 절차 등을 필요로 하는 실질적인 국경의 역할을 한다. 이는 지리적 국경과는 다른 문화적, 법적, 또는 제도적인 국경인 것이다. 일정한 국경 안의 구성원은 심리적으로도 다른 국가 구성원과 구분되는 인식의 경계를 형성하기도 한다.

1. 국가 형성과 국경

어떤 요소를 갖추었을 때 국가라고 하는가. 전통적인 정치학 교과서 등에는 국가의 3요소로 ① 영토 ② 주권 ③ 인민(국민)을 들고 있다. 이것은 19세기 독일 국가학을 집대성한 게오르그 예리네크(Georg Jellinek, 1851~1911)의 『일반국가학(Allgemeine Staatslehre)』에 기초한 분류이다. 국가는 역사상, 도시국가, 고대국가, 봉건국가 등과 같이 인간의 정치 공동체로서 오래전부터 존재했었지만, 삼요소를 만족하는 국가는 근대 이후의 일이다(서양의 기준에서 봤을 때). 서로마 제국이 멸망한 476년 이후 약 10세기 간은 중세라고 한다. 중세를 이은 근대는 문화사적으로는 르네상스가 쇠퇴하는 16세기 중엽, 정치사적으로는 종교개혁에서 시작된 신·구교의 대립이 완화되고 타협이 성립하는 16세기 후반부터이다.

그러나 그 이후 곧바로 근대국가의 시대가 성립하는 것은 아니며, 근대국가의 이전 단계로서 절대주의 국가 시대를 거치게 된다. 절대주의 국가는 군주(국왕)가 무제한의 절대적인 권력을 가진 국가를 가리킨다. 근대국가는 절대주의 국가의 단계를 거쳐 17, 18세기의 영국의 시민혁명, 프랑스 대혁명 이후의 국가를 말한다. 특히 30년 (종교)전쟁을 종결짓는 베스트팔렌조약(1644)에서 영토에 대한 주권이 인정되면서 세계는 서로 구별되는 민족(국민)적 정체성을 갖는 정치적 단위로 조직되게 된다. 따라서 영토와 주권으로 구성되는 근대 국민/민족 국가(nation state)의 형성은 국경의 획정을 수반하게 된다. 그렇기 때문에 국경은 역사적이며, 인위적인 것이다. 바다나 강, 산맥 등과 같이 지리적 특징에 따른 국경도 자연적인 것이 아니라 역사 속에서 형성된 우연인 경우가 많다. 자연적 국경은 허상이라고도 할 수 있을 것이다.

그러면 근대국가의 특징은 무엇인가. 근대국가의 전단계로서의 절대주의 국가의 특징에서 이를 유추할 수 있다. 1) 영토(영역)가 획정되어 있으며(영토국가의 원칙), 2) 강력한 정치권력이 국내를 통일하고 중앙집권을 실현하고 있으며(국내적 주권의 원칙), 3) 대외적으로 국가주권을 확립하고 있을 것(대외 주권의 원칙) 등이다. 이를 실현하기 위한 장치로서 상비군을 보유하여 안전보장체제를 확립하고, 관료제 및 행정기구를 완비하게 된다. 근대국가는 절대주의 국가의 특징을 계승하면서 권력(국가)의 일체성, 개인의 자유, 대의제 등의 요소를 가미하게 된 것이다.

이와 같은 역사적 과정을 거쳐 형성된 근대국가들 사이의 지리적·공간적 분할을 국경(state border, territory)이라 한다. 근대 국가에서 국경은 주권의 통치권역을 포괄하는 정치적 공간으로서 국가 형성의 토대를 이룬다. 다른 국가와의 경계를 의미하는 국경은 국가 간의 힘의 평행선이며, 민족/국민의 생존공간이기도 하다. 따라서 근대 국민국가의 건설 과정은 지속적인 경계(국경) 형성 과정으로 이해할 수 있으며, 근대국가는 국가의 존속과 국가 간의 관계에서 국경의 불가침성을 근간으로 경계(국경)는 고정된 것으로 인식하게 되었다. 따라서 영토의 경계가 그어진 근대 국가의 본질은 안위와 분리될 수 없다. 그것은 구체적으로는 외부의 적으로부터의 국가의 안전(안보)이며, 내부적 구성원의 안전(복지)을 의미한다.

지리적, 공간적으로 구분된 국가에서는 같은 지역에 존재하더라도 질적으로도 다른 나라와 구분되는 경계를 구축하는 구성원의 동질화를 통해 국민 만들기(nation building)가 진행된다. 이러한 과정은 이념적으로는 내셔널리즘으로 나타난다. 이러한 측면에서 근대국가를 민족국가 또는 국민국가(nation state)라 부른다. 어느 국가의 이러한 국민 만들기는 불가피하게 인접국에게도 상응하는 조치를 강요하게 된다. 이러한 상호작용을 통해 근대국가는 국경이라는 강력한 방벽을 쌓게 되는 것이다. 이러한 지리적, 공간적 구분의 국경은 국가를 단위로 하여 정치, 경제, 사회, 문화, 언어, 심리(아이덴티티) 등의 구분/경계를 만들게 되는 것이다. 따라서 근대 국가는 국가를 단위로 경제적, 문화적, 언어적, 심리적으로 다른 나라와 구별되는 정체성을 가지게 된다. 이러한 현상을 우리는 국가를 단위로 하는 경제적 국경, 문화적 국경, 심리적 국경 등으로 부르기도 한다.

그렇다고 모든 국가가 언어, 문화, 역사 등을 같이하는 동일한 정체성을 가진 집단만으로 조직되는 것은 아니다. 또 그 반대의 경우도 있다. 같은 언어를 사용하고 동일한 문화와 역사를 배경으로 하면서 하나의 국가를 형성하지 않고 있는 경우이다. 즉 정치적 경계와 민족적 경계가 일치하지 않는 것이다. 거기에는 정체성 형성과 관련이 없는 요인이 작용했기 때문일 것이다. 예를 들면, 식민지 지배 등에 의한 인위적인 국경 획정과 같은 것을 생각할 수 있다. 이러한 국경과 정체성의 불일치는 국가(사회)내부의 경계를 만들기도 하고, 국경을 가로질러(cross border) 정체성을 공유하는 경우도 있다. 이러한 측면에서 근대국가가 민족국가라는 형태를 띠지만 실질적으로는 정치적 국경과 민족적 국경이 일치하지 않는 경우가 많은 이유이다.

2. 아이덴티티와 국경

그러면 왜 사람들은 다른 나라와 구분되는 국경선을 긋고, 국가를 가지려고 하는가. 국가 형성론에는 초기국가(early state, 고대국가) 형성, 근대국민국가 형성론, 사회계약론(로크, 홉스, 루소) 등 다양한 이론이 있다. 그러나 국가는 반드시 이론처럼 의도적인 필요에 의해 형성되는 것은 아니다(아리스토텔레스는 국가를 가족이 확대된 자명한 존재로 보았다). 이에 대해 19세기 초 독일의 철학자 피히테는 『독일국민에게 고함』이라는 강연에서 다음과 같이 설명했다.

> 국가와 국가를 구분하는 최초의 시원적인, 그리고 진정한 의미에서의 자연적인 국경은 의문의 여지없이 내적(內的)인 국경이다. 같은 언어를 사용하는 사람들은 다른 어떤 것에 앞서, 자연적인 본성 그 자체로 이미, 눈에 보이지 않는 굴레에 의해 서로 결합되어 있다. 그들은 서로를 이해하고, 서로의 생각을 더욱 분명하게 알 수 있게 된다. 그들은 모여서 집단을 이루게 되고, 자연적인 통일체를 형성하고, 불가분의 전체를 이룬다. 이러한 전체가 계통과 언어를 달리하는 민족을 자신들의 내부에 받아들여 자신들과 섞으려 하면, 적어도 당장은 분규를 일으키고 자신들의 균형 잡힌 교양의 진전이 크게 방해받지 않을 수 없다. 인간의 정신의 자연적인 본성 그 자체에 의해서 그어진 이 내적인 국경에서 시작해서 그 결과로서 거주지(영토)라는 외적인 국경이 생겨나는 것이

다(E. 버크·J. G. 피히테 박희철 역, 2016: 541).

즉 인간의 내적 또는 심리적, 문화적 경계가 지리적 국경(국가)을 만든다는 것이다. 같은 정체성을 가진 사람들로 구성된 국가는 구성원들에게 커뮤니케이션의 용이함을 비롯해 여러 가지 편리함을 제공할 뿐만 아니라 통치의 용이함도 제공한다. 이러한 측면이 인간을 타자와 구별되는 자기들의 공동체로서의 국가를 형성하는 요인이라고 할 수 있다..

피히테의 말을 빌리면, 타자와 구분되는 공동체가 국가이다. 그것은 다른 말로 집단적 아이덴티티라 할 수 있을 것이다. 이러한 아이덴티티는 인간의 내부에서도 국가를 배경으로 하는 일종의 경계를 존재하게 만드는데, 이를 심리적 국경이라 한다. 아이덴티티는 일반적으로 자기동일성 내지는 자아동일성 즉 정체성이라 번역되고 있으며, 구체적으로는 "나는 누구인가"라고 할 때, '누구'에 해당하는 것이다. 그런데 "나는 누구인가"는 본인의 주변의 범위에만 한정되는 것으로 생각할 수 있으나, 실제로는 사회, 국가, 민족, 역사, 인종, 문화 등 개인의 범주를 벗어나는 넓고 추상적인 영역과도 밀접하게 관련되어 있다. 즉 아이덴티티는 개인의 가까운 사회의 영역으로부터 인종, 부족, 민족, 국가, 종교 등의 대집단으로 확대되며, 그 집단의 문화와 역사도 아이덴티티의 대상으로 된다. 이러한 측면에서 보면 아이덴티티는 특정집단에 대한 귀속의식이 된다.

사무엘 헌팅턴(Samuel Phillips Huntington)은 『문명의 충돌』에서 이러한 피아를 구분하는 아이덴티티야 말로 21세기 세계의 동향을 구분하는 가장 큰 요인으로 들고 있다. 헌팅턴은 현대세계의 문명을 8개로 나누고(중화, 일본, 힌두, 이슬람, 정교, 서구, 라틴아메리카, 아프리카 문명), 그 가운데 이슬람문명과 서구(기독교)문명의 충돌 가능성을 예상하고 있다. 그러면서 그 배경으로 사람들의 아이덴티티의 모색과 대립을 강조하고 있다. 그의 말을 인용하면 다음과 같다.

> 포스트 냉전세계에서 여러 민족 사이의 가장 중요한 차이는 이데올로기와 정치, 경제가 아니라 문화의 차이다. 민족도 국가도 인간이 직면하는 가장 기본적인 물음에 답하기 위해 부심하고 있다. "우리는 도대체 누구인가"라고. 그리고 그 물음에 답하기 위해 인류가 예전에 답해온 것과 같이, 자기에게 가장 중요한 의미를 가진 것에 의존하려고 한다. 사람들은 조상이나 종교, 언어, 역사, 가치관, 관습, 제도 등에 관련지어 자기들을 정의하고 있다. 예를 들면 부족이나 인종 집단, 종교적 공동체, 국가, 그리고 가장 넓은 범위에서는 문명과 같은 문화적 집단에 자기를 귀속 시킨다. 사람들은 자기의 이익만을 위해서가 아니라 스스로의 아이덴티티(정체성)를 확인하는 데에도 정치를 이용한다. 사람은 자기가 어떻게 다른가를 알고 나서 비로소, 그리고 자기가 누구와 적대적인 관계에 있는가를 알고 나서 비로소 자기가 누구인가를 알게 되는 것이다(사무엘 헌팅턴 1997: 20).

인간 집단(국가-필자)을 가르는 핵심적인 구분선은 가치관, 믿음, 제도, 사회구조이지 몸집, 두상, 피부색이 아니다(사무엘 헌팅턴 1997: 48).

이러한 아이덴티티와 경계(국경)가 일치하지 않을 때에는 국경을 둘러싼 갈등과 대립이 노정되기도 한다. 예를 들면, 아프리카 대륙에는 직선 국경선이 많다. 1884년 유럽 열강은 베를린 회의(또는 콩고회의라고도 함)를 통해 아프리카를 분할했다. 제2차 세계대전 후 아프리카 국가들은 이때의 분할선을 국경선으로 계승했다. 그 결과 수단족을 비롯해 같은 종족이 몇 개의 나라에 분산되었다. 국경을 달리하는 이러한 종족의 분산은 같은 국경 내에서 타종족과 공존을 하면서도 심리적으로는 종족 간의 분단 상태를 면치 못했다. 이것이 그 후 아프리카 내전의 주된 요인으로 작용하게 되었다. 라틴 아메리카도 이와 유사한 상황에 직면해있으면서, 국경분쟁을 낳고 있다.

3. 세계화와 국경-보더레스

근대국가의 형성과 함께 그어진 국경은 불가침의 고정적인 것으로 인식되었다. 그러나 이러한 국가 간 경계는 상품, 사람 및 자본의 이동이 본격적으로 이루어지는 현대세계의 국제화 및 세계화와 함께 그 한계가 드러나기 시작했다.

특히 1980년대부터 경제를 중심으로 보더레스(borderless)라는 용어가 빈번하게 사용되었다. '국경이 없는', 또는 '국경이 없는 것과 같은' 의미로 사용되었다. 최근에는 세계화, 글로벌리즘 또는 글로벌화와 거의 같은 의미로 사용되고 있다. 경제활동이 과거에 볼 수 없을 정도로 국경을 넘어, 국가의 틀을 초월하는 형태로 이루어지고 있는 현상을 가리킨다. 특히 상품, 금융, 사람(노동)이 지리적 국경을 넘어 자유로이 이동하는 시대가 되었다. 국제적 자본은 순식간에 세계를 넘나들고, 과거에는 볼 수 없었던 기업의 다국적화 현상이 일어나면서 국경의 의미가 없어지는 듯 한 현상을 초래한 것이다.

이러한 현상은 경제뿐만 아니라 다양한 분야에서 나타나고 있다. 국내 시장에서도 세계 각국의 상품과 외국인 노동자를 손쉽게 만날 수 있으며, 각국 자본 시장에의 투자도 일상화되면서 한 국가를 단위로 하는 경계 즉 국경이 해체되는 것처럼 보인다.

또 세계 각국의 정치과정이 서로 관련성을 가지게 되면서 국가 간의 관계 및 국가의 기능에까지 영향을 미치는 현상도 발생하고 있다. 국가의 각종 기능이 국제사회 또는 다른 나라의 영향(국제협조)을 받으면서 국경조정장치, 각종 정책, 국내제도 등에 영향을 미치는 것이다. 예를 들면 관세나 외환관리제도 등은 소멸되고 있는 국경조정장치에 해당하며, 수입절차, 금융정책, 재정정책, 지적소유권, 세제, 금리 등도 상호침투와 협조의 대상이 되고 있다. 예를 들면 미국의 금리 변화는 각국의 금리정책에 영향을 미치고 있다. 이러한 현상은 전통적 의미의 국경의 개념을 변화시키고 있다. 한일 간에도 역시 마찬가지의 현상들이 일어나고 있다.

이러한 탈 국경화(debording, deterritorialization) 담론은 현대사회를 설명하는 지배적 패러다임으로 자리매김하고 있다. 최근 급증한 이주민의 유입은 국가, 문화 및 민족 간의 경계를 완화키고 있다. 동시에 이주민의 유입은 국내적으로는 다문화주의와 같은 문화 및 민족을 단위로 하는 갈등현상을 노정시키는 측면도 있다. 즉 국가 간의 경계는 약화되면서 국내적으로는 새로운 경계가 생성되고 있다고 할 수 있다. 한국 및 일본 사회가 고수하던 전통적인 단일민족 신화가 붕괴되고 있는 것도 이러한 현상의 하나이다. 이에 착목하여 하츠(John H. Herz)는 지리적·공간적 국경을 바탕으로 하는 영토국가는 이미 시대착오적이 되었으며 그러한 국가 시스템은 머지않아 소멸할 것이라고 전망했다(John H. Herz 1977: 474).

그러나 아이러니하게도 현실 세계에서는 지리적·공간적 국경(actual territory)의 의미가 더욱 중요해지고 있는 측면도 있다. 예를 들면 외부로부터의 이동을 통제할 목적으로 세계의 모든 국경에는 검문소가 존재하며, 이를 통해 국가는 내부 공간의 영역성을 더 강화한다. 그리고 탈국경화 시대에서도 민족주의와 민족국가의 영향력이 감소하지 않고 증가하고 있으며, 주변국과의 국경 분쟁도 오히려 증가하고 있다. 현대사회에서 국경 분쟁이 빈발하는 데에는 과학, 기술, 지리 등의 발달로 현대에 와서는 쓸모없는 오지(奧地)도 귀중한 가치를 가지게 되었기 때문이라는 측면도 있다. 그러나 국경이나 영토에 영향을 미치는 요소들이 국경을 공유한 사람들에게 구심점으로 작용하며, 이것이 민족의식과 결합하면서 영토 정체성 내지는 '국경 정체성'을 강화하고 있기 때문이기도 하다. 전통적으로 국가 정체성이 민족의식과 강하게 결합되어 있는 동북아시아의 경우는 이러한 현상이 더욱 두드러지게 나타나고 있다.

한국과 일본을 중심으로 하는 동아시아에서 삶의 지배적 단위는 여전히 민족국가이며 민족과 국경은 개인의 집단적 정체성을 형성하는 데 강한 흡인력과 결속력을 가지고 있다. 최근 동아시아에서 전개되고 있는 독도, 센카쿠(중국명 댜오위다오), 남중국해 도서 등을 둘러싼 영토분쟁에서 보이는 민족주의적 경향이 바로 그것이다. 세계화 시대에서 국가 간 경계는 약화(이완)와 강화, 분화와 통합이라는 서로 상반된 방향으로 진행되고 있다고 할 수 있다.

이러한 현상을 두고, 앞에서 언급한 하츠는 일찍이 주장했던 국경소멸론을 수정하였다. 소멸되거나 쇠퇴할 것이라고 예상되었던 국가는 어느 하나 소멸하지 않았으며, 오히려 그 생존 능력은 예상외로 강하며 신생국가의 등장으로 국경은 오히려 증가하고 있다. 현재 세계에는 약 200여 개의 국가가 존재한다. 제2차 세계대전 이전에는 약 70여개의 국가가 있었던 것에 비하면 3배 가까이 증가한 것이다. 새로운 국경이 그만큼 많이 생겨난 것이다. 소련 연방이 해체되어 러시아를 비롯한 10여개의 국가로 재형성된 것도 그 예이다. 또 미국의 트럼프 정권이 출범하면서 미국과 멕시코 사이에 장벽을 쌓고, 이슬람국가들로부터의 이민들에 대한 입국 심사를 더욱 엄격히 하는 등 국경 강화조치를 취하고 있는 것도 같은 맥락에서 이해할 수 있다.

4. 국경의 다의성

근대 국가는 기본적으로는 국민국가라는 형태를 띠고 있다. 그러나 오늘날에 있어, 관점은 달리하지만, 국민국가의 쇠퇴와 소멸에 대한 논쟁이 일찍부터 제기되었다. 그것으로 인해 국경의 의미에 대한 다양한 해석을 낳게 되었다. 군사적인 측면에서의 국경은 방위 및 안보의 범위로서의 국경선을 상정하며, 출입국관리에 있어서는 사람과 상품의 이동에 대한 경계로서 국경을 생각한다. 또 경제학에서는 무역과 국제금융의 측면에서 국경을 논의의 대상으로 삼을 것이다. 이문화(異文化)에 직면하게 되는 이주자들은 내부적 국경에 직면하게 된다.

이상의 점들을 고려하여 국경은 다음과 같이 대별할 수 있다. 첫째, 지리적 공간적 영역으로서의 국경(선)을 들 수 있다. 지리상의 영역으로서의 국경은, 영토, 영해, 영공을 포함한다. 지리상의 국경은 외부로부터의 침입에 대한 안보, 국민들의 거주지, 농지와 같은 생활기반 등을 제공한다.

둘째, 제도로서의 국경을 들 수 있다. 영토와 영역이 확정되면 통치체제(government)가 형성되고, 그것을 기초로 통치를 위한 규칙(rule, 법)이 만들어지고 정치제도, 경제제도 등이 생겨나게 된다. 이들 제도들은 타국과의 교류에 장벽으로 작용하면서 눈에 보이지 않는 국경이 되는 것이다. 오늘날의 글로벌화 현상은 주로 제도로서의 국경을 둘러싸고 일어나는 현상이다.

셋째, 제3의 국경으로서의 아이덴티티를 들 수 있다. 어느 한 국가의 형성은 언어, 문화, 전통, 습관, 가치관 등이 그 배경에 있으며, 그러한 것들은 그 민족이나 국민의 아이덴티티를 형성하게 된다. 이러한 아이덴티티는 다시 심리적, 문화적으로 다른 국가와의 경계=국경을 재생산하게 된다.

본서에서는 둘째와 셋째를 합쳐 눈에 보이지 않고 내화된 경계라는 의미에서 내재적 국경(內在的國境, embeded borders)이라 하고, 이에 대해 실질적으로 존재하며 눈에 보이는 지리적 공간적 국경을 실재적 국경(実在的國境, actual borders)이라 한다. 다시 말하면 실재적 국경을 제외한 국가를 배경으로 하는 무형의 경계를 내재적 국경이라 하겠다.

5. 한일관계와 국경

오늘날 한국과 일본을 비롯한 현대세계는 국경의 분화와 통합의 근원적 사회변동을 경험하고 있다. 국경 획정을 둘러싼 영유권 분쟁이 빈발하고 있으며, 시장에서는 이미 세계 각국의 상품들을 손쉽게 만날 수 있다. 자본 시장에서는 금융이 국경을 넘어 자유로이 이동하고 있으며, 국제적 투자는 일상이 되었다. 국경을 초월한 해외시장에 대한 의존도가 높은 한국과 일본의 경우는 이러한 현상이 더욱 두드러지게 나타나고 있다.

또한, 최근 급증한 동남아시아 등으로부터의 이주민 유입은 국가, 문화 및 민족 간 경계를 완화시켰고, 이로 인해 한국과 일본 사회의 단일민족 신화가 붕괴되었다. 동시에 다문화주의는 문화적, 인종적 갈등을 야기하면서 정치적·사회적·경제적 불평등과 불안정성을 키우고 있기도 하다. 이러한 측면에서 오늘날의 한국 및 일본 사회는 국경의 소멸과 개방으로 인한 국가정체성의 재규정이라는 시대적 도전에 직면하고 있다.

한국과 일본은 여전히 국경 확정(bordering)의 과제를 안고 있다. 한국에는 현재 세계 유일의 분단국가로서 통일을 통한 지리적, 공간적 국경의 변화 가능성이 상존하고 있다. 또 독도와 간도에 대한 국경 논쟁은 첨예화하고 있으며, 민족주의를 배경으로 한 폐쇄적인 국경의식은 강화되고 있다. 이로 인해 "대한민국의 영토는 한반도와 그 부속도서로 한다"는 헌법적 주권의 실효성은 끊임없이 도전받고 있다. 일본 역시 북방 4개 섬, 센카쿠 제도 등에 대한 영유권 문제가 남아 있으며, 국경의식을 강화하고 있다.

이처럼 한국과 일본 사회는 종래에 경험하지 못한 다양한 국경현상을 경험하고 있다. 한국과 일본이 경험하고 있는 다양한 국경 현상은 다시 다양한 사회문제를 야기함과 동시에 21세기 동아시아의 미래를 위한 대안 제시를 요구받고 있다. 따라서 현재 직면하고 있는 사회문제와 미래에 풀어내야 할 과제들을 분석하기 위하여, 국가 간 경계를 배경으로 하는 다양한 국경현상을 중심으로 한 새로운 분석의 틀이 필요해 진다. 이에 부응하기 위하여 본서에서는 내재적 국경(内在的国境, embedded borders)과 실재적 국경(実在的国境, actual borders)의 분리와 통합을 토대로 한일 간의 국경현상을 이론화 하고자 한다.

내재적 국경과 실재적 국경은 어떻게 작용하고 있을까. 실재적 국경/영토는 물리적으로 타국과 분리된 공간이며, 국경/영토의식은 한 사회의 구성원들이 자국의 국경/영토에 대해 갖고 있는 이미지 및 태도, 국경/영토이슈에 대한 담론 등 구성원들이 일상에서 느끼고 생각하는 국경에 대한 인식을 의미한다. 심리적으로 느끼는 국가 간 경계 인식의 약화 또는 강화가 국가 간의 실재적 경계인 국경문제에 영향을 미치고 있다. 즉 실재적 국경과 내재적 국경은 끊임없이 상호작용하고 있다고 하겠다.

한국의 일본 식민지로 부터의 독립으로 시작된 현대 한일관계는 매우 특수한 상황을 반영하고 있다. 국제적으로 한국의 독립을 선언한 샌프란시스코 강화조약(Treaty of Peace with Japan, San Francisco Peace Treaty) 제2조 a항은 "일본은 한국의 독립을 인정하고, 제주도, 거문도, 울릉도를 포함한 한국에 대한 모든 권리, 권원 및 청구권을 포기한다(Japan recognizing the independence of Korea, renounces all right, title and claim to Korea, including the islands of Quelpart, Port Hamilton and Dagelet.)"고 규정하고 있다. 즉 일본이 한국에 대한 모든 권리를 포기함으로써 한국의 독립이 인정된 것이다. 자연발생적이 아니라 인위적으로 두 국가로 분리된 것이다. 또 제2조 a항에 독도가 포함되어 있지 않음으로써 현재 한일 간에는 독도 영유권을 둘러싼 치열한 국경문제가 발생하고 있다.

또 1965년의 한일국교정상화는 인위적으로 양국 간의 문화적인 국경 단절의 현상을 낳았다. 1965년 국교정상화는 이후 한일관계를 제도적으로 규정하고 있으며, 이를 '65년 체제'라 한다. '65년 체제'는 기본관계조약, 청구권협약, 재일동포 지위에 관한 협정, 어업에 관한 협정, 문화재반환 및 문화협력에 관한 협정으로 구성되어 있다. 그 가운데 문화교류에 관한 내용을 담고 있는 '문화재 반환 및 문화 협력에 관한 협정'은 일본이 식민지 시기에 약탈해간 문화재를 반환하는 것을 주된 내용으로 하고 있으며, 문화교류에 대해서는 "양국 국민 간의 문화 관계를 증진시키기 위하여 가능한 협력을 한다"고 선언적으로 규정하고 있다. 그러나 그 이후 실질적으로 한국은 일본문화의 유입을 금지했다.

그 이유는 일본의 식민지 지배에 대한 한국인들의 반일 정서 때문이었다. 한국으로서는 식민지 지배를 통해서 훼손된 민족문화를 복원하고 신생독립국으로서 국가 정체성을 확립하기 위한 현실적 측면이 있었다. 이러한 현실론을 인정한다 해도, 한일관계에서 65년 체제는 문화교류가 없는 비정상적인 것이었다. 그 후 한일 간에는 1967년 한일문화교류협정 체결을 추진했으나, 한국 측의 여론 반발로 실현되지 못했다. 이러한 일본문화유입 금지 상태는 1998년 10월 한국이 일본 대중문화를 개방할 때까지 지속되었다. 그 사이 일본은 한국문화의 유입을 금지하거나 제한하지 않았다. 그렇기 때문에 도식적으로 보면, 1998년까지 한일 간의 문화교류는 일방적인 것이었다.

한국의 입장에서 이를 종합하면, 한일관계는 정치 경제적으로는 협력적 관계, 문화적으로는 비우호적(적대적) 관계라는 이중적 성격을 띠게 된다. 일반적으로 회자되는 가깝고도 먼 나라라는 한일관계는 반드시 지리적, 역사적 관계뿐만 아니라 정치 경제와 문화적 관계의 이중적 성격을 규정하는 것이라고 할 수 있다. 즉 정치 경제적 국경의 이완과 동시에 문화적 국경의 강화 현상을 낳게 되었다고 할 수 있다.

그러나 1998년 일본대중문화의 개방으로 문화적 국경은 급속히 완화되고 있으나, 2005년 일본의 다케시마(독도)의 날 제정, 2012년 8월의 이명박 대통령의 독도 방문 사건 등으로 독도를 둘러싼 국경분쟁은 더욱 강화되는 새로운 양상을 보이고 있다. 한일관계는 전반적으로 교류의 증대 등으로 내재적 국경은 약화 내지는 통합적 측면이 강하게 보이고 있으나, 실재적 국경은 오히려 강화 내지는 분화되는 듯한 착종현상을 보이고 있다고 하겠다.

> **참고문헌**
>
> 사무엘 헌팅턴(이희재역, 1997) 『문명의 충돌(*The Clash of Civilization and the Remaking og the World Order*)』, 김영사.
> 강혜은(2014) 「국가 경계와 영역의 다중스케일적 고찰: 말레이시아와 싱가포르의 국경에서 나타나는 '경계성' 과 '연결성'의 경합적 상호작용에 대한 연구」, 서울대 석사학위논문.
> 김승대(2009) 「우리헌법과 한반도 영토·국경문제」『법학연구』제50권 제2호.
> 강원택(2006) 「한국인의 국가정체성과 민족정체성」 강원택 편『한국인의 국가정체성과 한국정치』, 동아시아 연구원.
> E. 버크·J. G. 피히테(박희철 역, 2016) 『프랑스혁명 성찰/독일 국민에게 고함』, 동서문화사.
> 野村甚二郎(2008) 『国境とは何か』, 芙蓉書房出版(이 장의 기술에 많은 부분을 참조하였음)
> Kolossov, Vladimir(2005), "Border Studies: Changing Perspectives and Theoretical Approaches" *Geopolitics* 10.
> Iyengar, Shanto(1991), *Is anyone responsible? : how television frames political issues*, University of Chicago Press.
> John H. Herz(1977), "Rise and Demise of the Territorial State", *World Politics* vol. IX, 1957.
> Pettigrew, T. F.(1997), "Generalized Intergroup Contact Effects on Prejudice." *Personality and Social Psychology Bulletin*, Vol.23, 173-185.
> Huntington, Samuel(1996), *The Clash of Cultures and the Remaking of World Order*, New York: Touchstone.
> Downs, Anthony(1957), *An Economic Theory of Democracy*, New York:Harper.
> Mellor, Roy E. H.(2015), Taylor & Francis Nation, *State and Territory: A Political Geography*, Rowman &Littlefield Publisher.
> Elden, Stuart(2013), *The Birth of Territory*, Univ of Chicago Press.
> Alan Greenspan(2013), *The Map and the Territory : Risk, Human Nature, and the Future of Forecasting*, Penguin Press.

제2장

한국의 국경, 일본의 국경*

- 센카쿠, 독도, 간도 -

••••

　근대에 들어와 동아시아는 일본의 팽창(침략)과 함께 국경의 변동을 경험하게 되며, 그것은 현재 미해결의 영토문제로 남아 있다. 센카쿠제도(尖閣諸島, 중국명 댜오위다오, 편의상 센카쿠라 함), 독도, 간도(間島)를 둘러싼 세 개의 영토문제가 그 것이다. 이들 지역은 일본이 국민국가 형성의 범위를 벗어나 대외 팽창(침략) 과정 속에서 자의적으로 편입/처분하여 국경의 변경을 가져온 것이다. 이들 지역이 일본의 팽창/침략 과정 속에서 어떻게 취급되었는가를 밝힘으로써 한국과 일본이 직면하고 있는 국경문제에 대한 본질을 조명할 수 있을 것이다. 나아가서는 이를 통해 근대 동아시아의 국경변경의 특징과 구조도 파악할 수 있다.

　근대 일본의 대외팽창은 동아시아의 질서 재편의 중요한 동인으로 작용했다. 센카쿠, 독도, 간도문제라는 세 가지 사례는 근대일본의 역사에서 국민국가의 형성기를 지나 대외팽창기에 일본의 일방적 조치에 의해 발생한 영토문제라는 공통점이 있다. 동아시아 질서의 재편 와중에 이들 영토문제가 발생한 것이다. 센카쿠와 독도의 경우는 시간적 차이는 있으나, 전쟁발발(청일전쟁/러일전쟁) → 영토편입 → 강화 → 인접지역(대만, 조선)의 병합이라는 패턴을 보이고 있다. 간도도 같은 맥락에서 전쟁발발(러일전쟁) → 보호국 → 영토처분 → 병합이라는 형태를 취하고 있다. 이러한 영유권 변동의 발생 패턴에서 전쟁과 영토 편입, 병합과 영토처분 사이에 직접적인 인과관계를 발견하기는 쉽지 않으나, 센카쿠, 독도, 간도문제가 일본 역사와 동아시아의 극적인 질서 변화의 흐름 속에서 야기되었다는 점에서 관련성을 부정할 수는 없다.

　또 일본의 영토문제 처리 방식이 근대 국제법에 맞추어 가는 변화를 보여주고 있다. 센카쿠

---

* 본고는 이성환(2014) 「근대 일본의 팽창과 영토문제」『일본역사연구』(제40집)를 수정 보완한 것임.

의 경우는 각의 결정문에서 편입과정, 방식 등에 대한 언급이 없고, 그 후 관보 등에도 공개하지 않고 비밀주의로 일관했다. 독도의 경우는 무주지 선점과 국제법에 근거하여 편입의 이유를 밝히고, 그 후 지방관보에도 게재하고 있다. 간도의 경우는 중국과의 교섭을 통해 정식 조약을 체결하고 국제사회에 이를 공포한다. 즉 센카쿠(비공개), 독도(국제법적 검토), 간도(조약체결)의 처리 방식은 일본이 국제법을 근간으로 하는 근대 국제사회에 적응해가는 과정을 상징적으로 보여주고 있다. 근대 동아시아의 역사적 격랑 속에서 야기된 영유권문제에서 역사성을 배제하고 영토문제로만 취급하려는 최근 일본의 태도는 같은 맥락에서 이해할 수 있다.

1. 청일전쟁과 센카쿠[1]

1) 류큐 귀속 문제와 센카쿠

류큐(琉球, 현재의 오키나와)는 14세기 이후 중국에 신속(臣属)하여 2년마다 조공을 하고 책봉을 받는 독립국가였으나, 1609년 사쓰마 번의 침공을 받은 후 사쓰마 번에도 공납(貢納)을 하게 되었다. 그 후 류큐는 중국에는 조공을 하고, 사쓰마 번에는 공물을 바치는 양속(兩属)체제 하에 놓이게 되었으나 독립 왕국으로 존속했다. 중앙집권화 정책을 강력하게 추진하던 메이지(명치)정부는 1872년 류큐왕국을 폐지하고 류큐 번을 설치했다. 이어서 1879년에는 류큐 번을 없애고 오키나와 현을 설치했다. 동시에 중국에 대한 신속관계도 단절시키고, 일본의 중앙집권체제에 편입시켰다(류큐처분).

일본의 류큐편입에 대해 중국은 외교루트를 통해 강력히 반발하면서 청일관계도 악화되었다. 1879년 때마침 중국을 방문한 그랜트 전 미국 대통령에게도 일본의 부당한 조치를 호소했다. 중국의 입장에서는 일본의 류큐처분은 동아시아의 전통적 중화질서인 조공 책봉체제에 대한 도전이었다. 그랜트 전 대통령의 권유로 청일 간에는 북경에서 1880~1881년에 걸쳐 청일수호조규의 개약(改約) 문제와 함께 류큐 귀속을 둘러싼 교섭이 진행되었다. 일본은 미야고(宮古)섬과 야에야마(八重山)열도를 청국에 할양하고, 이 섬들과 류큐 본도 사이를 청일 양국의 국경

---

1 센카쿠 제도/열도(尖閣諸島)는 동중국해 남서부에 위치한 다섯 개의 무인도와 세 개의 암초로 구성되어 있으며, 타이완과 오키나와 사이에 있다. 중국과 대만, 일본이 영유권을 주장하고 있으며, 현재 일본이 실효지배하고 있다. 2차세계전 이전의 많을 때에는 약 250명(99가구) 가량의 일본인이 거주했으나, 1940년경에 모두 철수하여 무인도가 되었다. 1969년 유엔 아시아극동경제위원회(ECAFE)는 한국, 일본, 대만의 해양전문가가 참가한 해양조사 결과를 '연안광물자원조사보고서'로 발표하였으며, 이 보고서에는 센카쿠 주변 동중국해에 이라크에 필적하는 약 1100억 배럴의 석유가 매장되어 있을 가능성이 있다고 기술되어 있다. 이후 중국, 대만, 일본 사이에 영유권 분쟁이 본격화했다.

으로 하는 이른바 류큐분할 안을 제시했다. 그 대신에 청일수호조규를 개정(改約)해서 일본에 최혜국 대우를 해줄 것을 요구했다

이 안은 다음과 같은 의미가 내포되어 있다. 첫째, 류큐와 미야고·야에야마의 중간선을 청국과 일본의 국경으로 하면 그 이남에 속하는 센카쿠는 청국의 영토로 귀속되며, 둘째, 일본은 1874년의 대만정벌에서 확보한 미야고와 야에야마에 대한 영유권을 포기하는 것이 된다. 일본이 미야고와 야에야마를 청국에 할양하고 류큐에 대한 영유권을 인정받으려는 의도에서 나온 것이라 볼 수 있다.

류큐편입이 있기 5년 전 1871년 11월 미야고·야에야마 섬 어민 66명이 타이완에 표류하여 54명이 원주민에게 살해되었다. 사건 발생 당시에 일본은 별다른 반응을 보이지 않았으나, 3년이 지난 1874년 이 사건을 빌미로 대만출병을 단행했다. 이 사건은 청국이 미야고·야에야마 섬 어민에 대한 보상 등으로 50만 냥을 일본에게 지불하는 내용의 이른바 북경의정서의 체결로 일단락되었다. 이러한 중국의 조처는 미야고·야에야마 섬의 일본 영유를 인정한 것으로 이해할 수 있으나, 류큐의 귀속에 대해서는 명확한 결론에 이르지 못했다.

1880년 10월경 중일 간에는 위의 류큐 분할 안에 일단 합의가 이루어졌으나(중국은 최혜국 대우에는 반대), 그 후 이홍장의 반대로 조인에 이르지는 못했다. 이홍장은 류큐 왕국이 일본에 편입되는 것을 받아들일 수 없었을 뿐만 아니라, 당시 신강 북서부의 이리(伊犁, ili) 지역을 둘러싸고 러시아와의 국경 획정문제에도 직면하고 있어 이 문제에 대해 적극적인 행동을 취하지 못했다. 또 향덕굉(向德宏)을 중심으로 류큐 왕조의 지배층이 중국 정부에 대해 류큐 분할 반대운동을 벌이면서 이 분할 안의 조인을 적극 반대했다. 이러한 사정으로 합의안이 조인되지 않음으로써, 청일 간의 국경 획정은 이루어지지 않고, 류큐와 센카쿠에 대한 영유권은 미해결 상태로 남게 되었다.

만약에 위의 류큐 분할안이 조인되었다면, 센카쿠를 포함하여 미야고·야에야마 열도는 중국령이 되고 청일전쟁 후에는 타이완과 함께 일본령이 되었을 것이다. 제2차 세계대전 후에는 다시 타이완과 함께 중국으로 반환되면서 중일 간에 현재의 센카쿠문제는 발생하지 않았을 것이다. 이러한 측면에서 류큐 분할 교섭은 센카쿠 영유권 문제의 전사(前史)로서 중요한 의미를 가진다.

2) 일본의 센카쿠 편입

센카쿠 영유권문제에 관한 본격적인 연구는 이노우에 기요시(井上清) 『「첨각」열도-조어제도의 사적 해명』(1972년)에서 시작되었다. 이 책은 곧바로 중국에서 번역 출간되었으나, 일본에서는 거의 무시되고 있다. 이노우에는 역사적으로 중국은 센카쿠를 영유하고 있었으며, 청일전

쟁의 승리에 편승하여 일본이 빼앗았다고 주장한다. 그리고 이들 섬은 역사적으로 한 번도 류큐에 속한 적이 없으며, "이 섬들은 류큐인들에게는 중국의 복주(福州)에서 나하(那覇)로 오는 항로에 있다는 것 외에는 어떠한 관계도 없었"다고 지적했다(井上清, 1972). 또 메이지 유신 이전의 일본에서는 센카쿠에 관한 역사적 문헌은 거의 없으며 하야시 시헤이(林子平)의 「삼국통람도설(三国通覧図説)」이 유일하다고 한다.

이 섬들은 명나라 때부터 중국령으로 조어대(釣魚台) 등의 이름으로 알려져 있었으며, 당시 중국 연안에 출몰하는 왜구를 토벌하기 위해 설정된 복건성의 5개 해방(海防)구역에 포함되어 있었다고 중국은 주장한다.

그럼에도 불구하고 일본은 1895년 1월 14일 다음과 같은 각의결정을 통해 센카쿠를 자국의 영토로 편입한다.

> 내무대신 청의(請議), 오키나와현하 야에야마 군도(八重山群島)의 북서쪽에 위치하는 구바지마(久場島), 우오쓰리시마(魚釣島)라 칭하는 무인도를 향해 근래 어업 등을 하려는 자가 있기 때문에 단속을 요한다는 데 대해서는, (그리고) 이 섬은 <u>오키나와 현의 관할로 인정되므로</u> 표항(標杭) 건설에 대해서는 현 지사의 상신대로 허가해야 한다는데 달리 지장이 없으므로 (내무대신의) 청의대로 그렇게 한다(http://www.minusionwater.com/senkakushotou6.htm).

이 각의 결정문에는 편입을 하게 된 경위나 방식 등이 없으며 센카쿠의 명칭도² 보이지 않고 구바지마와 우오쓰리시마라는 두 개의 섬 이름만 나온다. 이 때문인지 최근의 일본 외무성 홈페이지에는, 독도와 달리 센카쿠 편입의 근거가 된 위의 각의 결정문을 공개하지 않고, 센카쿠의 편입과정과 영유권의 정당성을 국제법적 근거를 들어 아래와 같이 설명하고 있다.

> 센카쿠제도는 1885년부터 일본정부가 오키나와 당국을 통하는 등의 방법으로 여러 번 현지조사를 하여 센카쿠제도가 무인도일 뿐만 아니라 청국의 지배가 미치고 있는 흔적이 없는 점을 신중히 확인했다. 그 후 1895년 1월 14일에 현지에 표항(標杭)을 건설하는 취지의 각의결정을 하여 정식으로 일본의 영토에 편입했다. 이 행위는 국제법상 정당하게 영유권을 취득하기 위한 방법에 합치한다(선점의 논리-원주). 센카쿠제도는 1895년 4월에 체결된 시모노세키 조약 제2조에 기초하여 일본이 청국으로부터 할양받은 대만 및 팽호(澎湖)제도에는 포함되지 않는다(http://www.mofa.go.jp/mofaj/area/senkaku/qa_1010.html#q2).

---

2 센카쿠라는 지명은 1900년에 오키나와 사범학교 교사인 黒岩恒이 처음 사용했다고 하며, 일본정부가 센카쿠제도라는 명칭을 처음 사용한 것은 1972년 외무성이 발표한 「조어도 문제에 관한 기본 견해(釣魚島問題に関する基本見解)」에서 였다고 한다. 센카쿠는 1854년 영국 군함 사마란호가 이 섬들을 측량하고 붙인 이름 Pinnacle Islands를 번역한 것이다.

앞에서 지적한 바와 같이, 1881년 중일 간에 일단 합의가 된 류큐분할 안을 보면 일본은 센카쿠를 중국의 영토로 인정했다. 그러나 몇 년 지나지 않은 1885년 일본은 이를 부정하고 센카쿠를 다시 자국의 영토로 편입하려고 시도했다는 점을 주목할 필요가 있다.

그 이유는 밝혀진 것이 없으나, 이 사이에 일본과 중국의 역학관계가 급격히 변화하고 있었다는 점을 고려할 필요가 있다. 일본의 센카쿠에 대한 조사는 그 전해에 발생한 갑신정변을 둘러싸고 청국과 일본이 충돌한 것에 대한 사후처리를 위한 천진조약의 교섭과 거의 병행해서 이루어 졌다. 1885년 4월에 체결된 천진조약은, 청국의 배상금 지불, 조선에서 양국군의 철병, 재파병 시에는 사전 통지를 한다 등을 내용으로 하고 있다. 이 조약은 내용적으로 종래의 계서적(hierarchy)인 중화적 질서가 붕괴되고 동아시아의 국제질서가 재편성되고 있는 상황을 반영한 것으로 일본에게 유리한 것이었다. 또 이 시기 일본 국내에서는 후쿠자와 유키치가 경영하는 『지지(時事)신보』와 정부 내의 사쓰마 계를 중심으로 대청국 개전론이 전개되고 있었다. 전통적인 청국과 일본의 힘의 관계가 변화하고 있는 것이다. 이러한 힘의 변화를 배경으로 일본이 센카쿠를 자국의 영토로 편입했다고 볼 수도 있을 것이다.

센카쿠에 대한 조사는 1885년 1월 내무성의 지시로 이루어졌으며, 조사 후 야마가타 아리토모(山県有朋) 내무경은 이노우에 가오루(井上馨) 외무경에게 센카쿠 편입에 대해 의견을 구했다. 이에 대해 1885년 10월 21일 이노우에 외무경은 센카쿠가 중국 국경가까이 있으며 최근 대만 신문 등에서 일본이 대만부근의 청국 소속의 섬들을 점령하려 하고 있다는 내용의 기사들이 게재되고 있다. 그렇기 때문에 중국의 의심을 사지 않기 위해 다른 기회로 미루는 것이 좋겠다는 의견을 제시했다(浦野起央 2002: 129 재인용)

이를 반영하여 11월 31일 일본 정부는 오키나와 현 지사에게 센카쿠에 국표(国表)를 건설할 필요가 없다는 회신을 보냈다. 그 후 이에 대한 논의는 없었으며, 오키나와 현이 1890년과 1893년에 정부에 국표 건설에 대해 문의했으나 일본 정부는 아무런 반응을 보이지 않았다. 같은 맥락에서 센카쿠의 개척자로 알려진 고가 다쓰시로(古賀辰四郎)가 1894년 청 일전쟁 발발 직전에 개척 청원서를 정부에 제출했으나, 정부는 이를 허가하지 않았다. 일본 정부가 의욕적으로 조사를 실시했음에도 불구하고 편입을 중지한 것은, 이노우에 외무경의 태도에서 보듯이, 이 섬들이 무주지가 아니며 중국의 지배력이 어느 정도 미치고 있다는 점을 인식하고 있었기 때문일 것이다.

그러나 1894년 7월 청일전쟁이 발발하자 일본 정부는 센카쿠 문제에 대해 적극적인 자세를 보인다. 일본은 9월에 평양전투와 황해해전에서 압승하여 청일전쟁의 승리를 거의 굳혔다. 영국은 일본에게 청국과 전쟁을 끝낼 것을 권유했으나, 일본은 여순을 함락시키고 천진에 대공세를 펴 승리를 확실하게 할 필요가 있다며 영국의 제안을 거절했다. 12월 20일 중국은 미국 공사를 통해 장음환(張蔭桓), 소우렴(邵友濂)을 강화회의 전권 대표로 임명하였다는 뜻을 일본에 전하고 강화교섭을 준비했다.

이러한 상황에서 12월 27일 노무라 야스시(野村靖) 내무경은 무쓰 무네미쓰(陸奥宗光) 외상에게 공문을 보냈다. 공문에서 노무라는 "그 당시(1885년 일본이 센카쿠에 대한 조사를 한 때-필자)와 현재는 사정이 다르다"며, 센카쿠 편입 안을 각의에 제출할 예정이라고 했다. 이에 대해 1895년 1월 11일 무쓰 외상은 "별다른 이의가 없다"고 회신하고, 1월 14일에 편입을 위한 각의결정이 이루어졌다. 이 결정은 1월 21일 오키나와 현에 전달되었다.

이 각의 결정은 일본이 중국과 강화를 하기 위한 구체적인 안을 만드는 시기와 거의 일치하고 있다. 1895년 1월 27일, 청일전쟁의 강화조건을 결정하기 위한 어전회의에서 무쓰 외상이 준비한 강화교섭 안이 천황의 재가를 받았다. 교섭 안은 조선의 독립, 요동반도 할양, 전비 배상 등이 주요 내용이었으며, 대만의 할양은 포함되지 않았다. 만약에 강화조건에 대만 할양이 포함되었다면, 일본이 성급하게 센카쿠 편입을 시도하지 않았을 것이다.

이상의 과정을 살펴보면 일본의 센카쿠 편입은 청일전쟁의 진행과정과 거의 동시에 진행되었다는 것을 알 수 있다. 또 많은 연구자들이 공통적으로 지적하는 부분은 "모든 것이 비밀리에 진행되었다"는 점이다. 편입사실은 관보에도 게재되지 않았으며, 중국을 포함해 외국에도 알리지 않았다. 일본 정부가 이를 공식화한 것은 1970년 전후였다고 한다. 중국이 센카쿠를 1895년 시모노세키조약 제2조에 의해 '대만 및 그 부속도서와 팽호제도'와 함께 일본에게 할양된 것으로 파악하고 있는 것도 이러한 비밀주의 때문일 것이다.

일본은 청일 강화조약에서 대만과 팽호도(澎湖島)가 할양되고 센카쿠가 명문화되지 않은 점을 들어 청일전쟁과 조어도 편입의 관련성을 부정하고 있으나, 전체적인 흐름에서 보면 청일전쟁과 일본의 센카쿠 편입의 관련성을 부정하기는 어렵다. 오히려 센카쿠에 대한 조사를 실시한 1885년에 편입을 했다면, 청일전쟁과의 관련성은 희박해 졌을 것이다.

2. 러일전쟁과 독도

1) 근대 한일 국경획정의 역사성-1877년 태정관지령

2013년 10월 16일 일본 정부는 "여러분, 다케시마를 아십니까"라는 홍보 동영상을 인터넷에 공개했다.[3] 이 동영상은 일본의 주장을 간결하게 보여주고 있다. 동영상에서 일본은 17세기부

---

3 http://www.youtube.com/watch?v=jLzmfE3yMXk (검색일 2014. 7.15)

터 독도에 대한 영유권을 확립했으며, 1905년에 이를 재확인했다고 주장하고 있다. 한국이 '불법'점거하고 있는 독도문제를 해결하기 위해 국제사법재판소의 판결을 받는 것이 좋다는 주장도 함께 하고 있다. 여기에서는 일본의 독도편입과정과 그 이후의 전개과정을 살펴봄으로써 일본의 독도에 대한 주장의 허구를 살펴보자.

일본 외무성 홈페이지에는 "오키 섬에서 울릉도로 가는 길목에 있는 독도는 항행의 목표로서, 도중의 정박지로서 그리고 강치와 전복의 좋은 어획지(漁獲地)로서 자연스럽게 이용되었다. 이렇게 해서 우리나라(일본-필자)는 적어도 에도시대 초기에 해당하는 17세기 중반에는 독도의 영유권을 확립했다"고 설명하고 있다. 이어서 1905년 1월의 "각의결정으로 우리나라는 독도를 영유할 의사를 재확인했다"고 부연하고 있다.

한편 이케우치 사토시『독도문제란 무엇인가』에서는 "근세부터 근대 초두에 걸쳐 우리나라(일본-필자) 중앙정부는 세 번이나 독도를 판도 외(版図外)라고 확인하고 있는 이상, 1905년의 독도편입이 결코 근세의 독도 영유의 재확인이라고 할 수 없다"고 지적하고 있다(池内 敏 2012: 305). 1905년 이전에 일본은 독도를 자국의 영토로 한 적이 없으며, 세 번에 걸쳐 일본 영토가 아니라고 밝혔다는 것이다. 그러면 독도는 누구의 땅이었을까. 이케우치는 일본 땅이 아니지만 한국 땅이라는 증거도 없기 때문에 무주지였으며, 따라서 1905년의 일본의 영토편입은 정당하다는 '역설적' 주장을 하고 있다.

독도가 일본의 '판도 외'였다는 점을 가장 명확히 보여주는 것이 1877년의 태정관지령(太政官指令)이다. 태정관은 1885년 일본의 내각제도가 성립하기까지 메이지 정부의 최고통치구였다. 헌법 제정도 이루어지지 않았고 삼권분립이 이루어지기 전이었기 때문에 태정관은 입법, 행정, 사법의 삼권을 통할하는 최고의 통치기구였다.

이러한 성격을 가진 태정관은 1877년 3월 29일 "죽도(竹島: 울릉도-필자)외 일도(外一島: 독도-필자)는 본방(本邦, 일본-필자)과 관계가 없으니 명심할 것"이라는 결정을 내리고, 독도와 가장 관련이 깊은 시마네 현에 이 지령을 하달했다. 일본의 중앙정부가 명확히 독도는 일본 땅이 아니라는 점을 선언하고, 관련 지방정부에도 이를 명확히 인식시킨 것이다. 여기서 외일도(外一島; 또 하나의 섬)는 당시 일본에서는 송도(松島)라 불린 섬이며 현재의 독도이다.

태정관지령이 나오게 된 과정을 공문록(메이지 정부가 발행한 문서 원본을 모아 놓은 문서집)에 의거하여 간략히 정리하면 다음과 같다. 1876년 10월 5일 메이지 정부의 내무성 지리료(地理寮)는 지적조사를 위해 시마네 현에 "귀하(시마네현-필자)의 관할인 오키국(隠岐国)의 모 방향에 종래 죽도(울릉도-필자)라고 불린 고도(孤島)가 있다고 들었다", 확인을 위해 조사하여 보고하기를 바란다고 조회했다. 당시 지적조사는 전국적으로 시행되었으며, 소유자, 지목(地目), 면적 등을 기입한 토지대장을 만들기 위한 것이었다. 16일 시마네 현은「일본해(동해-필자) 내에 있는 죽도(울릉도-필자) 외일도(外一島)의 지적 편찬에 관한 상신서」를 내무성에 제출했다. 상신서에는「유래의 개략」과 도면 등을 첨부하고 독도를 시마네 현의 지적에 편입하기를 바란다는 취지와 함께 "이 건은 어떻게 취급하면 좋을지 부디 지령을 부탁드립니다"는 의견을 달았다(이성환 외 2016).

여기에서 주목되는 것은 제목에서 보듯이 울릉도에 덧붙여 외일도(外一島: 독도-필자)가 등장하고 있으며, 「유래의 개략」에는 "다음에 일도(一島)가 있다. 송도(松島: 독도-필자)라고 부른다. 주위는 약 30정(町)(약 3.3km-필자)이며 죽도(울릉도-필자)와 동일 선로(線路)에 있다"고 설명하고 있다. 내무성의 조회가 없었는데도 독도가 등장하는 것은 울릉도와 독도는 분리할 수 없기 때문에 일괄 취급해야 한다는 시마네 현의 인식이 반영된 것이라고 판단된다.

내무성은 시마네 현이 보내온 첨부자료와 에도 막부시대 조선과의 교섭 기록 등을 검토하여 "원록5(元祿, 1692)년에 조선인이 입도(入島)한 이래…(중략)…원록12(1699)년에 (일본과 조선 간에-필자) 서로 서한의 왕복이 끝나고 본방(일본-필자)은 관계가 없는 것으로 되었다"는 사실을 확인했다. 즉 안용복의 도일 사건으로 야기된 울릉도쟁계(일본에서는 죽도일건이라 함)에서 도쿠가와 막부는 독도와 울릉도는 일본의 판도가 아니고 조선 땅이라는 결정을 했으므로 이를 계승해야 한다는 의미이다. 다시말 말하면 1699(원록 12)년의 울릉도쟁계의 결착으로 조선과 일본의 국경은 이미 확정되어 있었으므로 메이지 정부는 이를 승계한다는 것이다.

이러한 취지로 내무성은 "판도의 취사(取捨)는 중대한 사건이므로 별지 서류를 첨부해" 정부 의사의 최종확인을 위해 태정관에 상신했다. 태정관 조사국(本局)에서는 내무성의 의견을 존중하는 형태로 3월 20일에 "죽도 외 일도의 건은 본방(일본-필자)과 관계없다(伺之趣竹島外一嶋之義 本邦関係無之義卜可相心得事)"는 지령안을 만들어, 태정관에 품의했다. 품의된 지령안은 27일에 이와쿠라 토모미(우대신), 오쿠마 시게노부(참의), 데라시마 무네노리(참의) 등 당시 국정의 최고정책결정자들의 승인을 거쳐 확정되고, 29일 내무성에 보내졌다. 시마네 현에는 4월 9일에 하달되었다. 이렇게 하여 독도와 울릉도는 일본의 영토에서 제외되었다. 내무성은 "판도의 취사(取捨)는 중대한 사건"이라는 인식으로 약 6개월 이상에 걸쳐 조사를 하였고, 태정관은 이를 심의를 한 후에 독도와 울릉도는 일본 땅이 아니라는 결정을 한 것이다. 이는 울릉도쟁계에서의 막부와 조선 사이에 이루어진 결정을 계승한 것이다(이성환 외 2016).

여기에서 문제는 태정관지령으로 독도가 일본의 영토가 아니라는 점은 분명해졌으나 귀속처가 명기되지 않았기 때문에 조선 땅이라고 할 근거가 없다는 일본 측의 주장이다. 한일 양국의 연구자들이 서로 다른 주장을 하는 이유는, 만약 태정관지령으로 한일 간 국경이 확정되면, 1905년의 일본의 독도편입에 대한 논의는 불필요하게 되기 때문이다. 한국 측은 1905년의 일본의 조치를 무의미하게 해야 할 필요가 있고, 그러기 위해서는 태정관지령을 강조하게 된다. 반면에 일본 측은 1905년의 편입조치에 의미를 부여하기 위해서는 어떻게든 태정관지령의 의미를 희석시켜야 하는 것이다.

또 한일 양국에서 서로 상반된 논의가 이루어지는 데에는, 태정관지령이 양국 간의 합의에 의한 것이 아니라 일본의 결정에 의해 이루어지고 상대(조선정부)에게 명확하게 전달되지 않았기 때문일 것이다. 일본정부(태정관)가 국경을 획정한 사실을 조선정부는 모르고 있었을 가능성이 있으므로, 태정관지령이 한국 측에 직접적인 대항력을 제공하는가 하는 점은 논의의 여지가 있을 수 있을 것이다.

그러나 태정관 지령이 1699년의 울릉도쟁계를 계승한 것이라면, 울릉도쟁계에서 일본이 울릉도와 독도가 조선의 영토임을 인정하고 조선정부에 통고했다는 점을 상기할 필요가 있다. 즉 울릉도쟁계에서의 일본의 결정은 조선정부의 항의 및 일본과 조선의 교섭과정을 통해 이루어진 것이다. 그렇기 때문에 울릉도쟁계의 결과를 계승한 태정관지령에서의 결정은 울릉도와 독도를 조선 땅으로 인정한 것이며, 따라서 독도는 무주지가 아닌 조선 땅인 것이다.

또 특기할 사항은 양국의 합의로 이루어진 울릉도쟁계에서의 결정은 조약으로서의 성격을 가지고 있으므로 일방이 파기를 하지 않는 한 그 효력은 계속되는 것이다. 태정관지령은 일본이 정권이 바뀐 후 울릉도 쟁계의 결정을 계승하는 조치를 취한 것이므로, 조선정부에의 통고 여부와 관계없이 조약으로서 계속 효력을 지속하는 것으로 봐야 한다.

2) 한일 간의 새로운 국경획정-1905년 일본의 독도 편입

울릉도쟁계와 1877년의 태정관지령으로 결정된 한일 간 국경은 28년 후인 1905년 일본의 독도편입으로 변화를 맞는다. 이를 일본은 영유권의 재확인이라 주장하고 있으나, 1905년 일본의 독도 편입과정을 살펴보면 재확립의 흔적이나 의미는 찾을 수 없다. 1905년의 각의 결정문에는 독도가 무주지이며 무인도이기 때문에 선점한다(무주지 선점론)고 되어 있을 뿐이다. 일본의 주장대로 17세기에 이미 영유권을 확립하고 있었다면, 독도는 무주지가 아니며, 또 이미 확립되어 있는 영유권을 재확립할 필요도 없는 것이다. 또 1699년과 1877년에 일본정부가 독도를 조선의 땅으로 인정한 이상, 그 이후 독도는 무주지가 아니며 조선 땅이라는 것을 일본 정부는 인식하고 있었다고 봐야 한다. 조선 땅을 일본이 자의적으로 편입했다는 뜻이다. 이러한 의미에서 '강탈'이라고 해도 그릇된 것은 아니라 하겠다.

또 일본의 독도편입 시점이 러일전쟁의 와중이었으며, 러일전쟁을 일본의 결정적인 승리로 견인한 쓰시마해협 해전(일본에서는 동해 해전이라 함)을 앞둔 시점이었다는 점을 주목할 필요가 있다. 1905년 1월 28일에 이루어진 독도 편입을 위한 일본의 각의결정문은 다음과 같다.

> 별지 내무대신 청의((請議) 무인도 소속에 관한 건을 심사하니, 북위 37도 9분 30초, 동경 131도 55분, 오키도(隱岐島)에서 서북 85리에 있는 무인도는 타국이 이를 점령했다고 인정할 만한 형적이 없으며, 2년 전 36(1903)년 우리나라(일본-필자) 사람 나카이 요사부로(中井養三郞)라는 자가 어사

(漁舍)를 짓고, 인부를 데려가 엽구(獵具)를 갖추고 강치(海驢)잡이에 착수했다. 이번에 영토편입 및 대하원(貸下願)을 출원한 바, 이 때 소속과 섬 이름을 확정할 필요가 있어, 이 섬을 죽도(竹島)라 이름 붙이고, 지금부터 시마네 현(島根県) 소속 오키도사(隱岐島司)의 소관으로 하려한다. 따라서 심사를 하니 메이지 36(1903)년부터 나카이 요사부로라는 사람이 이 섬에 이주하여 어업에 종사한 사실은 관계 서류로 분명하며, 국제법상 점령의 사실이 있는 것으로 인정하여 이를 우리나라(일본-필자) 소속으로 하여 시마네현 소속의 오키도사 도사(隱岐島司)의 소관으로 해도 지장이 없다고 생각한다. 따라서 청의(請議)대로 각의결정하는 것이 합당하다고 인정한다(http://www.mofa.go.jp/mofaj/area/takeshima/pdfs/g_hennyu02.pdf).

각의 결정 약 한달 후인 2월 22일 시마네 현 고시 제40호가 시마네현 관보에 실리고, 이틀 후 2월 24일『산음신문(山陰新聞)』에 보도되었다.

각의결정은 ① 독도는 타국이 점령한 흔적이 없는 무주지이며, ② 2년 전부터 나카이 요사부로가 독도에 이주해서 어업에 종사하고 있으며, ③ 이것은 국제법적으로 (무주지) 점령이 인정된다는 것이다. 요약하면 국제법적으로 정당하다는 것이다.

이 각의결정이 나오게 된 과정에 대해서는 많은 선행연구가 있다. 이를 요약하면 다음과 같다. ① 나카이가 대하원(북한에서는 이를 임대신청서라 한다)을 제출하기 전에 일본 해군은 독도에 감시망루를 설치하기 위해 니이타카(新高)호로 독도를 조사했으며, ② 내무성은 한국 영토의 가능성이 있는 독도를 편입하는 것은 열강으로부터 한국병합의 의심을 받을 수 있기 때문에 나카이의 요구를 각하해야 한다고 했으며, ③ 이에 나카이는 외무성에 재진정을 하고, ④ 농상무성의 마키 보쿠신(牧朴真) 수산국장과 해군성의 기모쓰케 가네유키(肝付兼行) 수로부장은 독도가 한국령이 아닌 무주지로 여기고 있었으며, ⑤ 외무성은 독도에 망루를 설치하고 무선과 해저케이블을 설치하면 적(러시아) 함대의 감시에 아주 유용할 것이기 때문에 전쟁 중이라도 편입을 서둘러야 한다는 입장을 취했으며, ⑥농상무성, 해군성, 외무성의 주도로 위 각의결정이 이루어졌다.

1905년의 각의결정에는 일본 정부가 28년 전에 내린 태정관지령에 대한 언급은 전혀 없다. 뿐만 아니라 국가 존립의 근간이 되는 국경변화를 설명하는 자료도 아직 발견되지 않고 있다. 태정관지령과 1905년의 독도편입이 일본 정부의 일방적인 결정이긴 하나, 태정관지령이 1905년의 각의결정으로 대체된 이유는 명확히 설명되어야 함에도 아직 이에 대한 합당한 설명은 제시되지 않고 있다.

태정관 지령이 효력을 유지하고 있었음에도 불구하고 일본이 위와 같은 각의 결정을 통해 독도를 편입한 데에는 다음과 같은 추론이 가능하다. 첫째, 태정관지령 이후에도 일본인들이 벌채와 어업 등으로 울릉도에 빈번하게 왕래를 하거나 거주를 하면서 이 지역에 대한 국경 인식이 약화 또는 애매하게 되었다는 현실적 측면이 있다. 이러한 현지의 사정이 일본 정부의 독도 영유권에 대한 인식 변화에 영향을 미쳤을 것이라 생각된다. 둘째, 태정관지령은 일본의 국민국가 건설과정에서 이루어졌으며, 1905년의 독도편입은 일본의 대외 팽창기에 이루어졌다는 시간적 차이가 중요하게 작용했을 것이다. 앞에서 지적한, 센카쿠의 조사와 편입에 이르는 과정과 유사하다. 일본이 근대국가로 성장하면서 국민국가 건설과정에서의 영토의식이 팽창적 영토의식으로 변화되었다고 볼 수 있다. 덧붙이면, 러일전쟁기간 중 일본은 한국을 군사적으로 점령하고 있었기 때문에 조선은 주권이 제약되고 국가적 기능을 발휘하기 어려웠다. 일본의 독도 편입은 이러한 상황을 이용한 것으로 봐야 할 것이다.

이러한 상황 속에서 일본정부는 "적 함대의 감시에 아주 유용할 것이기 때문에 전쟁 중이라도 편입을 서둘러야 한다"며 군사 전략적 측면에서 독도 편입을 강행한 것이다. 1905년 8월 19일 독도에 망루가 설치되고, 11월 19일에는 죽변-울릉도-독도-마쓰에(松江)를 연결하는 해저케이블이 완성되었다. 그 후 9월 5일 포츠머스 강화조약이 체결되어 러일전쟁이 끝나고 10월 24일 독도 망루도 철거되었다. 해저케이블은 2차세계대전이 끝날 때까지 유지되었다.

이처럼 일본이 독도편입을 강행한 데에는 군사적 측면을 간과할 수 없으나, 한국 학계에서 이 점만을 강조하는 데에는 다소 무리가 있다. 일본은 독도를 자국의 영토로 편입하지 않아도 1904년 2월 23일 체결한 한일의정서를 근거로 독도를 포함한 조선 전역에 대한 군사적 이용이 가능했다. 실제로 일본은 한일의정서 체결 이후 독도를 제외한 19곳에 망루를 설치하고 있었다. 일본이 독도를 편입한 데에는 군사적 측면을 간과할 수 없으나, 거기에는 나카이 요사부로의 활동을 위시한 어업적 측면이 크게 작용했다고 봐야 할 것이다. 그 이후 실제로 독도는 군사적 가치보다는 어장으로서 더 큰 의미를 가지게 된다. 만약 군사적 의미를 강조하게 되면 러일전쟁이 끝나고 10월 24일 독도 망루도 철거되었다는 점을 설명하기가 어려워진다.

일본의 독도 편입 사실은 1906년 3월 28일 한국 정부에 알려졌다. 한국 정부가 이 때 일본에 항의를 하지 않았다는 점이 지적을 받는다. 그러나 이 시기 한국은 외교권을 박탈당한 일본의 피보호국의 상태로 청국을 상대로 한 간도 영유권에 대한 외교적 교섭권도 일본이 가지고 있는 상황이었다. 이러한 점을 고려하면, 일본의 독도 편입에 대한 한국정부의 항의는 현실적 실효성을 가질 수 없었으며, 항의를 하지 않은 것을 문제삼는 것도 무의미하다. 확대 해석을 하면, 이론적으로는 대한제국의 외교권을 가진 한국 통감부가 한국(대한제국)을 대신해 일본 정부에 항의를 해야 하는 것이 논리적 정합성이 있다.

3) 샌프란시스코 조약과 독도

1945년 이후 독도에 관한 한국과 일본의 입장은 명확하게 대비되면서 대립적인 구도로 전개되어 왔다. 한일 양국 주장의 핵심은 1905년의 일본의 독도에 대한 조치를 둘러싸고 전개되는 논쟁이다. 일본은 무주지인 독도를 1905년 자국의 영토로 편입하였다고 주장하며, 한국은 이를 러일전쟁을 틈탄 침략행위로 규정하고 있다. 그 연장선상에서 1951년의 샌프란시스코 조약(일본과 연합국 사이의 평화 조약) 제2조 a항에 대한 해석을 둘러싸고 같은 논란이 전개되어 왔다. 일본은 샌프란시스코 조약에서 국제적으로 독도가 일본령으로 확인되었으나 한국이 불법 점거를 하고 있다고 주장한다. 이에 대해 한국은 1905년의 일본의 영토편입이 불법이기 때문에 샌프란시스코 조약의 영토 규정은 의미를 가질 수 없음을 지적한다.

또 제2조 a항의 최종 문안에 독도에 대한 언급이 없는 점에 대해 한국과 일본은 각각 자국에 유리한 해석을 하고 있다. 샌프란시스코 조약의 형성 과정에서 한국과 일본은 제2조 a항에 독도를 자국의 영토로 표기하고자 했으나, 양국은 다 같이 상대 국가가 독도를 자국의 영토로 표기하는 데 실패했기 때문에 국제사회로부터, 그리고 국제법적으로 독도가 각각 자국의 영토로 인정받았다고 주장하고 있다.

특히 일본은 1905년의 독도 편입조치와 함께 샌프란시스코 조약을 유력한 독도 영유권 주장의 근거로 삼고 있다. 제2조 a항에서 "일본은 한국의 독립을 승인하고 제주도, 거문도, 울릉도를 포함한 한국에 대한 모든 권리, 권원 및 청구권을 포기한다"고 규정한 것은 적어도 독도가 일본이 포기해야할 영역에 포함되지 않는다는 것을 의미한다. 따라서 독도는 일본이 포기할 대상이 아니기 때문에 1905년 이후 현재까지 계속해서 일본의 영토로 주권이 미치고 있다고 주장하고 있다(이석우 2005: 133). 같은 맥락에서 독도를 자국의 영토로 표기하고자 했으나, 일본이 포기해야 하는 영역에 독도를 포함시키지 못했기 때문에 독도는 한국의 영토로 인정받지 못했다는 해석이 나온다.

그러면 한국의 영토로 인정되지 않은 이유가 무엇인가. 샌프란시스코조약을 작성하는 데 주도적 역할을 한 미국은 왜 한국의 주장을 수용하지 않았는가. 1951년 7월 19일자로 양유찬 주미 한국대사가 미국 국무장관에게 일본이 포기해야 할 도서들 가운데 제주도, 거문도, 울릉도에 더하여 독도를 포함시켜줄 것을 요구했다. 이에 대해 딘 러스크 국무성차관은 8월 10일자로 다음과 같은 답신을 보냈다. 이 서신은 일본이 독도영유권을 주장하는 유력한 근거로 삼고 있다.

> 독도 섬에 관련하여, 우리(미국-필자)의 정보에 의하면, 혹은 타케시마 혹은 리앙쿠르암으로도 불리는, 정상 상태에서 사람이 살지 않는 이 암석체가 한국의 일부로 취급된 적은 전혀 없으며, 대략 1905년으로부터 지금까지 일본 시마네 현 오키섬 지청 관할 하에 있었습니다. 한국이 1905년 이전에 그 섬의 영유권을 주장한 적이 있는 것으로 보이지 않습니다.[4]

---

4 딘 러스크 서한은 인터넷 상에서 원문을 쉽게 확인할 수 있다.
(http://blog.daum.net/hangun333/3143(2016. 11. 1., 검색)

즉, 1905년 일본이 독도를 편입하기 이전에 독도가 한국의 영토로 취급된 적이 없고, 1905년 이후 독도는 일본의 관할 하에 있었기 때문에 한국의 제안을 받아들일 수 없었으며, 따라서 샌프란시스코 조약 제2조a항에 독도가 누락되었다는 것이다.

여기에는 두 가지의 중요한 함의가 있다. 하나는 1905년의 일본의 독도편입을 정당한 것으로 보고 있으며, 둘째, 미국이 가지고 있는 '매우 제한된 정보에 의해서' 한국의 주장이 받아들여지지 않았다는 점이다. 여기에서는 이점에 주목하고자 한다. 바꾸어 말하면, 1905년 이전에 사실상 독도는 한국의 영토로 간주되었다는 사실을 입증하면, 제한된 정보에 의존한 미국의 독도 영유권에 대한 판단이 잘못되었다는 점을 바로 잡을 수 있으며, 샌프란시스코 조약 제2조a항의 일본이 포기한 한국이라는 개념 속에 독도가 포함된다고 할 수 있다. 다시 말하면, 샌프란시스코 조약의 독도 영유권에 대한 인식이 러스크 서한의 내용을 근거로 한 것이라면, 결국 독도문제는 1905년 일본의 독도편입에 대한 정당성으로 환원되는 것이다(池內敏 2012: 299-300). 이러한 점에서 무주지를 전제로 한 일본의 독도편입 조치에 대한 정당성 및 법률적 유효성에 대한 검토가 필요해진다.

덧붙여 이와는 전혀 다른 관점에서, 샌프란시스코조약 제2조a항은 아시아에서의 냉전 형성을 배경으로 일본을 중시한 미국의 정책적 이해가 반영된 결과로 보는 현실주의적 분석도 있다(原貴美惠 2004: 29-80). 일본을 공산주의의 팽창을 저지하기 위한 방파제로 육성하려는 미국의 정책이 독도영유권 문제에도 반영되어 독도를 한일 간의 미해결의 문제로 남기게 되었다는 것이다.

본서에서는 이상의 점들을 기초로 1905년 일본의 독도 편입을 근세 이후의 한일 간의 영유권문제라는 거시적 흐름 속에서 검토한다. 구체적으로는 1699년의 울릉도 쟁계→1877년의 태정관 지령→1905년 일본의 독도편입조치에 대한 각의 결정(시마네 현 고시)→샌프란시스코조약으로 이어지는 일련의 흐름 속에서 독도문제를 살펴본다. 특히 앞에서 언급한 1877년의 태정관지령과 1905년의 각의결정의 상관관계를 법제사적인 관점에서 고찰한다. 1905년의 일본의 영토편입을 유효한 것으로 간주해서 성립한 샌프란시스코 조약 제2조 a항의 유효성을 태정관지령과 관련지어 검토할 필요가 있다.

앞에서 지적한 바와 같이, 태정관 지령은 울릉도쟁계에서 전개된 조선과 일본의 교섭결과로 확립된 독도 및 울릉도에 대한 조선(한국)의 영유권을 당시 일본의 국가최고통치기관인 메이지 정부의 태정관이 에도 막부 정권의 결정을 재확인하여 계승한 것이다. 여기에는 다음과 같은 두 가지의 함의가 있다. ① 앞에서 지적한 바와 같이, 울릉도 쟁계가 조선 정부와 일본 정부의 교섭과정을 거쳐서 최종확정된 것이라는 사실에서 울릉도쟁계의 결과가 조약으로서의 의미를 가진 것이라는 점을 확인할 수 있다. 이는 1881년 시마네 현이 제출한 송도(울릉도) 개척원을 내무성이 거절한 사례에서도 이를 확인할 수 있다. 송도 개척원을 접수한 내무성은 외무성에 이에 관련하여 조선과 새로운 교섭이 있었는가를 질의했으며, 이에 대해 외무성은 조선과 교섭한 사실이 없다고 회신했다. 내무성은 외무성의 답신을 근거로, 1877년의 태정관지령이 계속 유효한 것으로 판단하고 송도개척원에 대한 허가를 거부 한 것이다. 만약에 태정관 지령이 조약의 성격이 없다면, 내무성이 외무성에 조선과의 새로운 교섭 사실의 유무를 확인할 필요가 없었을 것이다.

덧붙여 메이지 신정부가 수교 국가들에게 전달한 1868년 1월의 왕정복고 대호령(大号令)이 "종례의 조약은 대군(막부의 将軍)의 명칭을 사용했다 하더라도 앞으로는 천황의 이름으로 바꾸어야 한다"고 하여 조약의 승계와 계속성을 밝히고 있는 점을 감안하면, 태정관지령은 조약으로서의 울릉도쟁계를 메이지 정부가 계승한 것으로 볼 수 있다. 조약을 계승한 것이라면 태정관지령은 국내적으로 법률과 같은 효력을 가지게 된다.

② 국가최고통치기관인 메이지 정부의 태정관지령은, 영토문제에 관련된 것이기 때문에 단순한 시마네 현의 질의에 대한 '유권해석'의 차원을 넘어서는 전국적으로 효력을 미치는 법령으로서 1890년 시행된 메이지헌법에 의해 계속효력을 유지하고 있었으며, 이를 개정하기 위해서는 법률 개정의 절차를 거쳐야한다는 점을 들 수 있다. 소극적으로 해석을 해서, 비록 태정관 지령이 법률 개정 절차를 요하는 것이 아니고 일종의 행정부의 명령에 해당한다고 하더라도, 그 이후 변경의 사실이 없는 한, 적어도 1905년 1월 28일 일본의 독도편입을 위한 각의결정이 이루어지기까지는 태정관지령의 효력은 계속 유지되고 있었다고 봐야 한다.

위의 ①②를 종합하면, 조약 및 법률의 의미를 가진 태정관 지령을 1905년의 각의결정으로 변경을 할 수 있는가 하는 의문이 제기된다. 비록 태정관 지령에 조약의 성격을 부여하지 못한다고 하더라도 입법, 행정, 사법을 통괄하는 태정관에서 발령한 지령(태정관지령)을 1905년 1월 28일 행정부(각의)의 결정으로 변경을 할 수 있는가에 대한 의문은 여전히 남을 수밖에 없다. 나아가서 각의결정을 근거로 하여 독도를 일본의 영토로 편입한 1905년 2월 22일의 시마네 현 고시 제40호에 대해서도 같은 의문이 제기될 수밖에 없다.

그리고 적어도 각의 결정이 이루어진 1905년 1월 28일 이전까지 태정관 지령이 효력을 유지하고 있는 상황에서, 즉 일본이 울릉도쟁계 이후 200년 이상 조선(한국 땅)이라고 인정해온 독도에 대한 영유권을 일본이 조선(한국)과 협의 없이 일방적이고 자의적으로 자국의 영토로 편입하는 것은 합법적이지도 않고 정당성을 확보할 수 없다. 다시 말하면, 태정관 지령을 무시한 1905년 일본의 독도 영토편입은 정당성을 가질 수 없는 것이라고 하겠다.

이상의 사실들을 기초로 하여 그 연장선상에서 샌프란시스코 조약과의 관련성을 간략히 정리하면 다음과 같은 결론을 얻을 수 있다. 샌프란시스코 조약 제2조 a항은 ①독도에 대한 미국의 제한 된 정보와 ② 1905년 이전 독도가 한국의 영토로 간주된 적이 없다는 두 가지의 점을 전제로 하고 있는데 대해 다음과 같은 반론이 가능하다. ①울릉도 쟁계에서 일본과 한국은 독도와 울릉도가 한국의 땅이라는 것에 합의를 했고, 메이지 정부의 태정관지령은 이를 승계한 것이므로 적어도 1699년 이후 일본에 의해 독도는 한국의 영토로 인정되고 있었다. ② 그리고 그 이후 일본이 태정관지령의 효력을 변경하거나 정지시키는 아무런 조치가 없었기 때문에 그 이후에도 태정관지령의 효력은 계속 유지되고 있었다. ③ 아무리 양보를 해도, 위에서 논한바와 같이, 적어도 1905년 일본이 독도 편입 조치를 취하기 이전 까지 태정관지령이 계속 효력을 유지하고 있었다는 사실은, 일본에 의해 독도에 대한 한국의 영유권이 인정되고 있었다는 것을 의미한다. 비록 독도에 대한 한국의 관할권을 인정할 만한 직접적인 증거가 없더라도, 일본에 의해 독도에 대한 영유권이 인정되고 있었다는 사실은 독도에 대한 한국의 관할권이 존재했다는 사실을 반증한다. ④ 앞의 ①, ②, ③ 이 사실인 이상, 미국의 제한된 정보라는 것은 결국 1905년 일본의 독도편입조치 이후의 정보에 의존하고 있었다는 것을 의미한다.

이러한 측면에서 1905년의 일본의 독도편입을 사실로서 전제를 하고 작성된 샌프란시스코조약 제2조 a항에 대한 해석은 변경을 요할 수밖에 없다. 즉 제2조a항에 독도가 언급되지 않았다고 해서 그것이 곧 일본이 포기해야 할 섬이 아니라는 논리는 성립하지 않는다. 다시 한 번 강조하면, 샌프란시스코조약 제2조 a항은 미국의 잘못된 정보에 의해 작성된 것이기 때문에 이를 근거로 일본이 독도에 대해 영유권을 주장하는 것은, 1905년의 각의 결정으로 1877년의 태정관지령을 부정하는 것으로 이는 일본의 자기부정에 해당한다. 태정관 지령의 현재적 의미는 여기에 있다고 하겠으며, 태정관지령이 유효한 이상 1905년의 일본의 독도편입에 관련된 각의 결정과 시마네 현 고시는 효력을 가질 수 없는 것이 된다.

3. 식민지제국의 형성과 간도

1) 일본의 간도 진출

간도는 두만강 북쪽 대안지역으로, 19세기 이래 조선 북부 지방의 농민들이 개척한 지역이었다. 일제 시대에는 한국 최대의 반일투쟁지역이었으며, 약 40만 명의 조선인이 거주하고 있었다. 현재는 중국 연변 조선족자치주가 되어 있으며, 중국 전체 조선족 약 200만 명 가운데 약 90%가 이곳에 거주하고 있거나 이곳 출신이다. 또 지리적으로 조선, 중국, 러시아와 국경을 접하는 삼각지대에 있는 간도는 러시아와 만주, 조선에 대해 전략적 가치가 큰 지역이다.

조선인의 간도 개척에 대해 중국(청)은 두만강이 한중간의 국경이라 주장하면서 조선인의 쇄환을 요구했다. 이에 대해 조선은 백두산정계비의 기록을 근거로 간도에 대한 영유권을 주장했다. 1885년과 1887년 두 번에 걸쳐 한중 양국은 감계담판(국경회담)을 가졌으나 결론을 얻지 못하고, 그 이후 영유권 분쟁지역으로 남았다. 이러한 상황에서 1905년 11월 을사('보호')조약의 체결로 일본은 한국을 보호국으로 삼았으며, 한국의 외교권을 박탈한 일본은 한중 간에 현안이 되어있는 간도 영유권문제에 적극 개입했다.

러일전쟁 후 일본이 직면한 가장 큰 문제는 제2의 러일전쟁에 대비하는 것이었다. 「메이지 39년도(1906년)일본제국군대작전계획(日本帝国軍隊作戰計劃)」은, 대러시아 작전지역을 북만주와 길림성 동북부 및 남부 연해주에 걸친 지역으로 설정하고, "간도문제를 유리하게 해결하여 간도에서 일본의 자유행동이 가능하면 오소리 방면에서의 우리(일본-필자)의 작전을 아주 유리하게 지도할 수 있다. (중략) 간도문제의 해결은 원래 외교적인 문제이나 우리는 제국(일본-필자)의 장래를 위해 유리하게 그리고 가능하면 신속하게 이를 해결해야 한다"고 지적했다(日本防衛庁防衛研修所戰史部編 1967: 162). 또 한국주차군 참모부는 1906년 3월 29일 육군성 및 외무성에 제출한 「간도에 관한 조사 개요」에서 "이 지역(간도-필자)이 조선과 청국 어느 쪽의 영토에 속하느냐는 조선국토의 방위상 등한시 할 문제가 아니다"며, 대러시아 작전 및 조선 방어를 위해 반드시 간도를 확보해야 한다고 강조했다.

한편 하야시(林權助) 전 주한국 공사는 청국 공사로 임명(1906년 7월 14일)되기 직전 이토 히로부미 통감에게 "조선도 일본의 보호국이 되었으며 …(중략)…보호국민인 간도 조선인이 중국 관헌으로부터 압박을 받고 있다.…(중략)…(간도-필자) 조선인의 보호는 일본의 위신에 관계되는 일"임을 역설했다. 간도 한인의 보호는 일본의 한국지배에 대한 위신과 관련되는 문제이며, 통감부 설치 후 한국정부를 대신한 최초의 외교문제라는 점에서 매우 중요한 의미를 가진다.

제2의 러일전쟁에 대비하고 한국을 안정적으로 지배하기 위해서 일본은 간도를 반드시 확보해야할 필요가 있었다. 이러한 사정을 배경으로 일본정부는 1907년 2월 8일 다음과 같은 각의결정을 한다.

> 간도문제는 청한 양국 간에 다년간에 걸친 난문(難問)에 속하며, 지금 갑자기 이 지역의 관할(영유권-필자)을 결정하려 해도 도저히 그 목적을 달성할 희망이 없다. 그런데 한편으로는 이 지역에는 아주 많은 한인이 들어가 있으며, 동시에 한국정부로부터도 특히 그들의 보호를 제국정부에 의뢰해왔으므로 제국정부는 당분간 이 지역의 관할문제를 제기하는 것을 피하고 종래 한국정부가 실행한 예를 따라 단순히 재류 한민보호를 위해 상당수의 관헌을 출장 보내(간도파출소-필자), 가능하면 두드러지지 않는 방법으로 점차 우리들의 기반을 확립한다(日本外務省編 1961: 84).

위 각의 결정에서 보듯이 일본 정부는 중국을 자극하지 않기 위해 "당분간 이 지역의 관할문제를 제기하는 것을 피하고" 점진적으로 영유권을 확보한다는 방침을 세웠다. 간도 진출과 거의 같은 시기 이루어진 제1차 러일협상 과정에서 그 이유를 찾을 수 있다. 1907년 3월 30일 이토 히로부미 한국통감은 하야시 타다스(林 董) 외무대신에게 다음과 같은 전보를 보냈다. "지금 우리에게 가장 필요 불가결한 것은 만한(滿韓)문제를 명확히 하는 것보다 중대한 것은 없으며, 그 가운데 한국에 관한 문제가 가장 긴요(緊要)하다. 이번 기회를 잃어버리면 한국문제 때문에 다시 분쟁(전쟁-필자)을 일으키지 않을 수 없다. 특히 한국의 최근의 상황은 배일(排日)고취의 기염(氣焰)이 높고, 끊임없이 구미인의 눈치를 살펴야하는 시기"이다."(日本外務省編 1961: 84). 이어 4월 13일에는 "한국의 형세가 지금처럼 변하면 시간이 지날수록 어넥세이션(annexation)은 점점 더 곤란하게 될 것이다.······한국문제를 근본적으로 해결하는 것이 지금 가장 급선무이기 때문에 몽골문제에 관해서는 가능하면 러시아의 요구를 수용하는 것이 긴요하다"는 전문을 보냈다(日本外務省編 1961: 124). 러시아에게 몽골 문제를 양보하더라도 한국문제를 근본적으로 해결해야 하며, 그것은 한국의 병합(annexation)을 의미했다. 러일협상의 진행으로 제2의 러일전쟁의 가능성이 해소되었기 때문에 대러시아전에 대비한 간도의 군사적 가치도 약화되었다. 따라서 간도문제는 군사적 가치보다는 한국 지배문제를 중심으로 진행되게 된다. 무엇보다도 한국문제에 대한 구미 국가들의 개입 가능성이 있는 상황에서 이를 방지하기 위해서는 중국과의 마찰을 최소화하면서 접근할 필요가 있다.

1907년 8월 15일 제1차 러일협약(이 협약으로 간도를 포함한 남만주는 일본의 세력권에 들어가게 됨)이 공포되고, 8월 19일 일본은 간도 용정촌에 통감부간도임시파출소를 개설했다. 러시아를 자극하지 않기 위해 러일협약 공포 후 파출소를 개설한 것이다. 중국은 간도파출소 개설을 일본의 만주 점령의 일환으로 간주하고 강하게 반발했다. 이에 일본은, 한국 정부는 두만강을 국경으로 승인한 바가 없으며, 한인 보호를 위해 병사를 파견하는 등의 행정상 필요한 조치를 취하고 있었기 때문에 한인 보호를(외무성의 조사에 의하면 당시 약 10만 명의 한인이 거주하고 있었음) 위해 파출소를 설치했다고 반박했다(日本外務省編 1961: 118). 일본 정부는 한국 정부의 주장을 근거로 간도에 대한 한국의 영유권을 명확히 한 것이다. 외교적인 방법이 아니라 파출소 설립을 통해 직접 한인에 대한 보호조치를 취한 것도 간도를 한국 영토로 간주했기 때문이다. 그 이후 현지에서는 간도의 지배권을 둘러싸고 중일 간에 심각한 대결 상황이 야기되고, 이를 반영하여 중일 정부 간에는 치열한 외교적 공방이 전개되었다.

2) 간도처분과 한일병합

1908년 7월 제2차 가쓰라 내각이 성립하면서 간도문제는 중대한 변화를 맞는다. 9월 25일 가쓰라 타로 내각은 다음과 같은 「만주에 관한 대청 제문제 해결방침 결정의 건」을 각의 결정했다.

제국(일본-필자)의 대청(対清) 정책을 수립하는데 있어서는 먼저 만주에 관한 대청 제문제의 해결을 도모하기로 한다. 그 가운데 가장 중요한 즉 간도문제, 법고문(法庫門)철도, 대석교영구(大石橋営口)철도의 철거, 신봉(新奉)철도의 연장, 무순(撫順) 및 연대탄갱(煙台炭坑) 및 안봉선(安奉線), 기타의 철도연선 광산의 6안건을 일괄하여 청국정부와 협상을 하고, 양보해야 할 것은 이를 양보하고, 우리의 주장을 관철해야 할 것은 끝까지 이를 관철하여, 대체로 다음[左]의 방침에 따라 가능하면 동시에 이들 제문제의 해결을 도모한다. ……(중략)……간도문제는 한청 양국 다년 간의 현안으로 본건에 관한 한국의 주장은 그 근거가 매우 박약(薄弱)하며, 강희 정계(康熙定界, 백두산 정계비-필자) 이래 한청 교섭의 역사와 청국이 한국에 앞서 해당 지역에 행정을 편 사실에 비추어 두만강이 양국의 국경을 이루는 것은 의심의 여지가 없다.(日本外務省編 1961: 685~686)

위 각의 결정은 두 가지 점에서 중요하다. 첫째 간도문제가 이제 더 이상 간도 단독의 문제가 아니라, 만주의 다른 5안건과 함께 일괄처리 되며, 둘째, 일본은 1885년 정계담판 이후 한국이 일관되게 주장해온 간도에 대한 영유권을 포기한 것이다. 이 각의 결정을 계기로 간도문제는 일본이 만주의 다른 5안건을 유리하게 해결하기 위한 지렛대 역할을 하게 된다. 1908년 10월 21일 주중국 이쥬인(伊集院) 공사가 고무라 외상에게 보낸 "본 문제(간도문제-필자)에 관한 우리의 궁극적 양보는 타 안건을 우리에게 유리하게 해결하는 재료로 이용해야 하기 때문에, 간도문제만을 분리하여 먼저 교섭하는 것은 그 득실을 생각해야 할 필요가 있다"는 내용의 전문은 이를 잘 보여주고 있다(日本外務省編 1961: 691). 여기에서 간도문제 연구자들이 통설처럼 받아들이고 있는 일본의 만주 권익 확보(만주 5안건)와 간도 영유권 포기라는 교환설이 성립한다.

그 후 중일 간에는 만주현안을 우선시하는 일본과 간도문제를 가장 먼저 처리해야 한다는 중국의 입장차이, 그리고 간도한인에 대한 지배권(재판관할권) 문제 등으로 교섭은 정체되었다. 급기야 1909년 3월 중국은 간도문제를 비롯한 만주 6안건을 헤이그 중재재판소에 회부할 것을 통고하고 회담 중단을 선언했다. 당시 미국은 달러를 배경으로 만주의 남북을 횡단하는 금애(錦愛)철도 부설 계획, 만주철도 중립화안을 등을 제기하면서 만주에 대한 경제적 진출을 모색하고 있었다. 영국의 보링사와 청국 정부사이에는 이미 신법선(新法線, 新民屯-法庫門간 철도) 공사 계약이 체결된 상태였다. 『타임스』의 외교부 주임 치롤은 6월 23일 북경에서 이쥬인 공사를 만나 다음과 같이 충고했다.

일본 정부는 가능한 빨리 (만주의-필자) 현안을 해결하는 것이 매우 중요하며, 만약 오랫동안 지연되어 해결이 되지 않으면 제3국이 편승하게 될 것이다. 미국 또는 독일은 간섭을 시도하게 될 것이며, 일본은 더욱 불리하게 될 것이다.……(중략)……지금 미국이 극동에 활동을 시작한 것은 매우 주목해야 할 현상이며, 이는 반드시 당소의(唐紹儀)의 사명과 관련이 있을 것이며, 독일 측과 도 관계가 있을지도 모른다(日本外務省編 1961: 285).

당소의는 1908년 가을 중국 대표단을 이끌고 미국에서 활동 중이었다. 당소의는 미국으로부터 만주 개발에 필요한 지원을 끌어내고, 동시에 독일황제가 제안한 중국, 미국, 독일의 삼국동맹을 모색하고 있었던 것이다. 이러한 그의 움직임은 국제적으로도 주목을 받았다.

이러한 국제정세는 조선을 안정적으로 지배하고 만주에 진출하려는 일본에게는 위기적 상황이었다. 당시 수상인 가쓰라 타로(桂太郎)의 후견인 격이었던 야마가타 아리토모(山県有朋)는 1909년 4월 「제2 대청(対清)정책」에서 당시의 상황을 다음과 같이 분석했다. "(만주문제로 인해-필자) 오늘날 열강이 하나 같이 적이 되려하고 있다.…(중략)…이러한 형세가 조성되면 한반도에 미치는 영향은 중대하다.…(중략)…지금 조선을 보호국으로 해놓았을 뿐으로 아직 순전한 부용(附庸)이 되지 않은 상태에서 또 다시 이를 포기하지 않을 수 없다"고 심각한 우려를 표했다(大山梓編 1966: 312-314). 중국의 교섭중단으로 만주문제에 열강이 개입할 가능성이 부상하고, 그러한 국제정세 속에서 무엇보다 조선을 확보하지 않으면 안 되는 상황이 야기된 것이다. 이러한 위기를 타개하기 위해 4월 10일 가쓰라 타로 수상과 고무라 쥬타로 외상은 급진적 병합에 미온적 태도를 보이고 있는 이토 통감을 방문해 병합의 필요성을 역설했다. 이러한 상황을 반영한 탓인지, 예상과 다르게 이토는 주저 않고 "(한국의) 병합은 어쩔 수 없다"며 동의하고, 병합을 기정사실화 했다(日本外務省編 1980: 839). 6월 14일 이토는 한국통감에서 물러나고, 병합정책이 본격 추진되었다. 그 이후 병합방침은 간도정책과 거의 병행하여 동시에 진행되었다는 점을 주목할 필요가 있다.

일본의 방침은 7월 6일의 한일합방에 관한 각의 결정과 8월 13일의 간도문제에 관한 각의 결정으로 구체화되었다. 7월 6일 일본 정부는 "적당한 시기에 한국의 병합을 단행"할 방침을 최종적으로 확인하고, 같은 날 천황의 재가를 얻었다. 고무라는 병합에 관한 순서, 방법 등을 기록한 의견서를 7월 가쓰라 수상에게 제출하여 내각의 동의를 얻었다. 이어서 만주문제를 타개하기 위해 일본 정부는 8월 13일 각의결정에서 간도 영유권 및 간도한인에 대한 재판권을 포기하는 등 간도문제에 관한 중국의 요구를 전면적으로 수용했다. 일본으로서는 한일병합을 기정사실화 한 이상, 간도문제로 인해 병합에 장애가 될 열강 및 중국의 개입 가능성을 남길 필요가 없었다. 한일병합 꼭 1년 전인 1909년 9월 4일 일본은 이른바 '간도협약'을 체결하여 간도를 청국의 영토로 인정하게 된다.

만약에 간도문제가 미해결인 상태에서 일본이 한국병합을 단행하면 다음과 같은 문제가 발생한다. 한국의 영토/국경이 미확정인 상태에서 병합이 이루어지기 때문에 병합의 범위에 간도가 포함되느냐의 여부가 문제로 남는다. 일본이 간도를 계속 점령한 상태에서—일본의 간도 점령은 형식적으로는 간도를 한국 영토로 간주하는 것이다—병합을 단행하면, 중국의 입장에서 병합은 중국 영토의 일부를 포함한 것이 된다. 이에 대해 중국이 저항할 것은 명확하며, 일본의 조선병합은 불완전한 것이 된다. 중국을 비롯한 열강이 조선문제 및 만주문제에 개입할 가능성을 남기게 되는 것이다. 이러한 의미에서 중국이 만족하는 간도문제의 해결 즉 영유권포기가 필요하다. 요약하면, 일본으로서는 한일병합 방침을 결정한 이상, 한일병합의 장애가 되는 간도문제의 해결은 불가피하며, 그 연장선상에서 간도영유권을 포기한 간도협약이 체결된 것이다. 이러한 측면에서 일본에게 간도문제 해결은 조선병합을 위한 정지(整地) 작업의 일환이었으며, 간도 영유권 포기를 통해 병합을 위한 마지막 장애요인을 해소하게 되었다.

일본의 간도 진출이 한일병합을 전제로 한 것이 아니라 해도, 그 이후의 진행과정에서는(특히 한일병합이 본격 논의되는 1908년에 들어와서는) 간도문제와 한국병합 문제는—인과관계는 차치하고 사실관계를 보면—밀접하게 관련된 형태로 진행된 것을 확인할 수 있다. 간도협약이 체결되고 꼭 1년 후 병합이 단행되고, 이로써 일본은 식민지제국이 되었다. 이를 상징하듯, 1911년 일본은 미국, 영국, 독일, 프랑스 등과의 불평등 조약을 완전 해소하게 되고 제국주의 시대 국제사회의 일원이 된다. 일본은 간도처분으로 식민지제국으로 등장하는 계기를 마련했다고 할 수 있다.

문제는 한일병합이 이루어지기 전 보호국의 단계에서 한국의 외교권을 대리하는 일본이 한국 정부의 의사에 반해서 간도영유권을 포기할 권한이 있는가라는 점이다. 보호의 범위가 어디까지이며, 보호국이 피보호국의 영토처분권을 가지고 있는가에 대한 논란이다. 최근 간도협약 무효론자들은 일본이 간도협약을 체결하여 간도 영유권을 중국에 양도한 것은 보호의 범위를 넘어서는 행위이기 때문에 간도협약은 무효라는 주장을 펴고 있다(이에 대한 논의는 간도되찾기 운동본부가 활발하다. http://www.gando.or.kr/). 간도 영유권에 대한 일본의 책임문제가 남아있다는 의미이다. 제국주의 시대 아프리카 아시아 등에서 식민지제국이 자의적으로 제3국 또는 식민지의 국경선을 긋고(아프리카의 국경선은 편의적인 줄긋기로 이루어진 직선이 많다) 영토를 처분하여 현재적 문제를 남기고 있는 것과 같은 현상이다.

참고문헌

김원수(1909) 「4국협조체제와 간도협약의 국제관계 1907~1909」『동북아역사논총』제26집.
신용하(1996) 『독도의 민족 영토사 연구』, 지식산업사.
이석우(2005) 「1951년 샌프란시스코 평화조약에서 독도의 영토 처리 과정에 관한 연구」『동북아역사논총』7호.
이성환·송휘영·오카다 다카시(2016) 『일본 태정관과 독도』, 지성인.
이성환(2003) 『간도는 누구의 땅인가』, 살림출판사.
池内 敏(2012) 『竹島問題とは何か』, 名古屋大学出版会.
李盛煥(1991) 『近代東アジアの政治力学ー間島を巡る日中朝関係の史的展開』, 錦正社.
西里喜行(2009) 「東アジア史における琉球処分」『経済史研究』제13호, 大阪経済大学日本経済史研究所.
名嘉憲夫(2013) 『領土問題から国境劃定問題へ』, 明石書店.
西里喜行(1992) 「琉球分割交渉とその周辺」『新琉球史 近代·現代編』, 琉球新報社.
原貴美恵(2005) 『サンフランシスコ平和条約の盲点ーアジア太平洋地域の冷戦と戦後未解決の諸問題』, 渓水社.
伊藤隆監修、百瀬孝著(2010) 『日本の領土』, 河出書房新社.
井上清(1972) 「『尖閣』列島ー釣魚諸島の史的解明」, 現代評論社, 1972(1996년 第三書館에서 신판 발간)
浜川今日子(2007) 「尖閣諸島の領有をめぐる論点ー日中両国の見解を中心にー」『調査と情報』, 国立国会図書館調査及び立法考査局.
浦野起央(2002) 『分析·資料·文献尖閣諸道·琉球·中国-日中関係史』, 三和書籍.
和田春樹(2012) 『領土問題をどう解決するかー対立から対話へー』, 平凡社.
池内 敏(2012) 『竹島問題とは何か』, 名古屋大学出版会.
日本防衛庁防衛研修所戦史部編(1067) 『戦史叢書·大本営陸軍部(1)』, 朝雲新聞社.
日本外務省編(1961) 『日本外交文書』第40巻 2冊, 巌南堂書店.
日本外務省編(1960) 『日本外交文書』第41巻 1冊, 日本国際連合協会.
日本外務省編(1980) 『小村外史』, 原書房.
大山梓編(1966) 『山県有朋意見書』, 原書房.
浦野起央(2002) 『分析·資料·文献 尖閣諸道·琉球·中国-日中関係史』, 三和書籍.

한일 관계와 국경

제3장

한일 간의 상호인식의 경계*

　　1965년의 한일 간의 국교정상화는 전후 한일관계를 제도적으로 규정하고 있다. 이른바 '65년 체제'라 한다. 65년 체제는 양국의 관계를 정치, 경제적으로만 규정하고 있을 뿐 식민지 지배문제에 대한 해결이나 민간을 중심으로 한 문화교류 등은 제외되어 있는 매우 비정상적인 것이다. 그럼에도 불구하고 한일관계가 유지될 수 있었던 것은, 냉전 체제하에서 미국을 중심으로 한 동아시아의 국제질서가 작용했으며, "양국 간에 불행한 침략과 식민지 지배의 유산으로 일정 이상의 접근이 어려"웠기 때문에 식민지 지배에 대한 양국 간의 인식의 차이를 묵인한 결과라 할 수 있다.

　　이러한 한일 관계는 정치 경제적으로는 협력적 관계, 정서적 문화적으로는 비우호적 관계라는 이중적 성격을 띠게 되었다. 흔히 '가깝고도 먼 나라'로 표상되는 한일관계는 지리적, 역사적 관계뿐만 아니라 정치 경제와 정서적 관계의 이중성격을 규정하는 것이라 할 수 있다. 그 이후 1980대년 후반의 냉전체제 붕괴와 1998년의 대중문화 개방을 통한 민간교류의 확대, 일본과 한국의 국내 정치·사회적 지형의 변화 등으로 한일관계는 구조적 변화를 가져왔다. 이러한 변화 속에서도 한일관계는 끊임없는 갈등과 협력의 부침이 교차하는 양면성(ambivalence)을 가지면서 전개되어 왔다.

　　한일관계의 양면성의 기저에는 실질적인 교류와 협력의 확대에도 불구하고 양 국민의 상대 국가에 대한 부정적 인식이 크게 작용하고 있다고 지적되어 왔다. 그럼에도 불구하고 지금까지의 연구에서는 이에 대한 면밀한 분석이 이루어지지 않고 피상적인 묘사에 그치는 경향이 강했다. 즉 한일 간은 "지리적·문화적 근접성에 비해 심리적 거리가 멀다"는 일반론이 그것이다. 이러한 점을 고려하여 한일관계를 보다 중층적이며 종합적으로 이해하기 위해서는 한일

---
* 본고는 이성환(2011) 「한국과 일본의 상호인식의 경계」 『일본문화연구』(제38집)을 수정 보완한 것임.

양국민의 상대국가에 대한 상호 인식을 검토하는 것은 매우 중요하다. 상대국가에 대한 상호 인식에서 연유하는 한일 간의 심리적 경계(국경)는 양국 관계에 영향을 미치고 있기 때문이다(에티엔 발리바르, 지태원 역 2010, 9-16).[1]

그러면 한일 간의 상호 인식의 갭은 어디에서 오는 것일까. 한국과 일본의 각종 보고서에 의하면, 한국인의 부정적인 일본관의 가장 큰 요소로서 '역사 인식의 갭'을 지적하는 경향이 강하다. 한국과 일본의 상호인식은 역사 인식 즉 식민지 지배 경험에 대한 집단적 기억과 직결되어 있다는 의미이다. 그러면 이러한 역사 인식의 갭이 식민지 지배에서 해방된 지 70여년이 지나고, 한일 강제병합 100년이 지난 지금에는 한일관계에 어떻게 작용하고 있을까. 한일 양 국민의 의식조사를 통해서 이를 알 수 있을 것이다.

양국 국민의 의식조사와 관련해서는 저널리즘적인 발표나 부분적이고 단편적인 현상에 대한 분석은 많이 이루어 졌으나, 양국 국민의 상호인식 전반에 대한 체계적인 분석은 많지 않다. 지금까지 한일 양국의 호감도를 비롯한 의식조사는 반복적으로 실시되어 왔으나, 대부분의 조사는 학생 등 특정 계층을 대상으로 한 제한적인 것이 많았으며, 양국 국민들을 대상으로 한 경우는 많지 않았다. 일본은 1978년부터 내각부에서 매년 일본인을 대상으로 「외교에 관한 여론조사」(http://www8.cao.go.jp/survey/index-gai.h tml)를 실시하여 발표하고 있다. 이를 통해 상대국가에 대한 인식, 양국관계에 대한 평가 등을 시계열적으로 파악 할 수 있다. 한국에서는 이러한 조사가 이루어지지 않고 있다.

여기에서는 일본 내각부의 「외교에 관한 여론조사」와 2010년 8월 KBS와 NHK가 한일병합 100주년을 맞아 공동으로 실시한 『조사결과보고서 KBS-NHK 한일 공동 국민의식조사』의 데이터를 중심으로 한일 양국민의 상호인식의 구조를 분석한다. 출처를 명기하지 않은 데이터는 『조사결과보고서 KBS-NHK 한일 공동 국민의식조사』에 의한 것이며, 그 외 한국 갤럽 등의 데이터도 보조적으로 사용한다.

1. 한일 양국의 상호 호감도

일반적으로 호감도는 상호관계의 형성과 유지에 중요한 인지적 동기 요소로 작용하며, 호감은 긍정적 상호 관계의 기초가 된다. 이러한 의미에서 한일양국의 상대국가에 대한 호감도

---

[1] 여기에서 경계 또는 국경이라는 용어는 국가의 영토적 국경(border)이 국가 또는 사회간의 교류와 접촉이 빈번해지는 가운데, 심리적, 문화적으로 국가간, 이주민, 외국인, 소수자 등에 대한 배타적인 구분 또는 구별짓기 현상이 국가를 배경으로 나타나는 것을 총칭하는 용어로서 사용한다.

는 양국 간의 상호 인식과 관계를 파악하는 데 가장 일반적으로 사용되고 있다.

〈표 1〉 한국인의 일본에 대한 호감도(%)

구분		1993년 9월 (18세 이상)	1994년 9월 (18세 이상)	2002년 2월 (20세 이상)	2004년 11월 (20세 이상)	2010년 7월 (20세 이상)
호감도	좋다	33.9	33.9	33.7	26.8	27.9
	싫다	63.1	64.2	56.9	43.7	70.8
	모름 (무응답)	3.1	1.9	9.4	29.4	1.3

1993, 1994, 2002, 2004년의 데이터는 한국갤럽조사연구소의 조사이며, 2010년의 데이터는 KBS방송문화연구소(2010)의 조사임

〈표 1〉에서 보는 바와 같이, 한국인의 일본에 대한 호감도는 큰 변화를 보이지 않고 어느 정도 안정적인 모습을 보이고 있으나, 약간 낮아지고 있는 추세를 보이고 있다. 일반적으로 한일관계는 독도문제, 교과서문제 등과 같은 돌발적인 사건으로 많은 영향을 받는다고 알려져 있다. 그럼에도 불구하고 〈표 1〉에서와 같이 호감도가 큰 변화를 보이지 않는 것은, 돌발적인 사건으로 한일 간의 정치, 외교 관계는 악화되나, 상대국가에 대한 호감도는 크게 영향을 받지 않는 것으로 해석할 수 있다. 2010년이 한일 강제병합 100주년이라는 특수한 사정이 있었음에도 불구하고 호감도가 크게 낮아지지 않은 점에서도 이를 알 수 있다. 한일 강제병합 100주년을 맞아 매스컴과 사회단체들을 중심으로 100년 전 부당하게 이루어진 일본의 한국 식민지 지배가 적극적으로 부각되었음에도 불구하고 일본에 대한 호감도는 2004년과 거의 변화를 보이지 않고 있다.

그러나 여기에서 눈여겨볼 점은, 2010년과 2004년의 데이터를 비교하면, '좋다'는 비율은 큰 변화를 보이지 않고 있으나, '모름'이 낮아지면서 '싫다'는 비율이 크게 높아졌다. 즉 중립적 혹은 유보적인 태도를 취하고 있던 '모름(무응답)'의 그룹이 비호감 즉 '싫다'는 쪽으로 이동한 것으로 보인다. 이는 2010년이 한일 강제병합 100주년이라는 특수성이 반영된 것으로 생각할 수 있다. 전체적으로 한국인의 일본에 대한 호감도는 '좋다'는 비율에는 큰 변화를 보이지 않고 비호감 즉 '싫다'와 중립적인 '모름(무응답)'의 변화에 의해 결정된다는 특징을 보이고 있다.

따라서 한일관계는 독도문제, 교과서문제 등과 같은 돌발적인 사건에 많은 영향을 받는다는 일반론은, 돌발적인 사건에 의해 '좋다'는 그룹은 크게 영향을 받지 않으면서 중립적 태도를 가진 그룹이 '싫다'는 쪽으로 이동하여 비호감도가 증가하는 것으로 해석할 수 있다. 다시 말하면, 비호감도의 증가로 반일적 또는 일본에 적대적인 사회 분위기는 강화되나, 일본에 대한 호감도('좋다') 그 자체는 큰 변화가 없다고 하겠다. 이에 대해서는 면밀한 검증이 더 필요할

것으로 생각되나, 한일 간에 돌발적인 사건이 발생했을 때 비호감이 증가한 것처럼 보이는 것은 매스미디어가 선정적으로 보도함으로써 일본에 대한 호감도가 급격히 떨어지는 것처럼 보이는 착시현상으로 볼 수 있다. 그리고 한일 간의 돌발적인 사건(독도, 교과서문제 등)은 반복된 것으로 그에 대한 내성이 어느 정도 형성되어 있을 뿐만 아니라 이들 요소는 호감도 등에 이미 반영되어 있기 때문이라고 볼 수 있다.

〈표 2〉 2010년도 한일 양국의 호감도

구분			좋아한다	좋아하는 편이다	싫어하는 편이다	싫어한다	모름/무응답
전체(%)			7.9	40.4	35.5	7.9	8.3
한국			1.9	26.0	57.3	13.5	1.3
일본			11.9	50.2	20.6	4.1	13.0
국적·연령별	한국	20대	2.7	39.6	46.7	9.3	1.6
		30대	3.2	31.5	54.6	9.3	1.4
		40대	2.6	22.8	62.7	11.0	0.9
		50대	0.6	19.2	66.1	11.9	2.3
		60대	-	17.4	59.6	22.0	0.9
		70대 이상	-	17.0	51.1	31.8	-
	일본	20대	10.1	59.0	20.1	3.6	7.2
		30대	12.8	56.8	18.5	3.1	8.8
		40대	12.9	57.0	19.3	3.6	7.2
		50대	12.0	52.1	18.4	3.7	13.9
		60대	11.7	47.8	21.5	4.1	14.9
		70대 이상	11.6	35.3	25.1	6.2	21.8

반면에 〈표 2〉에 보는 바와 같이, 2010년의 조사에서 일본의 한국에 대한 호감도는 상대적으로 높게 나타났다. 일본은 '한국을 좋아 한다'가 62.1%('좋아한다'가 11.9%, '좋아 하는 편이다'가 50.2%)이며, '한국을 싫어한다'는 응답이 24.7%('싫어하는 편이다'가 20.6%. '싫어한다'가 4.1%)이다. 일본의 경우 한국을 '좋아 한다'가 '싫어한다'는 비율 보다 훨씬 높게 나타났다. 전체적으로 일본을 좋아한다는 한국인보다, 한국을 좋아 한다는 일본인의 비율이 2배 이상 높은 비대칭 현상을 보이고 있다.

한국과 일본의 이러한 비대칭 현상은 다른 조사에서도 알 수 있다. 2007년 9월, 한중일 3국의 공동조사에서 한국인의 일본에 대한 호감도는 35.6%에 지나지 않으나, 일본인의 한국에 대한 호감도는 59.0%를 보이고 있다(『한국일보』2007. 9. 2). 또 2006년 8월의 미국, 중국, 일본, 북한, 러시아 등 5개국에 대한 호감도 조사에서도, 한국인의 일본에 대한 호감도는 17.1%에 지나지 않으나, 일본인의 한국에 대한 호감도는 43.5%를 보이고 있다(『한국일보』2006. 8. 7).

이처럼 한국과 일본에서 상대국에 대한 호감도가 비대칭적인 모습을 보이는 것은, 일본 내의 한류의 영향으로 설명하는 경향이 있다. 대체적으로 30% 중반에 머물던 일본인들의 한국에 대한 호감도는 1996년 이후 상승하기 시작하여(『동아일보』2005. 12. 27), 2000년 이후에는 50%를 넘어 지속적인 상승 추세를 보이고 있는 것은 이를 반영한 결과이다(일본 내각부 「외교에 관한 여론조사」). 이와 함께 한일 양국의 대조적인 정치, 경제 현상도 영향을 미친 것으로 해석된다. 일본은 1990년대 이후 정치, 경제적으로 불안정을 노정하고 있는 반면에, 한국은 역동적이면서도 비교적 안정적인 모습을 보이고 있는 것으로 평가받고 있다. 한일 양국의 이러한 대조적인 현상은 일본의 한국에 대한 호감도를 상대적으로 높이는 작용을 했을 것이다. 이러한 현상을 오구라 기조(小倉紀蔵)는 룩 코리아(look korea)현상으로 설명하고 있으며, 이를 바탕으로 일본에 한류현상이 나타났다고 분석하고 있다(小倉紀蔵 2005: 52-53).

또 이 조사에서 한국과 일본은 상대 국가를 바라보고 평가는 기준이 매우 다르다는 특징을 발견할 수 있다. "일본인 하면 당신의 머릿속에 떠오르는 사람은 누구입니까"라는 설문에 한국인의 20.8%가 이토 히로부미라고 답했으며, 다음으로 고이즈미 준이치로(9.7%), 아사다 마오(8.4%), 스즈키 이치로(6.4%), 도요토미 히데요시(6.0%) 등의 순이었다. "한국인 하면 당신의 머릿속에 떠오르는 사람은 누구입니까"라는 설문에 대해 일본인의 20.8%가 배용준이라고 답했으며, 다음으로 김대중(7.6%), 이명박(7.3%), 최지우(4.3%), 이병헌(1.7%) 등의 순이었다(KBS방송문화연구소 2010: 8-11).

즉 한국인은 이토 히로부미라는 침략의 원흉을 통해서 일본을 바라보고, 일본은 배용준이라는 한류 스타를 통해서 한국을 바라보고 있는 것이다. 한국은 침략이라는 네거티브한 역사적 관점에서 일본을 평가하고, 일본은 한류라는 포지티브한 현재적 관점에서 한국을 평가하는 경향이 있다는 점을 알 수 있다. 이러한 평가기준의 차이 내지는 바라보는 시선의 차이가 양국의 상대국가에 대한 호감도에 영향을 미쳤다고 하겠다. 이러한 경향은 한국갤럽조사연구소가 2000년 4월에 실시한 조사에서도 알 수 있다. 일본을 싫어하는 이유를 묻는 설문에서 '역사적 배경과 과거사 때문'(전체 응답의 49.1%), '역사를 왜곡하고 반성하지 않기 때문'(7.9%)이라고 답한 사람이 전체의 약 60%를 차지했다(이성환 2010: 145). 즉 한일 간의 과거사가 한국인의 일본에 대한 호감도를 낮추는 가장 큰 요인으로 작용하고 있는 것이다.

또 하나 주목할 점은, 이번조사에서 상대 국가에 대한 접촉 및 교류 경험과 호감도는 크게 관련성이 없으며, 연령대가 높을수록 상대국가에 대한 호감도가 낮다는 것을 알 수 있다(KBS방송문화연구소 2010: 2-3). 구체적으로는, 한국의 경우 '일본이나 일본인을 접해보거나 교류한 경험이 없다'는 응답이 65.1%이며, 일본은 '한국이나 한국인을 접해 보거나 교류한 경험이 없다'는 응답이 56.2%로 나타났다. 한국인의 일본 경험보다 일본인의 한국 경험 비율이 높다.

70대 이상 연령대의 상대국가에 대한 호감도와 접촉 및 교류 경험의 관계를 살펴보면 다음과 같다. 한국인의 경우, 70대 이상은 다른 연령층에 비해 일본인이나 일본에 대한 접촉 및 교류 경험의 비율이 높은 편이나(69.1%), 일본에 대한 호감도는 매우 낮게 나타나고 있다. 일본의 경우도 70대 이상의 연령대가 한국에 대한 호감도가 다른 연령층에 비해 비교적 낮게 나타나고 있으나, 한국이나 한국 사람에 대한 접촉 및 교류 경험은 30대와 큰 차이를 보이지 않고 있다. 한국이나 한국 사람에 대한 접촉 및 교류 경험이 비슷함에도 불구하고 '한국을 좋아 한다'는 응답이 30대에서는 69.9%, 70대 이상에서는 46.9%로 큰 차이를 보이고 있다. 이 데이터에서 보면, 적어도 한일관계에서는, 접촉경험과 호감도는 관련이 없다고 할 수 있다. 일본의 대중문화가 개방되고 한일 간의 민간 교류가 증대하고 있음에도 불구하고, 2004년 이후 한국인의 일본에 대한 호감도가 떨어지고 있는 것이 이를 단적으로 설명하고 있다(〈표 1〉).

이러한 조사 결과는 교류와 접촉 경험이 많으면 호감도가 높아진다는 일반론을 벗어나는 것으로 한일 양국의 특수 관계를 여실히 보여주고 있다. 교류와 접촉에 의해서도 완화되지 않는 한일 양국의 심리적 경계(또는 심리적 국경)의 벽이 그만큼 높다는 것을 가리키며, 한국 쪽의 경계가 더 높다는 것을 알 수 있다. 이러한 결과는 황화철(2004: 113)의 심층면접을 통한 질적 연구에서도 확인되고 있다.

한일 양국의 상대국가에 대한 호감도의 상대적인 차이는, 〈표-3〉에서처럼, 상대국가에 대한 이미지에도 어느 정도 반영되어 나타나고 있다.

〈표 3〉 한국인/일본인을 잘 표현하고 있다고 생각되는 것을 모두 고르세요.(복수응답)

구분	친절	신뢰	근면	우호적	평화적	인종차별적	규율을 잘 지킴	집단주의적	개인주의적	예의바름	이성적	감정적	우수	친근	선량	상냥
전체(%)	21.2	5.6	29.7	11.6	3.9	6.4	15.0	18.9	14.8	24.5	5.1	17.9	8.2	11.4	2.7	13.2
한국	40.1	10.1	38.4	5.1	3.8	9.1	21.5	14.2	26.6	38.2	10.5	4.4	8.2	7.4	2.4	22.6
일본	8.4	2.5	23.8	16.1	4.0	4.5	10.5	22.1	6.7	15.1	1.5	27.1	8.3	14.1	2.9	6.8

"일본인/한국인을 잘 표현하고 있다고 생각되는 것을 모두 고르세요"라는 설문에 대한 특징적인 응답은 다음과 같다. 즉 ① '신뢰할 수 있다'(한국 응답자 10.1%, 일본 응답자 2.5%), ② '우호적이다'(한국 응답자 5.1%, 일본 응답자 16.1%), ③ '개인주의적이다'(한국 응답자 14.2%, 일본 응답자 6.7%), ④ '친근하다'(한국 응답자 7.4%, 일본 응답자 14.1%), ⑤ '집단주의적 이다'(한국 응답자 14.2%, 일본 응답자 22.1%), ⑥ '이성적이다'(한국 응답자 10.5%, 일본 응답자 1.5%) 등이다. 호감도와 가까운 우호성, 친근성에서 일본은 상대적으로 한국을 긍정적으로 평가하고 있다. 또 일반론과 달리 일본인은 한국인을 집단적으

로, 한국인은 일본인을 개인주의적으로 보고 있다. 이는 한국이 일본보다 집단주의적 성격이 강하다는 것을 의미하는 것으로, 약간은 의외라 할 수 있다.

2. 상대국가에 대한 정보 습득의 경로

그러면 한일 양국민은 어떠한 경로를 통해서 상대국가에 대한 정보를 습득하고 있는가. 정보 습득 경로는 상대국가에 대한 이미지 형성 및 그 프로세스를 밝히는 데 중요한 요소이다.

〈표 4〉 일본/한국에 대한 정보를 주로 어디에서 얻고 있습니까?(복수응답)

구분		지상파 TV	위성, 케이블 TV	라디오	신문	만화	잡지 주간지 (만화제외)	책	개봉 영화	가족 친구 지인	VTR, DVD	음악 CD	학교 교육	인터넷	기타	특별히 없음	모름/ 무응답
전체(%)		79.1	14.4	4.0	31.8	4.0	7.4	5.6	4.7	13.1	5.3	1.9	2.1	15.3	0.4	7.0	0.4
한국		72.5	24.1	2.8	26.8	8.5	3.6	8.3	5.1	15.3	2.0	0.9	3.1	22.2	-	10.1	-
일본		83.6	7.7	4.8	35.2	1.0	10.0	3.8	4.5	11.5	7.5	2.6	1.4	10.7	0.7	4.9	0.6
한국	20대	69.8	28.6	0.5	17.0	17.0	1.6	11.5	10.4	15.9	4.4	2.7	5.5	47.8	-	4.4	-
	30대	75.9	27.3	2.8	27.3	10.2	5.1	9.7	6.0	16.2	2.3	1.4	5.1	26.9	-	6.5	-
	40대	76.8	23.2	4.4	33.3	8.3	6.6	9.6	7.0	13.6	2.2	0.4	0.9	24.1	-	7.0	-
	50대	66.7	19.2	2.3	31.6	5.6	1.1	5.6	1.1	14.1	0.6	-	4.0	9.0	-	14.7	-
	60대	70.6	23.9	1.8	28.4	0.9	3.7	2.8	0.9	20.2	0.9	-	-	2.8	-	17.4	-
	70대 이상	72.7	19.3	5.7	17.0	2.3	1.1	6.8	-	12.5	-	-	1.1	3.4	-	20.5	-
일본	20대	85.6	4.3	2.2	24.5	3.6	10.8	2.2	4.3	17.3	12.2	6.5	2.9	26.6	-	5.0	0.7
	30대	88.1	4.0	1.8	26.0	1.3	11.9	3.1	6.6	10.1	8.8	3.1	1.8	16.3	-	2.6	-
	40대	85.5	10.8	1.2	34.5	0.8	12.9	4.4	3.6	8.8	8.0	3.2	3.2	16.5	0.8	2.0	-
	50대	83.9	12.4	6.7	40.8	1.5	12.0	4.1	6.0	15.7	10.9	3.7	0.7	10.5	0.7	4.1	0.7
	60대	82.9	8.9	7.6	41.1	0.3	10.8	4.4	4.1	11.7	5.7	0.9	-	3.5	0.6	4.1	0.6
	70대 이상	77.5	4.0	6.9	36.7	-	2.9	3.6	2.5	8.0	2.5	0.7	0.7	1.1	1.5	10.9	1.5

〈표 4〉와 같이, 한국인이 일본에 대한 정보를 습득하는 경로는 지상파 TV, 신문, 위성/케이블, 인터넷 등의 순이다. 그 가운데 지상파 TV가 압도적인 비중을 차지하고 있으며, 신문, 위성/케이블, 인터넷 등은 거의 비슷한 수준이다. 인터넷과 만화의 경우는 대체로 연령대가 낮을수록 응답률이 높다. 20대에서는 신문보다 인터넷을 통해서 정보를 습득하는 빈도가 높게 나타나고, 만화의 영향력은 상대적으로 적은 것으로 나타났다.

일본인의 경우도 정보 습득 경로는 대체적으로 한국인과 비슷한 유형을 보이고 있으나, 지상파 TV와 신문, 잡지, VTR/DVD, 음악 CD 등을 통한 정보 습득 비율이 한국보다 상대적으로 높다. TV의 경우, 지상파TV는 일본이, 위성/케이블 TV는 한국이 상대적으로 높은 비율을 보이고 있다. 한국의 경우 아직 일본의 대중문화에 대해 지상파TV를 개방하지 않고 있기 때문이다. 인터넷의 경우는 한국과 마찬가지로 연령대가 낮을수록 응답률이 높으나, 한국과 비교했을 때에는 응답률이 상대적으로 매우 낮게 나타났다.

여기에서 특기할 만한 사실은, 한일 양국에서 다 같이, 학교 교육을 통한 정보 습득 비율이 매우 낮게 나타나고 있다는 점이다(한국 응답자 3.1%, 일본 응답자 1.4%). 이러한 사실은 학교 교육이 상대국가에 대한 이미지나 인식의 형성에 거의 영향을 미치지 못한다는 것을 의미한다. 지금까지의 일반론으로는 한국의 일본에 대한 이미지(특히 부정적 이미지)는 대부분 학교교육을 통해서 이루어진다고 여겨졌다. 이것이 사실이라면 지금까지의 일반론은 수정되어야 할 필요가 있다.[2] 학교 교육이 상대국가에 대한 인식 형성에 거의 영향을 미치지 못한다는 사실은, 검인정 교과서 제도를 채택하고 있는 한일 양국에서, 상대국가에 대한 인식 형성에 있어서 국가 개입의 가능성과, 교육을 통한 상대국가에 대한 획일적인 선입견이나 편견이 개입할 여지가 적다는 것을 의미한다. 그 만큼 상대국가에 대한 인식이 다양해지고 유연해질 가능성을 보여주는 긍정적인 신호로 해석할 수 있다. 이러한 맥락에서 본다면, 한국에서의 반일교육이 일본에 대한 부정적 인식을 형성한다는 일본 측의 지적은 실질적으로 큰 의미가 없는 것이라 하겠다.

위에서 살펴본 바와 같이, 한일양국에서 상대국가에 대한 이미지 형성에서 TV는 절대적인 영향을 미친다. 그러면 한일 양국민은 TV를 통해서 상대국가에 대해 구체적으로 어떠한 정보를 얻고 있는가를 살펴볼 필요가 있다. 한국의 경우는 TV 프로그램 가운데 뉴스, 다큐멘터리,

---

2 아래 표에서 보는 바와 같이, 중고등학교 학생들의 역사현안에 대한 관심도와 이해도에 대한 조사에서도 이를 어느 정도 추론할 수 있다. 예상과 달리 중고등학교 학생들의 역사현안에 대한 관심과 이해도는 그리 높지 않은 것으로 나타났다. 그 이유로는 체계적인 수업이 이루어지지 않고 있기 때문이라고 한다. 아래 표의 데이터는 한중일 3국의 역사현안에 대한 조사이며, 조사의 전체적인 맥락으로 봤을 때 '역사현안'은 주로 중국의 동북공정, 일본의 과거사에 관한 것으로 해석된다.

한중일 3국의 역사 현안에 대한 학생들의 관심도 및 이해도에 대한 평가(%)

구분	매우 낮은 편	다소 낮은 편	보통	다소 높은 편	매우 높은 편
관심도	8.9	31.3	28.0	27.4	4.4
이해도	13.6	41.4	31.0	12.6	1.4

역사현안에 대한 학생들의 관심도가 낮은 이유(%)

정규교과서에서 체계적으로 다루지 않음	현안에 대한 학생의 문제의식 부재	수능에서 중요하게 다루어지지 않으므로	수업시수 부족	교사들이 현안교육의 필요성을 느끼지 못해서	학생들의 역사에 대한 낮은 관심	기타
43.8	22.8	19.2	10.7	2.1	1.1	2.3

(동북아역사재단 2010b: 51-54의 데이터를 이용해 재작성)

스포츠, 영화, 드라마의 순으로 접촉 경험이 많은 것으로 나타났다. 뉴스와 다큐멘터리의 접촉 비율이 특히 높게 나타났다. 일본의 경우는 TV 프로그램 가운데 드라마, 뉴스, 영화, 다큐멘터리, 스포츠의 순으로 접촉 경험이 많다. 일본의 경우는 TV드라마의 접촉 경험이 다른 프로그램에 비해(뉴스 프로그램과 비교하여도) 압도적으로 높게 나타나고 있으며, 연령대와 상관없이 골고루 높은 빈도를 보인다.

이러한 양국민의 TV프로그램 접촉 패턴을 단순화하여 종합하면, 한국의 경우는 뉴스와 다큐멘터리를 통해 일본에 대한 정보를 습득하고, 일본의 경우는 드라마와 뉴스를 통해 한국에 대한 정보를 습득한다고 할 수 있다. 더욱 단순화 하면, 일본은 드라마를 통해 한국을 바라보고 있으며, 한국은 뉴스를 통해 일본을 보고 있다. 드라마는 일반적으로 한국의 문화를 다루고 있으며, 뉴스는 사건 중심으로 내용이 구성되는 점을 감안한다면, 한일양국의 상대국가에 대한 호감도가 상대적으로 차이를 보이는 것도 같은 맥락에서 이해할 수 있다.

즉 드라마를 통한 정서적 호응이 일본의 한국에 대한 호감도에 플러스 영향을 미치고, 사건 중심의 뉴스는 한국의 일본에 대한 호감도에 마이너스로 작용하는 것으로 추정할 수 있다. 드라마를 중심으로 한 한류가 일본인의 한국에 대한 호감도를 높였으며, 1990년대 이후의 정치불안과 경기 침체 등을 중심으로 한 일본 관련 뉴스가 일본에 대한 한국인의 호감도를 낮췄다고 하겠다. 한국 언론의 일본 보도는 경제, 정치외교 관련보도가 전체의 약 반 정도를 차지하고 있으며 부정적인 인상의 보도가 많은 것에서도 이를 어느 정도 추론할 수 있다.[3]

---

3 한국언론에 나타난 일본 보도의 주제별 건수와 부정적 인상지수

구분	세부주제별 건수		부정적 인상지수
	건수	%	평균
정치·외교	177	22.0	5.73
경제	232	28.0	5.32
군사·안보	72	8.9	6.18
문화·미디어·학술	162	20.1	3.73
사회	110	13.6	4.77
과학·기술·의학	33	4.1	4.24
기타	20	2.5	5.0
전체	806	100	5.04

(김영욱 2006 : 39, 50, 이창현 2007: 115에서 재인용)

〈표 5〉 한국의 어떤 정보에 관심을 갖고 있습니까?(복수 응답, %)

구분	정치, 외교	경제 기업동향	사건 사고	안전 보장	미용 건강 패션	스포츠	드라마/ 영화/가요 등 대중문화	한국/일본에 거주하는 일본인/한국인 에 대해	교육 학술 과학기술
전체	36.2	27.7	12.1	10.1	10.8	19.4	20.7	4.5	6.8
한국	33.2	26.8	12.6	7.7	9.6	20.8	9.2	5.4	6.4
일본	38.2	28.2	11.7	11.8	11.5	18.5	28.6	3.9	7.1
한국 남성	40.7	34.3	13.8	9.1	4.9	28.5	6.9	5.1	6.9
한국 여성	26.0	19.5	11.4	6.3	14.2	13.4	11.4	5.7	5.9
일본 남성	49.5	36.5	14.7	18.8	2.0	26.9	19.1	3.3	9.1
일본 여성	29.1	21.6	9.3	6.1	19.3	11.7	36.2	4.4	5.4

위와 같은 경향은 한국인과 일본인의 상대국가에 대한 관심 분야와도 일치하고 있다. 한일 양국민의 상대국가에 대한 관심분야는 〈표 5〉와 같다. 〈표 5〉에서 보는 바와 같이, 한국의 경우, 일본에 대한 관심 분야는 정치, 경제에 집중되어 있으며, 그 외 분야는 특별히 빈도가 높은 분야가 없다. 일본의 경우도 정치, 경제에 대한 관심은 높은 편이다. 그러나 한국과는 대조적으로 드라마/영화 등 대중문화와 음식에 대한 관심도가 경제 분야와 거의 같은 정도로 높게 나타나는 특징을 보이고 있다. 특히 여성의 경우가 이 분야에서 압도적으로 높은 관심도를 보여주고 있다. 전체적으로 대중문화는 약 3배, 음식은 약 1.5배 정도 한국보다 더 높은 관심을 보이고 있다. 대중문화 및 음식에 대한 한국과 일본의 관심도의 차이는 한국과 일본의 상대국가에 대한 호감도의 차이와 수치상으로 거의 일치한다(한국을 '좋아한다'는 비율이 일본을 '좋아한다는 비율보다 약 2.23배 높음, 〈표 1〉 참조). 다시 말하면 일본의 한국에 대한 호감도는 대중문화를 매개로 한 소프트한 것이며, 한국의 일본에 대한 호감도는 정치 경제를 매개로 한 하드적인 측면이 있다고 하겠다.

3. 식민지 지배 문제와 한일관계

일본의 한국 식민지 지배문제는 한일관계에 어떻게 영향을 미치고 있을까. 먼저, 일본의 한국 식민지 지배에 대한 전체적인 인지의 정도를 살펴보면, 〈표 6〉과 같다.

<표 6> 일본의 한반도 식민 지배에 대해 어느 정도 알고 있습니까?(%)

구분			잘 알고 있다	어느 정도 알고 있다	잘 모른다	전혀 모른다	모름/무응답	계
전체			24.3	53.1	18.5	3.5	0.6	100.0
국가	한국		31.2	60.0	8.1	0.6	0.1	100.0
	일본		19.7	48.3	25.5	5.4	1.0	100.0
국가·연령별	한국	20대	20.3	66.5	12.1	1.1	-	100.0
		30대	27.8	62.5	9.7	-	-	100.0
		40대	29.8	64.0	5.7	0.4	-	100.0
		50대	32.8	59.9	5.6	1.1	0.6	100.0
		60대	43.1	48.6	8.3	-	-	100.0
		70대 이상	47.7	44.3	6.8	1.1	-	100.0
	일본	20대	6.5	54.0	30.9	7.9	0.7	100.0
		30대	9.3	50.7	31.7	7.9	0.4	100.0
		40대	13.3	49.4	34.1	2.4	0.8	100.0
		50대	25.1	45.3	24.0	4.5	1.1	100.0
		60대	24.4	49.7	21.8	3.8	0.3	100.0
		70대 이상	30.2	44.0	15.6	7.6	2.5	100.0

KBS 방송문화연구소(2010)『조사결과보고서 KBS-NHK 한일 공동 국민의식조사』.

한국의 경우는 91.2%가, 일본의 경우는 68.0%가 일본의 한국 식민지 지배에 대해 알고 있다고 답했다. 일본의 한국 식민지 지배에 대해 '모른다'고 답한 비율이 한국은 8.7%에 지나지 않으나, 일본은 약 31%에 달한다. 일본은 모른다는 응답이 한국보다 약 4배 가까이 높은 비율을 보이고 있다. 이러한 경향은 젊은 층으로 갈수록 그 차이가 더욱 두드러진다. 한국과 일본에서 연령대가 낮을수록 일본의 한국 식민지 지배에 대해 알고 있다는 비율이 낮다. 특히 일본의 20, 30대는 일본의 한국 식민지 지배를 알고 있다는 비율이 약 60%에 그치고 있다.

다음으로 한일관계에서 일본의 식민지 지배가 한일관계에서 어느 정도 중요하다고 생각하고 있을까.

〈표 7〉 일본의 한국 식민 지배 등 과거사 문제가 한일관계에서 어느 정도 중요하다고 생각하십니까?

구분		매우 중요하다	어느 정도 중요하다	별로 중요하지 않다	전혀 중요하지 않다	역사 문제는 모른다	모름/무응답	〔계〕
전체(%)		30.5	53.4	11.2	0.8	1.4	2.6	100
국가 구분	한국	34.8	54.1	10.1	0.3	0.7	-	100
	일본	27.6	53.0	11.9	1.2	1.9	4.4	100

KBS 방송문화연구소(2010)『조사결과보고서 KBS-NHK 한일 공동 국민의식조사』

〈표 7〉에서 보는 바와 같이 한일양국은 다 같이 식민지 지배와 같은 과거사 문제가 한일관계에서 중요하다고 여기고 있다. 일본은 80.5%, 한국은 88.9%가 식민지 지배 등 과거사 문제가 한일관계에서 '중요하다'고 생각하고 있다. 이 비율은 한국의 경우는 식민지 지배에 대해 알고 있다는 비율과 거의 일치하고 있으나, 일본의 경우는 이 비율이 식민지 지배에 대해 알고 있다는 비율보다 훨씬 높은 수치를 보이고 있다《표 6》. 이러한 현상은 식민지 지배에 대해서는 잘 모르고 있으나, 한국의 빈번한 문제 제기로 식민지 지배, 위안부 문제 등 과거사가 한일 간의 현안이 되고 있는 사실을 알고 있다는 의미로 해석된다. 이에 대해서는 연령대별 차이는 크게 보이지 않는다. 전국 중고등학교 역사과 교사를 대상으로 한 조사에서도 이와 비슷한 경향을 보이고 있다. 동북아역사재단의 조사에 의하면 전국 중고등학교 역사과 교사들 68.3%가 '역사 갈등이 한일 간의 외교관계 형성에 부정적인 영향을 미친다'고 답하고 있다(동북아역사재단 2010b: 31).

다음으로 앞으로의 한일관계의 개선을 위해 중요하다고 생각되는 것은 무엇일까. 〈표 8〉에서 보는 바와 같이, 한일관계 개선을 위해 필요하다고 생각하는 부분에 있어서 한국과 일본은 큰 차이를 보이고 있다.

〈표 8〉 향후 한일 양국의 관계 개선을 위해 중요하다고 생각되는 항목을 2개 고르세요.

구분	무역불균형해소	정치적대화	경제교류	식민지배에 대한 보상문제 해결	문화, 스포츠교류	민간차원의 교류	역사인식문제해소	독도영유권 문제 해결	어업권문제 해결	특별히없음	모름/무응답
전체(%)	5.9	31.1	22.3	16.5	20.5	11.4	30.2	39.1	7.4	8.2	7.3
한국	10.4	22.3	13.9	26.0	9.9	4.3	34.4	62.0	8.4	8.4	-
일본	2.9	37.1	28.0	10.0	27.6	16.3	27.4	23.6	6.7	8.1	12.3

KBS 방송문화연구소(2010)『조사결과보고서 KBS-NHK 한일 공동 국민의식조사』

한국의 경우는 '식민지 지배에 대한 보상 문제', '역사인식문제', '독도문제' 등의 해결을 주된 요인으로 들고 있다. 반면에 일본은 '경제교류', '문화 스포츠 교류', '역사인식문제', '독도문제' 등을 들고 있다. 이 가운데 특히 한일 간에 현격한 차이를 보이는 부분은 식민지 지배에 대한 배상/보상 문제 해결과 독도문제, 문화 스포츠 교류 부분이다. 스포츠 교류 부분은 한국에 비해 일본이 약 3배 정도 높은 비율을 보이고 있으며, 한국은 독도문제 해결이 압도적으로 높게 나타났다. 이 가운데 스포츠 교류를 제외하면 대부분이 과거사 문제와 관련된 것으로 한국 쪽의 비율이 훨씬 높다.

요약하면 일본은 문화/스포츠 교류와 같은 현재적인 민간차원의 교류가 한일관계 개선에 중요하다고 여기며, 한국의 경우는 식민지 지배문제에 대한 해결이 중요한 요인이라고 생각하고 있다(한국에서는 독도문제도 식민지 지배문제와 연결해서 이해하는 경향이 강하기 때문에 독도문제 역시 식민지 지배 문제로 볼 수 있다). 다시 말하면, 일본의 경우는 한일관계를 현재적 관점에서, 한국의 경우는 현재의 한일관계를 과거사에 투영하여 평가하고 있음을 알 수 있다. 따라서 한국은 일본의 식민지 지배문제 해결을 한일관계에서 결정적인 요소로 인식하고 있다는 것을 알 수 있다. 이러한 한일 양국의 인식의 갭은, 한국의 경우 연령대가 높을수록, 일본의 경우는 연령대가 낮을수록 현재의 한일관계가 '좋지 않다'고 보는 경향이 강하다. 식민지 지배에 대한 경험이 가까울수록, 한국은 한일관계를 부정적으로 보는 경향이 있으며, 일본은 그 반대의 경향을 보이고 있다.

〈표 7〉과 〈표 8〉를 종합하면, 일본은 한일관계에 있어서 과거사 문제가 중요하다고 인식하고 있으면서도, 양국의 관계 개선을 위해서는 과거사 문제를 그다지 중요한 것으로 인식하지 않고 있다는 것을 알 수 있다. 이러한 모순은 과거사에 대한 인식 강도에서 오는 것으로, 일본은 과거사 문제를 정치적 대화나 민간차원의 교류 등으로 해결할 수 있다고 생각하고 있는 것 같다. 반면에 한국은 식민지 지배에 대한 배상이나 독도 영유권 등과 같은 과거사 문제를 보다 명확한 방식으로 해결되어야 한다고 보고 있는 것이다. 위의 논의를 요약하면, 민간차원의 교류를 중시하는 일본과, 과거사 해결을 중시하는 한국의 문제해결에 대한 인식의 차이는, 어느 한쪽의 노력만으로 한일관계를 쉽게 호전시킬 수 없는 한일관계의 특수성을 잘 보여주고 있다

이상과 같이 과거사에 대한 인식은 한일관계에서 결정적인 요소로 작용하고 있다(특히 한국의 경우 그러한 경향이 더욱 강하다). 한일관계가 호전되기 위해서는, 한국 쪽의 입장에서는 과거사에 대한 인식이 희박해지거나 과거사에 대한 일본의 명확한 해결 없이는 한일관계가 획기적으로 좋아지리라고 기대하기는 어렵다는 것을 의미한다. 그러면 과거사에 대한 한국인의 인식이 변화할 가능성이 있는가.

〈표 9〉에서 보는 바와 같이, 2007년부터 2010년까지의 데이터를 살펴보면, 한국인의 과거사에 대한 인식은 더욱 강해지고 있는 것을 알 수 있다. 〈표 9〉에서 2010년의 경우 한일 양국에서 다 같이 한일역사 쟁점 현안에 대한 인지도가 상승한 것을 알 수 있다. 2010년은 한일병합 100

년으로서 매스미디어 등에서 한일 간의 역사 현안에 대한 쟁점을 빈번하게 다루었기 때문일 것이다. 한일병합 100주년이라는 2010년의 특수한 상황을 감안하여 2009년까지의 추이를 보면, 일본의 경우는 인지도가 다소 낮아지고 있으나, 한국의 경우는 약간 높아지는 등 한일 간에 상반된 추이를 보이고 있다.

〈표 9〉 한일역사 쟁점 현안별 인지도

구분		인지도			
		2007년	2008년	2009년	2010년
야스쿠니 참배	한국	88.7	90.4	81.3	94.2
	일본	96.0	91.6	83.5	98.2
일본 군위안부 문제	한국	89.7	92.2	92.7	98.6
	일본	81.4	62.6	67.9	88.8
일본역사교과서왜곡	한국	91.5	94.6	86.4	96.8
	일본	81.2	75.4	62.5	87.4
독도영유권 문제	한국	92.7	96.0	93.9	99.6
	일본	75.2	67.8	70.1	93.2

(동북아역사재단 2010a: 36)

이처럼 과거사에 대해 한일 간에 상반된 추이를 보이는 것은 다음과 같은 양국의 정치, 사회적 변화에 기인하는 것으로 해석된다. 한국의 경우는 냉전시대에 억제되었던 민족주의적 갈등 요소가 분출하고, 민주화와 국력 신장으로 일본에 대해 과거사 해결을 위해 보다 강경한 자세를 취하는 심리적 정책적 경향이 강해졌다. 이러한 경향은 시민 사회에서 더욱 강하게 나타나고 있다. 반면에 일본의 경우는 "경제성장 달성 이후 탈정치화, 탈이념화가 광범위하게 진행됨"으로써 이념문제에 대해 상대적으로 관심이 낮아졌기 때문이다(木宮正史·李元德編 2015: 1-3).

지금까지 살펴본 바와 같이, 한일 간의 상호 인식의 갭은 여전히 크다. 일본의 한국 식민지 지배 문제는 한국인의 일본 인식 및 한일관계에 대한 평가에 결정적인 영향을 미치고 있다. 식민지 해방으로부터 반세기 이상이 지난 지금에도 이 문제를 둘러싸고 한일 간에는 비대칭적인 인식의 갭을 보이고 있다. 이러한 비대칭성은 교류나 접촉의 증대 등으로도 쉽게 해소되지 않는 것으로써, 한국과 일본 사이에 쉽게 넘을 수 없는 일종의 심리적 경계 내지는 국경으로 자리 잡고 있다는 것을 보여주고 있다. 그 연장선상에서 한국인들은, 과거사(독도문제 포함)에 대한 해결 없이는 앞으로의 한일관계도 쉽게 호전되지 않을 것으로 보고 있다.

위의 지적을 전제로, 지금까지의 논의에서 나타난 주요한 몇 가지의 특징을 정리하면 다음과 같다. 첫째, (앞으로 살펴보게 될 2012년 이명박 대통령의 독도방문이 있기 까지) 한국의 일본에 대한 호감도는 낮아지는 추세를 보이고 있으나, 일본의 한국에 대한 호감도는 지속적으로 높아지고 있다.

구체적으로는 일본의 한국에 대한 평가는 높아지고 있는 반면에 한국의 일본에 대한 평가는 낮아지고 있는 다소 비대칭적인 모습을 보이고 있다. 그 연장선상에서 한일관계에 대해서도 일본이 더욱 긍정적으로 평가하고 있다. 이러한 비대칭적인 상호인식의 기저에는 식민지 지배에 대한 양국의 인식의 차이가 강한 경계를 형성하고 있기 때문이다. 따라서 교류 증대 등으로 한일관계가 쉽게 호전되기는 어려우며, 어떠한 형태로든 과거사 문제에 대한 명확한 해결이 한일관계의 관건이라고 하겠다.

둘째, 한국인은 과거사를 투영한 형태로 일본을 평가하는 경향이 강하나, 일본은 문화 등과 같은 현재적 관점에서 한국을 평가하고 있다. 즉 상대 국가를 바라보는 시각의 차이가 뚜렷하게 부각되고 있다. 일본인들이 현재적 관점에서 한국을 평가하는 경향은, 한일 관계에서의 돌발적 사건, 한국 상황의 변화 등에 영향을 받을 수 있는 유동성을 내포한 것이라 할 수도 있을 것이다.

셋째, 학교 교육이 상대국가에 대한 이미지나 인식의 형성에 미치는 영향은 의외로 적다. 따라서 앞으로 한일 양국 간에는 상대국가에 대한 인식이나 이미지가 다양화될 가능성이 있다고 하겠다. 그렇다고 학교교육을 무시할 수는 없을 것이다. 학교교육은 상대국가에 대한 기본정보를 제공하는 측면이 강하고 여론 조사 등은 현재의 상황을 반영하는 경향이 있기 때문이다. 현재적 관점에서 한국을 평가하는 경향이 강한 일본 보다 과거사에 대한 인식을 통해 일본을 평가하는 경향이 강한 한국의 경우가, 학교교육의 영향을 더 많이 받는다고 할 수 있을 것이다.

4. 한일관계에 대한 인식 – 독도문제를 중심으로

지금까지 살펴본 한일 간의 긍정적 인식의 변화는 2012년 8월 이명박 대통령의 독도방문을 계기로 급격히 악화되었다. 일본 내각부 1978년부터(日本內閣府大臣官房政府広報室)가 매년 실시하는 「외교에 관한 세론조사」(http://surve.gov-online.go.jp/) 결과를 바탕으로 최근 한일관계의 변화를 살펴보고, 특히 독도문제가 한일관계에 어떻게 영향을 미치고 있는 가를 검토한다. 이를 위해 일본인의 한국에 대한 친근감, 한일관계에 대한 평가 그리고 한국 방문자 수 등을 구체적인 데이터로 활용한다. 각각의 변화 추세는 〈그림 1〉 〈그림 2〉 〈그림 3〉과 같다.

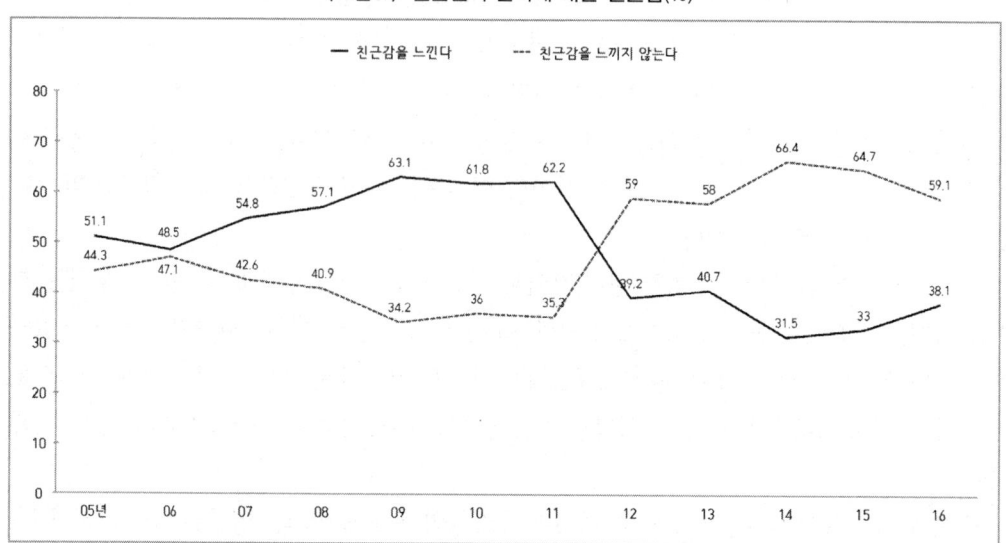

〈그림 1〉 일본인의 한국에 대한 친근감(%)

日本内閣府大臣官房政府広報室,「外交に関する世論調査」(각 연도별)
(http://survey.gov-online.go.jp/index-gai.html)에 의거 작성

먼저 친근감에 대해서이다. 〈그림 1〉에서 보는 바와 같이, 2011년까지 한국에 대한 일본인의 친근감은 지속적으로 증가하고, '친근감을 느끼지 않는다'는 부정적인 평가는 지속적으로 감소하여, '친근감을 느낀다'가 '친근감을 느끼지 않는다'를 상회하고 있다. 2011년에는 '친근감을 느낀다'(62.2%)가 '친근감을 느끼지 않는다'(35.3%)보다 약 두 배 가까이 높다. 그런데 2012년에 들어와 이러한 현상은 정반대로 바뀌었다. 친근감을 느끼지 않는다가 59.0%, 친근감을 느낀다가 39.2%이다. 이러한 경향은 그 이후에도 지속되고 있으며, 2014년을 피크로 다소 호전되는 경향을 보이고 있다. 내각부가 조사를 시작한 1978년 이래 이러한 현상은 처음이다.

일본 국민의 한국에 대한 이러한 정서적 이반 현상은 쉽게 메꾸기 어려운 양국 국민 간의 심리적 균열을 낳고 있다. 이러한 균열 현상은 양국 관계에 대한 평가로 이어지고 있다.

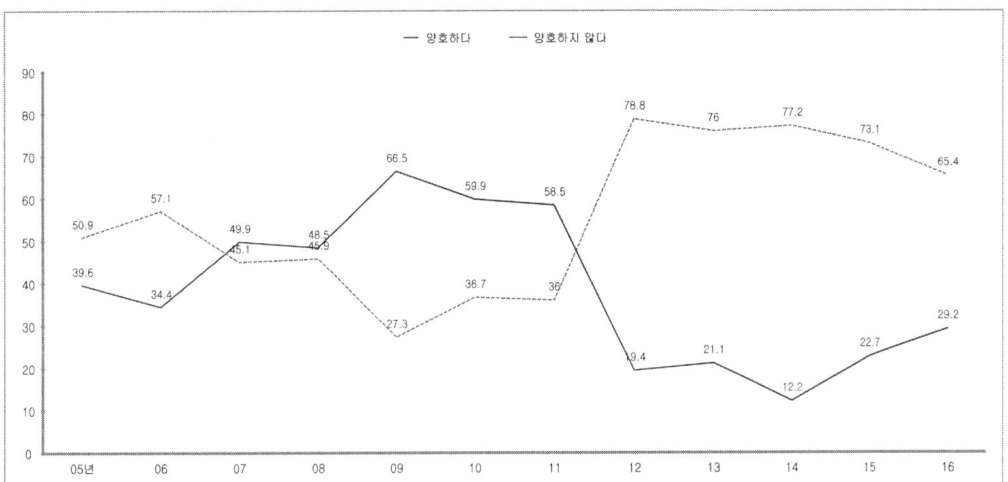

〈그림 2〉 일본인의 한일관계에 대한 평가(%)

日本内閣府大臣官房政府広報室,「外交に関する世論調査」(각 연도별)
(http://survey.gov-online.go.jp/index-gai.html)에 의거 작성

다음으로 한일관계에 대한 평가를 살펴보자. 한일관계에 대한 평가는 친근감의 변화와 거의 같은 추세를 보이고 있다. 2000년대 이후 다소 변화의 폭은 커졌지만, 전체적으로 긍정적으로 평가하는 경향이 강했다. 표에 나타나있지는 않지만, 일본 내각부의 조사에 의하면, 1990년부터 1999년까지 10년 간 평균은 '좋다고 생각한다'가 45.20%, '좋다고 생각하지 않는다'가 43.37%였다. 2001년부터 2011년까지의 평균은 '좋다고 생각한다'가 52.03%, '좋다고 생각하지 않는다'가 40.06%였다. 1990년대에 비해 2000년대에 긍정적인 평가가 약 10%정도 상승했으며, '좋지 않다고 생각한다'는 부정적 평가가 약 3%정도 감소했다. 이러한 긍정적인 변화의 추세는 2012년에 급변한다. 2012년의 평가는 한일관계가 '좋다고 생각한다'가 18.4%, '좋다고 생각하지 않는다'가 78.8%이다. 2012년의 한일관계에 대한 평가는 1986년 일본 내각부가 조사를 시작한 이래 가장 부정적인 결과이다. 이러한 추세는 다소 호전되는 듯한 경향은 보이고 있으나, 현재까지도 지속되고 있으며, 종래의 한일관계에서는 볼 수 없었던 현상이다.

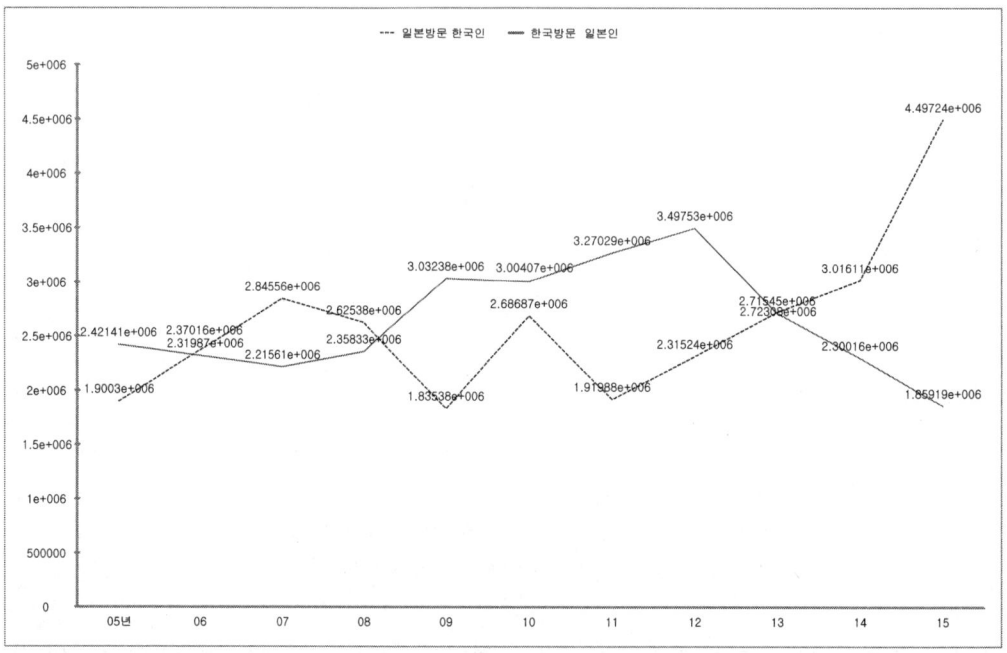

〈그림 3〉 한일 양국의 방문자 수(명)

법무부『출입국 관리 통계 연표』(1993~2005년); 법무부 출입국·외국인 정책본부『출입국·외국인 정책연감』(2000년 이후, http://www.immigration.go.kr) 및 일본 법무성 입국관리국편『(각년도판) 出入局管理』(http://www.immi-moj.go.jp/seisaku/)에 의해 작성

　한국에 대한 친근감의 퇴조와 한일관계에 대한 부정적 평가가 높아진 사정을 반영하여, 〈그림 3〉에서 보는 바와 같이, 2012년 이후 일본인의 한국 방문자 수도 급감하고 있다. 2012년까지 일본인의 한국 방문자 수는 매년 꾸준하게 증가세를 보였으나, 2013년에는 2012년에 비해 약 70만 명이 감소하였다. 이러한 급격한 변화 역시 이전에는 볼 수 없는 현상이며, 감소추세는 그 이후에도 계속되고 있다. 여기에서 눈이 띠는 것은 한일관계의 급변에도 불구하고 한국인의 일본 방문객 수는 2011년 이후 꾸준하게 증가하고 있으며 2013년 이후에는 일본인의 한국 방문객 수를 훨씬 상회하고 있다는 점이다. 한일관계와 관계없이 한국인의 일본 방문이 증가하고 있다. 이에 대한 특별한 이유를 발견하기는 어려우나, 한국인의 해외여행이 꾸준하게 증가하고 있는 경향과 같은 흐름으로 보인다.
　이상의 데이터를 종합하면 2012년 이후의 한일관계는 한일 국교수립 이후 최악의 상태라 할 수 있으며, 이러한 추세는 현재까지 지속되고 있으며 쉽게 회복될 것 같지 않다. 이러한 의미에서 2012년을 기점으로 한일관계는 양 국민의 정서적 이반과 심각한 균열현상을 보이고 있다고 하겠다. 2013년 박근혜 정부 출범이후 3년 간 정상회담이 열리지 않다가, 2015년 8월에 정상회담이 재개되고 12월말에 양국정부 외교장관의 위안부문제에 대한 합의문 발표가 있었으나, 이에 대한 양 국민의 갈등이 계속되고 있는 등의 현상은 이를 상징하고 있다.

그러면 2012년에 들어와 한일 관계가 급격히 악화된 원인은 무엇일까. 그 해 8월 10일 이명박 대통령은 독도를 방문하고, 그 며칠 후 과거사에 대한 천황의 사죄 요구 발언을 했다. 이에 대해 일본 정부는 독도문제의 국제사법재판소 제소 방침을 발표하고, 중의원은 항의 결의안을 채택하는 등 강하게 반발했다. 11월에는 내각부에 다케시마(竹島)문제대책준비팀(2013년 2월에 영토·주권대책기획조정실로 개편)을 만들어 본격적인 대응에 나섰다. 그 이후 한일관계는 급격히 악화되었으며, 앞에서 지적한 데이터가 이를 보여주고 있다.

독도 방문과 천황의 사죄 요구발언 가운데 어느 쪽이 한일관계에 더 크게 영향을 미쳤는지에 대해서는 밝혀지지 않았으나, 일반적으로 이명박 대통령의 독도방문이 더 큰 영향을 미쳤다고 보고 있다(중앙일보 2013. 02. 15). 천황의 사죄 요구 발언은 이명박 대통령의 공식발언이 아니고, 또 10월 8일 아소 다로(麻生太郞) 전 수상의 청와대방문에서 이명박 대통령이 해명을 함으로써 일단락되었다(朝日新聞 2012. 10. 09). 그러나 독도문제는 한일 간에 계속해서 이슈화하고 있었기 때문에 그 영향은 장기간 증폭되었다. 일본 언론에 대한 노출빈도도 독도문제가 훨씬 높았다.

또 2010년부터 중일 간에는 센카쿠 영유권 문제로 갈등이 전개되고 있었으며, 2012년 9월 10일 일본의 센카쿠 국유화 조치로 일촉즉발의 위기 상황이 조성된 것도 영토(독도)문제에 대한 일본 국민들의 민감도를 높였을 것이다. 일본 내각부의 '외교에 관한 세론조사' 결과를 보면 2010년 이후의 중일관계와 2012년 이후의 한일관계는 거의 같은 곡선을 그리고 있다(http://survey.gov-online.go.jp). 한국과 중국에 대한 일본 여론의 동조화 현상의 배경에는 영토문제라는 공통 요소가 작용하고 있는 것이다. 2년의 시간차를 두고 동조화 현상을 보이는 것은 센카쿠문제는 2010년부터, 독도문제는 2012년부터 분쟁화했기 때문이다.

이와 같은 점을 종합하면, 천황에 대한 사죄요구 발언보다 독도문제가 양국 관계에 훨씬 큰 영향을 미쳤다는 것을 알 수 있다. 또 〈그림 1〉 〈그림 2〉 〈그림 3〉을 보면 이명박 대통령의 독도방문이 2005년 일본 시마네현의 독도(다케시마)의 날 제정에 즈음한 한일 간의 영토문제에 대한 논쟁 이상으로 크게 영향을 미쳤다는 것을 알 수 있다. 이명박 대통령의 독도방문이 한일관계와 독도문제에 얼마나 큰 영향을 미쳤는지를 알 수 있다.

이러한 현상은 한국의 조사에서 더 극명하게 나타나고 있다. 2012년 8월 이명박 대통령의 독도방문과 천황사죄 요구발언이 있은 직후 8월 20, 21일에 한국갤럽조사연구소가 실시한 '독도와 과거사 문제에 대한 대일 외교정책 여론조사' 결과를 살펴보자.[4] 이명박 대통령의 독도방문과 천황 사죄요구에 대한 찬성과 반대는 각각 67%와 72%, 23%와 19%였으며, 한일관계가

---

4 한국갤럽조사연구소(2012) 「독도와 과거사 문제에 대한 대일 외교정책 여론조사」
http://www.gallup.co.kr/gallupdb/reportContent.asp?seqNo=323&pagePos=21&selectYear=&search=&searchKeyword=(검색일 : 2014.11.20)

악화되더라도 이러한 발언을 계속해야 한다가 76%에 달했다. 또 2014년 3월 한국갤럽조사연구소가 실시한 '한일관계에 대한 여론조사'에서는 현재의 한일관계에 대해 '좋다'는 응답은 3%에 지나지 않고 '좋지 않다'는 응답이 94%를 차지하고 있다.[5] 일본에서와 마찬가지로 한국인의 한일관계에 대한 인식은 최악의 상태에 있으며, 일본 보다 한국이 훨씬 더 부정적인 평가를 하고 있는 것으로 나타났다. 이상의 분석에서 한일관계에서 독도문제가 얼마나 중요하고 민감한 것인가를 알 수 있다.

여기서 검토를 요하는 부분이 있다. 앞에서는 독도문제, 교과서문제 등과 같은 돌발적인 사건은, 그에 대한 내성이 어느 정도 형성되어 있기 때문에 상대국에 대한 호감도에는 큰 영향을 미치지 않고, 비호감도를 증가시키는 측면이 있다고 지적했다. 그러면 2012년 이명박 대통령의 독도방문이 한일관계와 일본인의 한국에 대한 친근감을 급격히 악화시켰는가이다.

이에 대해서는 다음과 같은 추론이 가능할 것 같다. 이명박 대통령의 독도방문은 종래의 한일 간의 독도문제에 대한 논쟁의 범위를 벗어난 것으로 독도문제를 한일 간의 실질적인 현안으로 변화시켰다. 종래의 한일 간의 독도문제는 서로의 주장을 반복하는 논쟁의 범위를 크게 벗어나지 않았다. 그러나 이명박 대통령의 독도방문은 이 범위를 넘어 실제적으로 독도에 대한 주권을 강화하는 행위로서 일본을 직접 자극했다고 볼 수 있다. 일본 정부는 종래의 의례적인 반발을 넘어 국제사법재판소 제소라는 공식입장을 밝히고, 내각부에 영토·주권대책기획조정실을 설치하여 전방위적으로 대응자세를 보인 것 등에서 이를 알 수 있다.

또 2010년 일본의 센카쿠 국유화 조처로 인해 종래에 볼 수 없을 만큼 중일 관계가 급격히 악화한 것도 같은 맥락이다. 개인소유로 되어 있던 센카쿠를 정부가 매입하여 직접 관리하기 시작한 것에 대해 중국은 종래보다도 훨씬도 강도 높게 반발을 했다. 중국은 일본에 대해 희토류 수출을 중지하여 경제 압력을 가했을 뿐만 아니라 경비정을 파견하는 등 일촉즉발의 위기상황을 야기했으며, 중일 간의 관계도 악화되었다.

독도문제 및 센카쿠문제로 야기된 한일 및 중일 관계는 현재까지도 회복되지 않고 있는 상황이다. 이러한 사실은 국경/영토문제가 국가 간의 관계에 얼마나 민감하게 작용하는지를 보여주고 있다고 하겠다.

---

5 한국갤럽조사연구소(2014) 「한일 관계에 대한 여론조사-과거사/정상회담/독도/야스쿠니신사참배」, https://panel.gallup.co.kr/Gate/Panel/F022.aspx?seq=536&Yy=&SearchGb=&SearchKey=한일 관계에 대한 여론조사&date=Fri Nov 28 13:17:11 UTC+0900 2014(검색일 : 2014.11.20)

참고문헌

김영욱(2006) 「한국신문에 나타난 중국과 일본: 조선일보와 한겨레신문 1996-2005」, 언론재단편 『미디어에 나타난 이웃: 한중일 언론의 상호국가보도』.
KBS 방송문화연구소(2010) 『조사결과보고서 KBS-NHK 한일 공동 국민의식조사』.
동북아역사재단(2010a) 『2010 한·중·일 역사인식 조사 결과 보고서』.
_____(2010b) 『2010 전문가 여론조사 보고서-전국 중고등학교 역사과교사 대상-』.
에티엔 발리바르, 지태원 역(2010) 『우리, 유럽의 시민들』, 후마니타스.
이성환(2010) 「식민지의 기억과 일본대중문화의 유입 그리고 한일관계」, 『제2기한일역사공동연구보고서』제5권.
이창현(2007) 「한일관계와 뉴스 보도의 프레임, 그리고 상호인식」, 『인문사회과학연구』제18집.
하우봉(2005) 『한국과 일본—상호인식의 역사와 미래—』, 살림출판사.
조세형(2014) 『한일관계 50년, 갈등과 협력의 발자취』, 대한민국역사박물관.
황화철(2004) 「심리적 거리와 국가 이미지에 대한 한일비교」, 『한국마케팅과학회 춘계학술대회 발표 논문집』.
木宮正史·李元德編(2015) 『日韓関係史 1965-2015』, 東京大学出版会.
小倉紀蔵(2005) 『韓流インパクト—ルックコリアと日本の主体化—』, 講談社.
http://www.historyfoundation.or.kr/?stype=1&sidx=115&bidx=100&bmode=view(15)
http://www.gallup.co.kr
http://www8.cao.go.jp/survey/index-gai.html(일본 내각부 「외교에 관한 여론조사」)

한일 관계와 국경

제Ⅱ부

경제와 국경

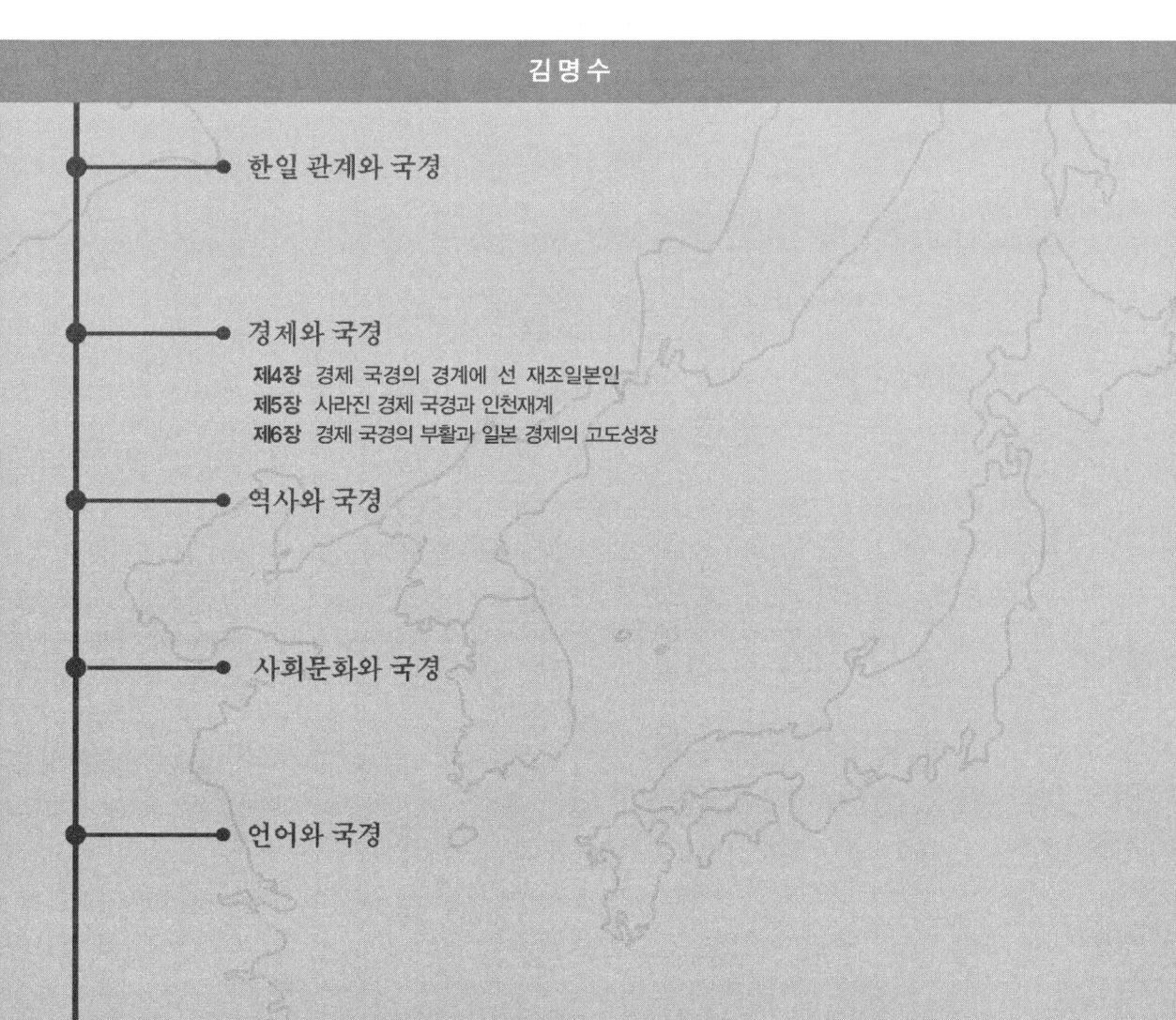

김명수

- 한일 관계와 국경

- 경제와 국경
  - **제4장** 경제 국경의 경계에 선 재조일본인
  - **제5장** 사라진 경제 국경과 인천재계
  - **제6장** 경제 국경의 부활과 일본 경제의 고도성장

- 역사와 국경

- 사회문화와 국경

- 언어와 국경

한일 관계와 국경

제2부 경제와 국경에서는 경제적인 측면을 중심으로 한국과 일본 사이의 국경문제를 생각해 보기로 한다. 지금이야 국경이 너무나 명확하여 이론의 여지가 없는 듯하다. 하지만 독도를 둘러싼 한일 양국 사이의 영토분쟁에서 알 수 있듯이, 여전히 국경문제는 지리적 영토 확보라는 측면에서 볼 때, 그리고 한 국민국가의 '국민' 형성과 정체성(identity) 유지라는 측면에서 볼 때 중요하다. 하지만 1910년, 아니 좀 더 정확히 이야기하자면 러일전쟁(1904-05)에서 승리한 일본제국주의에 의해 한국이 식민지로 전락해 가던 시절에는 상황이 좀 달랐다. 국경을 획정하기 위한 노력이 한참 진행 중이던 상황에서 일본제국주의가 한국을 군사력으로 강제 점령하고 외교권을 행사했다. 한국의 영토적 국경이 자주적으로 결정되기 전에 일본제국주의를 비롯한 서구열강에 의해 자국의 이권 획득을 위한 제국주의 열강 사이의 거래를 통해 영토가 침해당하고 말았다.

경제적인 측면에서 국경의 침탈 과정 또한 이와 궤를 같이했다. 경인철도가 시부사와 에이이치(渋沢栄一)를 비롯한 일본인 자본에 의해 1899년 부설되었고, 경부철도는 1904년 12월 러일전쟁을 뒷받침하기 위한 군용철도로 완공예정을 1년이나 앞당겨 속성공사로 완성되었다. 1878년에 일본 제일국립은행 부산지점이 설치되면서 한국에 근대적인 형태의 은행이 등장하였고, 1903년 이용익이 주도했던 중앙은행의 설립이 일본의 방해로 좌절되면서 제일은행은 한국의 중앙은행 역할을 담당하게 되었다. 시부사와의 초상화가 그려진 제일은행권이 한국의 '법화'로 사용되었고, 1909년 일본이 주도하여 설립한 중앙은행인 한국은행이 제일은행의 중앙은행 업무를 승계했다. 이 한국은행은 1911년 조선은행이 되어 1950년 현재의 한국은행이 설립될 때까지 존속했다. 식민지 금융제도의 정비는 철도, 항만, 통신, 우편, 도로 등의 정비와 함께 일본의 한국지배를 위한 인프라 정비에 다름 아니었다.

하지만 제도적인 측면과 달리 일본제국주의에 의한 한국지배의 실질적 담당자는 재조일본인들이었다. 재조일본인이란 한국(당시에는 '조선'이라 불렀다. 본고에서는 조선과 한국을 편의에 따라 혼용한다) 삶의 터전을 두고 있던 일본인을 가리키는데, 이들은 상인, 기업경영자, 총독부 관료, 교사 등의 각 분야에서 한국인들과 때로는 지배자의 입장에서 한국인을 억압하기도 하고, 때로는 삶의 터전에서 경쟁과 협력을 반복했다. 일본과 식민지 '조선' 사이의 지배와 피지배 관계 속에서 재조일본인들은 일본의 국책에 순응하고 협력했지만, 일본의 정책에 의해 자신들의 이해가 침해받을 때는 저항하기도 했다. 한국을 식민지로 삼았을 때부터 국경이 사라졌지만, 경제국경은 이들에게 있어 엄연히 존재하는 현실이었다. 재조일본인들은 이러한 긴장관계를 이용하여 자신들의 경제적 이익을 추구했다. 1945년 일본의 패망 후 일본제국주의는 해체되었고 그 동안 보일 듯 보이지 않던 경제국경이 다시 부활했다.

제4장에서는 아라이 하츠타로(荒井初太郎)의 사례를 통해 재조일본인이 어떤 배경과 계기를 통해 한국에 건너오게 되었는지, 또한 어떤 과정을 거쳐 일제강점지 '조선재계'의 최고중진으로 성장했는지를 검토한다. 물론 아라이의 사례는 토목청부업자의 사례일 뿐으로 재조일본인에 대한 연구는 앞으로 보다 많은 사례의 발굴이 필요한 분야이다.

제5장에서는 일제강점기 재조일본인에 의한 기업경영의 사례를 인천에 오랫동안 존속했던 조선신탁주식회사를 통해 살펴본다. 1932년 말에 한상룡의 주도로 설립되는 조선신탁주식회사와는 다른 회사이다. 인천재계의 주요 인물들이 조선신탁에 참여했는데, 이들은 또한 인천미두취인소(仁川米豆取引所)의 주요 관계자들이었다. '조선'의 신탁업이 1931년 6월에 법적 근거를 갖게 되기까지 존재했던 신탁회사들은 고리(高利)의 신탁예금을 통해 은행과 자금유치를 두고 경쟁했다. 투자가에게 고리를 보장했으니 신탁회사는 보다 많은 수익을 올리기 위해 다양한 방법들을 동원했다. 재조일본인들의 자금동원을 위한 사금고의 역할도 했다. 당연히 재조일본인 사이의 대립과 경쟁이 반복되었고 이권 쟁탈을 위한 복마전(伏魔殿)이었다. 조선총독부가 1932년 조선신탁을 설립하여 1934년까지 기설 신탁회사를 모두 합병함으로써 신탁업 일원화를 시도한 배경이었다.

제6장에서는 일본의 패망 이후 일본제국주의의 해체과정을 패전 직후 일본의 경제를 검토하고, 미군정에 의한 경제민주화 조치 및 한국전쟁을 계기로 형성된 '조선특수(朝鮮特需)'라는 경제부흥의 계기를 검토함으로써 1945년 이후 한국과 일본 사이에 형성된 경제관계의 시발점(始発点)으로 삼고자 한다.

제4장

경제 국경의 경계에 선 재조일본인
- 아라이 하츠타로의 사례 -

• • • •

제4장에서는 일제강점기 한국에 삶의 터전을 두고 거주했던 일본인(이하 '재조일본인'이라 칭함) 기업가의 대표적 존재로 특히 토목청부업(현재의 건설업)[1] 분야에서 활약한 아라이 하츠타로(荒井初太郞, 1868~1945)의 사례를 들어 일제강점기 경제국경과 그 경계에서 활약했던 재조일본인을 검토한다. 아라이라는 특정 업자에 관한 사례를 통해 ① 한말 일본인 토목청부업자의 한국 진출 배경과 과정, ② 한국 진출 이후의 토목청부업 활동과 성장과정, ③ 일본경영사에서 차지하는 재조일본인 토목청부업자의 위치와 특징을 알 수 있다. 학생 독자들의 이해를 돕기 위해 지금까지 이루어진 기왕의 관련 연구를 정리해 두기로 한다.

지금까지 재조일본인 기업가의 기업경영에 대해서는 조선에 있어서 과학적 경영관리의 선구자로서 가다 나오지(賀田直治)를 다룬 기무라 겐지(木村健二)의 연구(木村健二 2006), 경성방직의 근대성을 해명하기 위해 비교대상으로서 조선방직의 야마모토 조타로(山本条太郞)와 하라 야스자부로(原安三郎)를 분석한 정안기의 연구(정안기 2009), 일본경질도기를 인수한 뒤의 가시이 겐타로(香椎源太郎)를 검토하여 재조일본인 기업가의 성공요인과 인양(引揚) 후의 기업활동을 해명한 배석만의 연구(배석만 2009), 대만개발의 원로라 불린 가다 긴자부로(賀田金三郞)를 중심으로 가다 가(家)의 자본축적과 기업활동에 대한 분석을 통해 재조일본인 기업가의 세대교체와 그 특징을 밝힌 김명수의 연구(김명수 2009)등이 있다.[2]

---

[1] 이들 일본의 대표적 토목청부업자들은, 일본의 패전 이후에도 그대로 남아 현재 일본의 제네콘(General Contractor)으로 일본 건설업계를 주도하고 있다. 일본의 건설경제연구소가 발표한 2005년도 주요 건설회사의 결산분석 결과에 의하면, 大成建設, 大林組, 淸水建設, 鹿島(이상 상장기업), 竹中工務店(비상장기업)의 5개 회사가 일본 건설업계 주요 41사의 수주고에서 차지하는 비중이 2004년도 50.0%에서 2005년도 50.4%로 커졌다. 이러한 추세는 1990년대 이후, 특히 2000년대 들어서 더 빠르게 증가했다(高木敦 2006, 51-52).

그러나 금융업과 더불어 한국(조선)에 있어서 식민지 지배체제의 물적 기반을 구축한 토목청부업자에 관한 연구는 좀처럼 발견하기가 쉽지 않다. 그런 가운데 정재정의 선구적인 연구는 많은 시사점을 던져 준다. 정재정은, 한말 일본에 의한 철도부설 움직임과 함께 설립되어 주로 공사 자재의 제공이나 노동력의 공급을 주된 내용으로 하던 한국의 토목건축회사가 경부철도 속성공사를 계기로 하여 공사에서 배제되었고, 일본 청부업계의 불황을 배경으로 한국에 진출한 일본 청부업자들이 철도부설이나 도로, 항만 등의 식민지 통치를 위한 인프라 정비를 통해 불황을 타개하고 지속적인 성장을 구가할 수 있었음을 보였다.

정재정은 또한 일본 토건업의 성장에 대한 구체적인 사례로 오쿠라구미(大倉組)의 청부내역을 소개하며 이후 오쿠라구미가 일본 유수의 재벌로 성장할 수 있었던 성장 동력이 한국에서의 토건업 청부활동에 있었음을 밝혔다.[3] 그러나 정재정의 연구는 한말에 진출한 일본 토목업자들이 어떤 정치적 배경과 경로를 통해 한국에 건너왔는지, 한말의 청부활동이 식민지기에 어떤 기업활동으로 연결되었는지, 즉 식민지 조선에 뿌리를 내린 이른바 재조일본인 청부업자의 한국진출, 청부업자로서의 성장, 식민지기의 기업활동과의 관련성에 대해서는 미해결의 과제로 남겨두었다.

한편, 한국 근대 건축사의 입장에서 일제하 일본인 토목 청부업자를 개괄적으로 다룬 건축사학계의 연구성과 또한 본 장과 관련하여 참고가 된다. 김태중은, 청일전쟁부터 1910년까지를 대상으로 한 짧은 논문에서, 1889년의 회계법 공포로 일본 내의 토목 청부업계가 경쟁 상태에 돌입한 것이 대외 진출의 내부적 조건을 형성하였고, 그러한 조건 하에 오쿠라구미(大倉組)가 청일전쟁 당시 군 용달로 한국에 진출하면서 일본인 토목 청부업자의 한국 진출이 시작되었으며, 본격적인 토목청부업 활동은 1899년의 경인철도 부설공사를 청부한 가시마구미(鹿島組)에서 비롯된다는 것을 밝혔다(김태중 1996). 아울러 김태중은 일본의 대표적인 청부업자인 오쿠라구미, 가시마구미, 하자마구미(間組), 시미즈구미(淸水組), 오바야시구미(大林組)의 한국 진출 과정에 관해 개략적인 정리를 해 두었는데, 이들 청부업자에 대한 구체적인 분석까지는 이르지 못하여 아쉬움을 남겼다. 그런 의미에서 지역적인 한계를 전제로 대구를 대상으로 한 이진현의 연구는 김태중의 연구를 보완하고 있다(이진현 2010).

다케다 하루히토(武田晴人)와 이금도의 연구는 일제하 담합사건을 다루고 있어 당시 토목 청부업에 대한 이해를 도와준다(武田晴人 1994; 이금도 2006). 또한 이금도는 조선총독부의 토목 건축기구와 함께 일본인 청부업자의 청부활동, 그리고 업자간 수주경쟁과 담합까지 다루어 일제하

---

2 이상 정안기·배석만·김명수 3인의 논문은 「지역과 역사」 제25호, 부경역사연구소, 2009년에 수록되어 있다. 한말 일제하에 활약한 일본인 기업가에 대한 연구는 사코마 후사타로(迫間房太郎)를 다룬 藤永壯(1987)과 가시이(香椎)를 다룬 金東哲(2005) 등도 있어 참고가 된다.

3 정재정(1985), 이 논문은 정재정(1999) 제Ⅴ장에도 수록되어 있다.

토목 건축업에 관한 종합적인 연구를 시도했으나, 일본인 청부업자에 대해서는 개괄적인 서술에 머무르고 있다(이금도 2007). 그러한 연구사적 상황에서 아라이구미(荒井組) 출신의 토목 청부업자로서 뒤에 만주토목건축협회 회장이 된 사카키야 센지로(榊谷仙次郎)를 소재로 삼은 야나기사와 아소부(柳沢遊)의 연구는 본 연구와 관련하여 시사하는 바가 크다(柳沢遊 1996).

이상의 선행연구에 기대어 본고에서는 자유민권운동에 사상적인 기원을 갖는 재조 일본인 기업가의 사례연구로서 아라이의 토목청부업자로서의 성장과정, 도한(渡韓)의 배경과 과정, 도한 이후와 식민지기의 기업활동을 검토하고자 한다.

아울러 근대뿐만 아니라 현재까지도 여전히 일본 경제계에서 중요한 위치를 점하고 있는 토목청부업이 식민지기 조선에서 어떠한 역할을 했는지를 살펴보게 될 것이다. 이러한 시도는 일제하 재조일본인 토목청부업자에 대한 본격적 연구라는 측면에서 연구사적 의의를 발견할 수 있지만, 일제 강점기에 일본인에 의해 독점된 토목청부업이 해방 이후 한국 건설업에도 적지 않은 영향을 미쳤다는 점을 고려할 때, 아라이의 사례는 앞으로 이루어질 한국 건설업의 역사적 특질에 대한 연구에도 기여하는 바가 작지 않을 것이다.

1. 한국 진출까지의 전사(前史)

1) 자유민권운동가에서 토목청부업자로

아라이(荒井) 가문은 선조 대대로 도야마 현 도나미군 시마무라(富山県 砺波郡 島村), 즉 현재의 도야마현 오야베시(小矢部市)의 호농으로 지역의 명망가 집안이었다. 아라이 하츠타로는 1868년 3월에 아라이 가문의 장남으로 태어났다. 아라이는 지역의 소학교를 거쳐 이시카와현 가나자와(石川県金沢)에 위치한 게이오기주쿠(慶応義塾) 출신자가 운영하던 사숙(私塾)에서 배웠다(小島幸舜 1991, 27).[4] 1884년 2월 16세에 가독(家督)을 승계한 아라이는, 엣츄(越中) 지역 자유민권운동의 실천적 선구자 이나가키 시메스(稲垣示, 1849~1902)에게 경도되어 있었다.[5] 이나가키는 1885년에 발

---

4 「智の咆哮-荒井初太郎伝」에 대해서는 약간의 설명이 필요하다. 동서는 아라이의 조카사위인 다테타(館田外行)가 주도하여 발행한 132쪽 분량의 짧은 전기이다. 다테타는 조선은행에서 근무한 적이 있으며, 조선에서도 오랫동안 아라이와 함께 하였다. 그는 1936년 현재 아라이와 함께 홋카이도 荒井合名의 이사였다(石黒多八·津田誠一 1936, 308). 이하 별도의 각주가 없는 내용은 동서에 의거하고 있음을 밝혀둔다.

5 이나가키 시메스(稲垣示)는, 1849년 8월 20일생이다. 도야마현의 자유민권운동의 중심인물로 이타가키 다이스케(板垣退助) 등과 자유당 결성에도 참가했다. 이나가키는 1885년에 오이 겐타로(大井憲太郎)가 중심이 된 大阪事件에 관여하여 자금조달을 담당했지만, 나가사키(長崎)에서 체포되어 外患에 관한 죄와 폭발물단속벌칙 위반으로 경금고 5년을 선고받고 투옥된다. 출옥 후인 1891년 8월에는 北陸自由党을 결성하고, 그 主幹으로

생한 소위 '오사카사건(大阪事件)'에 주모자의 한 사람으로 참가했으며, 주로 자금모집을 담당했다. 이때 아라이도 이나가키를 따라 자금모집에 관여했다고 전해진다.[6] 아라이는, 1891년 8월 이나가키가 중심이 되어 결성한 호쿠리쿠자유당(北陸自由党)에도 참가하여 당원이 되었고, 24세란 젊은 나이에 평의원에 선출되었다.

호쿠리쿠자유당은 정부를 비판하던 이타가키 다이스케(板垣退助)의 자유당과 달리 정부 측과 입장을 같이했는데, 특히 번벌(藩閥) 정부 타도를 주장하던 엣츄개신당(越中改進党)과 격렬하게 대립하고 있었다. 이런 정치적 이유로 아라이는 제2회 총선거(1892년 2월) 때 도야마 현에서의 대선거간섭(大選挙干渉)에 행동대원으로 참가하여 엣츄개신당의 유력후보였던 시마다 다카유키(島田孝之)[7]를 낙선시켰다. 이 대선거간섭은 당시의 내무대신 시나가와 야지로(品川弥二郎)가 주도했는데, 아라이는 이 사건과 관련하여 수감된 적이 있다(小島幸舜 1991: 34-38).[8]

당시 일본 국내에서는 철도망의 보급을 요구하는 목소리가 높았고 이를 실현하기 위한 철도회사가 각지에 설립되었다. 이러한 사정은 호쿠리쿠지역(北陸地域)에서도 마찬가지였다. 사설철도조례(私設鉄道条例)에 입각하여 1888년 6월 30일에 도야마(富山), 이시카와(石川), 후쿠이(福井) 3현의 유지(시마다 외 53명의 연서)가 출원한 호쿠리쿠철도회사(北陸鉄道会社)는 그 대표적 사례였다. 각 현 대표들 사이의 분쟁으로 설립 자체가 결국 실패로 귀결되었지만(1891년 11월), 이때 제출한 출원서에 "주주가 되기 위해 경쟁했다"는 내용이 들어 있을 정도로 당시 호쿠리쿠지역의 철도건설에 대한 관심은 컸다(富山地方鉄道五十年史 1983: 87).

아라이도 이상과 같은 철도건설운동에 편승하여 1889년에 고향인 시마무라에서 아라이구미(荒井組)를 창설하여 토목청부업을 시작하였다.[9] 이나가키나 시마다 등 망명가의 철도부설 주장에 따른 결정이었다(阿部薫編 1935: 73). 이나가키의 후계자라 불린 우에노 야스타로(上埜安太郎)와 함께 호쿠리쿠토목회사(=北陸組)도 설립했다(郷土に輝く人びと 第5集 1974: 76). 아라이는 1891년 1월부터 호쿠리쿠본선의 예정 루트 상에 있는 스기츠터널공사(杉津隧道工事)를 청부했지만, 전술했던

1892년 제2회 총선거에서 당선되었다(당선 3회). 1902년 8월 9일 54세로 사망했다(大阪事件研究会 1982, 138).

6 이나가키(稲垣)는 공판에서 자금(自金)이 1500엔, 도야마 동지의 출금이 470~480엔이라고 하였다. 그중에서 이소야마(磯山清兵衛) 등에게 조선(朝鮮) 계획비로 약 680엔을 건넸다고 한다(大阪事件研究会 1982, 144).

7 시마다 다카유키(島田孝之)는, 砺波郡 島新村(현재의 高岡市 島新)에서 태어난 立憲改進党系의 자유민권가이다. 현회의원이나 중의원의원(1890년부터 4회 당선)에 뽑혔고, 「농민의 생활향상」이라는 정치신념 하에 자유와 평등을 위해 노력한 정치가로 알려져 있다. 특히, 도야마현 최초로 中越鉄道의 부설이나 도야마현 농공은행의 설립에도 노력한 것은 유명하다. 나아가 北辰雑誌의 발간이나 富山日報(北日本新聞의 전신)의 사장으로서 도야마현 언론계의 발전에도 노력했다(松田富雄 1970).

8 선거 결과에 대해서는 選挙ドットコム(https://goo.gl/VpRkOa) 참조.

9 그러나 실제로 하나의 회사 형태로 아라이구미가 설립되었다고 생각되지 않는다. 개인 자격으로 토목청부업을 시작했다는 의미 정도로 이해하면 될 것 같다. 후술하듯 1904년에 호쿠리쿠구미(北陸組)의 일원으로 도한하여 경부철도속성공사 이후에 아라이구미를 창설하여 독립했다는 기록을 참고할 때, 이때의 아라이구미와 한국에서의 아라이구미는 구별되어야 한다. 또한 1931년 11월에 주식회사의 형태로 설립된 아라이구미도 있다.

동년 11월말의 호쿠리쿠철도회사의 해산과 함께 공사를 단념하지 않을 수 없었다. 이후 호쿠리쿠선 부설공사는 정부의 주도하에 이루어지게 된다.

1892년 6월부터 철도청이 주도하여 1893년 8월에 쓰루가-모리타(森田) 사이를, 1895년 6월에 모리타-가나자와 사이를, 1896년 11월에 가나자와-도야마 사이를 기공했다. 이 공사에 참가한 '주요 청부자는 사토구미(佐藤組, 佐藤助九郎), 가시마구미(鹿島組, 鹿島岩藏), 아리마구미(有馬組, 森清右衛門), 호쿠리쿠토목회사(荒井初太郎), 세이요사(盛陽社, 久慈干治), 오타 로쿠로(太田六郎), 이다 히데미(飯田秀海), 사토 세이쿄(佐藤成教) 등'이었다(「日本鉄道請負業史」明治篇 1967: 217).[10] 그중에서 아라이의 호쿠리쿠토목회사는 난공사 구간이라 여겨지던 구리카라터널(俱利伽羅隧道)의 굴삭공사와 오야베가와 철교(小矢部川鉄橋)의 가설공사를 청부했다(小島幸舜 1991, 42). 상기 업자들의 면면을 살펴보면, 아라이가 1892, 3년경에 카시마구미나 아리마구미 등 일본 굴지의 토목청부업자들과 함께 청부활동을 한 것이 확인된다. 아래의 인용문은 토목청부업자로서 아라이의 초기 활동에 관한 몇 가지 정보를 더해준다.

> 호쿠리쿠 토목회사의 아라이 하츠타로는 호쿠리쿠 사람, 대대로 농경을 업으로 하던 향당의 명망가로 정당에 관여했다. 호쿠리쿠선 건설이 시작되면서 갑자기 호쿠리쿠 토목회사를 일으키고 청부업을 시작한 사람이다. 그 인물됨이 온후하고 말이 별로 없는 신사였다. 뒤에 대의사(代議士, 현재의 국회의원)가 된 우에노 야스타로 또한 이 회사의 회사원으로 회사 내에서 발언권이 컸다(請負業史 1967: 217).

위의 인용문에서도 알 수 있듯이, 아라이는 지역의 정치활동에 관여하다가 호쿠리쿠선의 부설공사가 시작되면서 직접 호쿠리쿠 토목회사를 일으키고 토목청부업에 뛰어들었음을 알 수 있다. 전술했듯이, 이 회사의 설립에는 우에노라는 자산가도 참가하였는데, 그는 회사설립 당시에 이미 현회의원(県会議員)으로서 부의장(1892년)과 의장(1896년)에 당선될 정도의 명망가였다. 철도청부업에서 활약하기도 했던(加藤紫泉 1924: 208) 우에노는 뒤에 1902년의 제7회 총선거에서 처음 당선된 뒤 16회까지 10회에 걸쳐 연속 당선된 '호쿠리쿠 정우파(政友派)의 중진으로, 중

---

10 본고의 자주 등장하는 「日本鉄道請負業史」(明治篇, 철도건설업협회, 1967년)에 대해 설명이 필요하다. 동서의 발간후기에 인용된 사단법인 토목공업협회의 연혁사에 의하면, 1916년 철도청부업협회에서 철도청부업사로서 편찬이 시작되어 1944년 9월에 등사판(상중하, 각 권 약 600쪽)으로 완성된 것이었다. 등사판 150부가 가제본 상태로 출판된 것은 전시기의 용지 입수난에 기인한 것으로, 전후 사단법인 철도건설업협회에서 사단법인 토목공업협회의 허가를 얻어 1967년 12월에 활자 인쇄로 재발간 되었다. 토목기술자나 청부업무에 정통하면서도 편찬 능력을 가진 편집담당자를 좀처럼 구하기 어려워 네 번이나 교체되는 지난한 편찬과정을 거쳐 다섯 번째 담당자인 마츠오카(松岡佳文)에 의해 먼저 메이지기의 청부업사가 정리된 것이다. 여기에는 일본 메이지기에 부설된 관설 및 사설철도 100여 선의 부설공사에 참여한 업자들의 청부활동이 상세하게 기록되어 있다. 특히 경인선, 경부선, 경의선 등 한국/조선의 철도부설 관련기록도 많이 수록되어 있어 연구에 참고 되는 바 크다. 이하에서는 「請負業史」로 약한다.

앙 정계에서는 여러 차례 정우회(政友会)의 원내간사에 지명될' 만큼 거물로 성장하게 된다(細井
肇1916: 126-127).[11]

   아라이 하츠타로의 호쿠리쿠토목회사는 호쿠리쿠선의 제4공구와 제5공구를 청부 시행했다.
이 구간에는 터널이 7곳이 들어 있어 상당히 난공사였다. 또한 청일전쟁 때에는 인부의 임금, 폭
약 기타 물가가 등귀(폭등)하였고, 레일 같은 것도 징발되는 상황이었기 때문에 그는 이 공사에서
막대한 손실을 보았다. 이에 그는 청부업에 대한 희망을 버리고, 고향으로 돌아가 농경을 업으로
삼는 것이 낫겠다고 생각, 마스다 레이사쿠(增田禮作)에게 은퇴에 대한 결의를 이야기했다. 마스다
소장은 그것을 우려하여 말하길 '자네가 이 공사에서 손실을 본 것은 마치 우리가 학비를 내고 대
학을 졸업한 것과 같은 일이라네. 이제부터 그 경험을 살려 활동하는 것이 진짜가 아닐까'라고 절
절히 계속하기를 권고하여 그는 업계에 남았다(請負業史 1967: 230).

즉, 토목청부업자에게 중요했던 기술축적이 충분히 이루어지지 못한 상황에서 무작정 토목
청부업에 뛰어들었던 아라이가, 터널을 7개나 뚫어야 하는 난공사를 청부 시행했고, 청일전쟁
이 한창이던 당시에 물가폭등과 물자 징발 등으로 '막대한 손실'을 보았다는 것이다. 그러나
마스다의 언급처럼, 지역의 철도부설공사를 무대로 한 초기의 경험은 이후 아라이가 토목청부
업자로서 특히 철도공사에서 활약하게 되는 자원이 된다.
 요컨대, 아라이는 10대 후반부터 20대까지 이나가키의 영향으로 자유민권운동에 참가하였
고, 호쿠리쿠자유당에서 정치활동을 전개했다. 이나가키가 호쿠리쿠 지방에서 철도 부설의 중
요성을 설파하고, 호쿠리쿠본선 부설 공사가 시작되면서 그 영향으로 우에노와 함께 호쿠리쿠
토목회사를 설립하고 철도청부업에 투신했다. 아라이의 호쿠리쿠 토목회사는 자산가였던 우
에노의 참여로 자금 면에서는 비교적 안정되어 있었다고 생각되나, 기술적인 측면에서는 아직
초보단계에 머물러 있었다. 아라이는 공사를 거듭하면서 기술을 습득해 갔고, 특히 터널공사
에서 두각을 나타냈다.

2) 홋카이도에서의 철도부설과 한국진출

 호쿠리쿠 본선 공사가 일단락된 1900년에 아라이는 홋카이도(北海道)로 활동의 장을 옮기는
데,[12] 거기에는 아래와 같은 세 가지 사정이 있었다고 생각된다. 첫째, 1895년 4월에 홋카이도

---

11 우에노는 1927년에 발족한 타나가 기이치(田中義一) 내각에서는 철도대신 오가와 헤이키치(小川平吉) 밑에서
  철도정무차관에 취임하기도 했지만 1929년 5월에 사임하였다. 「東亜日報」 1929. 5. 4, 〈上埜次官辞表〉.
12 아라이건설주식회사의 홈페이지 연혁에는 1895년에 아라이 하츠타로가 아사히카와에 와서 곧바로 도카치선

아사히카와(旭川)에서 행해진 동생 아라이 하츠이치(初一)[13]의 결혼식에 참가한 아라이는, 당시 한창 진행 중이던 홋카이도 개발과 그와 관련되어 전개될 각종 토목공사에 주목하게 되었다. 둘째, 삿뽀로(札幌) 주둔 육군 제7사단이 아사히카와 가와카미(川上) 지역으로 이전하게 되면서 제7사단의 주둔지 건설공사가 시작될 것이라는 소식이 아라이의 홋카이도 진출을 촉진하였다. 1899년부터 1902년까지 4년간의 계속사업으로 시작된 이 공사는 1899년 7월 오쿠라구미의 청부로 기공되었다(『新旭川市史』 제3卷·通史3, 2006, 269). 오쿠라구미의 공사로부터 파생될 각종 공사에 참여할 수 있을 것이라는 기대 속에서 아라이는 호쿠리쿠구미를 이끌고 홋카이도로 건너간 것이다. 셋째, 이미 아사히카와에서 정미·미곡상으로 성공을 거두고 있던 동생 하츠이치의 미곡 지원도 무시할 수 없는 요인 중 하나였을 것이다. 당시 홋카이도의 불안정한 미곡수급을 고려할 때, 공사현장에 대한 안정적 미곡공급은 다른 업자들에 비해 유리할 수 있었다.

특히 자신의 전문분야인 철도청부업과 관련해서는 우에노 등의 정치인맥을 통해 부설 관련 정보와 입찰에 응할 수 있는 지정업자로서의 자격을 획득할 수 있을 것 같았다. 실제로 우에노의 소개로 제7사단 건설현장을 방문했던 아라이는 파견되어 있던 육군성 건축부장 하라다(原田) 소장을 통해 "청일전쟁 후의 대륙이나 조선반도의 복잡한 모습, 그중에서도 러시아가 여러 가지 간섭을 해 오고 있기 때문에, 우리나라는 현재 군사적으로도 중요한 시기에 처해 있어, 홋카이도의 내륙부로부터 해안부를 향해 철도 부설을 서두르고 있다"는 정보를 입수하고 철도부설을 위한 공사입찰에 참가할 수 있었다(小島幸舜 1991: 58). 아라이는 우에노와 오가와의 지원을 받아 1900년에 도카치선(十勝線)의 제7공구 공사(시카고에[鹿越]-오치아이[落合])를 청부하여 1901년 9월 3일에 개통시켰다(『国有鉄道百年史』 제6卷, 1972, 61). 다음해 1902년부터는 도카치선(아사히카와-구시로[釧路])의 최대 난공사인 가리카치터널(狩勝隧道)의 도카치측 공사를 지원하기도 했다.[14] 아라이가 난공사였던 가리카치터널 공사에 대한 지원요청을 받았다는 사실은, 당시에 이미 호쿠

부설공사에 참여한 것처럼 읽히는 부분이 있는데, 이는 사실과 부합되지 않는다. 즉, 도야마현에서 아라이가 담당하고 있던 구리카라터널의 최종 완성이 1899년 12월의 일이기 때문이다(請負業史 1967, 227-228). 따라서 호쿠리쿠본선의 공사가 일단락 된 뒤에 홋카이도로 건너갔다면 1900년 정도가 맞다고 생각된다.

13 동생 하츠이치(初一)는 동향 선배인 미곡상 이누다 키사부로(沼田喜三郎)가 경영하던 共成회사에 입사하면서 홋카이도에 진출하였다. 1893년의 일이었다. 당시 이누마는 오타루(小樽)에서 점포를 갖고 있었는데, 오타루는 홋카이도와 혼슈(本州)와 가라후토(樺太, 현재의 사할린)와 연결하는 항구였고, 홋카이도 내륙부와 서쪽항로를 연결하는 모항기지(母港基地)였다. 1894년에 이누마가 아사히카와에 출장소를 내면서 그 책임자로 하츠이치를 파견하였다. 뒤에 아사히카와와 가까운 다키가와(滝川)의 출장소가 지점으로 승격하면서, 하츠이치는 아사히카와 출장소의 구점포를 양수받아 아라이상점으로 독립했다(小島幸舜 1991, 49-51). 이후 하츠이치는 곡물업을 중심으로 하여 아사히카와시 굴지의 사업가로 성공을 거두게 되는데, 1909년 발행된 『殖民公報』 제50호에 게재된 아사히카와의 성공한 사업가 48명 중 한 사람으로 하츠이치도 이름을 올렸다. 1904년에는 양조업에도 진출하여 아라이양조소(荒井醸造所)를 경영하였으며 1928년에는 일본 청주주식회사에도 투자하였다(『新旭川市史』, 제3권·통사3, 2006, 404; 445).

14 가리카치터널(狩勝隧道)은 1901년 7월 양끝에서 공사에 착수했는데, 岩質이 堅硬하여 하루에 겨우 3피트(0.9미터) 밖에 굴삭할 수 없었고, 또한 湧水가 심하여 1904년 6월에 겨우 導抗이 관통, 1905년 1월에 준공했다(『国有鉄道百年史』, 제6卷, 1972, 61).

리쿠구미의 공사기술이 공사관계자들에게 높은 평가를 받고 있었음을 알려준다.

1904년, 이렇게 홋카이도에서 기술을 인정받고 있던 아라이에게 한 통의 편지가 도착했다. 우에노가 보낸 편지는 "올해 발발한 러일전쟁으로 조선반도의 내륙연락로인 (경부-인용자)철도부설의 속성이 국가적 지상명령이다. 조선으로 건너가 조속히 공사에 참가하기를 바란다"라는 내용이었다. 경부철도속성공사에 토목청부업자가 다수 필요했던 것이다. 아라이는 우에노와 오가와 두 대의사(국회의원)의 추천과 그때까지 쌓은 실적을 바탕으로 정부의 지정업자가 되어 호쿠리쿠구미를 이끌고 한국으로 건너갔다(小島幸舜 1991: 61-62).

아라이를 추천한 우에노는 1905년 직접 한국에 건너가 4월 12일에 거행된 대동강철교 낙성식에 참석할 정도로 한국철도부설에 깊은 관심을 갖고 있었다. 이러한 관심은 일본의 대외팽창을 지지하던 정치적 이유도 있었지만, 도야마에서 아라이와 함께 토목청부업에 종사했던 경력도 작용했다. 그 때문에 1927년에 다나카 기이치(田中義一) 내각이 성립되면서 철도정무차관에 임명되기도 했다. 우에노는 대동강철교 낙성식 후에도 한국 시찰여행을 계속하였고, 4월 20일에는 순종황제를 알현했다(岩佐虎一郎 1935: 146; 同, 年報, 2). 나아가 우에노는 1907년 6월에 나카무라 다하치로(中村太八郎), 신도 사이이치(神藤才一), 기노시타 겐지로(木下謙次郎), 이시카와 야스지로(石川安次郎) 등과 함께 일한동지회(日韓同志会)를 조직하여 박영효, 조희연, 유길준, 장박, 조중응 등의 한국 망명객들과 손을 잡고 '한일 양국의 친목' '한국의 부식(扶植)'을 목표로 내 걸었다. 하지만 우에다의 본의는 한국을 식민지화하는 것이었다. 마치 우치다 료헤이(内田良平)나 오가와 헤이키치(小川平吉) 등이 일진회를 움직여 '한일합방운동'이라는 형태로 한국식민지화의 여론 조성을 도모한 것과 같다.[15] 특히, 일한동지회에서 주목을 끄는 것은 '무단적 방법을 피하고 경제적·평화적 방법에 의한 침략'(池川英勝 1990: 154)이 강조되고 있었다는 점이다. 그것은 우에노가 아라이를 경부철도 속성공사에 보내면서 내세운 논리이자 사상적 배경이었다.

아라이에게 한국행을 권유한 또 한 명의 대의사 오가와는, 대륙낭인과 대외강경론자가 결집한 고노에 후미마로(近衛篤麿)의 동아동문회(東亜同文会) 간사를 지냈고, 중의원 의원이 된 뒤 고쿠류카이(黒竜会)와 함께 일진회를 지원함으로써 '한일합방운동'을 전개하였다. 오가와는 또한 1909년 11월에 '한일합방'의 여론공작을 위해 우치다의 요청을 받아 조직한 조선문제동지회의 중심 멤버 중 한 명이기도 했다(姜昌一 2003: 276).[16] 오가와는 다나카 내각이 성립한 1927년에

---

15 日韓同志会의 조직과정과 참가 멤버에 대해서는 池川英勝(1990) 참조.

16 오가와(小川)는, 1869년에 諏訪郡 御射山 神戸村(현재, 富士見町)에서 태어나 호를 射山이라 했다. 상경하여 변호사를 업으로 삼았고, 1903년에 대의사가 되었다. 러일전쟁의 講和問題同志連合会에 이름을 올리고 있으며, 1905년 9월 5일에 체결된 포츠머스조약 때, 굴욕적인 강화라고 하여 반대, 河野広中나 大竹貫一 등과 함께 히비야(日比谷) 공원에서 국민대회를 개최하였다. 소위 日比谷焼打事件을 일으킨 小川은, 이 사건의 선동자로서 검거(무죄 판결)되어 일약 이름을 널리 아리게 되었다. 이후 1924년 加藤内閣의 법무대신, 1927년 田中内閣의 철도대신을 역임했으며, 政友会 副総裁에 선임될 정도의 실력자였다. 시종 일관된 국수주의자였다(古川貞雄 1982, 110-111); 小川平吉文書研究会 1973, 5-122)에 상세하다.

철도대신에 취임하게 되는데, 아라이는 4월 22일에 오가와 앞으로 철도대신 취임 축사를 담은 편지를 보냈다(「小川平吉關係文書」書簡の部, 11-1-237, 荒井初太郞書簡).

요컨대, 아라이에게 경부철도 속성공사에 참여하도록 독려한 우에노와 오가와는 일찍부터 한국의 식민지화를 주장한 대표적인 대외팽창론자였다. 따라서 그들의 입장에서 한국에 대한 독점적 지배권을 차지하기 위해서는 러일전쟁을 반드시 승리로 이끌어야 했다. 여기에 군수물자의 수송과 병력이동에 불가결한 경부선의 완성은 시급한 과제가 아닐 수 없었고, 그들이 아라이와 같은 토목청부업자들을 한국으로 보낸 이유였다. 오사카사건에 관여했던 과거경력과 이들 유력 정치가들과의 관계를 생각할 때, 아라이 또한 경부철도 속성공사가 갖는 국가적 의미를 충분히 인식하고 있었을 것이다.

한편, 아라이가 한국에 간 후, 아라이가 관계하던 아라이구미의 토목청부업은 동생인 하츠이치가 아라이상점 청부부(請負部)를 발족시켜 승계하였다(小島幸舜 1991, 64-65). 이 회사는 현재 홋카이도의 아라이건설주식회사로 이어졌다.[17]

2. 조선에서의 토목청부업 활동과 성장

1) 경부철도 속성 공사 참가

1903년에 러·일 양국 간의 국교가 악화되면서 일본의 전쟁준비가 최종단계에 들어서자, 군수물자의 수송 강화를 위해 경부철도의 완성이 절실하게 요구되었다. 이를 위해 그해 10월 말, 일본 각의는 경부철도의 조속한 건설을 위한 법적 조치를 강구하기로 결정하고, 12월 2일에 경부철도회사에 대해 1905년 중에 전선(全線)을 완성시키라는 명령을 내렸다. 그러나 그 뒤에 사태가 더욱 절박해지자, 일본 정부는 다시 명령서를 변경하여 1904년 말까지 초량-영등포 사이의 철도를 모두 완성하도록 지시했고, (1903년) 12월 20일에 경부철도회사도 이를 받아들였다(日本國有鐵道百年史-通史 1976: 144-145).

속성명령 당시, 경부선 남부는 초량-성현(省峴) 사이, 북부는 영등포-부강(芙江) 사이가 가선(假線) 부분이 있기는 해도 일단 개통되어 있었기 때문에, 속성공사구간은 성현-부강 사이의 21마일이었다. 속성공사에는 오쿠라구미(大倉組), 요시다 도라마츠(吉田寅松), 오타구미(太田組), 가시마구미(鹿島組), 스기이구미(杉井組), 하자마구미(間組), 오시마 요조(大島要三), 아가와구미(阿川組), 일한

---

17 아라이구미는 荒井合名(1921년)을 거쳐 현재의 荒井建設株式会社로 계속 이어지고 있다(http://www.araikensetsu.co.jp/inc_history.html).

공업(日韓工業), 이나바구미(稲葉組), 스가하라공무소(菅原工務所), 시키구미(志岐組), 마에다 에이지로(前田栄次郎) 등 일본의 대표적인 토목청부업자들이 대거 참여하고 있었고, 그들과 어깨를 나란히 하여 아라이의 호쿠리쿠구미(北陸組)도 이름을 올렸다(請負業史 1967, 432).

〈그림 1〉 경부철도건설 공구(工区) 약도(小島幸舜 1991, 70)

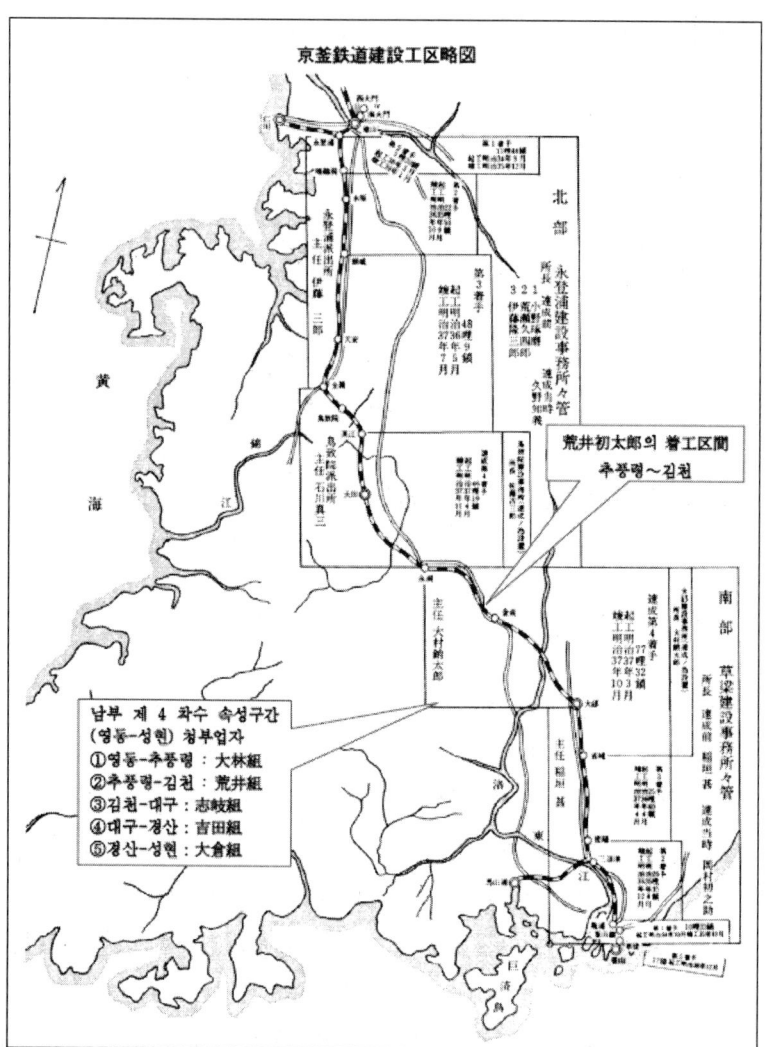

아라이는 1904년 3월부터 남부 제4착수 속성구간의 추풍령-김천 사이를 담당했는데, 〈그림 1〉을 통해 알 수 있듯이, 이 구간은 77마일 32체인(1체인 = 20.168m)으로 오바야시구미(大林組)와 오쿠라구미가 이미 속성공사에 착수하고 있었다. 3월 말에 도야마 현이나 이시카와 현으로부터 호쿠리쿠구미의 작업원 수십 명이 도착하였고, 이미 1900년에 한국에 건너와 철도청부업에서 활약하고 있던 시키구미의 시키 신타로(志岐信太郞)[18]의 알선으로 한국인 노동자 100여 명을 확보했다(小島幸舜 1991: 68). 속성공사에서는 공사대금의 지불이 신속하게 이루어졌기 때문에, 아라이구미를 비롯한 청부업자들이 공사자금으로 어려움을 겪을 필요는 없었다.[19] 그 때문에 공사 인부의 모집이나 공사 진척도 순조롭게 이루어졌다. 이러한 준비를 모두 마치고 호쿠리쿠구미가 공사를 개시한 것은 1904년 4월 중의 일이었다(請負業史 1967: 431).

호쿠리쿠구미를 이끌고 경부철도속성공사에 참여했던 아라이는 속성공사가 끝나자 아라이구미로 독립했다.[20] 아라이는 아라이구미를 이끌고 1908년에 군사철도로 중요시되던 안봉선(安奉線)[21] 개축공사에 참가했다. 일본 정부가 1907년 4월 1일에 야전철도제리부(野戰鐵道提理部)로부터 본선(本線)을 승계한 만철에 안봉선을 4피트 8인치 반의 표준궤의 폭으로 개축하도록 명령을 내린 것이다(小島幸舜 1991: 73).

남만철(남만주철도)주식회사는 안봉선의 개축공사를 시행함에 있어, 먼저 지정 청부자 일동을

---

18 시키 신타로(志岐信太郞)는, 1869년 福岡縣 출신으로, 藤田大倉組의 후신인 일본토목회사의 東京佃島埋立工事에 종사하면서 17세에 夜間工手學校 제1기생으로 졸업하였고, 졸업 후 일본토목회사의 九州鐵道工事에 종사하였다. 이때 久米民之助와 밀접한 관계를 맺고 久米組의 柱石으로 활약, 台灣領有 후에는 久米組代人으로서 基隆台北間의 기성 철도노선의 개량공사를 담당했으나, 久米와의 불화로 28세 되던 1896년에 독립하여 志岐組를 창립하였다. 시키는 일본 국내는 물론 대만과 홋카이도 등지에서 철도공사를 청부하다 1900년에 한국으로 건너와 1901년 8월에 시작된 경부철도 부설공사에 적극적으로 참여했다. 시키구미는, 공사개시가 아직 확정되지 않은 상황에서 1901년 6월에 경부철도주식회사가 성립하자마자 부산에 志岐組出張所를 설치하여 세간의 이목을 집중시켰고, 경부선 최장 터널이면서 난공사로 꼽혔던 성현터널을 시공했다. 동공사의 청부업자는 大倉組였다(角田廣司 編 1917, 514; 請負業史 1967, 214-215; 429).
19 당시의 토목공사는 무슨 일이든 인력으로 이루어졌다. 노무자는 지나인(중국인-인용자)도 있었지만, 조선인이 주체였다. 경부철도는 속성공사였기 때문에, 진척상황에 따라 지불도 신속하게 이루어졌다. 아라이도 "지불이 신속하다는 것은 공사에 좋은 영향을 주었다"고 회고했다(CE建設業界 2007. 7. 30).
20 아라이가 호쿠리쿠구미(北陸組=北陸土木會社)로부터 언제 독립했는지는 정확히 알 수 없다. 그러나 「1904년 경부선 속성공사가 추진되자 北陸組의 대표자로 조선에 건너가 공사에 참여한 후 독립하여 荒井組를 창설했다」(阿部薰編 1935, 73)는 기록이나 「1904년 渡鮮하여 荒井組를 창립하고 경부철도 공사에 참가해서 많은 공적을 이룸」(高橋三七·高杉藤吉 1939, 145)이라는 기록을 참고할 때, 경부철도 속성공사 전후의 일이라고 판단된다. 두 기록이 아라이구미의 독립을 속성공사 이전과 이후로 달리 보고 있으나, 필자는 당시가 속성공사에 여념이 없을 긴박한 상황에 자립경영을 꾀하기가 어려웠을 것이라는 판단하에 이후라고 생각한다.
21 안봉선은 안동(安東, 현 丹東)현을 기점으로 하고 봉천(奉天, 현 瀋陽)을 종점으로 하는 궤폭(軌間) 2피트 6인치, 연장 약 303.7km로, 러일전쟁 중에 군수품 수송을 목적으로 임시철도대대와 임시군용철도감부에 의해 건설되어 안봉경편철도(安奉輕便鐵道)라 불렸다. 1904년 5월 당초에는 수압식 경편궤도(手押式輕便軌路)로 부설했었는데, 그 해 8월에 철도대대가 이를 2피트 8인치의 경편철도로 개축하고 연장공사를 벌여 1905년 12월 3일에 안동-봉천 간을 개통했다(土木學會 1973: 1427; 「請負業史」 1967: 503).

대련(大連) 본사에 모이게 하여, 어떻게 하면 이 공사를 신속하게 그리고 가장 경제적으로 완성할 수 있을 것인가에 대해 협의회를 개최하였다. …(중략)… 이 협의회에 출석한 업자는 가시마구미, 오쿠라구미, 철도공업회사, 니시모토 겐지로(西本健次郎), 시키 신타로, 에모리 모리타카(江森盛孝), 사와이 이치조(沢井市造), 아가와구미 공업부, 아리마구미로 총 9개 회사였다. 뒤에 전술한 업자들 중에서 에모리와 사와이가 빠지고 새롭게 하자마구미, 세이요샤, 마에다 에이지로, 마츠모토구미(松本組), 시로카와구미(白川組), 아라이구미 등의 면면이 추가로 이 공사의 특명을 받았다(請負業史 1967, 504).

위의 인용문에서 알 수 있듯이, 아라이는 안봉선 개축공사에 처음부터 청부업자로 지정된 것은 아니었다. 최초 지정된 9개 회사에 포함되어 있던 에모리 모리타카(江森盛孝)와 사와이 이치조(沢井市造)가 공사 참가를 단념했기 때문에, 그를 대신하여 조선에서 활약하던 하자마구미, 세이요샤, 마에다 에이지로, 마츠모토구미(松本組), 시로카와구미(白川組), 아라이구미 등에게 특명이 내려졌던 것이었다. 안봉선 개축공사는 1909년 8월에 착수하여 1911년 11월에 개통되었는데, 안동과 소가둔(蘇家屯)을 잇는 연장 약 260km의 철도였다(土木学会 1973: 1427). 아라이는 안봉선 개축공사 이외에도 각종 공사에 참가하다가 1913년 가을에 조선의 경성으로 돌아왔다.[22]

경부선 속성공사나 안봉선 개축공사 모두 군사적인 중요성과 청부업자의 면면을 볼 때 상당히 높은 수준의 토목기술을 요구하고 있었다. 따라서 그들과 어깨를 같이하며 공사에 참여한 아라이의 기술수준은 이미 업계에서도 정평이 나 있었다고 생각되며, 이러한 기술을 기반으로 아라이는 조선 굴지의 토목청부업자로 성장할 수 있었던 것이다.

2) 강점 이후의 토목청부업 활동과 기업활동

경성으로 돌아온 아라이는, 용산역 부근에 사무소를 두고, 철도국과 농림국 등 조선총독부 내의 토목업 관련 부서와 접촉하며 조선에서의 토목청부업 활동을 준비했다. 이를 위해 아라이는 1914년에 노량진에 있던 월파정(月波亭)을 구입하여 별장으로 삼았고, 월파정을 무대로 정재계 인사들과 친교를 만들어 갔다. 월파정은, 한강에 인접한 야트막한 언덕에 위치하고 있어서 훌륭한 풍광을 자랑하고 있었다. 조선시대에 왕가의 별장으로 쓰였다고 전해지며, 러일전쟁 이전에는 영국 공사가 사용하고 있었다고 한다.[23]

---

22 1910년 이후, 즉 일제하의 한국을 표기할 때는 조선으로 통일한다.

23 1907년 8월 1일자 「大韓每日申報」에도 度支部 財政顧問府의 稅務部員들이 노량진 月波亭에서 연회를 열었다는 기사가 보인다. 「皇城新聞」 1907. 8. 12, '月波納涼'에도 度支部 財政顧問 稅務部員들이 納涼宴을 열었다는 기록이 있다. 亀割組의 亀割安蔵이 살 예정이었지만, 경원선 공사에 참가하여 결손을 본 탓에 포기했다. 그것을 아라이가 志岐信太郎의 알선을 통해 亀割로부터 양도받아 1914년 봄에 구입했다(小島幸舜 1991, 76-78).

아라이는 또한 용산 모토마치(元町)에 위치한 서용사(瑞竜寺)를 무대로 정재계 인사와 두터운 네트워크를 형성하였다. 그렇게 판단하는 이유는 다음과 같다. 첫째, 서용사는 원래 도야마 현의 유서 깊은 조동종(曹洞宗) 불교 사원이었고, 용산의 서용사는 도야마 출신인 후지 도젠(富土洞然)이 1903년에 건립한 절이다. 이 서용사에 다케다 노리유키(武田範之)가 종문(宗門)으로부터 500엔을 끌어다가 본당을 만들고 포교관리소로 삼았는데, 다케다는 대륙낭인으로 유명한 인물이다.²⁴ 둘째, 서용사에는 조선총독부 고관이나 유력 재계인이 자주 드나들며 주지인 후지와 친교를 맺고 있었는데, 사이토 마코토(斎藤実) 조선 총독은 그 대표적인 인물이었다.²⁵ 아라이 자신도 서용사에 상당액의 자금을 원조하고 있었기 때문에, 그가 서용사를 출입하면서 순도 높은 중앙레벨의 정보를 얻었을 가능성이 농후하다. 아라이 밑에서 일한 적이 있는 다테타의 회고에 의하면, 이는 "아라이구미가 당시 총독부 철도국을 위시하여, 조선의 재계 리더와 깊은 관계를 맺으며 사업을 확장하고 있었음을 의미"했다(館田外行 1990: 45-46). 또한 다테타가 월파정을 "아라이구미가 조선의 철도건설 등에서 사업을 늘려가고 있었음을 여실이 보여주는 상징"으로 언급한 것도 같은 문맥으로 읽을 수 있을 것이다(館田外行 1990: 31).

아라이는 다양한 인맥과 고급정보를 바탕으로 토목청부업, 특히 철도공사를 꾸준히 수주할 수 있었다. 현재의 자료사정으로는 아라이구미의 전체 수주규모를 파악하기 어렵지만, 주요 공사들을 제시하면 다음과 같다.

아라이구미는 1918년 4월에 총독부 철도국으로부터 경부선 선로 개량공사의 일부를 청부했다. 서대문역 서쪽에 위치한 안산(鞍山) 산기슭의 아현리에 382미터의 아현터널과 482미터에 달하는 또 하나의 터널을 뚫어 신촌으로 나와 수색역으로 통하는 신선(新線) 부설공사였다. 아라이구미는 이를 1920년 11월에 완성했다. 아라이구미는 또한 1922년 6월의 경성역 신축공사에서도 기초공사를 담당했다. 1919년 11월에는 군사적으로도 중요한 함경선 중부의 제2공구(豊湖-細洞)를 청부했으며, 1922년 9월에도 함경선 북1공구(城津-業億)를 수주하여 1923년 1월에 준공했다.²⁶ 이후에도 1925년 10월 함경선 15공구(居山터널 전후), 1927년 10월 도문선(図們線) 2공

---

24 다케다(武田範之)는, 1863년 11월 23일에 福岡 久留米에서 태어났다. 1883년 1월에 顕聖寺(新潟県)에서 剃髪하고 住職의 제자가 되었다. 1893년 9월에 부산으로 도항, 1894년 6월에 天祐侠에 참가하였다. 1895년 10월에 三浦公使가 주도한 민비시해사건에 참가했다가 체포되어 히로시마 감옥에 수감되었다. 1896년 1월에 히로시마 지방재판소에서 免訴 판결을 받았다. 1900년 5월에 顕聖寺의 住職이 되었다. 1901년 黒竜会 同人이 되었고, 1906년 12월에 内田良平과 함께 韓国으로 건너가 一進会에서 활동하였다. 그 뒤, 한·일간을 왕복하며 曹洞宗의 한국 포교를 관리하거나 한일합방운동을 촉진하는 역할을 담당했다. 1911년 6월 23일에 사망했다(http://rnavi.ndl.go.jp/kensei/entry/takedahannshi.php).

25 瑞竜寺는, 富山県 高岡市에 있는 曹洞宗의 불교사원으로 1997년에 국보로 지정된 유서 깊은 사원이다. 1909년 5월 현재까지도 武田範之는 瑞竜寺를 거점으로 하여 활동하고 있었다(青柳南冥 1911, 146-147).

26 반도횡단철도라고도 불리는 경원선의 종점 원산에서 시작되어 함경남북 양도의 해변을 따라 북상, 영흥, 함흥, 북청, 성진, 나남 등 北鮮 주요도읍을 거쳐 청진에 달하고, 더욱 북상하여 국경 회령에 이른다. 同線은, 더욱 북상하여 間島, 吉林 방면의 捷路를 형성하였고, 東北 満州의 富源開発이라는 중요한 역할을 담당하고 있었다(小島幸舜 1991, 82-88).

구(靑鶴-阿五地, 60킬로미터), 1932년 9월 혜산선(惠山線) 8공구(白岩-嶺下), 1933년 11월 경전선(慶全線) 9-11공구(谷城-順天), 1936년 11월 중앙선(=京慶線) 12-13공구(鷄岳-盤谷) 등의 공사를 청부하였다. 이상을 볼 때, 아라이는 주로 총독부 철도국의 지명업자로서 철도부설 및 개축공사에서 오랫동안 청부활동을 전개해 왔는데, 총독부 내무국, 지방청, 사설철도, 수리조합 등으로부터도 공사계약과 관련하여 수주를 받고 있었다(『朝鮮土木建築協会会報』 104호 1927: 64).

그러한 철도공사를 중심으로 청부한 공사금액은, 〈표 1〉에서 알 수 있듯이, 조선 내에 본거지를 둔 청부업자 중에서는 가장 많은 금액을 기록하고 있다. 아라이구미의 경우, 지명 건수가 247건으로 일본에 근거지를 둔 업자를 제외하면 톱 레벨이었고, 낙찰 건수가 적음에도 불구하고 낙찰 금액이 비교적 큰 금액이었음은 건당 공사비가 상대적으로 많았음을 의미한다. 건당 청부 액 5천 원 이상을 대상으로 조선토목건축협회 정회원들의 청부금액을 조사한 결과를 보더라도, 아라이는 1926년 한 해 동안 수주한 단 1건만으로도 정회원 122명 중 8위에 올라 있다.[27] 후술하듯, 이는 아라이가 조선토목건축협회 회장 취임 당시 내걸었던 영세토목업자의 보호 및 양성이라는 슬로건을 지킨 결과였으며, 아라이에 대한 조선총독부의 높은 신뢰도를 보여주는 데이터이기도 하다. 물론 그에 대한 보답으로 아라이 자신도 조선총독부의 조선지배에 다양한 형태로 협력하였다. 이러한 과정을 거쳐 아라이는 조선 토목청부업계의 중진으로 성장할 수 있었으며, 시키 신타로(志岐信太郎) 및 마츠모토 쇼타로(松本勝太郎)[28]와 함께 '경성의 삼태랑(三太郎)' 또는 '조장(組長) 삼태랑'이라 불렸다(藤沢論天 1926: 30). 아라이는 1920년부터 1934년까지 무려 14년 동안 조선토목건축협회의 회장을 지냈다. 이 또한 아라이가 1920년대 이미 조선 토목청부업계의 핵심인물로 성장해 있었음을 말해준다.

아라이는 1931년 11월에 아라이구미를 주식회사 조직으로 개편하였다. 자본금은 100만 원으로 와타나베 데이치로(渡邊定一郎)[29]의 황해사와 함께 최고 수준이었다. 아라이가 1만주(총 2만주)

---

27 1926년의 1위에서 10위까지의 업자들(낙찰건수, 청부금액)을 열거하면 다음과 같다. 間組(21건, 428만 283엔), 五島栄蔵(6건, 1건은 사퇴, 373만 7,735엔), 松本組(3건, 288만 5,716엔), 大倉組(16건, 130만 3,226엔), 寺尾猛三郎(9건, 117만 9,664엔), 阿川重郎(2건, 103만 8,300엔), 堀内廉一(1건, 89만 9,300엔), 荒井初太郎(1건, 75만 2,800엔), 盛陽社(3건, 71만 2,800엔), 西本健次郎(1건, 68만 9,000엔)(『朝鮮土木建築協会会報』104호 1927, 64).

28 마츠모토(松本勝太郎)는 1874년 広島県 구레시(呉市)에서 출생하였고, 집안 대대로 토목청부업에 종사하였다. 1892년에 제5사단 기병 제5연대의 兵舎 신축공사를 청부하였으나, 청일전쟁으로 인해 임금과 자재비의 폭등으로 좌절을 겪었다. 그 뒤 다시 대만으로 건너가 총독부의 신임을 얻어 砲工兵의 각 兵舎 및 府庁의 건축에 종사하여 성공을 거두었다. 1901년에 귀국하여 구레시에 본점, 東京, 下関, 京城에 지점, 그리고 大分県 鶴崎에 출장소를 두어 오로지 材木만을 판매하였고, 동시에 토목청부업에도 힘을 기울였다. 松本組가 1906년에 경성에 지점을 설치한 후 조선에서 완성한 공사는 경의선 속성공사 및 개량공사, 경원선 개량공사, 羅南兵営工事, 国道改修 및 교량공사 등이었다. 그 밖에 石州大麻山을 전부 소유하고 있었는데, 製材機械 5대를 설치하여, 재목을 조선에 이출했다. 또한 豊田郡 우메가하마(梅ケ浜)에서 대규모 煉瓦工場을 설치 경영하고 있었다(川端源太郎 1913, 281-282; 角田広司 編 1917, 364; 朝鮮中央経済会 1922, 230).

29 黃海社는, 마츠야마 쓰네지로(松山常次郎)와 와타나베가 의기투합하여 니가타(新潟)의 대부호 가와카미 사타로(川上佐太郎)의 자본을 끌어들여서 1921년 9월에 설립한 회사이다. 105만원(262,500원 불입)의 자본금으로 설립된 황해사는, 농사경영, 식림, 신탁업, 광산업, 전기사업, 토지의 매매 및 관리, 토목청부업 등 상당히 폭넓은

〈표 1〉 1922～1932년 조선 내 토목업자들의 수주현황

組名	指名回数	落札回数	総金額	代表	本店	資本金 (万円)	摘要
間組	638	157	22,565,217	小谷清 楠目省介 前野定喜	東京	200	朝鮮支店長：青木德三郎
長門組	596	146	17,918,323	五島栄蔵	京城	50	
松本組	208	41	11,047,156	松本勝太郎	広島	100	京城支店長：阿部喜之助
鹿島組	422	69	9,755,464	鹿島精一(会) 鹿島新吉(社)	東京	550	京城支店長：村井左八(42年)
西松組	92	34	8,759,169				1926年 9月 以降
荒井組	247	27	7,849,591	荒井初太郎	京城	100	
大倉土木	510	112	7,809,252				
黄海社	99	28	7,420,238	渡邊定一郎	京城	105	
西本組	398	59	7,351,577	西本健次郎	和歌山	100	京城支店長：千田修二
三木合資	478	94	6,871,435	小寺忠行	京城		小寺組가 1929年에 合資会社로 変更하여 三木合資로 改称
阿川組(合名)	112	28	5,417,340	阿川重郎 岡部新太郎	京城	80	
盛陽社(合名)	96	21	4,811,506	団貫一	京城	35	
清水組(合資)	357	81	4,723,577	清水釘吉	東京	300	
楠見組	284	43	4,394,626				
志岐工業	122	20	3,764,109	志岐信太郎	京城	50	1935年版
大林組	62	12	3,652,178	大林義雄	大阪	1,010	1928年 以降 1937年版
堀内組	162	19	3,512,288	堀内廉一	札幌	100	
前田組(合資)	213	41	2,881,297	前田平太	京城	20	
陣内組	190	39	2,704,417	陣内茂吉			
中村組(合資)	334	86	2,525,849	中村繁作	京城	50	1935年版
津田組(株式)	234	44	2,513,005	津田辰次郎	京城	50	
高栄組(合資)	356	54	2,480,080	高栄栄京一	京城	50	
熊城組	107	21	2,239,513				
有馬組(合資)	113	15	2,092,503	森清太郎	京城	50	朝鮮有馬組

영업과목을 특징으로 하고 있었으나, 주력 분야는 토목청부업이었던 것 같다. 설립 당시의 사장은 마츠야마였고, 전무는 와타나베였다. 와타나베는 1926년에 황해사의 사장으로 취임하여 동사를 발판으로 재조일본인기업가의 중진으로 성장하여 1924년부터 1931년까지 경성상업회의소와 조선상업회의소의 회두를 역임하였다(石森久弥 1932, 283-287; 中村資良編 1923년판; 東亜日報 1924. 8. 13).

組名	指名回数	落札回数	総金額	代表	本店	資本金(万円)	摘要
京城土木	200	42	1,589,667	永淵嘉六	京城	31	1929年以降
鉄道工業	58	8	1,562,630				1928年以降
內田組(合資)	294	42	1,548,648	內田元治郎	京城	30	
柴田組(株式)	215	24	1,545,710	三浦三平	京城	50	1924年以降
山崎組(合資)	269	51	1,372,124	山崎茂太郎	京城	20	1928年以降
須々木組(合資)	239	39	1,346,513	山田董太郎 須々木権次郎	大田	30	
末吉組(合資)	172	37	1,302,270	末吉豊実	大田	30	1935年版
水谷組(合資)	268	36	1,049,286	水谷栄一	平壌	30	1935年版
谷口組(合資)	125	21	1,035,335	谷口小次郎	京城	75	
石田組(合資)	333	54	955,039	長谷川秀作 石田定治郎	京城	20	1935年版
飛島組	36	2	883,000				1931年以降
岩村組(合資)	197	40	875,229	岩村茂夫	会寧	30	1935年版
中央土木(合資)	261	49	867,399	河原虎雄	京城	20	
後藤工業(合資)	58	16	824,531	後藤虎雄	京城	22	1928年以降
岡組	198	29	785,570				1924年以降
山本組(合資)	173	33	723,748	山本芝鶴	京城	30	1927年以降
三宅組(株式)	135	23	648,324	三宅孫太郎	京城	50	1928年以降
榊谷組	27	5	640,758	榊谷仙次郎	新京	200	1929年以降 1939年版 京城支店長:鮎沢元吉
秋山組	131	23	548,435				
日本工業(合資)	64	8	496,442	小林長兵衛	東京	200	1923年以降
近江組(合資)	193	39	487,423	近江常吉	京城	30	
有元組(合資)	90	11	294,382	村上朝一	会寧	30	1935年版
小寺合資	3	2	269,510				1930年以降

資料：中村資良編,『朝鮮銀行会社組合要録』1933年・1935年・1937年版；児玉琢口述,『朝鮮の談合』, 1933年, 156-160頁.
備考：朝鮮土木建築協会 회원 중 1918년 談合事件関係者 47사의 낙찰액 5천 원 이상의 공사에 대해서는 동협회의 통계에 의함.

를 소유하여 지주율 50%의 최대주주로 대표 취체역에 취임하였고, 전무와 상무에는 아라이구 미에서 오랫동안 손발을 맞추었던 마루야마(丸山忠作)와 모리이(森井分司)를 선임하였다(中村資良編 1933: 362).

그러나 주식회사로 전환한 이후의 아라이구미의 경영실적은 그다지 좋지 못했던 것 같다. 1936년도와 1937년도의 손익계산서를 정리한 〈표 2〉에 의하면, 당기 순이익이 1,856원과 961

원에 불과했다. 공사로 인한 손실이 아라이구미의 경영을 악화시켰다. 1936년도의 경우 공사로 인한 손실은 총지출의 74.2%를 차지했다. 수입의 경우도 공사를 통해 벌어들인 이익보다 임대료나 잡 이익이 대부분을 차지하고 있었다. 잡 이익이 구체적으로 무엇을 의미하는지 현재의 자료상황으로는 알 수 없다. 그러나 공사를 통한 이익이 아닌 것만은 분명하다.

이후 아라이구미의 경영실적 저하는 계속되어 1937년도의 차기 이월손실금은 43만 8,465원에 달했고, 1938년도의 당기 손실금은 6만 1,095원이었다(中村資良編 1939: 533). 1939년도의 차기 이월손실금은 24만 7,222원이었고, 1940년도의 당기 손실금은 7만 5,676원이었다. 반면 차입금은 계속 늘어나 1940년도의 차입금은 무려 83만 9,481원에 달했다(『朝鮮総督府官報』 제4231호, 1941: 3. 3). 결국 1944년 12월에는 주당 불입금을 25엔으로 하강 조정하게 되었는데, 나머지는 손실보전에 충당했을 것이다(『朝鮮総督府官報』 제5401호, 1945: 2. 8).

〈표 2〉 아라이구미의 손익계산서(1936~1937년도)

지출			수입		
과목	금액		과목	금액	
	1936년도 제5기	1937년도 제6기		1936년도 제5기	1937년도 제6기
役員報酬	4,300.00	2,100.00	家賃地料	5,676.68	35.41
事務所費	21,799.46	6,204.24	雑損益	233,020.95	41,244.47
割引利息	33,922.07	30,145.58	茂山工事益金	3,280.40	
税金	536.54	1,869.06			
工事損失金慶全線	27,765.60				
同 新京	151,797.77				
当期益金	1,856.59	961.00			
合計	241,978.03	41,279.88	合計	241,978.03	41,279.88

資料: 『朝鮮総督府官報』 第3015号(1937. 2. 4); 第4231号(1941. 3. 3); 中村資良編, 앞의 책, 1937年版, 476쪽.

이렇듯 정상적인 경쟁 상태라면 항상적인 손실 위험에 노출되는 것이 토목청부업의 특성이었다. 이러한 리스크를 회피하기 위한 수단으로 아라이는 다양한 분야에 걸쳐 기업 활동을 전개했다. 〈표 3〉은 1920년대부터 아라이가 관계하는 사업영역이 확대되고 있음을 보여준다. 토목청부업에서 벌어들인 자금을 토대로 상업, 제조업, 농림업, 정미업, 금융신탁, 광산업, 운수창고업 등에 투자하였고, 아라이 본인이 직접 경영에 관여한 케이스도 많았다. 이러한 사실은 리스크 회피를 위한 움직임으로 이해된다.

특히 시기별로 유망했던 분야를 골라 투자하고 있었던 사실은 주목할 만하다. 산미증식계획이 시행된 1920년대에는 부동산경영, 토지신탁, 수리조합에 투자하고 있으며, 일본에 대한 미곡 이입 제한문제가 일어났을 때는 창고금융업에, 전시기에 들어가는 1930년대 중반부터는 광산에 대한 투자와 경영이 많아지고 있음을 알 수 있다.

3) 조선토목건축협회의 조직

1900년경, 경성의 토목건축업자가 서로 의기투합하여 경성토목건축조합(京城土木建築組合)을 창설했다. 조합원수가 35, 6명 정도 되는 사교단체의 성격이 강한 조합이었고, 조합장은 나구사 겐이치로(名草源一郎)였다.[30] 그러나 "당시 반도의 청부업계는 동업자 수도 적었고, 경쟁입찰장 뒷무대도 매우 단조로워, 평지에서 말을 끄는 것과 같았다. 이러한 상태에서 조합은 거의 존재 의의가 없었고, 따라서 2년 정도 지난 뒤 어느 샌가 해소"되고 말았다(請負業史 1967: 466). 한말 특히 러일전쟁을 전후로 형성된 (경부선과 경의선의) 전시속성공사체제가 형성되면서 일본의 청부업자들이 대거 진출하였지만, 허가를 받은 지정업자만이 공개입찰에 참여할 수 있었기 때문에 실질적으로는 수의계약에 가까운 업계관행을 보이고 있었다. 따라서 과당경쟁을 방지하고 업계의 이해를 조정하기 위한 동업조합의 존재가 그렇게 절실하지 않았던 것이다.

〈표 3〉 아라이(荒井初太郎)의 기업활동

회사명	설립	본점	자본금		업종	참가형태	初出	総主数/株主数	대표자
			公称	払込					
三巴酒造場	1906	京城	50,000		醸造業	社長	統計12		荒井初太郎
三巴酒造	1916	京城	100,000	60,000	醸造業	取締役	21年版	2000/7	高原民五郎
三巴酒造 (合資)	1927	京城	20,000	*6,000無	醸造業	社員	29年版		浦田多喜人
朝鮮精米	1918	京城	500,000	300,000	精米業	大株主(700)	21年版	10000/25	天日常次郎
						取締役	23年版		
						取締役社長	31年版	10000/	荒井初太郎
仁川米豆取引所	1899	仁川	1,000,000	809,000	商業	取締役	21年版	20000/316	若松兎三郎
			3,000,000	1,500,000		取締役社長 大株主(1844)	27年版	60000/618	荒井初太郎

---

30 나구사(名草源一郎)는 1865년 広島県(鉄砲町)에서 태어났다. 1888년에 구레시(呉市) 海軍鎮守府 造線図工이 되었다가, 1890년에 사임하고 청부업자가 되었다. 1896년에 한국으로 건너와 경성에서 토목청부업에 종사했고, 1921년 현재에도 역시 토목청부업에 종사 중이었다. 그밖에도 満鮮木材株式会社 사장, 東洋塗料株式会社 사장 등을 역임했으며 히로시마에 있는 満鮮物産株式会社의 사장을 지냈다(朝鮮中央経済会 1922, 181).

회사명	설립	본점	자본금		업종	참가형태	初出	総主数/株主数	대표자
			公称	払込					
三巴酒造場	1906	京城	50,000		醸造業	社長	統計12		荒井初太郎
田沼商会	1921	京城	100,000	25,000	商業	大株主(50)	21年版	2000/	原日淳男
朝鮮火薬	1921	京城	500,000	125,000	商業	取締役 大株主(550)	21年版	10000/	志岐信太郎
竜山工作	1919	京城	200,000	130,000	製造工業	監査役 大株主(150)	23年版	4000/31	執行猪太郎
竜山工作●	1925	京城	1,000,000	250,000	製造工業	取締役 大株主(900)	29年版	20000/35	田川常治郎
東洋畜産興業●	1918	京城	1,000,000	437,500	農林業	取締役社長 大株主(500)	23年版	20000/218	荒井初太郎
朝鮮火薬銃砲	1921	京城	1,000,000	250,000	商業	大株主(560)	23年版	20000/83	志岐信太郎
朝鮮天然氷	1921	京城	2,000,000	500,000	商業	大株主(550)	23年版	40000/292	志岐信太郎
京城美術倶楽部	1922	京城	30,000	30,000	其他	監査役 大株主(20)	23年版	1400/80	渡邊定一郎
京城家畜●	1923	京城	200,000	50,000	農林業	取締役社長	25年版	4000/96	荒井初太郎
京城株式現物取引市場	1920	京城	4,000,000	1,201,120	商業	取締役	25年版	80000/2121	天日常次郎
朝鮮興業(合名)	1925	京城	200,000	*140,000 *145,000	商業	代表社員 社員	25年版 37年版		荒井初太郎 荒井健五郎
クームヒン商会(合名)	1923	京城	75,000	*50,000	商業	代表社員	25年版		荒井初太郎
クームヒン	1926	京城	70,000	70,000	商業	取締役社長 取締役 大株主(320)	27年版 29年版	3500/ 3500/17	荒井初太郎 山田禎輔
朝鮮土地経営	1919	京城	1,307,700	523,080	金融信託	取締役社長	25年版	26154/249	荒井初太郎
朝鮮土地信託	1930	京城	1,307,700	523,080	金融信託	取締役社長	33年版	26154/207	荒井初太郎
海雲台企業(合資)●	1925	京城	100,000	*33,500 *70,000	其他	代表社員	27年版 31年版		荒井初太郎
陽東水利組合●	1921	京畿			水利組合	組合長	29年版		荒井初太郎

회사명	설립	본점	자본금		업종	참가형태	初出	総主数/ 株主数	대표자
			公称	払込					
三巴酒造場	1906	京城	50,000		醸造業	社長	統計12		荒井初太郎
海雲台温泉 (合資)●	1927	京城	200,000	*40,000無	其他	代表社員	29年版		荒井初太郎
大同林業●	1928	京城	500,000	125,000	農林業	取締役	29年版		小杉謹八
朝鮮米穀倉庫●	1930	京城	1,000,000	250,000	運輸倉庫	監査役	31年版	20000/87	松井房治郎
						大株主 (300)			
朝鮮産業●	1922	京城	500,000	125,000	農林業	取締役	31年版		
朝鮮勧農	1907	京城	250,000	250,000	金融信託	取締役	31年版	5000/19	賀田直治
朝鮮取引所●	1932	京城	6,599,800	2,400,850	其他	取締役社長	33年版	131996/1593	荒井初太郎
荒井組●	1931	京城	1,000,000	250,000	其他	取締役社長	33年版	20000/	荒井初太郎
						取締役	35年版		
						大株主 (10000)	37年版		荒井健五郎
						取締役社長	42年版		荒井初太郎
津田組	1931	京城	500,000	125,000	其他	監査役	33年版		津田辰次郎
京城倉庫金融●	1921	京城	1,000,000	250,000	金融信託	取締役	33年版	20000/147	小笠原儀雄
日本マグネサイト化学工業	1935	京城	1,000,000	750,000	鉱業	取締役	37年版	20000/20	大河内正敏(会)
						大株主 (4000)			小林長兵衛(社)
八州鉱業●	1936	京城	800,000	800,000	鉱業	取締役社長	37年版		荒井初太郎 小林勇二
朝鮮国産自動車●	1937	京城	2,300,000	575,000	商業	取締役	37年版	46000/120	高橋省三
東和鉱業					鉱業	取締役社長	官1938.5.31		
共同鉱業					鉱業	代表	官1938.7.29		
金海鉄山	1938	京城	500,000	500,000	鉱業	取締役社長	39年版		荒井初太郎
鯨水鉱業●					鉱業	監査役	官1939.12.14		
朝陽鉱業●	1938	京城	5,000,000	1,250,000	鉱業	取締役会長	39年版	100000/63	荒井初太郎(会)
						大株主 (3000)			小杉謹八(社)
岡義武商店	1937	京城	100,000	100,000	商業	監査役	39年版	2000/14	岡義武 岡茂武
朝鮮貯蓄銀行●	1929	京城	5,000,000	3,750,000	銀行	監査役	42年版	100000/392	伊森明治
釜山交通●	1939	釜山	500,000	500,000	運輸倉庫	取締役社長	42年版	10000/8	荒井初太郎

회사명	설립	본점	자본금 公称	자본금 払込	업종	참가형태	初出	総主数/株主数	대표자
三巴酒造場	1906	京城	50,000		醸造業	社長	統計12		荒井初太郎
釜山タクシー	1937	釜山	35,000	35,000	運輸倉庫	取締役社長	42年版		荒井初太郎
朝鮮海水興業	1941	京城	195,000	195,000	製造工業	取締役	42年版		馬野精一
白川温泉促成栽培	1936	黄海道	30,000	30,000	農林業	取締役社長	42年版		荒井初太郎
朝鮮畜産	1939	京城	10,000,000	3,000,000	農林業	取締役	42年版	200000/104	岡崎哲郎
白川温泉●	1932	黄海道	200,000	100,000	其他	取締役社長	42年版		荒井初太郎
朝鮮米穀市場組合●	1939	京城	5,000,000	937,500	其他	参与取締役	42年版	100000/783	矢島杉造
朝鮮凍豆腐	1942	京城	500,000	500,000	食料品	監査役	官1942.11.17		
朝鮮自動車配給	1943	京城	3,000,000	3,000,000	其他	監査役	官1943.6.19		
朝鮮証券取引所	1943	京城				設立委員	官1943.7.8		
朝鮮冷凍加工						監査役	官1945.3.26		

資料 : 中村資良編, 『朝鮮銀行会社組合要録』, 東洋経済時報社, 各年度版 ; 『朝鮮総督府京畿道統計年報』 1912年版 ; 『朝鮮総督府官報』 第990·3409·3460·3871·4740·4931·4929·5388·5442·5439·5408号.
備考 1. (合名) 또는 (合資) 이외에는 모두 주식회사이다.
備考 2. * 표시는 합명회사 또는 합자회사에 대한 荒井初太郎의 출자분이다.
備考 3. ● 표시는 『人事興信録』 1941년에서 확인할 수 있는 荒井初太郎의 관계회사이다.

하지만 업자들의 수가 증가하면서 경쟁으로 인한 피해가 현실화되었다. 이러한 사정을 배경으로 1915년에 17명의 청부업자가 조직한 것이 공우구락부(工友倶楽部)였다.[31] 그러나 사무소를 경성 하세가와쵸(長谷川町)에 두고 적극적인 활동에 나서려던 1915년에 대구담합사건이 발생하였다. 3, 4명을 제외한 부원 거의 전원이 관련되어 있었던 탓에 공우구락부의 활동은 개점휴업 상태에 빠지고 말았다. "1917년에 마침내 유죄가 결정되어 구락부는 또 해산 소멸해 버리고, 조선에 있어서 유력업자는 내지로 물러가거나 혹은 (사업을) 변경 …… 반도업계는 문자 그대로 괴멸하는 비운에 조우"했다(請負業史 1967: 466)는 기록에서도 짐작할 수 있듯이, 당시의 대구담합사건은 재조일본인 토목청부업자들에게 큰 영향을 미쳤다. 특히 일본에서 사기죄로 유죄 판결을 받은 최초의 담합사건으로 기록된 대구담합사건은, 토목청부업자들을 바라보는 사회의 시선을 크게 바꾸었다.[32]

다음의 인용문은 이러한 사정과 토목 청부업자들이 받은 충격을 단적으로 말해준다.

---

31 1920년에 조직된 조선인에 의한 「工友倶楽部」도 있었기 때문에 日本人 請負業者 17명이 조직한 같은 이름의 倶楽部와는 다른 단체였다(「工友」 창간호, 1920).

32 1917년에 발생한 대구담합사건의 판결과 그 의의에 대해서는(武田晴人 1994, 181-183).

이 담합사건은 사실상 조선의 청부업자 자체의 분위기를 황폐시키고 말았다. 지금까지 담합행위가 반드시 좋다고는 생각지 않았으나, 적어도 사기나 도둑과 동일시되리라고는 꿈에도 생각지 못했던 것이다. 때문에 지금까지의 담합은 비교적 깨끗했다. 본래 그렇게 죄악이라고 생각하고 있지 않았기 때문에 일부러 그것을 은폐해야 한다고 생각하지 않았다. 따라서 공우구락부를 보고 세상 사람들은 「담합구락부다」라는 등 야유를 보내는 자도 있었다. 그것이 사기죄에 해당한다고 단죄되었기 때문에 동업자는 일제히 낙담하여 굴복하지 않을 수 없었다(請負業史 1967, 466).

이러한 침체상황을 극복하기 위해 시키, 마츠모토, 아라이, 즉 '조선의 삼태랑'이 중심이 되어 나섰다. 1918년 3월 24일에 시키가 간사장이 되어 조선토목건축협회를 창립했다. 초대회장에는 마츠모토가 취임하였고, 시키와 아라이가 중견이 되어 진용을 정비했다. 1920년의 역원(임원) 개선에서 마츠모토가 용퇴함으로써 시키가 제2대 회장에 취임했다. 그러나 때마침 발생한 웅기(雄基)의 공사 낙찰 문제로 시키가 인책 사직하면서 협회 창립멤버의 한 사람인 아라이가 제3대 회장에 취임하였다.

아라이의 회장 취임과 함께 협회 혁신론이 대두했다. "무모한 경쟁을 방지하고 공존공영을 도모하기 위하여 설립한 동업단체가 갑자기 어떤 일이 발생했을 경우에는 아무런 기능도 발휘하지 못한다. 극단적인 경쟁의 결과는 자멸할 뿐이다. 자유경쟁을 적당하게 억제하여 가공할 만한 무모한 경쟁에서 벗어나지 않으면 안 된다"(請負業史 1967: 467)라는 위기의식이 팽배했기 때문이다. 동업단체로서 자유경쟁을 억제하고 이익을 조정할 수 있는 영향력을 갖춘 협회로 거듭나야 한다는 주장이었다. 그런 의미에서 토목건축협회는 일종의 담합을 위한 조직이기도 했다.[33] 아라이 또한 후술하는 1932년 경성담합사건[34] 당시 "(담합금은) 무진이나 보험이 갖는 성질과 유사한 의미에서 영속적으로 상호순환성을 갖고 있는 것으로, 일종의 보험료라고 간주할 수 있다"고 언급하여 담합을 단속하려는 당국의 인식을 간접적으로 비판했다.[35]

---

33 담합 문제에 대해서는 일본 사법계에서도 견해가 분열되어 있었다. 담합이 일정한 범위 내에서라면 合法이라고 판단하는 경우도 있었고, 다액의 談合金이 동반될 경우에는 公序良俗에 반하는 부당 부정한 행위라고 비판하는 경우도 있었다. 따라서 1920년대 중엽부터 일본의 토목건설업계는, 담합을 공공연하게 조직적으로 행하여 담합에 관한 비판에 적극적으로 대응하기 시작했다. 1925년에 조직된 土木業協會는 담합을 주된 목적으로 하는 조직이었고, 거기에는 직업적인 담합업자도 포함되어 있어 조직적인 受注調整이 이루어지고 있었다(武田晴人 1994, 188).

34 아라이를 비롯한 「三太郎」과 亀割安蔵(亀割組)은, 이미 1919년 咸鏡線 建設 당시 담합의 혐의로 당국의 조사를 받고 일시 유치되었다가 증거불충분으로 석방된 적이 있었다. 1932년 6월에 발각되어 1936년 2월에 최종판결이 이루어진 경성토목담합사건에서는 징역 8월(집행유예 5년)의 실형을 언도받았다. 『東亜日報』 1936. 2. 18, "土木疑獄最終公判 「談合은 詐欺罪 構成」 今日 高等法院에서 上告棄却 巨頭十七名 有罪決定".

35 『朝鮮新聞』 1932. 7. 1, "談合と談合金について、荒井土木協会長の談".

〈표 4〉 사단법인 조선토목건축협회의 강령과 요망사항

(1923. 12. 18)

〈5대 강령〉
현금(現今)에 있어서 청부업자의 인습적 구습을 타파하고, 업무상태의 개선을 도모하며, 철저적 자각을 촉구하고, 그래서 기업자에 대해 선의의 양해에 노력하며, 특히 다음과같은 5대 강령의 달성을 기한다.
1. 회원 상호간에 덕의(德義)를 중시하고, 항상 서로 경계하여 무모경쟁(無謀競爭)을 피할 것.
2. 회원의 책임 관념을 중시하는 동시에, 동업자의 발전을 저해할 우려가 있는 편무적 청부계약(片務的請負契約)의 시정을 기할 것.
3. 경쟁입찰제도의 폐를 고치고, 특명제도(特命制度)의 보급을 기할 것.
4. 현행 지명제도(指名制度)의 개선을 기할 것.
5. 종업노동자의 수급조절을 도모하고, 이들에 대한 선도(善導)를 기할 것.

〈요망사항〉
위의 결의사항의 달성을 기하기 위해 다음과 같은 요망사항을 부대 결의한다.
1. 특명(特命) 지명(指名)은 회원에 한할 것.
2. 최저액에 의한 낙찰방법을 개선할 것.
3. 기업자에 대해 공사 및 재료대금의 취하촉진(取下=支払促進)을 요망할 것.
4. 강령 제5항의 목적을 달성하기 위해, 춘계(春季)에 제(諸) 공사의 발표를 요망할 것.

출전 : 『日本鉄道請負業史』(明治編), 사단법인 철도건설업협회, 1967년, 467쪽.

이상의 목적을 달성하기 위해 아라이는 협회의 사단법인화를 추진했다. 협회는 제도개정조사위원회를 설치하여 개정의견서를 만들도록 했고,[36] 그 결과 초안으로 작성된 정관과 5대강령·요망사항에 입각하여 1921년 8월 사단법인 인가신청을 냈다. 동년 11월 17일에 인가지령을 받은 협회는 다음날 창립총회를 열어 사단법인으로의 조직변경을 승인하고 초대회장에 아라이를 선출했다. 1922년 1월 1일에는 '신문규칙'에 의거하여 회보 발간에 대한 인가도 얻었다(「朝鮮土木建築協会会報」 제104호, 1927년 1월, 4).

총회에서는 또한 〈표 4〉와 같은 강령과 요망사항을 승인했다. 강령과 요망사항은 크게 회원 간 경쟁제한과 특명제도의 보급 및 지명제도의 개선, 발주자에 대한 신속한 대금지급의 요망, 노동자의 원활한 수급조절을 위해 봄에 공사발표를 요망으로 나눌 수 있는데, 이는 당시 토목청부업계가 안고 있던 문제점으로 이해할 수 있다. 이러한 강령과 요망사항은 내부결속이 강한 협회를 전제로 가능한 것이었다. 아라이가 회장 취임 조건으로 재정확보와 회원확대를 강조한 것은 그 때문이었다. 첫째, 계약고에 대한 거출금(拠出金)을 처음부터 거둘 수 없으니 우선 2년간의 협회 유지비 예비로 유지자(有志者)로부터 약 2만 원의 기부를 받는다. 둘째, 대청부업자(大請負業者)는 작은 공사를 삼가하여 회원들에게 널리 공사 균점(均霑)의 기회를 주고, 청부업자를 키워간다(請負業史 1967: 467-468). 즉, 좀 더 광범위한 층을 조직하고 재정기반을 공고히 함으

---

36 『東亜日報』 1921. 8. 28, "土協法人組織決定".

로써 협회를 강력한 조정력을 발휘할 수 있는 조선 토목청부업의 헤드쿼터로 만들고자 했던 것이다. 이후 전개되는 토목업계의 동향을 보면 아라이의 구상이 얼마나 중요한 역할을 담당했는지 알 수 있다.[37]

한편, 사단법인 조선토목건축협회는 1932년 6월에 돌발한 경성토목담합사건의 영향으로 1934년 3월에 해산하였다(이금도 2007: 151). 협회장 아라이가 유죄 판결을 받는 등 회원들 대부분이 이 담합사건에 연루되었기 때문이다. 이 담합사건은 경성뿐만 아니라 조선재계 전체에 커다란 영향을 미쳤다. 상징적인 것이 청부업자 출신 진나이구미(陣内組)의 진나이 시케키치(陣内茂吉) 경성상공회의소 회두(소장)의 사임이었다. 같은 토목청부업자 출신인 황해사 와타나베 데이치로(渡邊定一郎)의 뒤를 이어 회두를 맡고 있던 중 이 담합사건에 연루되어 옥중에서 사임했던 것이다.[38] 1936년 2월 17일에 동 담합사건의 확정판결이 언도되자, 그로부터 5개월 뒤인 7월 20일 사단법인 경성토목건축협회의 설립청원이 있었고, 9월 28일에는 창립총회가 개최되어 정식으로 출범하였다. 협회는 1940년 7월에 사단법인 조선토목건축업협회로 개칭하여 1943년 8월에 해체될 때까지 존속하였다(『京城土木建築業協会報』 2권 1호, 1936: 72-73; 이금도 2007: 152-154). 이전의 협회와는 달리 경성토목건축협회는 연간 공사청부액 4천만 원 이상의 유력업자들만을 대상으로 했다는 점에서 이전 조선토목건축협회와 구별되었다.

3. 맺음말

아라이는 1945년 6월 25일에 노량진에 위치한 별장 월파정에서 생애를 마감했다. 아라이는 1904년부터 41년간 조선에 뿌리를 내리고 기업활동을 전개한 재조일본인 기업가 중에서 가장 성공한 인물 중 한 명이었다. 그러한 성공을 토대로 아라이는 '조선재계'의 조정자이자 후견인으로 활약하였는데, 1920년대의 '조선재계의 대사건'이었던 인천미두취인소 경성 이전 문제

---

37 1927년 10월 현재 정회원은 총 293명이었고, 명예회원은 총독부 전현직 관료, 도지사, 조선은행 총재 및 식산은행 총재 등 총 21명이었다. 고문 2명은 賀田直治와 松山常次郎이었고, 상담역 4명은 釘本藤次郎, 松本勝太郎, 阿川重郎, 志岐信太郎이었다. 정회원 293명의 분포는 다음과 같았다(『朝鮮土木建築協会会報』 제113호, 1927년 10월, 회원명부 및 역원명부).

正会員			
中央会員		地方会員	
土木建築請負	材料商其他	土木建築請負	材料商其他
149	54	77	13

38 東亜日報 1932. 6. 23, 〈商議会頭 陣内氏 辞任? 疑獄事件으로〉; 7. 17, 〈陣内商議会頭 畢竟正式 辞任, 十五日 後 任協議〉.

의 해결에 앞장선 것은 유명하다.³⁹ 1924년 5월에는 세유카이 다카오카지부(政友会高岡支部)의 요청을 받아 제15회 총선거에 출마하기도 했다. 조선에서의 성공을 토대로 일본 정계로의 진출을 시도한 것인 데, 결국 낙선하고 말았다.⁴⁰ 이하에서는 지금까지 검토해 온 내용을 요약하고, 토목청부업자 아라이의 성공요인을 정리한다.

아라이 하츠타로는, 도야마현의 이나가키 시메스를 중심으로 한 자유민권운동 과격파의 영향을 받아 정치활동에 참여했으며 오사카사건이나 선거대간섭 등에 관여했다. 이나가키 → 우에노로 이어지는 호쿠리쿠자유당(北陸自由党)의 흐름에 서 있던 아라이는, 호쿠리쿠 루트의 개발을 제창한 이나가키의 영향과 당시 지역 명망가를 중심으로 한 철도부설 붐에 영향을 받아 1891년에 아라이구미(荒井組)를 일으키고 토목청부업자가 되었다. 자산가이자 유력 정치인이었던 우에노와 함께 호쿠리쿠토목회사(北陸土木会社=北陸組)를 설립하고 본격적인 청부활동을 시작했다. 1900년에는 홋카이도 개발붐과 제7사단의 건설붐에 편승하여 홋카이도로 건너갔고, 우에노 및 오가와의 지원을 얻어 도카치선 등의 철도건설공사에 참여했다.

러일전쟁의 발발과 함께 아라이는 대외팽창론자인 오가와 및 우에노의 권유를 따라 정부철도 속성공사를 위해 조선으로 건너 왔다. 오가와와 우에노의 정치성향과 국회의원이라는 신분을 고려할 때, 아라이의 한국 행은 지나보전(支那保全, 중국보전)과 조선부식(朝鮮扶植)을 내세운 러일전쟁이라는 국책을 토목 청부업자의 입장에서 뒷받침한 것이 된다. 국익과 사익을 일치시키려 했던 당대 일본 내 기업가들의 특징이 토목청부업에서도 그대로 나타나고 있는 것이다.

특히, 일본의 유력한 토목청부업자들이 1889년의 회계법 실시 이후 격화된 경쟁 속에서 그 활로를 새롭게 일본 제국주의 세력권으로 편입된 대만과 조선에서 찾았음을 고려할 때, 청일전쟁과 러일전쟁은 일본 토목청부업자들에게 더 없는 기회였다. 아라이의 한국행과 이후의 기업활동 또한 마찬가지였다. 따라서 본고는 재조일본인 토목청부업자에 대한 사례연구이면서 동시에 일본 토목청부업에 대한 역사적 검토이기도 하다.

아라이는 일제하에 들어서도 노량진에 위치한 월파정과 용산의 서용사(瑞竜寺)를 무대로 정재계 인사와 두터운 네트워크를 형성하였고, 이를 기업 활동에 활용하였다. 또한 일찍부터 정치 활동에 참가한 경험이 있었기에 오가와나 우에노 같은 일본 국내의 거물 정치인들과도 선

---

39 1922년 10월에 발생한 「인취문제(仁取問題)」라 함은, 인천미두취인소(= 인취)와 경성주식현물취인시장(= 경취)의 합병 및 경성 이전에 대한 찬부를 둘러싸고 이후 10년간에 걸쳐 계속된 양측의 대립과 인취 이전을 반대한 인천부민의 저항을 가리킨다. 1931년 5월 20일에 조선취인소령이 발표되고, 수차례의 주주총회를 거쳐 수정된 경취와의 소위 경제 합작이 1932년 1월 1일부로 인가되어, 1월 10일 두 시장이 해산함과 동시에 자본합병을 단행하여 조선취인소(=조취)로 개칭, 신설되었다. 조취의 본점은 경성에 두었고, 종래의 인취는 조취 인천지점이 되었다(인천부 1933: 1062-1063).

40 선거결과는 http://go2senkyo.com/election/1924/99/00008416.html에서 확인할 수 있는데, 아라이는 도야마 제2구에 세유본당(政友本党)의 후보로 출마하여 총 603표를 획득하였다. 이 선거에서는 헌정회(憲政会) 후보였던 아라이 겐조(荒井建三)가 850표로 당선되었다.

이 닿아 있었다. 따라서 아라이는 본국 정치가들과 조선에서 활약하고 있던 대륙낭인들과의 교류를 통해서 높은 중앙레벨의 고급 정보에 접할 수 있었다. 이렇게 획득한 정보와 인적 네트워크가 각종 공사의 수주활동에 크게 도움이 되었음은 물론이다. 일제하의 토목공사가 대부분 조선에 있어서의 인프라 건설을 목표로 한 정부 사업이었음을 고려한다면, 토목청부업자에게 있어 '정보'와 '네트워크'의 중요성은 절실하다. 〈표 1〉의 분석에서 언급했듯이, 실제로 아라이구미는 조선 토목건축협회 회장으로서 조선총독부의 높은 신뢰도를 얻고 있었다.

한편 아라이는 1920년대부터 기업경영의 다각화를 꾀했다. 토목청부업에서 벌어들인 자금을 상업, 제조공업, 농림업, 정미업, 금융신탁, 광산업, 운수창고업 등에 투자하고 있었고, 아라이가 직접 경영에 관여한 케이스도 많았다. 시기별로 유망시 되던 분야에 투자하고 있었다. 산미증식계획이 시행된 1920년대에는 부동산경영, 토지신탁, 수리조합에 투자하고 있었으며, 일본에 대한 미곡이입제한문제가 일어났을 때는 창고금융업에, 전시기에 들어가는 1930년대 중반부터는 광산에 대한 투자와 경영이 많아지고 있었다. 아라이의 다양한 기업활동과 투자활동은 기본적으로 재조일본인 기업가와 식민지권력과의 유착관계를 기반으로 한 것이었지만, 아직 기업가 층이 두텁지 못한 조선의 상황에서 식민지에서 성공을 거둔 재조일본인기업가에게 요구된 명망가적 역할이기도 했다.[41]

---

41 이 글은 김명수, 「재조일본인(在朝日本人) 토목청부업자 아라이 하츠타로(荒井初太郎)의 한국진출과 기업활동」, 『경영사학』 제26권 제3호, 한국경영사학회, 2011년 9월, 301-332쪽을 全載한 것으로 전체 집필 성격에 맞추어 일부 수정했다.

제5장

사라진 경제 국경과 인천재계

- 인천 조선신탁주식회사의 사례 -

• • • •

한국에서 신탁업이 언제 시작되었는지는 현재까지 불분명하다. 많은 문헌들이 1908년 후지이 흥업회사(不二興業会社)의 전신인 후지모토 합자회사(藤本合資会社)가 투자신탁 및 위탁에 의한 토지의 관리경영을 취급한 것을 근대적 신탁업의 효시로 보고 있다.¹ 그런데 이규수의 연구에 의하면, 후지모토 합자회사는 조선에 진출한 이후 토지를 집적하는 과정에서 신탁관리를 실시하고 있었다. 일본인 지주들이 매수한 토지를 곧바로 소작제 농장으로 경영하지 않고, 확실한 농장수익을 올릴 수 있을 때까지 후지모토 합자회사에 신탁관리를 위탁했다. 최초의 신탁관리 대상 토지는 1906년에 오사카의 아베 이치타로(阿部市太郎)가 위탁한 3,000정보의 토지였다. 매입을 대행하고, 매입 이후의 경영과 관리까지 모두 인수했다. 토지신탁자 중 대표적인 인물은 우콘 곤자에몽(右近権左衛門)이었다.² 따라서 이규수에 의하면, 한국 신탁업의 기원은 1906년으로 거슬러 올라가야 하겠다.

그 뒤를 이어 1908년 2월에 남선상사신탁주식회사(南鮮商事信託株式会社)가 설립되었고,³ 1910

---

1 水田直昌・土屋喬雄, 『朝鮮統治とその終局』, 友邦協会朝鮮史料編纂会, 94쪽; 高杉東峯, 『朝鮮金融機関発達史』, 実業タイムス社, 1940년, 788쪽 등. 비슷한 시기인 1908년 3월에도 京城信託会社가 신탁업을 내용으로 하는 영업광고를 하고 있었다. 京城信託会社는 이론 会津藩士 출신 深尾八次郎의 발기로 설립되었다. 1908년 3월 발간된 잡지에 광고로 실렸기 때문에 설립과 경영은 그 이전부터 이루어지고 있다고 볼 수 있다. 또한 京城信託会社보다 더 오래된 신탁회사의 존재도 향후 발견될 가능성이 있다. 「京城信託社の業務」, 『富之朝鮮』 第2年 第3号, 実業之大阪社京城支局, 1908년 3월. 한편 全信鎔, 『信託의 오늘과 내일』, 東亜出版社, 1969년, 61쪽에서 藤本合資의 신탁업무 개시를 1910년 3월로 적시하고 있으나 오류이다.

2 李圭洙, 「후지이 간타로(藤井寛太郎)의 한국진출과 농장경영」, 『大東文化研究』 第49輯, 2005년, 288쪽; 同, 『식민지 조선과 일본, 일본인 - 호남 지역 일본인의 사회사』. 다할미디어, 2007년 제2장..

3 南鮮商事信託은 자본금 1만원의 회사로 설립목적은 ① 수산물의 위탁매매, ② 금전대차의 중개, ③ 토지건물 및 각종상품의 매매중개, ④ 동산 부동산의 담보대부, ⑤ 상품의 보관이었다. 1921년 현재 취체역은 坂上富蔵,

년 12월에 조선신탁합명주식회사(朝鮮信託合名会社) 정도가 설립되었을 뿐,[4] 1919년까지 신탁회사의 설립은 좀처럼 찾아보기 어려웠다. 일제 강점기 한국의 신탁업은 대부분 일본인에 의해 이루어졌다. 이들 회사들의 상당수가 금전대차(金錢貸借)의 중개나 부동산 담보대부 등을 영업목적에 포함시킨 것을 고려할 때, 이들에 의해 설립된 신탁회사 중 많은 수가 대금업자들로부터 진화한 것으로 보인다.[5] 이와 관련하여 1931년 제정된 조선신탁업령의 목적 중 하나가 '부정금융업자에 대한 취제(取締, 단속)'이었음을 고려할 필요가 있다.[6] 신탁회사의 형태를 취하는 것이 당국의 단속을 피하기 위한 '외피(外皮)'로서 기능했던 것이다.

1920년대까지 영업이 계속된 신탁회사 중에서 1910년대 초에 설립된 회사는 1910년 12월에 설립된 조선신탁합명회사가 유일했다.[7] 당시 신문에서 "조선 유일 신탁사업의 독점권을 장악한 조선신탁합명회사"라고 표현한 것도 그 때문이었다.[8] 하지만 조선신탁합명의 영업내용은 '토지가옥매매중개업'이었다. 조선신탁합명도 신탁업을 내세우기는 했지만 대금업자로서의 측면을 가지고 있었던 것 같다. 1914년 5월 조선신탁합명으로부터 4원의 담보대부를 알선하기로 한 자가 문서를 위조하여 60원을 부당하게 대부·횡령한 사건이 발각되었기 때문이다.[9] 그러한 조선신탁합명회사가 1921년 11월 조선신탁주식회사에 업무를 인계하고 인천신탁합명회사로 상호를 변경하여 영업을 계속했다. 또한 조선신탁은 1921년부터 1932년까지 신탁회사로 존재하다가 1932년 조선금융주식회사로 개조되었고, 1936년에는 다시 조선기업금융주식회사로 전환하여 1945년까지 존속했다. 따라서 조선신탁에 대한 연구는 한국신탁업에 대한 산업발생사적 검토와 신탁회사의 경영에 관한 사례연구로서 의미 있는 작업이 될 것이다. 역시 학생들의 이해를 돕기 위해 일제강점기 한국 신탁업에 대한 그동안의 연구성과를 정리해

橋田駒治, 平春富蔵, 梶原菊造였다. 中村資良, 『朝鮮銀行会社要録』(이하에서는 『要録』으로 약칭), 東洋經濟時報社, 1921년판, 25-26쪽.

4 朝鮮信託合名은 인천에 본점을 둔 자본금 1만원의 회사로 영업목적이 土地家屋売買仲介業이었다. 사원에는 矢上丑之助 荻谷籌夫 尾西要太郎 岸本保之助 北島岱三 坂田為一 南方竹次郎 堆浩 後藤連平 村谷吉蔵 坂倉伊平 広沢正次郎 등이었다. 『要録』 1921년판, 27쪽.

5 실제로 일찍부터 한국에 진출한 일본인들은 많은 경우 대금업을 경영하며 자본을 축적한 경우가 많았다. 초기 일본인 거류민의 재산 축적에서 가장 중요한 것이 고리대와 도매였다. 특히 고리대의 경우 이러한 경향은 일본이 패전할 때까지 계속되었다. '성공'한 일본인의 표면상 직업이 농업, 상업, 공업이었지만, 실제로는 고리대를 바탕으로 몰락한 농민의 토지를 겸병하여 지주가 된 자가 많았다. 高崎宗司, 『植民地朝鮮の日本人』, 岩波書店, 2003년, 8쪽. 斎藤久太郎의 경우 최초 통역으로 육군과 함께 건너와 곧바로 어용상인이 되었고, 1897년에는 평양에 정착해 정미소를 시작했다. 그는 1900년대 초 경성으로 옮겨 재봉공장을 시작했고, 이후에는 金千代 주조장을 경영하여 조선 최고의 납세자가 되기도 했다. 사이토는 위조 백동화를 밀수입해 고리대를 운영하기도 했는데, 1927년 당시 6천 정보를 소유한 대지주였다고 한다. 高崎宗司, 위의 책, 51-52쪽.

6 林繁蔵, 「朝鮮信託業令制定と朝鮮無尽業令の改正に就て」, 『朝鮮』 제194호, 조선총독부, 1931년, 101쪽.

7 金明洙, 「朝鮮總督府의 金融統制政策과 그 制度的 基礎의 形成 -1931년 朝鮮信託業令의 制定을 중심으로-」, 『東方学志』 제131집, 연세대학교 국학연구원, 2005년 9월, 97쪽.

8 東亜日報 1920.4.10. 〈朝鮮信託会社設立〉.

9 每日申報 1914.5.17. 〈仲介者의 惡詐欺〉.

둔다.[10]

그간 학계에서는 일제강점기 한국신탁업의 실태를 밝히는데 일정한 성과를 내 왔다. 첫째, 1931년 조선신탁업령의 제정이 조선총독부에 의한 금융통제정책의 일환으로 이루어졌고, 따라서 조선신탁업령이 신탁통제를 위한 제도적 기초였음이 밝혀졌다. 1920년대에 연속된 공황으로 금융기관이 부실화하고, 은행과 신탁회사가 자금 흡수를 두고 대립하는 등 업무범위가 명확하지 않았던 상황에서, 금융통제를 위한 제도적 환경의 조성이 필요했던 것이다. 1928년 12월 은행령 개정은 그 신호탄이었다.[11] 둘째, 1907년 경성에 설립된 조선권농주식회사를 중심으로 농사경영회사가 1927년 8월에 신탁회사로 전환되었다가 조선신탁업령의 제정 직후인 1931년 8월에 다시 신탁회사를 포기하는 과정을 다룬 사례연구가 있었다. 1931년 12월 시행될 예정이었던 조선신탁업령의 법정최소자본금이 일본의 2배인 200만원이었기 때문에, 영세성을 특징으로 한 조선의 신탁회사들은 신탁업을 포기하지 않을 수 없었다. 조선권농주식회사의 경우, 자체적으로 증자(增資)를 시도하기도 하고, 사장 가다 나오지(賀田直治)를 중심으로 대규모 농사신탁회사(자본금 2천만 원)의 설립을 추진하기도 했으나 모두 실패하고 말았다.[12] 셋째, 1932년에 설립된 조선신탁주식회사의 설립과정과 조선신탁에 의한 기설 신탁회사의 합병과정이 소상히 밝혀짐으로써 1934년 말까지 조선총독부가 추진한 신탁통제가 최종적으로 완성되었음이 밝혀졌다. 1933년 1월에 개업한 조선신탁은 이후 총독부·조선은행·식산은행의 지원을 받으며 신탁합동을 주도하여 1933년 9월 군산신탁(群山信託), 동년 10월에 부산신탁(釜山信託), 동년 12월에 공제신탁(共濟信託), 1934년 9월에 조선토지신탁(朝鮮土地信託), 동년 11월에 남조선신탁(南朝鮮信託)을 각각 합병했는데, 이는 일제하 신탁업 통제체제의 완성이었다.[13] 넷째, 해방 이후 한국신탁업의 동향과 신탁법규의 정비과정을 정리하여 1931년 6월에 제정된 조선신탁업령이 해방 이후에도 여전히 한국신탁업의 근거법령이 되고 있었다는 사실과 1968년에 이루어진 신탁업법 개정이 조선신탁업령체제 해소의 첫걸음이었음이 밝혀졌다.[14]

하지만 그간의 연구는 일제 강점기 한국신탁업의 전체적인 동향을 파악하는데 치중해 왔다고 볼 수 있다. 개별 회사에 대한 사례연구로 1932년 설립된 조선신탁과 1907년 설립된 조선권

---

10 본고에 등장하는 조선신탁주식회사는 2개이다. 본고의 검토 대상인 인천에 있던 조선신탁주식회사는 1921년 11월 11일에 설립된 자본금 200만원의 회사이다. 뒤에 1932년 12월에 설립되는 자본금 1천만원의 조선신탁주식회사(본점은 경성=서울)와는 구별된다. 본고의 타이틀에 '인천'을 붙인 이유이다.

11 金明洙,「朝鮮総督府의 金融統制政策과 그 制度의 基礎의 形成 -1931년 朝鮮信託業令의 制定을 중심으로-」, 『東方学志』 제131집, 연세대학교 국학연구원, 2005년 9월.

12 金明洙,「植民地期在朝日本人企業経営 -朝鮮勧農株式会社経営変動賀田家中心-」,『経営史学』第44巻 第3号, 2009年 12月.

13 김명수,「日帝下 朝鮮信託株式会社의 設立과 信託統制의 完成」,『한국경제학보』 제13권 제1호, 2006년 봄.

14 김명수,「해방 후 한국신탁업의 동향과 신탁법규의 정비 - 1968년 한국신탁은행의 설립까지-」,『韓国史学報』 제32호, 高麗史学会, 2008년 8월.

농주식회사에 대한 연구가 있기는 하지만, 전자는 설립과정과 설립 이후의 기설 신탁회사 합병과정만을 다루었을 뿐이고, 후자는 신탁회사로 존재했던 기간이 4년에 불과하여 본격적인 신탁회사 사례연구라 보기 어려운 측면이 있다. 따라서 1921년에 설립된 인천의 조선신탁에 대한 사례는 이러한 연구사적 공백을 매울 수 있을 것으로 기대된다.

인천은 개항 이후 일본인들의 진출이 활발했던 지역으로 잘 알려져 있다. 일찍부터 미곡거래소가 존재했으며 이를 뒷받침하기 위한 금융기관과 일본인들 중심의 '인천재계'가 성립해 있었다. 주로 인천재계의 일본인 상인과 기업가들을 중심으로 조선신탁이 설립되었기 때문에 조선신탁에는 당시 인천재계에 형성되어 있던 재조일본인의 인적 네트워크가 기능했다. 인천신탁을 장악하여 자신의 사금고처럼 자금조달 창구로 활용하고자 했고, 그 과정에서 이전투구가 치열했다. 애매하게 그어져 있던 경제국경이 원인이었다.

1. 조선신탁(주)의 설립과 반동공황

조선신탁주식회사(이하 '조선신탁'으로 약칭)의 설립 계획은 1920년부터 준비되었던 것 같다. 1910년 12월에 설립된 조선신탁합명회사를 매수하여 조선신탁을 설립한다는 계획이 1920년 4월 현재 이미 진행되고 있었기 때문이다.[15] 제1차 세계대전 호황기에 조선과 만주 상공계가 급격히 발전하면서 각지에 유가증권 또는 곡물을 대상으로 한 거래시장이 설치되었지만, 이를 뒷받침할 신탁사업이 충분하지 않다는 인식이 조선신탁 설립 계획의 배경이었다. 당시 조선신탁은 인천뿐만 아니라 경성(京城=서울), 대련(大連), 도쿄(東京) 등지의 유력한 실업가가 중심이 되어 추진되었고, 주식 공모에 대한 구체적인 방안도 수립되어 있었다. 자본금을 200만원으로 하고 경성주식현물취인시장(京城株式現物取引市場, 이하 '경취'로 약칭)과도 회사 설립에 대한 양해가 이루어져 있었다.[16] 그러나 조선신탁의 설립은 1920년 중반부터 시작된 재계불황으로 지연되었다.

경취의 보조기관으로 1921년 4월에 창립된 경성증권신탁주식회사(京城証券信託株式會社, 이하 '경신'으로 약칭)이 호황을 보이자 경인지역 일본인 유력자들을 중심으로 다시 신탁회사 설립 붐이 일었다. 당시의 분위기로는 부족한 증시자금을 공급한다는 명분을 내세울 경우 비교적 용이하게 신탁업에 진출할 수 있을 것으로 생각되었다. 경신만으로는 당시 요구되는 증시자금의 공급에 어려움이 예상되었고, 당시의 법규상 불입자본금의 전액 불입이 이루어지지 않는 한 증자 자체가 어려웠기 때문이다.[17]

---

15 『東亞日報』1920.4.10. 〈朝鮮信託会社設立〉.
16 『東亞日報』1920.6.27. 〈朝鮮信託進捗〉.

신탁회사의 설립은 그 후에도 계속 모색되었다. 투자자들이 경취의 호황, 경신의 고수익, 은행권의 증권금융에 대한 경계 등을 배경으로 개인 금융업자의 돈까지 끌어들여 주식에 투자함으로써 경인지역에서 "상당수의 개인 신탁기관들이 특설(特設)되어 부동산, 상업자금까지 주식자금화하는" 사태가 일어났기 때문이다.[18] 이와 관련하여 다음의 인용문이 주목된다.

> 경인 경제계에 신탁사업이 발흥하고 있다. 조선신탁회사, 경성경매신탁회사(京城競売信託会社), 경성현물취인신탁회사는 그 대표적인 것들이다. 이는 경신의 업적에 비추어 신탁사업이 유망하다고 본 때문이며, 또 최근 창립된 경성곡물신탁주식회사가 성황을 보인 때문이다. .... 시대의 요구에 응한 것이라고 할 것이다. 즉, 주식시장의 취조(取組=매매계약) 왕성에 따라 경신은 자금부족으로 대인(代引=대금상환) 거절을 하고 일보(日步=하루 이자)를 높여 매매 조절을 하는 등 신탁회사의 자기자본 부족은 부정할 수 없는 일이다. 그런데 경신과 경성곡물신탁은 각각 경취와 정미시장(正米市場)의 보조기관이나 이들 신설 신탁회사는 소위 독립회사인 만큼 영업상 자유도 많을 것이다. 요컨대 신설 신탁회사는 각자의 특장(特長)이 있는데 경영자가 수수료 위주로 견실한 방침을 택해 사혹매매(思惑売買=투기매매)를 하지 않으면 2-3할의 수익은 곤란하지 않을 것이라고 신탁업계 사람들은 말한다(매일신보 1921.9.26.).

1921년 8월 28일이 되어서야 인천상업회의소에서 발기인회가 개최되었다. 상기 인용문을 통해 짐작할 수 있듯이, 낙관적인 전망 가운데 인천재계의 주요 일본인 31명이 조선신탁의 설립을 발기했다.[19] 23명이 참가한 발기인회에서는 창립위원 12명을 결정하고 인천상업회의소 회두 요시다 슈지로(吉田秀次郎)를 창립위원장으로 추대했다. 자본금은 200만원으로 하고 액면가 50원으로 4만주를 발행하기로 했다. 발기인 31명이 각자 500주를 인수하기로 했고, 나머지는 공모하기로 했다.[20] 조선신탁 주식에 대한 공모 결과는 성공적이었던 것 같다. 도쿄에서 2만주 오사카(大阪)에서 1만주의 신청이 있었지만 할당주 부족으로 거절해야 했고, 조선 각지의 신청분에 대해서도 '신청(申込)에 응하기 곤란하다'고 통지해야 했기 때문이다. 1921년 9월 8일에 역시 인천상업회의소에서 개최된 발기인회에서는 조선신탁합명회사와의 권리양도에 관한

---

17 洪性讚, 「1920년대 '京取'의 經營変動과 関聯機関들의 動向」, 『韓国経済와 韓国経済学』(尹錫範 教授 定年紀念論文集 準備委員会 編, 世経社, 2002년), 98쪽.

18 洪性讚, 위의 글, 98쪽.

19 萩谷籌夫, 加来栄三郎, 河野竹之助, 内海叔郎, 後藤連平, 堆浩, 矢上丑之助, 坂倉伊平, 美濃谷栄次郎, 白神專一도 참여하였다. 이들은 대부분 인천의 朝鮮信託合名会社(1920.12 설립, 자본금 1만원, 토지가옥매매중개업)의 사원들로서 이 회사를 모체로 朝鮮信託(株)을 설립할 예정이었다. 『毎日申報』 1921.8.30. ; 9.12. ; 中村資良, 『朝鮮銀行会社要録』 1921년판, 27쪽.

20 『東亜日報』 1921.9.1. 〈朝鮮信託発起人会〉.

계약서도 논의되었다.[21] 조선신탁의 창립 사무는 순조롭게 진행되었다.

1921년 11월 11일에 인천상업회의소에서 조선신탁의 창립총회가 개최되었다. 당일 출석자는 55명, 위임장 참석이 189명, 참석 총주수는 25,815주였다. 불참한 창립위원장 요시다를 대신하여 하기타니 가즈오(萩谷籌夫)[22]가 의장으로 경과보고, 정관심의 등 각종 창립사무를 처리했다. 전형위원 6인을 선정하여 역원 선거를 진행했는데, 그 결과는 〈표6〉와 같았다. 조선신탁은 1921년 11월 25일부터 영업을 시작했다.[23]

〈표 1〉 조선신탁 설립 당시의 역원

직명	씨명	보유 주수	주요경력
취사장	吉田秀次郎	890	인천상의 회두, 조선토지경영 사장, 인취 이사
상무	佐藤恒太郎	350	식산은행 감사
취체역 (=이사)	河野竹之助	500	무역상, 인천상의 의원/부회두
	加来栄太郎	1,170	인천상의 평의원
	堆浩	620	인천미두취인소 중매인, 三井物産 인천출장소장, 월미도유원회사 이사
	広沢正次郎	1,290	인천미두취인소 중매인, 広沢正次郎상점주
	萩谷籌夫	890	조선신문사 사장, 일본인상업회의소 서기장
감사	白神専一	390	인천상의 평의원
	後藤連平	600	변호사, 인천부협의회원, 운산금광·三井物産 인천지점 법률고문
	坂倉伊平	750	인천상의 평의원
	矢上丑之助	250	인천상의 상무·특별평의원
	張錫佑	500	공익사 인천지점장, 인천부 참사, 仁川客主団合所 부소장, 인천상의 부회두

출전 : 한국사데이터베이스)근현대사인물자료)각 인물 항목.

창립 당시 사장에는 창립위원장을 맡았던 요시다가 선출되었고, 상무에는 아쿠츠 히로시(堆浩)와 식산은행 감사 사토 고타로(佐藤恒太郎)가 선출되었다. 사장에 취임한 요시다는 1897년 1월 조선으로 건너와 연안 해운업에 종사하다가 조선총독부의 지원 하에 1912년 조선우선주식회사를 설립하여 전무에 취임하였다. 요시다는 이후 1918년까지 요시다운수주식회사, 요시다창고주식회사, 조선전분(朝鮮澱粉)주식회사를 창립하는 등 주로 함경남도 원산을 중심으로 활동

---

21 『每日申報』1921.9.12. 〈朝信応募好況〉. 『朝鮮銀行会社要録』1921년판에 의하면 조선신탁합명은 '신설되는 조선신탁에 영업을 양도'하였고, 『要録』1923년판에 나타나는 인천신탁합명은 조선신탁합명이 '1921년 11월에 상호를 개칭'한 결과라고 되어 있다. 中村資良 編, 『朝鮮銀行会社要録』1921년판, 27쪽 ; 1923년판, 27·39-40쪽.

22 하기타니(萩谷籌夫, 1869-1935)는 下野新聞 기자를 거쳐 1899년 朝鮮新報에 입사했다. 1908년 조선타임즈와 합병하여 조선신문사를 창립하고 사장에 취임하였다. 日外アソシエーツ, 『20世紀日本人名事典』, 2004年, 〈萩谷籌夫〉; https://kotobank.jp/word/萩谷+籌夫-1652318.

23 『東亜日報』1921.11.14. 〈朝鮮信託創立総会〉; 1921.11.27. 〈朝鮮信託開業〉.

하다가 1918년 인천으로 옮겼다. 인천으로 옮긴 요시다는 조선토지경영주식회사의 사장(1919년)과 인천미두취인소의 이사를 겸임하였고, 1919년에는 중국 칭다오(青島)에 쟈오저우염업공사(膠州塩業公司)를 창립하는 등 폭넓은 기업활동을 전개하고 있었다.[24] 특히 1921년 7월에 인천상업회의소 회두에 선출된 것을 고려할 때, 조선신탁이 설립될 당시에 이미 인천재계의 중진으로 인정받고 있었다. 설립 당시 유일한 조선인으로 감사역 중 한 명이었던 장석우(張錫佑)는 공익사(共益社) 인천지점장으로 인천상의의 부회두였다.[25] 나머지 일본인 역원들 모두 인천상의의 임원 또는 평의원, 인천미두취인소의 중매인, 변호사, 식산은행 중역, 조선신문사 사장 등을 지낸 당시 인천재계의 중진들이었다.

조선신탁이 설립될 무렵의 조선 경제는 1920년에 들어 경기후퇴를 경험했다. 이른바 전시호황에 이은 반동공황이었다. 1920년 3, 4월 주가는 불과 한달 동안 50%나 폭락하였고, 물가도 50%나 하락하였다. 〈그림 1〉에서 살펴볼 수 있듯이 생산이 급락했으며, 그 과정에서 많은 기업들이 파산하였다.[26] 불경기의 여파는 1922년에도 계속되었는데, 풍작으로 미가가 계속 하락하였고 면사 가격도 폭락을 거듭했다. 불경기가 보편적으로 침투했고 시황(市況) 한산과 부진이 극에 달했다. 이러한 불경기는 창립 직후의 조선신탁에도 영향을 미쳤다. 1922년 말부터 1923년에 걸쳐 '중간경기(中間景気)'가 출현하여 주식계가 일시 활발했으나 자금 회전이 지연된 탓에 신규 대출자금에 대한 수요가 부진했다. 업적이 향상되지 않았고 현상유지에 급급할 뿐이었다.[27]

---

24 한국사데이터베이스(http://db.history.go.kr)≫근현대인물사료≫吉田秀次郎 참조.

25 당시 인천상업회의소의 부회두는 2명으로 일본인측과 조선인측에서 각각 1인씩 선출하였다. 조선인측 부회두는 張錫佑였고, 일본인측 부회두는 永見京造였다. 仁川府, 『仁川府史』 1933년, 1171-1172쪽 ; 東亜日報 1921.8.10. 〈仁川商議会頭披露〉. 장석우(1916년 현재 45세)는 인천의 실업가이자 富豪家로 사회적 신용이 높았다. 특별히 교육을 받지 않고 자수성가한 인물이었다. 문학에 관심이 많아 李鼎薰과 함께 仁川唫社를 창설하여 作文, 詩律, 기타 문학의 진흥에 기여했다. 1904년 永化学校 幹事로 교무에 열심이었다. 그후 李康鳳과 함께 済生堂薬房을 公設하였고 뒤에 京城 남대문통의 宏壮洋屋으로 연결된다. 여기서 조제한 清心保命丹은 世人의 高評을 받아 매년 수 만원씩 외국에 수출되었다 한다. 自彊会 부회장을 지냈고, 1907년 共益社 지점장이 되었다. 공립보통학교 학교위원으로 교무에 열심이었다. 조선인상업회의소 이사가 되었다가 해임되었고, 1909년에 防疫本部로서 賞金領受하였다. 1910년 조선인상업회의소 부회두에 당선되었다가 사임하였다. 1914년 4월 仁川府協議員을 被命하였다가 1915년에 의원면직했다. 1915년 仁川客主団合所 副所長에 피선, 동년 인천부 参事에 피명, 日本赤十字社 특별사원, 주식회사 共益社 감사역에 당선되었다. 『毎日申報』19160427, 〈仁川紳商紹介〉.

26 金宗鉉, 『近代日本経済史』, 比峰出版社, 1993년, 148-149쪽 ; 三和良一·原郎, 『近現代日本経済史要覧』, 東京大学出版会, 2007년, 109쪽.

27 『제3기』, 1923년 4월, 〈영업개황〉. 1923년 1월경 京城現信과 商事信託의 합병문제에 朝鮮信託을 가맹케 하여 합계 총자본액 750만원 불입 180만 5천원을 공칭 500만원 불입 125만원으로 감자하거나 혹은 그 밖의 신탁회사를 모두 합동하여 1회사를 설립한다는 설이 있었으나 실현되지 못했다. 『東亜日報』1923.1.18. 〈信託大合同과 将来成算如何〉.

〈그림 1〉 국민총생산의 전년대비 증가율 (1877-1939년)

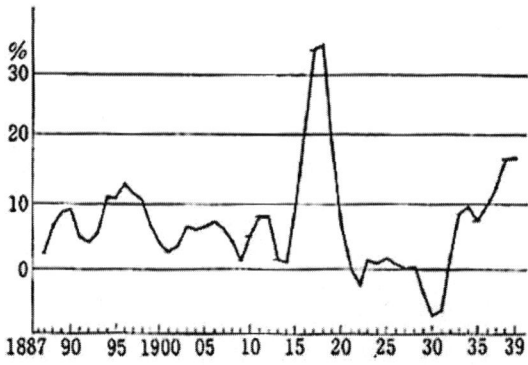

注 : 粗国民支出（当年価格）の３カ年移動平均値の対前年増加率. 『近代日本経済史要覧』9 ページ. 原資料は大川一司他 『長期経済統計１. 国民所得』178 ページ.

제5장 사라진 경제 국경과 인천재계 105

<표 2> 조선신탁 역원의 변동

기수	2기	3기	4기	5기	6기	7기	8기	9기	10기	11기	12기	13기	14기	15기	16기	17기	18기	19기	20기	21기	22기	23기	24기	25기	26기	27기	28기
연도	22	23	23	24	24	25	25	26	26	27	27	28	28	29	29	30	30	31	31	32	32	33	33	34	34	35	35
월	11	5	11	5	10	4	10	4	10	4	10	4	11	5	11	6	12	6	12	6	12	6	12	6	12	6	12
吉田秀次郎	취사	취사	취사	취사	취사	상담	상담	상담	상담	상담																	
佐藤恒太郎	상취	상취	상취	취사	취사	취사																					
加来榮太郎	취	취	취	취	취	취	취	취	취	취																	
河野竹之助	취	취	취	취	취	취	취	취	취																		
萩谷壽夫	취	취	취	취	취	취	취	취	취	취		감		감	감	감	감		취		취		취		취		취
廣澤正次郎	취	상취	상취	취	취	취	취	취	취			감															
堆浩	감	감	감	감	감	감	감	감	감	감	감																
後藤連平	감	감	감	감	감		감	감	감	감	감	취	취	취	취	취	취	취	취	취	취	취	취	취	취	취	취
白神等一	감	감	감																								
坂倉伊平	감	감	감	감																							
失上正之助		감	감	감	감	감																					
張揚佑				취	취	취	취	취	취	취	취	취	취	취	취	취	취	취	취	취	취	취	취	취	취	취	취
平山松太郎				감	감	감	취사	취사	취사	취사	취사	상담	상담	상담													
田中佐七郎						상취	상취	상취	상취	상취	상취	상취	취	취	취	취	취										
今井省三							성취	성취	성취	성취	성취																
粟野健治											감	감	감	감	감	감	감	감	감	감	감	감	감	감	감	감	감
廣瀨龜作						지	지	지	지	지	지																
內海潔郎						감	감	감	감	감	취	취	취	취	취	취	취	취	취	취	취	취	취	취	취	취	취
淺野太三郎								취	취	취	취																
大平嘉重郎								감	감	감	감																
大杉謹八								감	감	감	감																
小村覺次郎								감	감	감	감																
小林藤吉衛門								감	감	감	취																
直野良平								지	지	지	지																
松田金一郎												취사	취사	상담	상담	상담	상담	상담	상담	상담	상담	상담	상담	상담	상담	상담	상담
力武嘉次郎												상취	상취	상취	상취	취	취	취	취	취	취	취	취	취	취	취	취
吉岡久												취	취														
加來茶次夫												감	감	감	감	감	감										
美濃谷梁次郎												감	감	감	감	감	감	감	감	감	감	감	감	감	감	감	감
塚本定吉														취사	취사	취사	취사	취사	취사	취사	취사	취사	취사	취사	취사	취사	취사
池邊竹次														성취	성취	성취	성취	성취	성취	성취	성취	성취	성취	성취	성취	성취	성취
關滿堂																										고문	고문
守屋榮夫																										고문	고문

2. 경영권 쟁탈전의 전개와 경영변동 (1) : 桑野健治의 등장(1921.11-1927.3)

〈표 2〉를 통해 조선신탁 역원들의 변동을 보면, 크게 3번의 경영권 변동이 있었음을 알 수 있다. 첫 번째는 1923년에서 24년 사이, 두 번째는 1927년에서 28년 사이, 세 번째는 1929년에서 30년 사이이다. 실제로 1934년 5월 31일 후술하는 조선신탁사건에 대한 경성고등법원의 형사부판결문에 의하면, 1920년대 내내 조선신탁의 경영권을 둘러싸고 줄곧 아쿠츠파(堆浩派)와 구와노파(桑野健治派)가 대립했다.[28] 1923년과 24년 사이에 구와노파가 경영권을 장악했으나 1927년에 아쿠츠파가 다시 경영권을 탈환했다. 1928년부터 역원 명단에서 구와노의 이름이 더 이상 보이지 않는 것은 경영권 쟁탈전에서 패배한 결과였다. 이후 구와노는 아쿠츠에 대해서 사사건건 반대했다.[29] 1930년 4월 구와노는 소위 '조선신탁사건'을 일으킴으로써 조선신탁의 경영에 큰 타격을 입혔다.

조선신탁 경영권 쟁탈전의 양측 주인공 중 한 명인 아쿠츠는 1890년 이바라기현(茨城県) 출신으로 1914년 동경고등상업학교를 졸업했다. 이후 미츠이물산(三井物産) 경성지점에 입사하여 인천출장소장으로 부임했다. 1921년에 인천미두취인소(이하 '인취'로 약칭)의 중매인(取引員) 면허를 획득하고 ⼤마루다이중매점을 경영했다. 뒤에 일본의 유명한 투기꾼(相場師) 시마 토쿠조(島徳蔵)에 빗대어 '작은 시마토쿠(小型島徳)'이라 불릴 정도로 미곡거래에 있어서 수완과 역량을 겸비한 인물로 알려져 있었다.[30] 1923년에는 월미도유원회사의 취체역에 취임하고, 동년 6월에 조선상공운수(주)를 설립하여 사장이 되었다.[31] 1928년 6월에는 조선조선철공소(합자, 朝鮮造船鉄工所)를 설립하였다.[32]

조선신탁의 경영권을 두고 아쿠츠와 경쟁했던 구와노는 1896년 지바현(千葉県) 출신으로 와세다대학(早稲田大学) 정치경제과를 졸업했다. 인천재계의 원로인 구와노 료타로(桑野良太郎)가 그

---

28 『국역 高等法院判決録』 제21권(형사편), 법원도서관, 2014년, 74-75쪽.
29 幾川進, 「朝鮮信託事件に就て」, 1930년 12월, 911-912쪽. 국가기록원 관리번호 CJA0004054.
30 幾川進, 위의 글, 911-912쪽. 島徳蔵는 '北浜の怪傑'이라 불렸던 전설적인 투기꾼으로 만년에는 大阪株式取引所 이사장, 阪神電鉄 사장 등을 지냈다. 보다 상세한 내용에 대해서는 鍋島高明, 『相場師秘聞; 波瀾曲折の生涯』, 河出書房新社, 2006년 참조.
31 朝鮮商工運輸(株)는 자본금 5만원으로 1923년 6월에 설립되었다. 회사로 동산·부동산 및 각종 물품의 위탁판매, 매매, 중개, 동산·부동산의 관리 및 경영, 재산의 정리 및 처분의 수탁, 농업 및 공업의 경영, 해륙 운송업, 물품의 공급 및 상공업의 청부 등을 목적으로 했다. 1929년 현재 堆浩가 사장이었고, 전무취체역은 古川文道, 취체역은 萩谷簧夫, 감사역은 苫米地造酒弥이었다. 『要録』 1929년판. 357-358쪽.
32 朝鮮造船鉄工所(合資)는 1928년 6월에 자본금 2만원으로 설립되었다. 1929년 현재 대표는 吉田秀次郎(대표사장, 5000원, 無限)이었고, 사원은 緒方久(労務無限), 村田孚(労務無限), 堆浩(2000원有限), 吉岡久(2000유), 樋渡兼三郎, 池邊竹次, 永井仙次郎, 古川文道(각 1000유) 외 7명(각 1000유)이었다. 1931년에도 역원구성은 마찬가지였다. 『要録』 1929년판, 166쪽 ; 1931년판, 159쪽.

의 아버지이다. 1920년 10월 조선총독의 인가를 얻어 인천미두취인소의 중매인 면허를 취득하고 마루중매점을 경영하였다.[33] 중매인조합 부위원장을 거쳐 1927년 위원장이 되었다.[34] 즉 아쿠츠와 구와노가 경영권을 다투던 1920년대 중반에는 두 사람 모두 인취의 중매인으로 이름을 날리고 있던 시기였다.[35]

앞에서 살펴보았듯이, 반동공황 직후에 설립된 탓에 조선신탁의 경영은 좋지 않았다. 많은 기업들이 파산했으며 신규 대출금에 대한 수요가 부진하여 업적이 좀처럼 향상되지 않았다. 겨우 현상유지에 급급할 뿐이었다. 1923년 11월 28일에 개최된 조선신탁의 정시주주총회에서는 이러한 영업악화의 책임을 둘러싸고 아쿠츠를 비롯한 '중역파'와 구와노가 이끄는 '반(反)중역파' 일반주주들 사이에 공방이 있었다. 총회에서 중역에 대한 감원이 결의되자[36] 요시다 사장과 아쿠츠 및 사토 두 상무를 비롯한 경영진의 입지가 흔들렸다. 요시다, 가와노(河野), 가쿠(加来) 세 이사도 사임을 표명했다. 그러나 1924년 3월 15일에 개최된 임시주주총회에서는 중역을 다시 원래대로 증원했다.[37] '중역파'의 저항이 만만치 않았던 것이다.

1924년 4월 30일에는 요시다 사장이 사임하고, 그 뒤를 이어 가쿠 에이타로(加来栄太郎)가 사장에 취임했다. 요시다가 사임한 것은 사장으로서 사사로이 회사로부터 차입한 것이 문제가 되었기 때문이었다.[38] 1924년 5월 28일에 있었던 정시총회에서 다시 취체역 2명과 감사역 2명에 대한 보결선거가 있었는데, 이때 '반중역파' 일반주주들을 이끌던 구와노가 처음 이사로 등장했다. 또 한 명의 이사에 히로사와 쇼지로(広沢正次郎)이 선임되었고, 감사역에는 우츠미 요시오(内海淑郎)와 야가미 우시노스케(矢上丑之助)가 당선되었다.[39] 이들은 모두 인취의 중매인들이기

---

33 이 외에도 구와노는 조선신탁합명회사 상무이사, 경성방송국 이사, 조선방송협회 평의원, 조선토지신탁 감사역, 인천무진 취체역, 조선취소 상의원을 지냈다. 『조선인사흥신록』 163쪽; 『조선공로자명감』 470쪽. 한국사 데이더베이스 한국근현대인물자료에서 검색.

34 김명수 편역, 『인취성쇠기(仁取盛衰記)-미곡거래소 仁川米豆取引所의 흥망성쇠-』, 인천학연구원, 2015년, 191쪽.

35 1922년 3월 현재 인취의 역원은 다음과 같았다. 若松兎三郎(취체역사장), 加来栄太郎, 古城菅堂, 朱性根, 河野竹之助, 荒井初太郎, 吉田秀次郎(이상 취체역), 原勝一, 萩谷籌夫, 丁致国, 天日常次郎, 白神専一(이상 감사역)이었다. 당시 중매인은 다음과 같았다. 今村覚次郎, 森勝治, 広沢正次郎, 斉藤栄之助, 小林藤左衛門, 内海淑郎, 浅野太三郎, 尹炳準, 力武黒左衛門, 辻川富重, 布井嘉造, 坂倉伊平, 吉金喜三郎, 水野熊平, 平田直達, 那須藤三郎, 北島五郎, 李石峴, 桑野健治, 鳥居長次郎, 高田常雄, 野中喜馬蔵, 李容奎, 崔明潤, 金佑経, 李孝健, 尹炳趾, 堆浩로 총 28명이었다. 秋山満夫, 『株式会社仁川米豆取引所沿革』, 仁川米豆取引所, 1922년(ゆまに書房에서 복간한 社史で見る日本経済史植民地編第26巻에 수록), 59-60쪽.

36 중역 改選을 앞두고 '반중역파'에서 重役減員説을 제기했다. 취체역 7명과 감사역 5명을 각각 5명과 2명으로 감원하자는 것이었다. 『毎日申報』 1923.11.30. 〈朝鮮信託総会 改革派 得勝〉 ; 1924.2.15. 〈朝信又復臨時総会, 重役四名増員案으로〉.

37 吉田, 河野, 加来는 1924년 2월 10일에 개최된 임시주주총회에서 재선되었다. 다시 이때 증원된 취체역은 堆浩와 萩谷籌夫이었고, 감사역은 張錫佑와 今井省三이었다. 『東亜日報』 1924.3.18. 〈仁川朝信総会〉.

38 『毎日申報』 1925.11.25. 〈朝鮮信託紛糾 社長問題로〉.

39 『제6기』, 1924년 11월, 〈庶務〉.

도 했는데, 특히 広沢과 内海는 인취의 최고 실력자들이었다.⁴⁰

1924년 6월 7일에는 히로세 가메자쿠(広瀬亀作)가 지배인에 선임되었고,⁴¹ 6월 13일에는 구와노가 상무에 선임되었다. 1924년 10월 31일 현재 사장인 가쿠(3520), 이사 히로사와(1920), 상무 구와노(1215)는 조선신탁의 최대주주들이었다.⁴² 조선신탁 설립 당시 이들의 보유 주식 수가 각각 1170주, 1290주, 670주였음을 감안할 때,⁴³ 경영권 장악을 목적으로 그 동안 꾸준히 보유주식 수를 늘려온 셈이다.

경영권을 둘러싼 대립이 첨예하던 중에 1925년 11월 6일 사장 가쿠가 돌연 사망했기 때문에 이사로서 당시 인천상업회의소 부회두이기도 했던 히라야마 쇼타로(平山松太郎)가 사장에 취임하였다.⁴⁴ 이런 상황에서 1925년 11월 28일에 개최되는 제8회 정시총회에서는 사장 자리를 놓고 요시다 전 사장, 히라야마 현 사장, 그리고 사망한 가쿠 전 사장의 '잔당'이 각축을 벌였으나 최종적으로 히라야마가 사장에 취임했다.⁴⁵ 상무는 그대로 구와노가 맡았고, 그와 대척점에 있던 아쿠츠는 1926년 5월 28일에 임기 만료로 경영진에서 물러났다. 1926년 10월 30일에는 지배인 히로세의 해임 등기와 신 지배인 마츠다 긴이치로(松田金一郎)의 취임 등기가 이루어졌다.⁴⁶

전후 반동공황으로 경영이 여의치 않자 조선신탁은 1923년 4월에 배당금을 줄여 연이율 9%의 주주배당을 실시했다. 설상가상으로 1923년 9월에는 관동대지진의 영향으로 영업 실적이 후퇴하였다. 대부금에 대한 신규 수요는 미미했고, 경영악화에 대비하여 대부금의 회수에 노력해야 했다. 대출 잔고가 감소했다. 신탁금의 해약도 계속되어 신탁금의 기말잔고가 전기 대비 54%나 격감했다. 1923년 11월에 다시 감배하여 연이율 8%의 배당을 실시했다.⁴⁷ 영업부진이 계속되자 1924년 7월 26일 역원회의 결정으로 경비절감 차원에서 7월 31일자로 경성지점

---

40 김명수 편역, 앞의 책, 2015년, 128-132쪽.
41 山梨県師範学校 訓導였던 広瀬亀作은 1915년에 10월에 京城西大門公立尋常高等小学校 訓導에 임명되어 1918년 현재에도 근무 중이었다. 『朝鮮総督府官報』大正960호, 1915년 10월 11일, 〈叙任及辞令〉. 학교 훈도로 있던 広瀬亀作를 조선신탁 지배인으로 영입한 것으로 추측된다. 이후 1923년 현재 仁川無尽(주)의 취체역겸지배인, 1935년 현재 昭和製糸(주)의 취체역겸지배인을 지냈다. 『要録』1923년판, 51쪽 ; 1935년판, 144쪽. 또한 1939년 4월 1일부터 全羅北道 沃溝郡 米面에 島鉱業事務所를 설치하고 광업에 착수했다는 기록이 보인다. 『官報』昭和 3798호, 1939년 10월 15일, 〈鉱業事項≫鉱業権移転〉.
42 『제6기』, 1924년 11월, 〈株主名簿〉.
43 『제2기』, 1922년 11월, 〈株主名簿〉.
44 平山松太郎은 1923년 7월 처음으로 張錫佑와 함께 인천상업회의소 부회두에 당선되었다가 1925년 7월에 두 번째로 부회두에 당선되었다. 두 번째 임기는 1927년 9월까지 였다. 『仁川府史』, 1933년, 1172년. 平山은 1867년생으로 長崎県 출신이다. 1887년 인천으로 건너와 잡화상을 시작했고, 러일전쟁 당시에는 군의 御用商으로 물자를 공급했다. 1897년 平山米店을 개업하여 미곡상을 시작한 이래 1917년 현재에도 계속 경영하고 있었다. 한국사데이터베이스≫한국근현대인물자료≫平山松太郎 참조.
45 『毎日申報』1925.11.25. 〈朝鮮信託紛糾 社長問題로〉.
46 『제10기』, 1926년 10월, 〈株主総会〉 ; 〈庶務〉.
47 『제4기』, 1923년 11월, 〈영업개황〉.

을 폐지하였다.⁴⁸

1925년 초에 일본은행이 이자율을 낮추면서 미가가 상승하고 주식계가 활황을 보이면서 재계의 부흥이 점쳐졌다. 조선신탁은 이때에도 '소극적 방침'으로 대출금의 정리에 주력하였다. 신탁금의 흡수 및 대부금의 정리를 통해 마련된 자금은 '안전하고 유리한 신대부금(新貸付金)으로 운영하는 동시에 차입금의 정리에 충당'했다.⁴⁹ 그 결과 차입금이 감소했다. 이후에도 대출금 정리와 자력(資力) 충실을 기하기 위해 신탁금의 흡수에 주력하여 1925년 전반기에 12만 7천여 원이 증가한 20만 2천여 원을 기록했다. 자력에 여유가 생기면서 차입금에 대한 상각을 실시했다.⁵⁰ 1922년에 36만원에 달했던 차입금 잔고가 1925년 10월말 현재 1만 5천원에 불과했던 것은 그 때문이었다. 이러한 유리하고 안전한 대출 관리와 신탁금에 대한 흡수 방침은 1926년 말까지 계속되었다. 신탁금이 계속 늘었다. 1926년 말에는 29만 4천여원을 기록하여 곧 신탁금이 30만원을 돌파할 것으로 예상되었다.⁵¹

또한 유가증권이 급격하게 증가했다. 1923년 후반기에 1,595원에 불과했던 유가증권 잔고가 1924년 10월 31일 현재 갑자기 169,248원으로 늘어났다. 1923년 후반기까지도 京取株 한 종목 55주(주당 29원)에 불과했던 것을 경취주 55주(주당 28.925원), 조선토지경영주 80주(同 25.20원), 인취주 1,177주(同 92.18원), 인취신주 2,020주(同 28.28주)로 보유 종목도 다양화하고 보유량도 늘렸다.⁵²

3. 경영권 쟁탈전의 전개와 경영변동 (2) : 堆浩의 경영권 탈환(1927.3-1930.4)

1927년 3월 아쿠츠는 다른 주주 1명과 함께 경성지방법원 인천지청에 조선신탁에 대한 검사역(檢査役) 선임 신청을 제기했다. 검사역 선임을 재판소에 신청했다는 사실 자체로 경영권을 둘러싼 갈등에 제3자적 조정이 필요한 상황임을 의미했다.⁵³ 그 신청 이유서의 내용을 보도한

---

48 당시 경성지점의 대출은 70여 만원에 달했다. 『每日申報』 1924.8.2. 〈朝信京城支店廢止, 7월 31일로써〉; 『제6기』, 1924년 11월, 〈庶務〉.
49 『제7기』, 1925년 5월, 〈영업개황〉.
50 『제8기』 1925년 11월, 〈영업개황〉.
51 『제10기』, 1926년 11월, 〈영업개황〉.
52 『제5기』, 1924년 5월, 〈재산목록〉; 『제6기』, 1924년 11월, 〈재산목록〉.
53 현행 일본 회사법에 의하면, 株主總會의 檢査役이란, 주식회사의 경영권 등에 관해 다툼이 있어 주주총회가 혼란에 빠질 우려가 있을 경우, 그 총회의 소집절차나 결의 방법에 대해 내용을 조사하고, 그 증거 등을 재판소에 제출하는 등의 일을 하는 사람을 지칭한다. 회사법에서는, 주식회사 또는 총 주주의 100분의 1 이상의 의결권을 갖는 주주는, 주주총회에 관계된 소집의 절차 및 결의 방법을 조사시키기 위해, 그 주주총회에 앞서 재판소에 檢査役의 선임을 신청할 수 있다(제306조 제1항). 검사역은, 필요한 조사를 행하고, 그 조사결과를 기재 또는 기록한 서면 또는 전자적 기록을 재판소에 제출해야 한다(동조 제5항). 재판소는, 보고가 이루어져 필요하다고 인정

기사를 인용하면 다음과 같다.

> 조선신탁주식회사는 자본총액 200만원으로 신청인(아쿠츠: 인용자) 등은 그 자본의 10분의 1 이상을 소유한 주주인 바 앞의 회사 상무취체역 구와노 겐지(桑野健治)는 일찍이 문화인쇄주식회사(文化印刷株式會社) 취체역으로 재임중에 배임적 행위가 있었다고 하며 동사의 취체역(=이사) 오오히라 가주로(大平嘉重郞)도 인천곡물협회 이사 재직 중에 인천정미조합의 회계상에 좋지 못한 풍설이 있는 바, 신임 인격을 기초로 장기에 걸쳐 동산·부동산 유가증권 및 금전의 수탁을 본래의 업무로 하는 신탁회사의 사명에 비추어 우려하지 않을 수 없다. 따라서 앞에서 언급한 두 사람의 인격이 전하는 바와 같다면 내용에 관하여도 또한 의구불안(疑懼不安)의 염려가 없을 수 없고 실제로 주주인 신청인 등에 대하여 적지 않은 이해관계를 가질 터이므로 회사의 업무 및 재산의 상태가 어떠한가에 대한 조사가 필요하다 즉 이에 이 조사를 위한 상법 제198조 비송사건수속법(非訟事件 手續法) 제126조 및 제131조에 의하여 검사역을 신청하는 바이다. 구와노 중역을 믿을 수 없는 점은 이렇다고 ……[54]

즉 이전 회사와 관련하여 상무 구와노의 배임적 행위가 있었고, 이사 오오히라의 경우에는 인천정미조합과 관련하여 회계상 좋지 않은 소문이 제기되고 있으니 검사역을 선임하여 조선신탁을 조사해 달라고 요구한 것이다. 특히 구와노의 경우, 스스로 1926년 해산되어 청산중인 문화인쇄주식회사의 건물, 공장, 기계, 활자 등의 재산을 주주총회에서는 2만 3천 5백여 원으로 평가하여 보고했음에도 불구하고, 주주총회 후 동 재산을 1만원에 인수하여 처분했다는 의혹이 제기되었다. 요컨대 신탁회사의 중역을 믿고 맡길 수 없다는 내용이었다.[55]

사장 히라야마와 구와노에 대한 일반주주의 불평불만도 격앙되어 있었다. 따라서 1927년 11월 28일 예정되어 있던 조선신탁의 제12회 정시총회는 '간부옹호파'와 '반대주주파' 사이의 투쟁이 맹렬할 것으로 예상되어 주주들의 주목을 받았다. 1927년 11월 28일 정시총회에 참석한 주수는 전체 주수의 89.6%에 달하는 총 35,835주였다. 당일 출석 주수가 10,275주였고, 위임 주수가 25,560주였다.[56] 그런데 당일 정시총회는 '상무 구와노 겐지(桑野健治)의 농락으로 유회

될 때는, 취체역에 대해 일정한 기간 내에 주주총회를 소집하거나 조사결과를 주주에게 통지하도록 하는 등 명령을 내려야 한다(제307조 제1항).

54 『每日申報』1927.3.22. 〈朝鮮信託內容이 疑懼不安하단 株主, 株主 堆浩氏 外一人이 檢查役 選任을 法廷에, 選任申請은 受理됏다〉.

55 『每日申報』1927.3.22. 〈朝鮮信託內容이 疑懼不安하단 株主, 株主 堆浩氏 外一人이 檢查役 選任을 法廷에, 選任申請은 受理됏다〉.

56 위임 주수와 출석 주수를 합하면 35,835주이지만 기사 원문에는 35,836주라고 되어 있다. 여기서는 35,835주로 하여 계산하였다. 『東亞日報』1927.11.30. 〈反対派優勢로 重役은 避身, 株主大激昂, 朝鮮信託総会〉.

(流会)'되고 말았다. 구와노는 회사에 일임한 주를 갖고 있는 사람이 행방불명이 되었다, 총회 연기 선언에 이의를 제기하는 사람이 없으니 주주들이 총회 연기에 동의한 것으로 보아야 한다, 주수가 정족수에 달하지 못했다는 등의 구실을 붙여 총회를 유산시켜 버린 것이다. 구와노뿐만 아니라 다른 중역들도 종적을 감추어 버렸다.[57] 출석주주들은 황당한 상황이 벌어지자 격앙된 목소리를 감추지 못했다. 즉석에서 주주 5인을 위원으로 선정하고, 히라야마 사장과 구와노 상무를 배임죄 및 문서 파손죄, 문서 은닉죄 등으로 사법 당국에 고소했다. 민사소송도 제기하였다. 이번 일로 회사의 신용이 실추되어 주가가 하락하고, 총회 연기로 주주들의 배당금 수령이 어려워지면서 직간접적으로 다대한 손해를 입었기 때문이다.[58]

제12회 정시총회는 1927년 12월 15일에 계속 개최되었다. 이때에도 총주수의 80.6%인 32,243주가 참석하여 '반대주주파'에 힘을 실어주었고, 그 결과 '중역옹호파'의 무저항적 태도로 총회 의안 전부가 일사천리로 평온하게 처리되었다. 이사 선거에서는 리키타케 가지로(力武嘉次郎), 요시오카 히사시(吉岡久), 우츠미 요시오(内海淑郎), 아쿠츠 히로시(堆浩), 이마이 쇼조(今井省三), 요시다 슈지로(吉田秀次郎), 가쿠 츠기오(加来次夫)가 당선되었고, 감사역에는 고토 렌페이(後藤連平), 미노베 에이지로(美濃谷栄次郎), 츠카모토 사다키치(塚本定吉), 이마무라 가쿠지로(今村覚次郎), 하기타니 가즈오(萩谷籌夫)가 당선되었다. 이때 지배인 마츠다가 해임되었고, 히라야마와 구와노 그리고 아사노 타사부로(浅野太三郎)가 퇴임하였다.[59] 이후 아쿠츠는 '과반수의 주식을 수중에 넣어 자신의 지위를 더욱 공고히 하고자 기도'했다.[60] 실제로 아쿠츠가 보유한 주식수의 변동을 보면, 1926년 4월말 현재 670주에 불과하던 것이 7년 4월말 현재 4,580주, 1928년 4월말에 5,810주, 1928년 10월말 9,410주, 1929년 4월말 7,610주, 1931년 10월말 10,000주로 늘어나 있다. 아울러 아쿠츠일파로 분류될 수 있는 이케베 다케지(池邊竹次)와 요시오카 히사시(吉岡久)의 주식수도 꾸준히 늘어 1931년 10월말 현재 각각 5,000주와 3,545주였다.[61]

한편, 1927년부터 1930년까지 조선신탁의 경영변동을 검토하면 다음과 같다.

1927년 금융공황의 여파는 컸다. 재계 미증유의 혼란을 겪으면서 회복의 기미가 보이지 않았다. 조선신탁은 자금운용의 견실함을 기하기 위해 각종 경비를 긴축해야 했다. 다시 아쿠츠를 비롯한 리키타케, 요시오카 등 아쿠츠 일파가 경영진으로 복귀했다. 리키타케가 사장에 선임되었고, 요시오카는 상무이면서 지배인을 겸했다.[62] 계속해서 고정대부금을 정리하고 신탁

---

57 『東亞日報』1927.12.12. 〈朝鮮信託 紛糾에 朝鮮人 株主 不平〉.
58 『東亞日報』1927.11.30. 〈反對派 優勢로 重役은 避身, 株主大 激昂, 朝鮮信託 總會〉;『每日申報』1927.11.30. 〈朝鮮信託益益紛糾〉.
59 『제13기』, 1928년 4월, 〈株主總會〉;〈庶務〉.
60 『국역 高等法院判決錄』제21권(형사편), 법원도서관, 2014년, 75쪽.
61 해당 기별『영업보고서』의 〈주주명부〉 참조.
62 『제13기』, 1928년 4월, 〈庶務〉.

금 유치에 공을 들였지만, 당국의 명령으로 1927년 10월말 현재 약 5만원에 달하던 특별신탁금을 위탁자에게 환급했다.[63] 〈그림 2〉에서 확인할 수 있듯이, 영업수익이 줄어들었고 당기순익금 또한 정체되었다. 금융업계의 금리 인하에 호응하여 조선신탁도 금리 인하를 단행하여 '견실한 방자(放資)'에 주력하였다.[64] 신탁배당률을 낮추었음에도 금전신탁 잔고가 늘었다. 1929년 4월말 현재 전기 대비 약 8만 4천원의 증가가 있었다. 1928년 12월에는 조선상업은행 영업과장 이케베 다케지(池邊竹次)를 영입하여 사장에 추대하였다. 정체된 영업을 향상시키고 신탁업무를 강화하고자 한 것이다.[65] 이케베는 동척(東拓)의 수석이사인 이케베 류이치(池邊龍一)의 동생으로, 오랫동안 상업은행 인천지점장으로서 있으면서 인천에서 그 사업수완을 인정받고 있었다.[66]

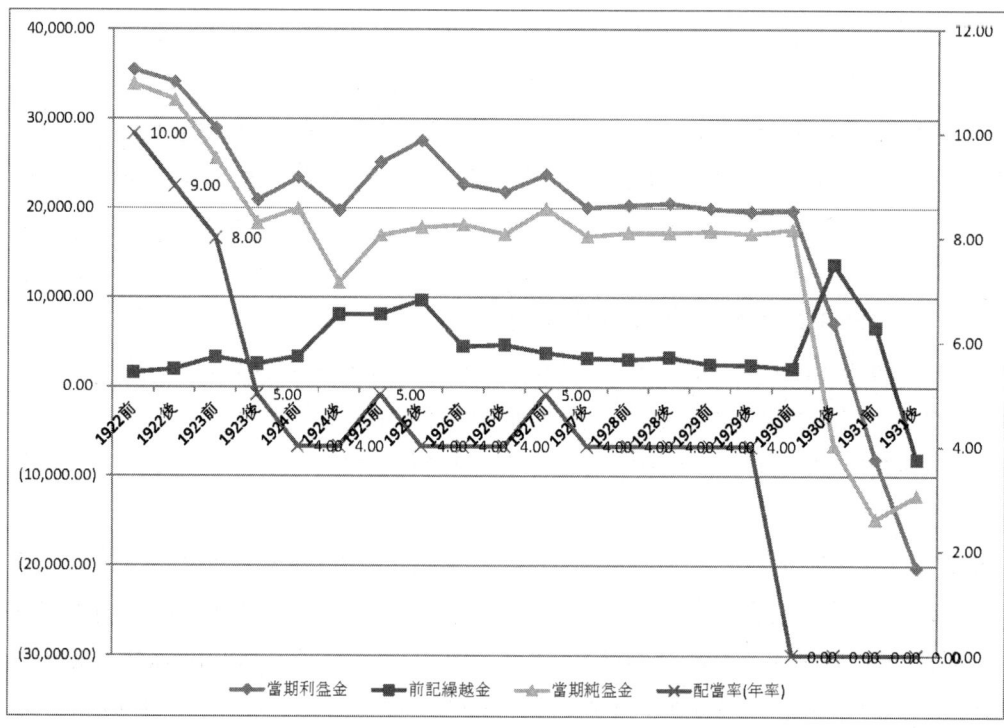

〈그림 2〉 조선신탁의 당기이익금 구성과 배당률 추이 (1922-1932년)

---

63 『제13기』, 1928년 4월, 〈営業概況〉. 〈표 4〉의 대차대조표의 고유계정에서 1927년 후반기 이후 특별신탁금은 사라지게 된다.
64 『제14기』, 1928년 11월, 〈영업개황〉.
65 『제15기』, 1929년 5월, 〈영업개황〉.
66 '池邊氏와 朝鮮信託社長' 『朝鮮公論』 제17권 제1호, 1929(1월), 91쪽. 『每日申報』 1928.12.1. 〈商銀池邊課長, 朝鮮信託入社〉.

한편 1929년부터 조선신탁업령에 대한 논의가 본격화하면서 신탁회사로서의 내용을 충실히 할 필요가 있었다. 금수출 해금을 목표로 시행한 긴축정책과 소비절약 장려로 주가와 미가 등 물가가 하락하였고, 그 영향으로 자금에 대한 수요가 감소하였다. 따라서 조선신탁의 주 수입원이었던 대부를 통한 이자수입이 여의치 않았다. 조선신탁은 지배인 요시오카를 해임하고, 1930년 2월 동년 1월 29일의 임시총회에서 이사에 당선된 세키 마토(關滿登)를 전무이사 및 지배인에 선임하였다.[67] 전 지배인 요시오카는 여전히 이사이면서 최대주주 중 한 사람이었다. 세키는 이케베 사장과 마찬가지로 조선상업은행 동대문지점장(대리)으로 근무한 경력의 소지자였다.[68] 조선신탁업령의 실시에 대비한 신탁업 전문가를 영입한 것으로 판단된다.

이 시기 수입총액에서 이자수입이 차지하는 비중이 41.6%를 기록한 1928년 후반기를 제외한다면 1927년부터 1930년 전반기까지 줄곧 51.3%에서 최고 64.3%까지의 비중을 차지했다. 금전신탁(신탁금) 잔고가 1929년 전반기 41만 4천원을 피크로 줄어들기 시작했고, 금전신탁 잔고가 감소하면서 1928년 후반기에 1만 9천원까지 줄어들었던 차입금이 다시 증가하여 1931년 전반기에 16만원으로 증가했다. 자금원천 중에서 차입금이 차지하는 비중 또한 커졌다. 이 시기 지출 구성을 보면, 여전히 차입금에 대한 이자지불이 큰 비중을 차지했으며, 영업비도 25% 이상을 점했다. 1928년부터 보이기 시작한 각종 세금 및 공과금도 4.6%, 6.2%, 8.3%로 꾸준히 늘었다.

〈그림 2〉에서는 이 시기 배당률의 변동을 볼 수 있다. 조선신탁은 설립 당시에 10%의 배당률을 보였을 뿐 이후 줄곧 하락하였다. 1924년 전반기에는 4%까지 떨어졌다. 1925년 전반기와 1927년 전반기에 5%를 기록한 것을 제외하고는 1929년 후반기까지 줄곧 4%를 기록했다.

4. 경영권 쟁탈전의 전개와 경영변동 (3) : 桑野一派의 고소와 조선신탁사건(1930.4-1932.1)

이케베와 세키를 영입하여 신탁업을 강화하고 영업을 정상화시키려는 노력이 경주되던 시점에 이른바 '조선신탁사건'이 발생했다. 이 사건으로 이케베(사장), 아쿠츠(이사), 요시오카(상무 및 지배인), 세키(전무 겸 지배인) 등 중역 4명이 고소당하여 조선신탁의 경영이 마비되었다. 1930년 전반기부터 무배당이라는 최악의 상황이 전개되었다.

---

67 『제17기』, 1930년 6월, 〈주주총회〉; 〈서무〉; 〈영업개황〉.
68 關滿登은 1891년생으로 廣島縣 출신이다. 1913년 日本 中央大學 法科를 중퇴하고 1년짜리 지원병으로 입대했다. 제대 후 조선으로 건너와 朝鮮商業銀行에 입사했고, 동 은행의 東大門支店 支店長代理에 임명되었다. 한국사데이터베이스 한국근현대인물자료 참조.

조선신탁사건은 1930년 4월 19일 기타가키 린노스케(北垣林之助)가 조선신탁의 중역을 경성지방법원 인천지청 검사국에 배임죄로 고소하면서 시작되었다.[69] 기타가키는 법제신문(法制新聞)[70] 인천지국장이라는 직함을 가지고 있었지만 '사건의 냄새를 쫓아다니지 않으면 먹고 살 수 없는 부류의 사람'이었다. 고소 당시 기타가키는 7주를 소유한 조선신탁의 소액주주였는데, 구와노의 사주로 조선신탁 중역들을 고소하기 위해 만들어진 고용된 주주(雇株主)였다.[71] 문제가 된 배임 내용은 두 가지였다. 하나는, 아쿠츠가, 안정적인 경영권 확보를 위한 과반수 이상의 주식 보유를 목표로, 당시 사장 이케베 및 지배인 요시오카와 공모하여 자사주를 담보로 조선신탁으로부터 자금을 차입했는데, 그것이 상법에 위배된다는 것이었다.[72] 당시 상법 제151조 1항에 의하면, '회사는 자기 주식을 취득하거나 또는 질권의 목적으로 이를 취득할 수 없'었다. 그런데도 아쿠츠는 이를 위해 자기가 경영하는 마루다이거래점의 점원 시모다 쇼지(下田捷二)의 명의로 총 5,528주를 제공하고 27,450원을 대출받았다. 이 외에도 아쿠츠는 자신의 거래점 운전자금의 융통을 위해 동 거래점의 지배인인 시미즈 데츠타로(清水哲太郎)로 하여금 다른 주식과 함께 자사주 5,700주를 제공하고 47,900원의 대출을 받았다. 다른 하나는, 자산 항목 중 유가증권 평가액과 당기 이익을 부풀려 주주총회의 승인을 받고, 이에 입각하여 연 4%의 주주배당을 실시했는데, 이것이 신탁회사에 손해를 입혔다는 것이다. 제17기 대차대조표 중 자산부에 있는 인취 구주식을 1주당 실가격보다 16원 50전 높게 평가하고, 조선토지경영회사의 주식가액을 1주당 실가격보다 5원 높게 평가하여 총 19,820원 50전을 과당계상하고, 어음대부항목 중 소멸시효가 완성된 채권 금액을 그대로 계상함으로써 제17기 순익 17,133원 86전, 전기 이월금 2,456원 46전, 합계 19,590원 32전의 이익이 있는 것처럼 보이게 했다는 것이다.[73]

당초 10주 미만의 소액주주에 의한 고소사건이었고,[74] 1930년 4월 고소 이후 10월까지 한 번도 소환된 적이 없었기 때문에, 만약 조선신탁의 중역이 소환되더라도 형식적인 조사에 그칠 것으로 예상되었다.[75] 그러던 중 1930년 11월 10일 오노 규타로(小野久太郎)가 경영하던 조선경

---

69 幾川進, 앞의 글, 915쪽.

70 여기서 등장하는 法制新聞은 東亜法制新聞을 의미하는 것 같다. 每日申報 1922년 2월 22일자에 의하면, 17일 警務局으로부터 경기도 제3부에 회부되어 大陸通信, 朝鮮商況通信, 東亜法制, 京城株式日報 등 신문 또는 잡지 출원자에게 內意가 있었고, 보증금을 납부하면 허가할 것이라고 예상되고 있었다.

71 幾川進, 앞의 글, 914쪽. 실제로 1929년 4월 30일 현재의 주주명단에서는 北垣를 찾을 수 없지만, 1931년 10월 31일 주주명단에서는 7주를 소유한 주주로 명기되어 있음을 확인할 수 있다.『제5기』, 1929년 5월, 〈株主名簿〉;『제20기』, 191년 11월, 〈株主名簿〉.

72 『국역 高等法院判決錄』제21권(형사편), 법원도서관, 2014년, 76쪽.

73 법원도서관, 위의 책, 77쪽.

74 이 고소의 소스를 제공한 것은 조선신탁의 사원이었던 田中橋一이었다. 田中은 외부인사와 내통하여 중역에 대한 반대운동을 한 적이 있었고, 그 때문에 堆浩가 田中을 퇴사시켰다. 이에 원한을 품고 田中이 조선신탁의 내부사정을 北垣에게 누설했다고 한다. 幾川進, 위의 글, 918쪽.

75 『東亜日報』1930.11.18. 〈朝信 幹部를 召喚해 取調〉.

제일보에 조선신탁의 중역들을 공격하는 기사가 게재되었다.[76] 이에 대해 아쿠츠는 조선경제일보에 대해서 11월 12일과 13일경 명예훼손 및 신용훼손으로 고소했고, 조선신탁도 13, 14일경 동 신문을 업무방해죄로 고소했다. 그런데 11월 15일 검사국은 고소를 제기한 조선신탁의 중역들을 도리어 전격 검거해 버렸다. 1930년 4월 기타가키가 제기한 아쿠츠를 비롯한 조선신탁 중역들에 대한 고소 사건에 대해서는 소환조차 미루고 있다가, 동년 11월 15일 아쿠츠 및 조선신탁이 고소를 제기하자 기다렸다는 듯이 조선신탁의 중역들을 검거 수용해버린 것이다. 이런 전격적인 검거 및 수용은 바로 직전인 11월 4일 고소가 제기된 '조선산업사건'과 밀접한 관련이 있었다.[77] 담당검사인 데라다(寺田) 검사가 아쿠츠와 주변 인물 및 그와 관련된 회사들을 이 잡듯이 샅샅이 조사하면서 조선산업사건과의 연관성을 확인했기 때문이었다. 아쿠츠는 진퇴양난의 상황에 빠졌다.

소위 '조선산업사건'의 내용은 다음과 같았다. 1930년 11월 4일, 함경남도 정평군 광덕면 일대 주민 이선섭(李善燮) 이하 110명, 함남 문천군 명효면, 도초면 일대의 주민 김근수(金根洙) 이하 49명, 함남 덕원군 풍상면 및 풍하면 일대의 주민 김상록(金尚祿) 이하 37명, 모두 201명은 이승우(李升雨) 변호사를 소송대리인으로 인천 율리에 사무소를 둔 조선산업주식회사, 조선연초흥업주식회사(朝鮮煙草興業株式會社), 조선신탁주식회사, 종로금융조합, 조선상업은행, 한일은행 등 각 대표사와 인천의 아쿠츠, 함남 정평의 한병무(韓秉武)와 오준환(吳駿煥), 함남 함흥의 조대형(趙大衡), 경남 밀양의 지창규(池昌圭) 등 11명을 상대피고로 하여 등기말소청구소송을 경성지방법원에 제기했다.[78] 이 소송은 당시 조선민사소송 사건의 역사에서 일찍이 찾아 볼 수 없는 규모였다. 원고가 201명에 달했고, 등기말소 소송의 대상이 된 토지의 면적이 3개 군에 걸쳐 101만 8,546평이었으며, 소송을 위한 기록이 300쪽을 넘는 분량이었다.[79]

원고인 지주 201명의 주장은 다음과 같았다. 즉, 조선산업 설립 당시 201명의 지주들은 조선산업의 정관을 포함하여 기타 설립 내용을 전연 모르면서 단지 발기인 등의 권유만을 믿고 서로 공동으로 출자했다. 이때 발기인 등의 요구로 각 출자 토지의 권리서인 등기필증(登記畢證)과 차입금에 대한 위임장, 저당권 설정에 관한 서류 등에 또는 백지에 날인하여 조선산업 창립 발기인 등에게 교부했다.[80] 조선산업은 지주들로부터 받아둔 차입금에 관한 서류를 가지고 마치

---

[76] 小野가 桑野의 편에 서서 堆浩를 공격한 것은, 같은 신문업자로 그의 商売敵인 朝鮮商工新聞社長 斎藤五吉과 堆浩가 '親友로 意気投合 骨肉도 여간 아닌 사이'였기 때문이었다. 幾川進, 앞의 글, 918쪽.

[77] 조선산업 사건을 신문기자들로 하여금 신문지상에 발표하게끔 주도한 것은 전 조선신문 인천지국원 戸矢金衛였다. 戸矢는 인천지국의 돈을 횡령하여 堆浩에 의해 해고당한 일이 있었다. 당시 堆浩는 조선신문 인천지사장이었다. 이에 대한 앙심을 품고 조선산업 사건을 기자들을 통해 신문지상에 발표하게끔 했고, 京城日報에 팜플렛을 삽입하여 인천에 배부하기도 했다. 幾川進, 앞의 글, 918쪽.

[78] 『東亜日報』 1930.11.6. 〈朝鮮産業社를 筆頭로 九個銀行会社를 告訴, 朝鮮民事訴訟上 稀有의 大事件 ◇財界에도 一大波紋을 일으키게 될 터, 関係原告만 二百余名〉.

[79] 『東亜日報』 1930.11.6. 〈三郡에 亘한 大地積 坪数로는 百万余坪〉.

지주들이 조선산업으로부터 다액의 금전을 차용하고 그를 담보로 토지에 저당권을 설정한 것처럼 꾸몄다. 그리고 조선산업은 이들 토지를 이용하여 각 은행, 회사, 금융조합에 저당 또는 전매하고, 지주들의 토지 소유권을 해당 매입자에게 이전 등기했다.[81]

뒤늦게 이러한 사정을 알게 된 지주 94명이 함남 당국에 진정했으나, 함남 당국은 '청이불문(聽而不問)'할 뿐 아무런 조치가 없었다. 당시 지주들의 진정 내용에 의하면, '조선산업주식회사를 창립할 때에 발기인 측의 출장원은 동 회사에 토지를 내고 가입(당시의 말은 주주가 되라는 말도 없었다) 하면 농업자금을 저리로 대부하되 사정지가에 4, 5할을 대부한다고 감언이설로' 꼬였다. 당시의 지주들은 '대정 10년(1921년) 한재와 수재로 말미암아 농량(農糧)도 곤란한 형편이므로 그 내용을 탐지할 여가도 없이 도장과 토지목록을 주고, 그후 대정 13년(1924년)에는 농업자금을 조달한다고 하여 신청서(申込書) 기타 백지에 날인을 하여 주었던 바 그 후 소화 2년(1927년) 중에 돌연 한일은행으로부터 차용이자 지불 독촉이' 있었다. 지주들은 그때서야 자신들의 '토지가 동 은행에 저당된 줄 알았지만, 그후 소화 3년(1928년)에는 인천 상업은행 지점으로부터 경매 통지가 또한 있었으나 속수무책'이었다. 이때의 경매 결과 인천에 거주하는 아쿠츠에게 경락(競落)되었던 것이다.[82]

그러나 앞에서 살펴본 것과 마찬가지로 조선산업에 대한 최초의 저당권설정등기(抵當權設定登記)가 무원인 무효(無原因無效)의 등기였고, 따라서 그 무원인의 등기를 기초로 그 후에 이루어진 저당권의 이전, 경매의 신청과 경락으로 인한 소유권 이전, 그리고 그 후의 저당권 설정 각 등기가 모두 무효였다. 이러한 판단 하에 지주들은 각자의 소유권에 입각하여 해당 토지에 대한 등기말소청구소송을 제기했던 것이다.[83] 이러한 배경 하에 경성지방법원 인천지청이 이미 기타가키에 의해 배임과 회사법 위반으로 고소되어 있던 아쿠츠를 비롯한 조선신탁 중역들을 전격 검거하여 수용하고, 아쿠츠가 상기 토지를 경락받으면서 동원한 자금이 배임과 횡령으로 마련되었다 하여 이 사건을 '조선신탁의 토지부정취득사건'으로 규정한 것이다. 조선신탁 중역들은 11월 25일 경성으로 호송되어 법원 예심에 회부되었다. 당시 신문에 의하면, 조선신탁 사건에 대한 유죄 결정은 조선산업의 민사소송사건에도 커다란 영향을 미칠 것으로 예상되었고, 따라서 조선신탁사건은 조선재계 전체가 주목하는 사건이었다.[84]

1930년 11월 소송이 시작된 이래 조선민사공판사상 기록적인 공판으로 주목을 받았던 '조

---

80 『東亞日報』1930.11.6.〈三百万円株式会社 払込 대신 土地 提供 ◇規定과 틀리니 還附하라, 原告側의 請求原因〉.
81 『東亞日報』1930.11.6.〈눈 뻔히 뜨고 땅을 빼앗겨 함부로 잡히고 팔아먹어 各 登記抹消를 要求〉.
82 『東亞日報』1930.11.6.〈低利農資의 融通을 標榜, 우매한 농민들을 유인, 當局에 陳情도 水泡〉.
83 『東亞日報』1930.11.6.〈눈 뻔히 뜨고 땅을 빼앗겨 함부로 잡히고 팔아먹어 各 登記抹消를 要求〉.
84 『東亞日報』1930.11.26.〈朝産과 朝信의 重役 五人은 予審에 廻附 ◇民事告訴事件에도 影響 重大, 注目되는 事態의 進展〉.

선산업사건'은 1심과 2심 모두 원고인 지주들의 승리로 끝났다. 피고 측의 상고가 있었으나 1934년 7월 16일에 경성복심법원에서 이루어진 원심판결에 대한 불복공소 또한 공소기각판결을 받았다.[85] 형사문제였던 '조선신탁사건' 또한 1934년 상법위반과 사기로 고등법원에서 유죄 확정판결을 받았다.[86]

앞에서 살펴보았듯이, 이케베와 세키라는 상업은행 출신의 금융전문가를 영입하여 영업의 향상을 도모하던 와중에 1930년 11월 15일에 소위 '조선신탁회사 사건'이라는 불상사건(不祥事件)이 돌발했다. 이후 조선신탁은 '반휴업상태'에 빠지면서 업적 부진이 계속되었다. 1931년 전반기에 1만 4천원이 넘는 당기순손금이 발생하여 전기조월금과 합해도 당기이익금이 마이너스 8천원을 기록했다. 또한 1930년 후반기부터 유가증권 수익이 전체 수입에서 차지하는 비중이 24.0%, 1931년 전반기에 37.4%, 1931년 후반기에 60.8%로 급격히 증가한 것이 눈에 띄는데, 전체 수입이 줄어든 까닭이기도 했지만, 1931년 전반기에 105,336원이었던 유가증권 잔고가 1931년 후반기에 75,911원으로 줄어 당기감소분 29,4235원이 유가증권처분수익으로 유가증권 수익과 더해진 까닭이었다. 이는 인취와 경취가 조선취인소로 합병되면서 인취 구주식이 조선취인소 주식으로 전환되었기 때문이었다. 조선신탁은 조선취인소 주식 외에도 조선토지신탁 주식을 소유하고 있었다.[87]

게다가 그 동안 논의되어 왔던 조선신탁업령이 1931년 6월에 공포되었고, 동년 12월의 시행과 함께 신탁업계가 정리될 것이라는 예상이 팽배해 있었다.[88] 업적부진과 불상사건에 휩싸인 조선신탁으로서는 조선신탁업령에서 정하는 최소자본금 200만원을 갖추고 있었음에도 영업허가를 기대하기 어려웠다.[89] 1931년 9월에는 조선토지신탁과의 합병설이 제기되었으나 토지신탁 중역들의 반대로 실현되지 못했다.[90] 결국 조선신탁은 조선신탁업령에 의한 영업인가를 받지 못했다. 따라서 조선신탁은 더 이상 신탁회사로서 존속할 수 없었다. 조선신탁이 1932년

---

85 『東亞日報』 1934.7.19. 〈朝鮮産業会社事件 公訴棄却의 判決, 十三年만에 겨우 歸結을 지은 民事公判史上 첫 記録〉.

86 조선산업사건에서 지주들의 법률대리인을 맡았던 변호사 李升雨는 1889년생으로 일본 中央大學 법과를 나와 1919년 3월 12일자로 경성변호사 등록을 했다. 1928년 11월 16일 총독부로부터 大札記念章을 수여받았다. 이후 1936년 중추원참의가 되었고, 사상범보호관찰 심사위원, 1938년에는 조선총독부 시국대책조사위원회 위원이 되었다. 한상범, 「이승우: 민족운동가 감시에 앞장 선 친일 법조인」, 『친일파99인』 제2권, 반민족문제연구소 편, 1993년. 피고 측 변호사는 모두 6명이나 되었다. 『東亞日報』 1935.9.7. 〈商法運用上 重要한 數種의 新判例孕胎, 注目되는 朝鮮産業会社 大裁判, 開廷 四分만에 結審〉; 〈原告敗訴의 境遇엔 重大한 社会問題, 適法의 "詐欺行爲" 跋扈도 憂慮, 数年問題된 大土地事件〉; 〈竝進하던 刑事訴訟 被告 有罪確定 ◇刑法上의 新判例〉; 〈六弁護士의 弁論〉.

87 『제20기』, 1931년 12월, 〈재산목록〉; 『제21기』, 1932년 6월, 〈재산목록〉.

88 조선신탁업령의 시행과 함께 예상되었던 총독부의 신탁업계에 대한 정리 방침에 대해서는 金明洙, 앞의 논문, 2005년, 130-133쪽.

89 金明洙, 위의 논문, 2005년, 126-126쪽.

90 '朝鮮信託과 土地信託 合併說' 每日申報 1931.9.30.

1월 30일 임시주주총회를 열어 조선금융주식회사로 개조하고, '일반신탁업'과 '기타재산 관리 정리 및 처분신탁'을 정관에서 삭제함으로써 신탁회사로서의 삶을 마감해야 했다.[91]

5. 맺음말

제5장에서는 인천에 있던 조선신탁주식회사의 경영권 쟁탈전을 중심으로 재조일본인의 신탁회사의 설립과 경영에 관한 사례를 검토했다. 이상의 논의를 요약, 정리하고, 그 의미를 음미하면서 마무리하고자 한다.

첫째, 제5장의 내용은 1921년 11월부터 1932년 1월까지 신탁회사로 존속했던 (인천) 조선신탁주식회사에 관한 사례이다. 조선신탁은 1910년 12월에 설립된 조선신탁합명회사의 업무를 계승했고, 따라서 조선신탁합명은 조선신탁의 전신이다. 조선신탁합명이 영업목적으로 '토지가옥 매매 중개업'을 내세웠지만 실제로는 부동산 담보 대부업을 주로 하는 대금회사에 불과했다. 따라서 조선신탁이 조선신탁합명의 업무를 계승했다는 것은, 전근대적 성격의 대금회사가 근대적 성격의 신탁회사로 전환해 갔음을 보여준다.

둘째, 조선신탁의 출현배경은 제1차 세계대전 호경기로 나타난 기업설립붐과 그에 수반한 주식시장의 활황에 있었다. 특히 경취의 보조기관으로 1921년 4월에 설립된 경신의 호황이, 부족한 증시자금에 대한 공급을 명분으로 신탁업에 진출하고자 하는 이들의 투자를 촉진했다. 영업목적 중 일반신탁업무에 더하여 유가증권(주식·공채·사채)의 인수모집과 유가증권의 임대 및 담보대부 등이 포함된 이유도 거기에 있었다. 조선신탁의 경우에는 특히 유가증권에 관련된 신탁업무가 특징이었음은 토지신탁과의 합병논의에 잘 드러나 있다.

셋째, 제5장에서는 일제 강점기 신탁회사들의 경영권을 둘러싼 주주 및 중역들 간의 대립과 그 원인이 잘 드러나 있다. 조선신탁의 경영권을 둘러싸고 대립했던 아쿠츠 일파와 구와노 일파는 인천재계를 주도했던 중진들이었고, 특히 인취의 중역과 중매인 출신이 많았다. 1923-24년 사이 구와노가 당시 아쿠츠를 비롯한 경영진을 비판하면서 경영진으로 처음 등장하여 상무에 취임함으로써 경영권을 장악했다. 1927년에는 그 동안 꾸준히 경영권 탈환을 위해 주식매집에 힘썼던 아쿠츠가 당시 경영진이었던 구와노와 오오히라 등의 과거 배임횡령을 이유로 한

---

91 『제21기』, 1932년 6월, 〈주주총회〉. 조선금융은 자본금을 50만원(12만 5천원 불입)으로 감자하여 감소한 자본금 37만 5천원을 결손보전에 충당하였고, 법정적립금 20,500원과 별도적립금 42,000원, 특별준비적립금 45,500원도 역시 결손보전에 충당하기로 했다. 대표취체역은 池邊竹次가 당선되었다. 그러나 결손보전을 위한 자본의 감소나 채권의 회수가 여의치 않았다. 당시는 금수출재금지로 인해 재계불황과 금융계의 불안이 계속되던 때였다. 따라서 업적부진은 당분간 계속될 수밖에 없었다. 『제21기』, 1932년 6월, 〈株主総会〉.

검사역 신청을 계기로 다시 경영권을 장악하였다. 경영권 장악 이후에는 자파 인물들을 중심으로 경영진을 구성하고 안정적인 경영권 확보를 위해 주식 매집에 힘썼다. 1930년에는 다시 구와노가 기타가키를 고용 주주로 내세워 아쿠츠를 비롯한 당시 경영진을 배임횡령죄로 고소하여 소위 '조선신탁사건'을 일으켰다. 아쿠츠가 주식 매입 자금을 조달하기 위해 당시 경영진과 공모하여 자사주를 담보로 차입했는데 이것이 회사법을 위반했기 때문이었다. 또한 타사 주식에 대한 평가를 부풀림으로써 당기이익을 부풀리고 이를 통해 4%의 주주배당을 함으로써 회사에 피해를 입혔던 것도 지적되었다. 아쿠츠는 또한 자신이 경영하고 있던 중매점의 운전자금을 역시 자사주를 담보로 한 차입을 통해 조달하기도 했다. 재판을 위한 조사과정을 검토해 보면 조선산업의 부동산을 경락받을 때 역시 이러한 차입이 이루어졌을 것으로 생각되며, 아쿠츠가 관련하고 있던 조선철공소, 상공운수회사, 인천자동차회사 등의 자금도 조선산업의 부동산 매입에 사용된 것으로 판단된다. 이상의 내용을 고려할 경우 조선신탁의 경영권 다툼이 이렇게 치열했던 이유는 신탁업으로 형성된 신탁금을 자신이 경영하는 기업의 운전자금이나 경영권 확보를 위한 주식 매입 자금 등 사금고처럼 사용할 수 있었기 때문이다. 본고의 부수적인 검토결과이지만, 자본금 300만원과 명망가 박영효(朴泳孝)를 사장으로 내세워 조선산업주식회사를 설립한 것은, 처음부터 무지한 농민들의 토지를 이용한 자금횡령이 목적이었다.

넷째, 조선신탁의 업적을 검토해 보면, 1926년까지는 주로 각종 대부를 통한 이자수입이 전체 수입의 대부분을 차지했다. 그에 반해 1927년부터의 수입구조는 이자수입의 비중이 줄고, 신탁보수 증가, 유가증권 수익 증가, 부동산 수익 증가와 같은 보다 다양화된 수입구조를 형성했다. 그런데 조선신탁의 존속기간은 1920년대로 1920년 3월의 반동공황을 시작으로, 1923년 9월에 발생한 관동대지재에 의한 진재공황, 1927년 3월에 발생한 금융공황, 1929년의 세계대공황과 1930년의 소화대공황 등으로 장기불황이 계속되었던 시기였다. 이러한 상황에서 조선신탁은 경영악화를 고정대부 및 불량채권의 정리와 차입금의 변제, 그리고 신탁금(금전신탁)의 흡수 방침 등 소극적인 경영으로 일관하지 않을 수 없었다. 전반기인 1921년부터 1926년까지 각종 확실한 담보대부를 통한 이자수입이 총수입에서 큰 비중을 차지했던 이유도 거기에 있었다. 조선신탁은 1927년부터의 후반기에 신탁업을 착실히 진행하고자 조선상업은행 출신의 금융전문가를 사장과 전무 겸 지배인으로 영입했지만, 1930년에 발생한 배임횡령사건으로 중역진들이 수감되면서 경영에 큰 타격을 받았다. 한때 총수입의 30%에 육박했던 신탁보수가 1931년에 0.7%까지 떨어진 것은 이러한 사정을 잘 말해준다.

마지막으로 1931년 6월 9일 조선신탁업령이 제정 공포되고 12월 1일 시행되면서 조선신탁업계의 정리 및 재편이 본격화될 것이 예상되었다. 신법령에 의할 경우 법정최소자본금이 200만원이었고, 기설회사에 대한 5년 유예기간을 적용하더라도 최소 100만원은 채워야했기 때문에 신법령에 입각한 영업허가는 5개 회사에만 해당되었다. 조선신탁 또한 이러한 방침에 순응하여 토지신탁과 합병함으로써 영업허가를 얻고 위기를 극복하고자 했다. 그러나 '조선신탁사건'과 '조선산업사건'이라는 불상사건(不祥事件)에 휘말려 있던 조선신탁은 최종적으로 1932년 1월 신탁업을 포기하고 조선금융회사로 전환하지 않을 수 없었다. 요컨대 조선신탁업령의 최소자본금 규정인 200만원은 충족할 수 있었으나, 조선신탁의 내홍, 연이은 불상사건, 대부업 중심의 후진적 신탁업 경영은 엄격한 통제를 표방한 조선신탁업령 하에서는 더 이상 유지되기 어려웠던 것이다. 1936년에는 조선기업금융회사로 다시 개조하여 기업금융을 중심으로 1945년까지 존속했다.[92]

---

92 이 글은 김명수, 「재조일본인(在朝日本人)의 신탁회사 설립과 경영에 관한 연구-인천 조선신탁주식회사(1921-1932)의 경영권 쟁탈전을 중심으로-」, 『인천학연구』23, 2015년 8월, 7-44쪽을 전재(全載)한 것으로 본서의 전체 집필 성격에 맞추어 일부 수정했다.

제6장

경제 국경의 부활과
일본 경제의 고도성장

1. 패전 이후 일본제국주의의 해체와 부흥의 계기

1945년까지 동아시아에 군림하며 소위 '대동아공영권(大東亞共榮圈)'을 구축하고자 했던 일본제국주의는 제2차 세계대전에서 패하면서 생산능력에서 상당한 타격을 받았다. 광공업은 전전 피크인 1938년의 53%, 농업은 60%, 섬유산업은 6%에 불과한 상황이었다. 이러한 '괴멸적' 타격의 원인으로는 무엇보다 일본 국토의 전장화(戰場化)를 들 수 있다. 생산설비가 물리적으로 파괴되는 상황이 속출했고, 일본 건조물의 1/4이 전쟁으로 소실되었기 때문이다. 또한 전쟁 중 산업구조가 군수중심형(軍需中心型)으로 전환된 것도 1945년 이후 공급능력의 부족을 초래했다. 결과적으로 공급이 수요에 훨씬 못 미쳤다. 셋째 물리적 피해 이외에도 일본 국내의 교통, 통신, 유통, 금융 등 생산 관련 인프라의 괴멸적 타격 또한 생산능력의 상실을 가져왔다. 마지막으로 생산능력의 괴멸적 타격이 발생한 원인으로 식민지 및 점령지 등 해외 생산기지의 상실을 들 수 있다.

제2차 세계대전 후에는, 전전(戰前) 식민지였던 조선이나 대만, 만주 등의 현지생산거점의 상실과 수출의 감퇴(減退)로 인해, 시멘트산업의 시장기반을 국내로 한정할 수밖에 없었다."(韓載香·武田晴人, 「戰後復興期のセメント産業」, 東京大学COE모노즈쿠리경영연구센터 MMRC Discussion Paper No. 55, 東京大学大学院経済学研究科, 2005년, 4쪽).

이와 같이 제2차 세계대전 후 일본은 생산능력을 상실하면서 전후 인플레이션을 경험했다. 종전과 함께 일본 국민의 소비재 수요가 팽창하면서 인플레인션갭(inflationary gap)이 발생하였고, 이는 결국 "초인플레이션(hyperinflation)"을 초래하였다. 1945년의 물가상승률이 이미 51.1%를 기록하였고, 1946년에는 364.5%, 1947년에는 195%, 1948년에는 165%라는 경이적인 물가상승률이 지속되었다. 제2차 세계대전 당시 전시국채를 발행하여 전비를 조달한 결과 물가가 90배나 급등함으로써 국민생활의 파탄을 가져왔던 쓰라린 경험을 가지고 있었기 때문에, 일본은 법률을 개정하여 일본은행이 정부 발행 국채를 직접 인수할 수 없도록 금지했다. 이러한 상황에서 전후 일본경제의 과제는 명확했다. 민수형(民需型) 산업구조로의 전환, 생산능력의 회복, 인플레이션의 종식(終熄)이 최우선 과제로 떠올랐다.

〈표 1〉 전후 일본의 경제성장률(%)

1953-55	1955-60	1960-65	1965-70	1970-75	1975-80	1980-85
7.0	8.6	10.6	11.2	4.6	5.1	3.9

자료: 경제기획청, 『国民経済計算表』 각 연도판.

이러한 상황에서 이루어진 1950년대 중반 이후의 고도경제성장은 세계를 놀라게 했다. 위의 표에서 알 수 있듯이, 2000년대 초기 10년간 중국이 보였던 경제성장률과 버금가는 성장률을 기록했음을 알 수 있다. 특히 1964년의 도쿄올림픽을 전후한 시기의 경제성장률이 기록적이어서 1960년에서 1965년까지 10.6%, 1965년부터 1970년까지 11.2%라는 경이적인 성장률을 나타냈다. 이러한 일본의 고도경제성장이 한국전쟁의 발발과 함께 시작된 이른바 '조선특수(朝鮮特需)'를 발판삼아 시작되었음은 잘 알려진 사실이다.

제2차 세계대전에서 일본으로부터 항복을 받아낸 미국은 일본에 군정(軍政)을 실시했다. 미군정은 일본의 전쟁능력을 제한하기 위한 조치로서 경제개혁을 실시했다. 이러한 경제개혁 조치는 2017년 현재 한국에서도 화두가 되고 있는 '경제민주화' 조치로 이해될 수 있다.

농촌에서의 경제민주화 조치는 지주소작제도의 해소와 이를 위한 농지개혁이었다. 소작농을 중심으로 농촌사회의 민주화를 도모했으며, 식량 공급능력 증대가 목적이었다. 그 결과 극단적 공급부족 상태를 보이던 당시 식량사정을 완화시킬 수 있었고, 동시에 지주소작인의 신분차별 및 소득격차 해소에 중요한 역할을 했다. 그러나 한계도 있었다. 농지개혁을 통한 농지의 세분화로 농업의 소규모화가 촉진됨으로써 생산효율이 높은 자본주의형 농업으로 전환하는 데 장애요인이 된 것이다. 또한 일정가격 이상의 유리한 가격으로 정부가 매입함으로써 품종개량 등의 생산성 향상에 대한 의욕을 상실시키는 역효과를 낳았다. 즉 이전에 지주소작제에서 지주가 수행하던 역할이 사라진 것이다.

산업에 있어서의 민주화조치로 '재벌해체와 독점금지정책'을 들 수 있다. 그때까지 일본은 주요산업을 미쓰이(三井), 미쓰비시(三菱), 스미토모(住友) 등 재벌이 소유하는 구조였다. 재벌이 지배하던 산업의 지배구조를 개혁하고 기업 간 경쟁을 촉진함으로써 군부와 결합하여 전쟁을 부채질하던 근원적 동력을 제거한다는 것이었다. 하지만 재벌해체 후 주요 기업은 하청기업을 포함한 기업계열(KEIRETSU)을 형성하여 이른바 '빅텐트(big tent)'를 만들었다. 이른바 장기안정적 조직을 형성시킴으로써 '같은 상대와 같은 거래를 반복'하는 일본형 배타적 거래관계를 형성한 것이다. 이는 싼 가격만을 노리고 생소한 상대와 1회에 한해 거래하는 미국형 거래관계와 대비되는 것이었다.

노동제도의 민주화조치로서 노동3법, 즉 노동조합법, 노동기준법, 노동관계조정법을 도입하여 실시했다. 노동자의 단결권, 단체교섭권, 쟁의권을 법적으로 확립했으며 노동자를 보호하기 위한 각종 규정의 정비가 이루어졌다. 이러한 노동자 보호를 위한 법규정의 정비는 기업을 견제하기 위한 조치로 이해되며 전전(戰前) 일본제국주의 하 재벌의 폭주를 되풀이하지 않기 위한 노력이었다. 이러한 경제민주화 조치를 통해 형성된 분위기를 기업 또한 적극적으로 반영하였다. 기업 내에서도 노동개혁을 반영하여 종신고용제도, 기업별 노조 등 '일본형 노동관행'이 정착하는 계기가 되었다.

전후 일본경제가 안고 있던 중요한 과제 중 하나가 인플레이션에 대한 대책이었다. 당시 하이퍼인플레이션이라 불릴 정도의 급격한 물가상승률은 전후 경제부흥을 위해 허리띠를 졸라매야 했던 일본국민에서 커다란 부담을 가중시켰다. 하지만 인플레이션의 원인에 대해 이견이 있었다. 공급능력이 부족해서 인플레이션이 발생했다고 생각하는 사람이 있었고, 전쟁이 끝나면서 억눌려 있던 수요가 급작스럽게 팽창하면서 인플레이션이 발생했다고 주장하는 사람들이 있었다. 인플레이션의 원인에 대한 진단이 달라지면서 그에 대한 대책 또한 다른 각도에서 추진되었다.

먼저 공급능력의 부족이 당시 하이퍼인플레이션의 주요 원인이라고 생각하는 입장에서 대책이 마련되었다. 국민경제 전체의 생산능력을 향상시킴으로써, 즉 공급 증가를 통해 인플레이션과 실업 문제를 해결해야 한다는 입장이었다. 공급능력 향상을 위한 대책으로는 1947년에서 1948년 사이에 석탄과 철의 생산을 지렛대로 경제 전체의 부흥을 목표로 삼은 경사생산방식(傾斜生産方式)이 채택되었다. 철강산업에 우선적으로 석탄을 공급하여 철을 증산하고, 동시에 석탄산업에도 철을 우선적으로 배분하여 석탄을 증산시킨다. 철강산업과 석탄산업 사이에 반복적 투입을 통해 철과 석탄이라는 기간산업의 생산을 늘리면 그것이 다른 민수품 산업의 증산으로 결합에 가는 방식을 기대한 것이다. 일본정부 또한 경사생산방식을 지원했다. 경제부흥금융공고(經濟復興金融公庫=復金)를 통해 당시 희소한 자금을 중점산업에 경사적으로 공급했다. 그러나 경사생산방식이 적극적으로 실시된 1947년과 1948년에도 인플레이션은 억제되지 못했다. 공급능력의 부족만이 인플레이션의 발생원인이 아니었던 것이다.

한편 수요팽창이 인플레이션의 원인이라고 보는 입장에서는 1949년 이후에 총수요억제정책을 인플레이션정책의 중심에 두고자 했다. GHQ(연합군총사령부) 재정고문으로 은행가 죠셉 닷지(Joseph Morrell Dodge)를 초빙하여 이른바 '닷지라인'이라는 강력한 긴축정책을 실시한 것이다. 닷지는 경제부흥금융공고를 통한 융자제도(부흥융자)를 폐지하여 금융면에서 수요확대를 억제하고자 했고, 초균형예산으로 정부의 지출팽창을 억제하고 화폐공급량 증가를 억제하였다. 강력한 긴축정책의 실시로 불황이 초래되기도 했지만 그동안 일본경제를 괴롭혔던 인플레이션이 진정되는 효과는 커다란 성과가 아닐 수 없었다.

일본경제에 정(正)과 부(負)의 영향을 동시에 남긴 닷지라인에 대해 좀 더 살펴보기로 하자. 1948년, 맥아더는 요시다내각(吉田內閣)에 경제9원칙의 실시를 요구했다. 급속한 예산균형 도모, 징세계획(徵稅計劃)의 촉진 및 강화, 자금 대출을 엄중하게 제한하며 대출은 경제부흥에 기여하는 곳에만 실시, 임금안정 대책의 확립, 물가통제계획의 강화, 외국무역 관리의 운영 개선과 외국환(外國換) 관리의 강화 특히 수출 증대를 위한 물자 할당 및 배급제의 개선, 중요 국산원료 및 제품의 생산 증가, 식량 집하(集荷) 계획의 개선 등이 경제9원칙의 내용이었다. 이를 지휘할 인물로 GHQ는 1949년 디트로이트은행의 은행장을 지낸 조셉 닷지를 초빙했다. GHQ의 경제고문 자격이었다. 닷지는 재정금융을 위한 방안을 강구하고, 이 안(案)에 입각한 금융긴축정책을 실시했다. 이를 닷지라인이라 불렀다. 닷지는 당시 일본경제를 죽마경제(竹馬經濟)라 평하고, 한쪽 발은 미국의 원조를 밟고 다른 한 쪽 발은 일본 국내의 보조금을 밟고 있다고 비유했다. 원조액과 보조액을 인상하면 죽마의 디딤발이 너무 올라가 버려 넘어질 위험이 있다고 하면서 다음과 같은 안을 제시했다. 초균형 예산 실시를 위한 긴축재정과 부흥금융공고(復興金融公庫) 융자의 폐지, 일본은행 차입금 변제와 같은 채무변제 우선 정책, 복수환율제 개정을 통한 단일환율제 실시(1달러=360엔), 전시통제 완화를 통한 자유경쟁 촉진 등이 주요한 내용이었다. 결과적으로 인플레이션은 진정되었으나 국내수요나 수출이 정체함으로써 오히려 디플레이션이 발생하는 상황이 전개되었다. 실업이나 도산이 연이어 나타나 닷지불황이라는 안정공황에 돌입한 것이다. 도쿄증권거래소(東証)의 평균주가가 사상 최저치인 85.25엔을 기록한 것이다(http://kezai.net/jpn/keisha).

닷지라인에 의한 적극적 수요억제정책이 안정공황(安定恐慌)을 초래하던 상황에서 1950년 한국전쟁이 발생했다. 이른바 '조선특수(朝鮮特需)'가 발생한 것이다. 병참기지(兵站基地)로서의 일본이 주목되었고, 일본기업에게는 대량의 수출수요가 발생하였다. 한국전쟁으로 한반도가 전쟁터로 변하고 동족상잔의 비극이 전개되었지만, 일본경제의 입장에서는 '가미가제(神風)'가 아닐 수 없었다. 이러한 조선특수가 1950년대 이후 전개된 고도경제성장기의 토대가 되었다고 알려져 있다.

2. 일본의 부흥과 고도경제성장

1) "더 이상 전후(戰後)가 아니다"

'더 이상 전후가 아니다'라는 캐치프레이즈가 처음 등장한 것은 1956년도의 『경제백서』였다. 당시의 경제기획청 조사과장 고토 요노스케(後藤譽之助)가 이 캐치프레이즈 처음 만들었다. 고토가 이런 일에 능한 사람이기도 했지만, 이 문장은 당시 일본인의 기분을 잘 표현하고 있다. 그때까지는 경제지표를 표시할 때, 전전(戰前)인 1934~36년의 평균치를 100으로 하여 지수화한 것이 보통이었다. 패전 후의 침체에서 겨우 벗어나기 시작한 일본경제가 전전(戰前)을 돌아보면서 예전에는 이랬었지 하는 회고와, 전전 수준으로 돌아갈 수 있었으면 하는 기분이 잘 드러나 있었다.

1956년 쯤 되서야 겨우 전전 수준을 넘어서는 지표가 늘어나기 시작했다. 서민들도 전후의 혼란기가 끝나고 드디어 앞으로 나아갈 수 있는 경제발전에 전념해야 할 시기가 도래했다고 느끼고 있었다. 우연이기는 해도 1953년에는 텔레비전 방송이 시작되었다. 일본인의 생활양식에 혁명을 가져온 내구소비재(耐久消費財) 보급의 주역이자, 소비자의 "3종의 신기(神器)"라 불린 텔레비전, 전기냉장고, 세탁기 생산도 1955년 이후 급증한다.

'더 이상 전후가 아니다'라는 말은, 전쟁으로 잃어버린 경제력을 되찾았음을 의미하는 동시에, 패전으로 침체된 생산력의 회복에 성공한다고 해도 회복기 특유의 높은 성장을 회복이 끝난 뒤에도 계속 유지하는 것이 어렵다는 것을 나타내고 있었다.

『경제백서』에서도 '회복을 통한 성장은 끝났다. 앞으로의 성장은 근대화에 의해 뒷받침 된다'고 쓰고 있다. 당시 이코노미스트로 유명하고, 또한 제1회 『경제백서』의 집필자이기도 한 츠루 시게토(都留重人) 교수는, 메이지(明治) 이래 일본 경제의 장기성장률이 평균 4~5% 정도이기 때문에, 회복기의 10% 성장은 결국 5%대로 하락할 것이라고 예언했다. 당시 츠루의 영향력이 컸기 때문에 그 뒤에 만들어진 장기경제계획에서는 현실의 경제성장률보다 훨씬 낮은 성장률이 공표되었다. 계속해서 현실 경제가 예측치를 상회하면서 경제계획은 상방 수정되었다.

1955년에 시작되는 호황은, 철강, 자동차, 합성섬유, 합성수지(合成樹脂) 등 신제품의 등장이나 새로운 제조법(新製法)의 도입에 의한 기술혁신에서 비롯된 것이었다. 호황은 31개월이라는 장기에 걸쳐 지속되었고, 그 사이의 평균 실질성장률도 연율(年率) 8.6%로 높았다. 당시의 조사과장, 고토 요노스케가 이 호황을 '진무(神武) 천황 이래의 호경기(好景氣)'라고 평가했기 때문에, 세상에서는 이를 진무경기(神武景氣)라 불렀다.

그 뒤 1958년에 시작되는 호황은 진무경기(神武景氣)를 넘어 42개월간 지속되었고, 평균성장률 12.8%를 가능하게 했기 때문에, 저널리스트는 진무(神武) 이상의 호황이라는 의미에서 '이와토경기(岩戸景気)'라 이름 붙였다. 호경기가 오랫동안 계속되는 것만으로 저널리즘이 '진무(神武)', '이와토(岩戸)', '이자나기'와 같은 이름을 붙이는 것은 나쁜 풍조로, '이자나기경기'(1965년부터 1970년까지의 호황)까지는 이름을 붙일 수 있었지만, 그 뒤에는 이를 넘어서는 호황이 오지 않았다. 1990년까지 계속된 호흡이 긴 호황도 이름 없이 끝나고 말았는데, 결국 '이자나기경기'의 57개월을 넘지 못하고 '버블경기'라는 악명만 남기게 되었다.

진무(神武)경기의 어원이 고토 요노스케의 말에서 나왔다고는 하지만, 사실 그의 캐치프레이지는 뒷 문장도 포함하고 있었다. 그것은 '진무(神武) 천황 이래의 호경기, 진토쿠(仁徳) 천황 이래의 어진 정치(仁政)'라는 대구(対句)였다. 당시 일본 정부가 대폭적인 감세(減税)를 실시할 수 있었던 요인이 계속된 호경기에 있었음을 말하고 싶었던 것이다. 그 후의 호황에서는 '진토쿠(仁徳) 이래의 어진 정치(仁政)'가 이루어지지 않았다.

1955년 이후의 호황은 일본의 기술혁신을 통한 고도성장기였기에 실현가능한 것이었다. 일본의 장기적인 성장동력에 대해 평가하기를 꺼려했던 이코노미스트들도, 1955년 이후의 연율(年率) 10%를 넘는 실질성장률이 실현되면서, 일본의 성장동력을 평가하지 않을 수 없었다.

1960년에는 이케다(池田) 내각 하에서 '소득배증계획(所得倍増計劃)'이 발표되었다. 10년간 국민총생산을 두 배로 만든다는 정책이었는데, 이 정책은 당시 세계의 상식을 뛰어넘는 것이었다. 그 실현을 위험스럽게 생각하는 목소리도 있었지만, 현실 경제는 이러한 적극적인 전망을 훨씬 뛰어넘었다. 소득이 10년 사이에 두 배가 된다는 것은 복리계산으로 매년 7.2%씩 증가해야 함을 의미한다. 계획을 상회하여 매년 10%를 넘는 성장을 가능하게 한 것은 무엇이었을까?

2) 고도성장의 요인들

패전 후 일본경제의 회복, 그 뒤의 고성장을 외국에서는 세계의 기적이라고까지 높게 평가했다. 또한 발전도상국은 일본 고도경제성장의 비밀을 알고 싶어 했고, 일본의 경험을 배우고 싶어 했다.

1962년에 런던 『이코노미스트』지(誌)는 '놀랄만한 일본'이라는 특집을 싣고, 일본이 성장할 수 있었던 요인을 분석했다. 거기에서 다음과 같은 일곱 가지가 고성장의 열쇠로 제시되었다. ① 지적(知的)으로 조작되는 체제(体制), ② 교육이 있는 사회, ③ 높은 투자율, ④ 잉여노동력의 이용, ⑤ 특수한 은행제도, ⑥ 집단적인 충성심, ⑦ 지적인 관료 등이었다.

저자, 노만 마크레(Norman Macrae)의 생각은, 일본의 고도성장을 단순히 경제적 요인만이 아니라 사회적·제도적 요인에 주목했다는 점에서 특색이 있다. 확실히 일본경제 특유(特有)의 정부 주도에 의한 산업진흥책의 성과, 회사인간(会社人間)이라는 형태로 회사를 위해 충성을 바치는 샐러리맨의 존재, 은행과 오오쿠라쇼(大蔵省)의 유착, 돈을 많이 빌린 대회사는 결코 망하지 않는다는 대마불사(大馬不死)를 인정하는 은행의 자세, 강한 보호정책의 존재 등, 이러한 요인은 서구사회에서 만들어진 자유경쟁 하의 자본주의체제와는 기본적으로 달랐다. 하지만 동시에 그것이 전후 일본경제가 발전할 수 있었던 주요한 원인이었다는 점에는 틀림이 없다. 또한 일본인들은 일본의 자본주의를 선진국 중에서도 특이한 존재로 인식했다. 일본은 전후의 황폐한 경제를 재건하기 위해, 관민일치로 고성장을 지향했다. 일반적으로 일본인에게는 종교심이 희박하지만, 전후에 '성장교신앙(成長教信仰)'이라고 할 수 있는 믿음을 가지고 각자의 일을 계속해 왔다고 평가된다.

일본 경제는 과거 스스로 이루어 낸 성장의 성과를 자랑했다. 높은 성장과 강한 국제경쟁력이 세계를 경악하게 만들었다. 일본은 다른 나라와 다르다는 '일본이질론(日本異質論)'이 세계의 반발을 샀다. 이 모든 것이 일본의 고성장에 대한 반동이었다. 하지만 이러한 일본이질론은 많은 비판을 받았다. 오히려 일본이 이룬 고성장의 비밀은, ① 혜택 받은 경제적 환경(세계경제의 번영과 자유무역체제의 유효한 이용), ② 군사비의 절약(쓸데없는 국방비 지출을 GNP의 1% 이내로 억제하고 생산력의 향상에 저축을 이용할 수 있었다는 점), ③ 기술혁신의 성과라는 세 가지 점에 있다는 인식이 일반적이었다. 이러한 조건이 갖춰진다면 다른 나라들도 충분히 달성할 수 있었다는 것이다. 아시아 국가들 중 NIES(신흥공업국가군)이라 불렸던 한국, 대만, 싱가포르, 홍콩이 일본의 1955년 이후 퍼포먼스에 가까운 경제성과를 올린 점은 이러한 의견에 대한 실증적 증거이다. 즉, 후발공업국가의 경우 좋은 정책을 세우고 선진국을 따라 잡으려고 노력만 한다면 그 과정에서 높은 경제성장률을 실현할 수 있는 것이다.

3) 기술혁신이 주도적 역할

1955년 이후 일본 경제가 이룩한 고도성장은, 미국을 어떻게 따라잡을 것인가를 목표로 온갖 노력을 성장에 집중한 결과였다. 그 사이 일본의 기술혁신은, 미국에서 들여온 수입기술에 의존하여, 기술혁신(이노베이션)이 아니라 모방(이미테이션)이라고 비난받는 일도 있었지만, 모방을 통해 빨리 기술을 흡수하여 실용화할 수 있었고 경제발전에 크게 기여할 수 있었다.

〈그림 1〉은 일본의 기술진보가 경제성장에 어느 정도 기여했는지를 동태적 생산함수를 이용하여 추계한 것을 보여준다. 고도성장기에서는 성장률의 60%까지가 기술진보에 의한 것이고, 자본축적이나 노동력의 증가에 의해 얻을 수 있는 부분은 40%에 불과하다는 결과이다. 원래부터 여기서 말하는 기술진보라는 개념은 폭넓은 것이고, 통상 생각할 수 있는 기술진보에 의한 신제품 개발, 새로운 생산방법의 도입 등에 따른 노동생산성 향상뿐만 아니라, 낮은 생산성 부문(예컨대 농업)부터 높은 생산성 분야(공업)로 노동력이 이동하는 산업구조의 변혁 등을 포

함하고 있다. 적어도 다른 선진국의 1~2% 정도의 기술진보율과 비교하여 일본에서는 현격하게 양호했다고 할 수 있다.

　이러한 기술혁신을 달성하기 위해서는 기업이 적극적으로 신기술을 도입하고, 설비를 새롭게 할 필요가 있는데, 그 설비투자에 필요한 자금을 공급한 은행의 역할도, 런던 『이코노미스트』지가 지적했듯이 중요했다.

　하지만 일본의 경우, 단지 미국을 따라잡는 과정에서 기술혁신에 성공했을 뿐만 아니라, 기술수준이 미국에 근접하여 더 이상 모방에 의한 기술혁신이 어려워진 1980년대에도, 자신의 손에 의한 기술개발에 성공하고, 진정한 기술혁신을 고도성장의 달성 후에도 계속할 수 있었다는 점을 높게 평가해야 한다.

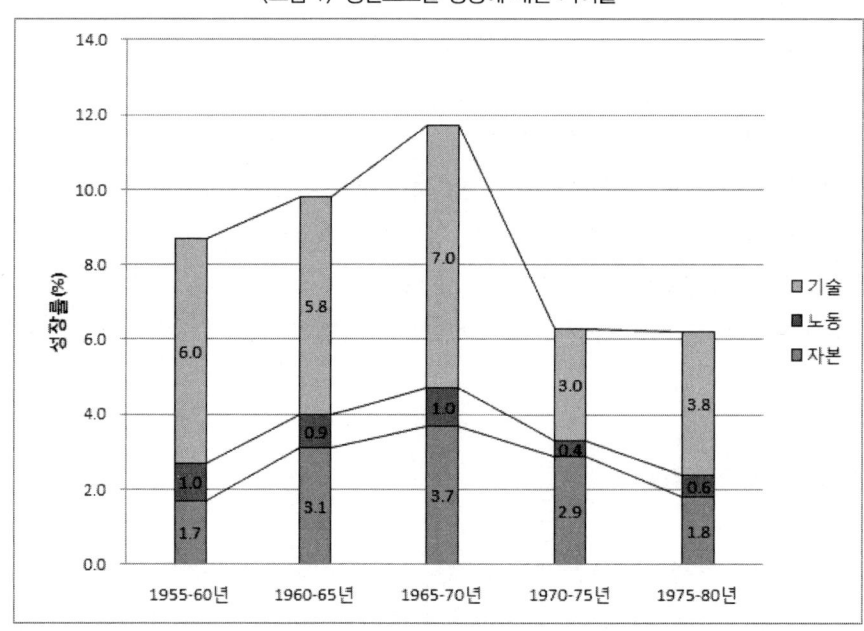

〈그림 1〉 생산요소별 성장에 대한 기여율

출전: 宍戸寿雄, 『日本経済の成長力』, ダイヤモンド社, 1980년.

4) 고도성장 하의 경기순환

　이상과 같이 1955년 이후 전개된 고도성장의 실정(実情)과 그 요인에 대해 검토해 보았다. 그 사이 일본경제가 똑같이 10% 성장을 계속한 것은 아니다. 당시의 일본경제에 있어서 고도경제성장을 계속하기 위한 최대 조건은, 국제수지(国際収支)의 제약을 어떻게 극복하느냐 하는 것이었다. 1955년 이후 국제수지는 기본적으로 적자를 내기 쉬운 체질이었다. 고성장 경제에서 기업을 그냥 방임하면 해당 기업은 설비투자를 계속 확대하고, 필요한 자원이나 에너지를 지속적으로 수입하게 되는데, 이는 무역수지가 적자로 전환되는 원인이 된다. 그런 현상을 피하기 위해서는 과도한 경제 확대를 억제할 필요가 있다. 금융긴축이 실시되고, 경기후퇴가 일어나게 되는 것이다.

전후 일본경제에서 본격적인 경기조정이 이루어진 것은 1954년이었다. 그 해는 쌀이 흉작이어서 쌀 수입에 다대한 외화를 사용한 것이 국제수지 악화의 계기가 되었다. 당시 일본 경제는 쌀의 작황이 나빴을 뿐인데 쌀 수입에 외화를 사용함으로써 경제 전체의 확대를 억제해야 할 정도로 기반이 취약했다.

1955년의 진무(神武)경기 이후에도, 경기가 과열하면 금융긴축으로 성장을 억제했다. 무역수지의 적자가 경기과열의 적신호여서, 1955년 이후에도 일본경제의 성장은 국제수지의 천정에 머리를 찧고 나서 반전(反転)으로 전환할 수밖에 없었다.

국제수지의 적자를 무시하여 폭주를 계속하는 것은 당시 일본에서는 허락되지 않았다. 가지고 있는 외화의 양이 적고, 외국으로부터 돈을 빌려 일시적으로 적자를 보전하는 것도 쉽지 않은 시대였다.

일본은행은 공정이율을 인상하는 외에, 은행의 창구지도에 의한 대출 억제를 시행했다. 시장경제에 있어서 중앙은행이 행하는 금융조절은, 공정이율의 인상, 통화시장에 공급되는 자금량의 조정(매입 공개시장조작)과, 은행이 일본은행에 적립하는 자금의 비율(지불준비율)을 인상하는 등의 수단이 있지만, 통제경제의 여운이 남아 있던 일본에서는 각 시중은행에 대출 한도를 지시하여 대출액 그 자체를 억제하는 양적 규제가 효과적으로 이루어지고 있었다.

거의 모든 자금을 은행대출에 의존하고 있던 당시의 기업은, 정부의 대출 억제 때문에 좋든 싫든 기업활동을 축소해야 했다. 금융긴축으로 인해 기업의 수익률이 높은 중소기업에서도 자금조달이 여의치 않아 어음을 현금화할 수 없어 도산하는 예가 드물지 않았다. 본래라면 적자경영이 계속되어 체력을 잃은 기업이 도산하게 되는데, 이러한 일반적인 도산과 달리 금융긴축에 의한 도산을 '흑자도산(黒字倒産)'이라고 부른 것이다.

일본에 있어서 금융긴축은 그 만큼, 자유로운 시장경제에서는 생각할 수 없는 유효한 수요 억제책이어서, 기업은 보통 잘 팔릴만한 상품도 자금조달을 위해 싸게 팔아치우고, 계획하고 있던 설비투자도 도중에서 그만두고 만다. 경기는 조정기(調整期)에 들어가고 수입은 감소한다. 내수가 뒤따르지 않아 국내에서 팔리지 않고 그 때문에 수출압력이 증가한다. 결과적으로 수출은 급증한다. 단기간에 국제수지는 개선되고, 금융긴축의 목적은 달성되어, (다시 금융)완화로 전환하게 된다.

경기조정기가 단기간에 끝나고, 은행대출이 정상으로 돌아서면, 경제의 장래에 대해 오름세로 예상하는 기업은 다시 뛰기 시작한다. 투자는 급증하고 기업 간 경쟁도 격화한다. 국내의 활력이 높은 상황에서 기술혁신의 흐름에 뒤떨어질 수 없는 기업은, 일시에 억제되었던 압력을 폭발시켜 고성장경제를 계속 연출한다.

일본과 같은 '고압경제(High Pressure Economy)'에서는, 긴축을 완화하기만 하면 경제는 고성장의 길로 돌진한다. 1965년의 증권불황(証券不況)은 다소 심각한 불황이라고 생각되어 전후(戰後) 처음으로 내수확대를 위한 국채발행을 실시했는데, 현실적으로 국채가 발행되기 전에 경제가 반전(反転)함으로써 실질적으로 불황대책이 필요하지 않았음을 나타낸다.

이러한 '고압경제'는 1973년의 석유위기 이래 조금씩 약화되었다. 그 정도로 일본경제가 성숙해져 젊음을 잃어버렸지만, 자원가격의 상승 같은 국제환경의 변화와 노동력 공급의 감소와 같은 내적 조건의 변화가 일본 국민 전체가 신봉하던 '성장교신앙(成長教信仰)'에 균열을 가져왔다.

경제성장은 바람직한 일이지만, 성장하는 것 자체가 목적이 아니라, 국민 복지향상을 위한 수단이 되어야 한다. 기업에 있어서는 더욱 성장 자체가 이윤추구를 위한 목표이기는 해도, '성장의 성과를 어떻게 향유할 수 있을 것인가'가 새로운 과제가 될 것이다.[1]

5)「고도경제성장기」의 중간 지점에서

'1965년 불황'이란, 도쿄올림픽이 개최된 1964년 10월에 시작되어 딱 1년 뒤인 1965년 10월에 '바닥'을 친 불황을 일컫는다. 그런데 전후 일본경제를 살펴보면, 불황의 발생이 역사를 구분하는 「획기적 전환기」로 기능하는 경우가 종종 있었다. 1954년 불황은, 그때까지 전개된 '전후 부흥기'와 그 뒤의 '고도경제성장기'를 나누는 획기였고, 1974~75년 불황은 그와 반대로 '고도성장기'와 '저성장시대'를 구분하는 불황이라고 널리 알려져 있다. 이들 불황을 전후하여 추세성장률이 변화했고, 일본경제의 구조나 체질도 눈의 띌 정도로 변화했기 때문이다. 버블경제 붕괴 직후에 발생한 1991~93년 불황도 전후 역사를 구분하는 획기적 전환기가 되었다. 그렇다면 '1965년 불황'은 전후 일본경제의 역사 속에서 어떻게 인식되고 있을 것인가? 이에 대해 간단히 검토해 보기로 한다.

간단한 산수를 필요로 하겠지만, 이 '1965년 불황'은 1955년부터 73년까지 19년간 계속된 고도경제성장기의 딱 중간 시점에서 발생했다. 통상 이 19년간의 고도경제성장기는 하나의 연속된 시기로 생각되기 쉽다. 따라서 고도성장기의 중간 시점에 발생한 '1965년 불황'이 전후(戰後)의 역사를 가를 것이라고 생각하는 경우는 거의 찾아보기 어렵다.

그러나 이 '1965년 불황'이 실제로 발생하기 직전인 1964년 단계부터 '고도성장의 한계', '성장의 천정(天井) 또는 장벽(カベ)', '고도성장의 왜곡'과 같은 말이 자주 들리고 있었다. 또한 '1965

---

[1] 이상의 내용은 宍戸寿雄,「高度成長を齎した秘密は何なのか」,『エコノミスト 臨時増刊』, 1993年 5月 17日号를 참고하여 옮기고 보완하였다.

년 불황'이 본격화한 1965년 중반 이후가 되면 '구조불황'이라는 말이 갑자기 널리 퍼졌다. 이 불황은, 단순한 순환적인 경기하강국면이 아니라, 일본경제의 구조변화, 체질변화를 반영한 특수한 불황이라는 견해가 퍼졌기 때문이다.

그렇지만 이러한 논의에도 불구하고, 현실의 일본경제는, 1965년 말부터 57개월간 약 5년간 계속된 '이자나기경기'로 이행한다. 이지나기 신이 일본 열도를 창조한 이래 가장 호황을 기록한 경기였음을 의미한다. 그 결과 '고도성장의 종언(終焉)', '고도성장의 한계', '성장의 굴절'과 같은 견해는 급속히 후퇴했다. 따라서 '1965년 불황'이 전후사의 획기(劃期)였는지 그렇지 않은지에 대한 논의도 조금씩 약화되고 말았다.

그런데 왜 '1965년 불황'이 현실로 발생하지 않고, 아직 호황국면이 지속되고 있던 1964년 상반기 단계부터 '고도성장의 한계', '성장의 천정 또는 벽'이라는 말이 널리 유포되었던 것일까?

첫째, '1965년 불황'에 돌입하기 이전인 1964년의 호황국면에 '경제성장의 천정이 낮아졌다'거나 '경제성장의 보틀넥(병목현상)이 발생했다'는 식으로 경기후퇴를 감지하게 만드는 새로운 사실이 발생하고 있었다.

우선 언급할 수 있는 첫 번째 사실은 1962년 불황이 바닥을 치고 경기회복국면으로 진입한 1963년 1월~3월기 이래 무역수지와 경상수지가 적자로 돌아섰다는 점이다. 1963년에는 ① 연평균 20%의 성장률로 증가하는 생산의 순환적 조건, ② 밀(小麥)의 흉작이나 쿠바 미사일 위기(1962)와 같은 우연적 조건, ③ 구조적 조건으로 무역자유화의 진전이라는 상황들이 중첩되어 나타났기 때문이다. 그 때문에 1963년 12월에 벌써 본격적인 금융긴축정책이 실시되었다. 1963년 12월에는 예금 지급준비율이 인상되었고, 1964년 1월에는 일본은행 창구에 대한 규제가 강화되었다. 또한 그해 3월에는 공정이율 2리(厘)(0.73%)가 인상되었고, 수입담보율의 인상과 같은 추가적인 조치가 계속 실시되었다.

경제성장의 병목현상을 감지하게 만드는 두 번째 사실은 '노동력의 부족'이 심각해졌다는 것이다. 1959년부터 64년까지의 5년 동안 제2차 및 제3차 산업의 취업자 수는 2,927만 명에서 3,452만 명으로 17.5% 증가했지만, 중소기업과 서비스산업에서 특히 젊은 노동자의 확보가 곤란해졌다. 진학률이 상승 등이 그 배경에 있었다. 이로 인해 노동력 부족이 경제성장의 병목현상(보틀넥)을 초래했다고 인식되었다.

세 번째 사실은, 1964년 초부터 '매크로 호황, 미크로 불황'이라 불리는 상황이 발생한 것이다. 일본은행의 '주요 기업 경영분석' 베이스로 보면, 1964년도 상반기 제조업의 순이익은 고성장이 계속되고 있음에도 불구하고 전기 대비 5.2% 마이너스, 하반기에도 역시 5.8%의 마이너스를 기록했다. ①노동력 부족 현상이 보다 선명해지고, 임금 코스트가 급상승했다, ②설비투자가 팽창하면서 설비 상각 코스트가 증가했다, ③금리인상으로 금리 코스트가 증가했다는 식으로 각종 요인이 현재화(顯在化)한 것이다.

둘째, 1964년 11월 고도성장의 챔피언으로 불린 이케다 요시토(池田勇人) 수상이 퇴진하고 자칭 '안정성장론자'인 사토 에이사쿠(佐藤栄作) 수상이 취임하면서 '고도성장의 왜곡'이라는 말을 자주 사용했다. 그해 10월 24일에 도쿄올림픽이 종료한 것도 '하나의 단계가 끝났구나!'하는 실감을 확산시키는 효과를 낳았다.

6) 지배적이었던 「구조불황」론(構造不況論)

그러면 다음으로 '1965년 불황'이 본격화한 시점에 '구조불황'이라는 말이 널리 퍼진 이유는 무엇일까? 정확하게 말하면 구조불황이라는 말이 일반화한 것은 불황이 시작되고 반년 이상 시간이 경과한 1965년 5~6월경부터였다. 오히려 그때까지는 관민 쌍방 모두 비교적 낙관적인 견해가 강했고, 1964년 말에 발표된 정부의 경제전망에서는 1965년도의 실질성장률이 7.5%로 예상되고 있었다.

1965년 5~6월경부터 구조불황이라는 말이 널리 퍼진 이유는 무엇이었을까? 먼저 지적할 수 있는 것이, 3월 6일, 산요특수강(山陽特殊鋼)이 500억 엔의 부채를 남기고 회사갱생법 적용을 신청한 사실이다. 500억 엔이라는 부채액은 당시로서는 전후 최대의 부채액으로 경제계에 커다란 쇼크를 주었다.

두 번째로 지적할 수 있는 이유는, 5월 21일, 야마이치증권(山一証券)이 사실상 도산으로 인식될 수 있는 기업재건계획을 발표한 사실에 있다. 이를 계기로 증권시장은 패닉상태에 빠졌고, 오오쿠라쇼(大蔵省=한국의 재정경제부)와 일본은행은 일본은행법 제25조에 입각하여 일본은행 특별융자와 같은 긴급조치를 실시했다.

원래 일본의 증권시장은 50년대 후반기 이래 계속 급팽창하고 있었는데 1961년을 피크로 침체경향을 보이기 시작했다. 증권시장의 급팽창에 대한 반동과 기업수익의 악화가 반영된 것이다. 그 때문에 주식의 투매현상이 발생했고, 결과적으로 수급관계(需給関係)에 문제가 발생했다(증권불황). 주식의 '초과공급' 상태를 개선하기 위해 1964년 1월에는 시중은행 14행과 4대증권이 공동출자한 일본공동증권(日本共同証券)이, 1965년 1월에는 증권회사가 출자한 일본증권보유조합(日本証券保有組合)이 각각 설립되었다. 이들이 주식을 매입함으로써 주가 하락이 저지될 것으로 기대했던 것이다. 일본은행의 특별융자 실시에도 불구하고 증권시장의 혼란은 수습되지 않고, 1965년 7월에는 도쿄증권거래소(東証) 1부 평균주가는 앞선 피크 때에 비해 44%나 낮은 최저치를 기록했다.

세 번째 이유는, 7월 27일에 정부와 자민당이, 국채발행을 포함한 불황극복 긴급대책을 결정했다는 점이다. 1965년도 보정예산(補正予算)에 계상된 세입보전국채(歲入補塡国債)는 3,590억

엔이었다. 일본의 재정이 '건전재정주의'의 원칙을 포기하여 국채발행에 나선 것은, 닷지 라인이 실시된 1949년도 이래 16년만의 일이었다.

1966년도『경제백서』에서는 '1965년 불황'에 대해 '구조불황'이라 칭하지 않았으나, '단기 순환적 요인, 중기적 붐(boom)에 대한 반동요인, 구조적 요인이 맞물려 형성된 복합적인 불황'이라고 그 성격을 규정했다. 그러나 일본경기는 이러한 심각한 상황인식에도 불구하고 1965년 10월에 바닥을 치고, 전후 성장의 연속선상에서 '이자나기경기'라 명명된 엄청난 붐으로 이행해 갔다.

이자나기경기는 1965년 10월부터 1970년 7월까지 57개월간 지속되었다. 호황의 지속기간을 비교하면, 1955~57년의 '진무(神武)경기'가 31개월간, 58~61년의 '이와토(岩戶)경기'가 42개월간, 또한 86~91년의 '버블경기'의 경우 약 50개월 정도여서 '이자나기경기'는 전후 최장의 기록이다. 진무 천황이 즉위한 이래 최대의 호경기였다는 진무경기, 일본의 태양신인 아마데라스 오오가미(天照大神)가 이와토 동굴에 숨은 이후 최대의 호경기였다는 이와토경기, 이 둘을 훨씬 능가하는 이자나기경기는 앞에서 언급했듯이 일본 열도의 창조설화에 그 명명(命名)의 기원을 두고 있다.

또한 호황기간이 길었을 뿐만 아니라 이 기간의 경제성장률도 상당히 높았다. 1966년도부터 70년도까지 5년간 평균 실질성장률은 무려 11.0%(명목은 17.4%)에 달했다.

7) 붐(boom)을 가능하게 한 요인

그러면 왜 '1965년 불황' 당시 경제계에 지배적이었던 '구조불황·성장굴절론', '저성장으로의 이행론'은 사실상 오인(誤認)을 범하고 말았을까? 그 이유로 다음의 두 가지를 생각해 볼 수 있다.

첫째, 노동력 부족, 임금 코스트의 상승, 인플레이션의 가속화 등 고도성장의 마이너스 측면을 축소하기 위해 '안정성장' 노선으로 전환해야 한다는 정책적 주장과, 현실 경제가 어떻게 변화해 갈 것인가를 나타내는 경제전망이 혼동되었다.

둘째, 노동력 부족, 임금 코스트의 상승 등 성장에 따른 마이너스 효과와 브레이크효과만을 주목할 뿐, 그것들이 유발시킨 성장촉진효과를 과소평가했다. 예를 들면, 노동력 부족 → 생산확대 억제 → 설비투자 감소, 그리고 임금 코스트 상승 → 기업수익 악화 → 투자의욕 감소와 같은 마이너스 효과의 연쇄작용으로 성장의 둔화가 예측되었을 뿐, 노동력 부족 → 생력화(省力化) 즉 노동력 절약을 위한 기계화 투자의 증대, 임금 코스트 상승 → 합리화 투자의 증대 → 노동자의 소득 증대 → 개인소비 확대와 같은 플러스 순환은 경시되었다.

한편 57개월이나 지속된 '이자나기경기'는 어떤 배경 하에 발생한 것일까? 우선 첫 번째로 지적할 수 있는 요인은 활발한 민간설비투자이다. 이 5년(57개월) 동안의 실질설비투자액은 2.79배로 급증했다. 즉 5년 동안의 실질민간설비투자가 연평균 22.8% 증가한 것이다. '투자가 투자를 부른다'는 이와토경기 당시의 연평균 31.5%에는 훨씬 못 미치는 실적이지만 실질 GNP 성장률과 비교하면 2배 이상의 증가율을 기록한 것이다.

이렇게 설비투자가 급증한 배경에는, ①노동력 부족에 대응하기 위한 생력화(省力化)·합리화 투자가 활발했다는 점, ② 본격적인 자본자유화에 대비하여 기업의 체질개선을 촉진하는 투자가 늘었다는 점, ③ '신3C붐(Color TV, Cooler, Car)'이라 불린 제2차 내구소비재 붐이 발생한 점, ④ 레저산업 등 서비스산업이 발전한 점, ⑤ 중화학공업 제품을 중심으로 한 수출 증가 등 여러 사정이 존재했다.

이자나기 경기를 지속시킨 두 번째 요인은, '신3C붐'이라 불린 제2차 내구소비재붐의 발생이라는 수요측면의 요인이다.

그 중심은 본격적인 자동차 붐의 출현으로, 1965년에 70만대였던 승용차 생산대수는, 70년에는 318만대로, 승용차의 보유대수도 65년의 218만대에서 70년에는 878만대로, 4배 이상 급증했다. 컬러텔레비전의 생산대수도, 1965년 9만 8,000대에서 70년에는 640만대로 65배 이상 확대하고 있다. 이 외에도, 에어컨, 전자레인지, 스테레오 등의 신가전제품, 8미리 카메라, 전자오르간의 보급도 이루어지게 되었다.

또한 주택수요도 순조롭게 증대했다. 1965년의 주택 착공 호수는 84만 호였는데, 70년에는 149만 호로 77%가 증가, 이것이 내구소비재 수요를 자극하는 효과를 발휘했다.

이자나기경기를 지속시킨 세 번째 요인은, 일본 엔의 대 달러 과소평가가 훨씬 명확해져서, 일본의 수출이 지속적으로 확대한 것이다. 통관수출액은 1965년의 85억 달러에서 70년에는 193억 달러로 2.29배(연평균 18.0%)가 되고, 5년간 연속으로 기록한 무역수지 흑자액을 누계하면 136억 달러가 되었다.

이 기간의 수출 확대에는 단순히 일본 엔의 과소평가라는 사정만 있었던 것은 아니다. 미국의 케네디정권이 '신경제(New Economics)'에 의존한 적극적인 성장촉진정책을 실시하고 베트남전쟁이 에스컬레이트한 점 때문에 미국의 호황이 61년 2월부터 69년 12월까지 106개월간이나 지속된 것도 일본의 이자나기경기가 지속될 수 있었던 배경이었다.

8) 마침내 '경제대국'으로

장기에 걸친 지속적 경제성장으로 일본 경제의 대외적 지위는 크게 변화했다. 이 '이자나기경기'가 전개되는 와중에 일본은 마침내 경제대국으로서의 지위를 확립하게 된다.

우선 일본의 국민총생산(GNP)은 1965년에 83억 달러로 미국, 영국, 서독, 프랑스에 이어 자본주의 국가들 중에서 제5위에 랭크되었으나, 3년 후인 1968년에는 1,419억 달러로 급증하여 서독 1,322억 달러를 제치고 미국에 이은 제2위의 지위를 점하게 되었다.

또한, 일본 국제수지의 '기본적 불균형'이라는 상황도 선명하게 드러났다. 일본 엔의 대 달러 환율은 1949년 4월 25일에 1달러=360엔을 결정된 이래 한 번도 개정되는 일 없이 고정되어 왔다. 그런데 이 20년 동안 일본(+구미 선진국)과 발전도상국 사이에 벌어진 생산성 상승률의 격차는 눈에 띄게 벌어졌다. 이런 상황을 배경으로 1960년대 후반에 들어서면, 1달러=360엔이라는 고정환율은 엔의 과소평가를 의미하고, 이로 인해 무역수지나 경상수지의 대폭 흑자는 해소할 수 없게 된다.

이 '기본적 불균형'은, 1971년 8월 15일의 '금달러 교환정지(닉슨쇼크)'를 계기로 전개되는 '엔의 평가절상', 그 뒤의 계속된 '엔고(円高)현상'을 일으키는 요인이 되었다.

하지만 5년간 계속된 '이자나기 경기'는 1970년의 오사카만국박람회(大阪万博) 붐 중에 자율적으로 하강국면으로 전환하게 된다.

만국박람회 개최 직전부터 소비자물가가 상승하기 시작하고 만국박람회를 찾은 6,400만 명으로 인해 특수한 여행 붐이 발생하면서 소비의 "모노하나레" 현상이 나타났다. 소비 지출의 대상이 상품에서 서비스로 옮겨 간 것이다. 동시에 미국의 경기가 후퇴하면서 섬유제품의 대미수출규제 강화나 컬러텔레비전의 덤핑(용의)문제가 발생했다. 안팎으로 수요 감소가 현재화해서 나타난 것이다.

일본경제는 그 후 1971~73년까지 소위 '일본열도개조 붐'을 체험하게 되는데, 1973년 10월에 '석유위기'가 발생하면서 일본경제의 '고도경제성장'은 종언을 고하게 된다.[2]

---

2 이상의 내용은 伊木誠, 「'經濟大國'を出現させた激しいブーム」, 『エコノミスト 臨時増刊』, 1993年 5月 17日号를 참고하여 옮기고 보완하였다.

참고문헌

김명수(2015.8) 「재조일본인(在朝日本人)의 신탁회사 설립과 경영에 관한 연구 - 인천 조선신탁주식회사 (1921-32)의 경영권 쟁탈전을 중심으로-」, 『인천학연구』 23, 인천대학교 인천학연구원, 7-38쪽.

김명수 편역(2015) 『인취성쇠기(仁取盛衰記)』, 인천학연구원.

김명수(2011.9) 「재조일본인(在朝日本人) 토목청부업자 아라이 하츠타로(荒井初太郎)의 한국진출과 기업활동」, 『경영사학』 제26권 제3호, 한국경영사학회, 301-332쪽.

金明洙(2009.12) 「植民地期在朝日本人企業経営 -朝鮮勧農株式会社経営変動賀田家中心-」, 『経営史学』 第44巻 第3号.

김명수(2006. 봄) 「日帝下 朝鮮信託株式會社의 設立과 信託統制의 完成」, 『한국경제학보』 제13권 제1호.

김명수(2005.9) 「朝鮮総督府의 金融統制政策과 그 制度的 基礎의 形成 -1931년 朝鮮信託業令의 制定을 중심으로-」, 『東方学志』 제131집, 연세대학교 국학연구원.

김명수(2008.8) 「해방 후 한국신탁업의 동향과 신탁법규의 정비 - 1968년 한국신탁은행의 설립까지-」, 『韓國史學報』 제32호, 高麗史學會.

김명수(2009) 「한말 일제하 賀田家의 자본축적과 기업경영」, 『지역과 역사』 제25호, 5-49쪽.

伊木誠(1993) 「"経済大国"을 出現させた激しいブーム」, 『エコノミスト 臨時増刊』, 1993年 5月 17日号.

宍戸寿雄(1993) 「高度成長を齎した秘密は何なのか」, 『エコノミスト 臨時増刊』, 1993年 5月 17日号.

제Ⅲ부

역사와 국경

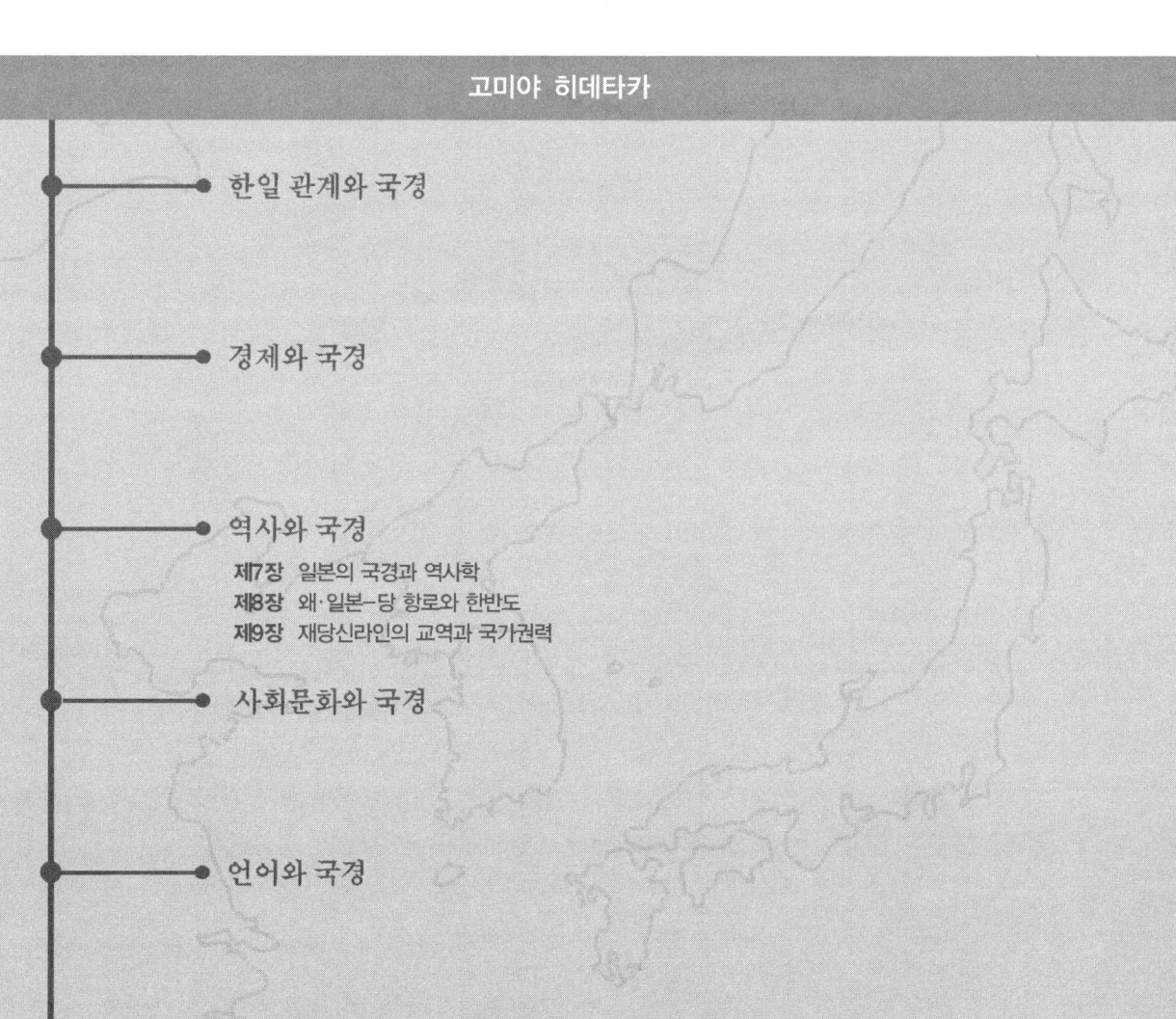

고미야 히데타카

- 한일 관계와 국경
- 경제와 국경
- 역사와 국경
  - **제7장** 일본의 국경과 역사학
  - **제8장** 왜·일본-당 항로와 한반도
  - **제9장** 재당신라인의 교역과 국가권력
- 사회문화와 국경
- 언어와 국경

한일 관계와 국경

제7장

일본의 국경과 역사학*

1. 현대 역사학과 일본의 국경

1) 역사서술과 국경

최근 일본 역사학에서는 글로벌 히스토리라는 학문 분야의 인기가 높아지고 있다. 글로벌 히스토리는 현재 지구촌에서 나타나고 있는 정치·사회·경제·환경과 같은 문제를 지구촌 시민의 입장에서 해결하고자 하는 학문이다.

지구촌이라는 맥락에서 세계의 역사를 바라보고자 하는 입장은 우리가 흔히 설명하는 세계사와는 다른 개념이다. 한국과 일본의 고등학교 세계사 교과서는 유럽사, 동양사, 이슬람의 역사처럼 지역별로 분류되어 있다. 여기에 나타난 역사 서술의 분류 방식은 근대 구미 열강의 대학교에 설치된 사학과 구성에서 영향을 받은 것이다. 또한 한국과 일본의 세계사 교과서는 서양사가 차지하는 비중이 크다. 서양사 편중의 세계사 서술 형태는 근대 일본이 구미 열강에 따라 가기 위해 서양사를 중요시한 것에서 그 뿌리를 찾을 수 있다. 따라서 현재 한국과 일본의 세계사 교과서 서술은 근대 역사학의 영향을 크게 받은 것이라고 할 수 있다.

글로벌 히스토리는 종래의 역사학 분류가 근대 역사학의 틀에 갇혀있다는 문제점을 제시하고, 서양사 편중의 역사 서술을 극복하고자 하는 의도를 가지고 있다. 바꾸어 말하면 근대 역사학의 틀을 벗어나서 역사를 서술하고자 하는 의도가 있는 것이다. 기존의 세계사 교과서는

---

* 제7장은 주로 村井章介(2006) 『境界をまたぐ人びと』 山川出版社의 내용을 참고하여 구성에 맞게 보완하였음.

세계가 어떤 측면에서 서로 연결되며 어떻게 일체적으로 움직이고 있느냐 하는 문제의식은 희박하다. 따라서 동서양을 막론하고, 글로벌 히스토리 연구자는 지구촌의 인간들이 가지고 있는 사회·문화의 총체적인 공통성을 찾고자 하는 문제의식을 중요시하고 있다.

이러한 문제의식에 따라 일본의 역사학자들은 글로벌 히스토리 속에서 다양한 지역세계의 설정을 시도하고 있다. 농경사회와 유목사회를 일체적으로 파악하고자 하는 동부유라시아 세계, 바다와 육지의 세계를 하나로 보고자 하는 해역아시아 세계 등이 바로 그것이다.

일본사 연구자들 가운데에서도 역시 일본 국토의 범주로부터 벗어나자는 움직임이 대세이다. 구체적으로는 '류큐(琉球, 오키나와)의 역사'나 '아이누의 역사'와 같은 민족적인 구분을 바탕으로 한 지역의 역사를 들 수 있다. 1945년 이후 일본인 사이에서 일본은 단일민족국가라는 의식이 지배적이었으므로, 일본사를 서술 할 때 류큐 역사나 아이누 역사는 일본인의 문제의식 밖에 놓여 있었다. 그러나 1980년대 무렵부터 류큐나 아이누와 같은 소수민족을 재조명하고자 하는 움직임이 나타났다. 재일 한국인과 같이 자신의 정체성을 하나의 국가로 규정하기 어려운 사람들의 정체성에 주목한 역사 서술도 1980년대 이후 점차 확대되었다.

일본사를 다룸에 있어 다양한 역사상에 주목하는 연구가 증가한 까닭은 사회사에 대한 관심의 증가와 당시 서양에서 유행하고 있었던 역사학 의의의 전환에 있었다. 근대 역사학은 객관성을 추구하고, 역사적인 사실(史実)을 찾아내는 작업이 주류를 이루었다. 그러나 1980년대에 들어 역사적인 사실 여부의 판별보다 역사 서술의 의미를 중요시하게 되었다. 역사 서술의 의미가 주목받게 된 배경으로는, 첫째, 근대 역사학의 주류인 권력자의 역사 서술만이 아니라 민중의 생활이나 문화를 다룬 사회사의 연구방법이 일본에 소개되었기 때문이었다. 둘째, 사회사 연구의 인기 증가와 더불어, 역사를 서술하는 사람들은 텍스트를 읽을 때마다 각각의 기준이나 의미를 투영하므로, 역사학은 객관성을 담보하지 못한다는 근대역사학의 연구방법 자체에 대한 비판이 나타났기 때문이었다. 이는 곧 역사학은 객관적인 사실(史実)을 담보하지 못한다는 학문적인 한계성에 대한 비판이기도 하다. 이러한 비판을 받으면서 역사학 연구는 역사적인 사실 여부에서 문제의식이나 시각을 중요시하는 연구로 점차 변화하게 되었다. 이러한 역사학의 의의 전환을 역사학의 '언어론적 전회(言語論的転回, Linguistic turn)'라고 한다.

사회사에 대한 관심의 증가와 '언어론적인 전회'는 그 때까지 형성된 일본사의 관심을 역사적인 사실 여부에서 일본사에 대한 다양한 문제의식과 시각으로 전환하였다. 구체적으로는 '해민(海民)의 역사'나 '산민(山民)의 역사'와 같은 지리 공간적인 특징을 들어서 서술한 역사가 유명하다. 이는 도시와 촌락 같은 생활환경의 속성 차이를 두고 역사를 서술하는 연구의 흐름과 서로 얽혀 항구도시의 역사와 같은 독특한 역사서술을 가능케 하였다. 이러한 역사서술은 국토와 다른 공간을 설정할 수 있다는 점에서 현재의 국토를 의식하는 일본사 서술에서 벗어났다고 볼 수 있다.

이처럼 역사학 속에서 다양한 지역을 설정함으로써 일본사의 영역 또한 현재의 영토를 기반으로 한 종래의 공간적인 틀에서 해방되었고, 시대마다 변화하는 공간인식을 검증하는 연구가 이루어지게 되었다. 전근대의 오키나와(沖繩)나 홋카이도(北海道) 지역이 어떠한 정치적 변천을 겪었는가, 그리고 시대별 일본의 경계는 어디까지로 볼 것인가 등 수많은 논쟁이 나타나고 있다.

그러나 다양한 문제의식과 시각에 따라 현재까지의 일본사가 재해석되었다고 하더라도 여전히 일본사는 다양한 '지역사'의 총체로서 서술되어 있다. 많은 연구자들의 문제는 결국 일본사라는 틀 속에서 류큐(琉球)인, 아이누인, 재일한국인과 같은 여러 민족, 그리고 바다, 산과 같은 지리를 서술하고 있다는 점에서 찾을 수 있다. 즉, 각각의 사례에 대한 역사 서술은 다양하게 재해석할 수 있게 되었지만 일본사의 발전단계와 같은 전개과정에 대해서는 기존의 일본사 서술에서 자유롭지 않은 것이다.

그러나 재일한국인의 역사는 일본사 속에만 포함되는 것인가. 류큐(琉球)나 아이누는 일본 속에 포함되는 존재였을 뿐만 아니라 여러 지역, 국가와 교류한 존재이기도 하였다. 예를 들어 류큐는 독자적으로 조선이나 중국과 외교·교역을 전개하였고 아이누 역시 오호츠크 지역과 교역하였다. 이들의 역사는 일본사라는 맥락만으로는 이해할 수 없는 것이다. 오히려 다양한 문제의식과 시각 자체가 보편성을 담보할 수 있다면 재일한국인, 류큐, 아이누와 같은 역사는 일본사만이 아니라 동아시아나 세계의 역사적인 흐름으로 설명할 수 있을 것이다. 이에 반해 항구도시라는 개념은 일본사만이 아니라 바다, 하천, 호수 주변에서 생활이 이루어지고 있는 세계 각국에서 확인할 수 있는 것이며, 바다와 산이라는 지리 분류 역시 일본에만 적용되는 개념이 아니다.

다만 다양한 문제의식이나 시각을 동아시아사나 세계사와 같은 광역 세계의 역사 속에서 자리매김하게 만드는 것은 결코 쉬운 일이 아니다. 한 개인이 생각하고 있는 역사상은 경험과 학습에 의해 뒷받침되는 '국사'이므로, 세계사를 서술할 때 일본의 역사와 세계사를 대조하여 생각해버리게 된다. 이것은 광역 세계나 전 세계의 역사로 서술하고자 하는 목표와 실제 우리의 사고방식 사이에 괴리가 있다는 것을 의미하기도 한다. 즉 이것은 사람이 생활하는 환경이 역사를 서술하는데 중요한 의미를 갖는다는 뜻이다. 따라서 국사와 세계사의 경계를 자각적으로 파악해야 할 것이다. 그러한 연구 자세가 '서술의 국경'을 넘는 시각과 방법을 밝혀줄 것이다.

따라서 여기에서는 다음 세 가지 주제를 개관하여 역사 서술에서의 국경을 넘는 시각과 방법을 생각하는 실마리로 삼고자 한다. 우선 일본의 남북국경과 그 인식의 역사를 주제로 국경을 개관하겠다. 다음으로 고대 중일관계 속 한국고대국가의 역할을 고찰함으로써 국가 간 외교라는 개념을 다시 생각하고자 한다. 마지막으로 국경을 넘어서 자유롭게 이동하였던 사람들의 역사를 중국에 거주한 신라인의 동태를 통해 살펴보겠다. 이를 통해 단순히 한일관계나 현재의 한·중·일을 상기시키는 현재의 동아시아 개념과는 다른 세계를 볼 수 있을 것이라 기대된다.

2) 일본의 국경을 바라보는 몇 가지 시각

역사 상에서 '일본국'과 그 바깥 세계를 구분하는 경계를 고찰할 때 우선 유의해야 하는 것은 일본 국경의 지리적인 특색이다. 원래 전근대의 국경은 현재 국경선과 달리 거의 대부분 산, 바다, 하천, 평야, 사막과 같은 공간을 기준으로 하고 있었다. 통일신라가 국경을 대동강 이남으로 삼았던 것이나 역대 중화왕조가 북쪽으로 몽골고원을 국경으로 삼고 있었음을 예로 들 수 있다. 자연환경이 국경을 형성하는데 중요한 기능을 하였다고 볼 수 있는 것이다.

일본 국경의 지리적인 특색은 국경을 구성하는 것이 거의 대부분 섬이라는 점이다. 사할린 지역의 국경은 일본 입장에서는 아직 확정되지 않았다고 주장하지만, 어쨌든 현재 국경이 확정되어 있는 지역을 보면 북방영토, 센카쿠 문제를 막론하고 모두 섬이라는 것을 알 수 있다.

일본의 전근대 사회에서는 현대사회처럼 섬 중간에 '경계선(line)'을 만들어 국경으로 삼지 않았다. 고대 일본의 국경은 남쪽으로는 규슈 이남, 북쪽으로는 동북지역이었다. 당연히 성책(城柵)을 만들어서 일본 국경의 기준으로 삼은 경우도 있었다. 구체적으로 일본과 동북지역의 이민족인 에미시(蝦夷)의 경계인 마쓰시마 큐료(松島丘陵, 미야기 현 중부의 마쓰시마 만의 북부에서 서부로 펼쳐진 구릉)라고 불리는 언덕에 성책을 만들었는데 성책 뿐 아니라 그 언덕 자체가 일본의 경계를 형성하였다. 그러므로 일본의 국경은 지금의 국경선과 같은 선(line)이 아니라 공간(area, zone)이었다는 사실을 잘 알려준다.

국경이 '경계선'이 아니었기에 사람들의 교역도 활발하게 이루어졌다. 1050년대~1060년대 일본 상인의 우두머리인 하치로노 마히토(八郎眞人)는 교역을 위해 에미시(蝦夷) 땅에서 기카이가시마(鬼界が島)까지 이동하였다(『신원락기(新猿楽記)』). 에미시(蝦夷) 지역은 현재의 동북(東北)지역에 있었던 섬이고, 기카이가시마(鬼界が島)는 현재의 가고시마(鹿児島) 남부에 있는 섬인데 상인이 이러한 지역들을 왕래하고 있었다는 사실을 엿볼 수 있는 것이다.

전근대의 국경이 '선'이 아니라 '공간'이라는 특징은 중국에서도 확인할 수 있다. 예를 들어 중화왕조와 북방 유목민을 구분하기 위해 세운 만리장성은 영어로 'Great Wall'로 표현되듯이 큰 성벽이다. 그러나 이들 성벽을 경계선으로 중화왕조와 유목세계가 명료하게 구분되어 있지는 않았다. 만리장성 안쪽, 즉 중국 쪽에도 유목민족이 생활하고 있었고, 그렇기에 중화왕조와 유목세계는 명료하게 구분된 것이 아니었다. 이러한 '공간'으로서의 국경에서 중화왕조는 견직물(silk)을 유목민에게 보내고 유목민은 중화왕조에 말을 보내는 이른바 견마(絹馬)무역이 이루어졌다. 다시 말해, 국경은 다양한 사람들이 교류하는 '공간(area)'이었다고 할 수 있다.

물론 인접한 복수의 국가 간에 전쟁이나 외교 갈등 등의 긴장관계가 나타나면 국가를 구분하는 국경은 당연히 근대 국경의 개념을 닮아가는 경향성을 보인다. 일본과 한반도 남단은 상당히 명료한 경계가 있었다. 여진족이 북부 규슈(九州)를 습격한 도이(刀伊)의 내습 사건에서는 후지와라노 타카이에(藤原隆家)가 여진족을 추격하는 군대에게 "우선 이키(壱岐) 쓰시마(対馬)의 섬에 도달하면 일본의 경계에 한해 습격해야 하고, 신라의 경계에는 들어가면 안 된다"고 전하였다(『소우기(小右記)』). 여기에서 말하는 경계는 사실상 일본의 해안선이나 한반도 남부의 해안선이며, 전자는 '일본의 경계' 후자는 '한국의 경계'이다. 그리고 한반도와 쓰시마를 연결하는 '남해'가 한국과 일본의 경계를 연결하는 바다로 기능하였다고 볼 수 있다. 이렇게 보면 현대 국경과 형태적으로 차이가 없었던 것처럼 보인다. 따라서 평상시에는 국경은 공간이었고, 전쟁과 같은 대립이 심각해지면 지금처럼 경계선이 명확해지는 특징이 있다고 이해할 수 있다.

다만 일본 조정은 자기 국경에서 생활하는 사람들을 오니(鬼, 귀신, 도깨비, 악령)로 불러 구별하였다. 북쪽의 에조(蝦夷)나 남쪽의 기카이가시마(鬼界が島) 사람들을 국경에서 생활하는 집단으로 구별하여 보았던 것이다. 이를 고려한다면 역시 당시에 국경을 공간으로 인식하고 있었다는 것을 알 수 있다.

전근대 일본의 국경이 섬이라는 공간이었다는 것과 그 개념이 대립의 강약에 따라 변화하였다는 것, 그리고 중앙에서는 국경 지대의 인민들을 오니(鬼)로 부르고 구별되는 인간집단으로 상정하였다는 것은 일본 국경의 실태와 인식의 차이, 경계의 신축(伸縮), 그리고 어떤 입장에서 일본국경을 보느냐가 반영된 다양한 시각을 제공해준다. 이와 같은 여러 시각에 유의하면서 일본의 북쪽과 남쪽 경계를 확인해보고자 한다.

2. 에조인식-에미시와 왜·일본의 경계

일본 아오모리(青森) 현에서는 야요이(弥生)시대(B.C. 3C~A.D 3C)의 수전(水田) 터가 몇 군데 발견되었다. 특히 미나미쓰가루(南津軽) 군의 다레야나기(垂柳) 유적이나 히로사키(弘前) 시에 위치한 수나사와(砂沢)유적이 유명하다. 이는 벼농사가 일본 동북지방 북쪽에서도 이루어지고 있었음을 의미한다. 다만 야요이시대 수전 터의 북쪽 한계는 아오모리(青森) 현이었다. 당시의 홋카이도(北海道)는 속조몬(続縄文)시대(B.C. 3C~A.D. 7C)로 벼농사를 하지 않고 수렵, 농경을 생업으로 하였던 사람들이 거주하고 있었다. 이 시기 홋카이도는 혼슈(本州) 중남부 지역과 다른 독특한 문화를 형성하였는데 이를 속조몬 문화(조몬문화가 강하게 남아 있는 동북지방의 金属器 문화)라고 한다. 벼농사가 홋카이도까지 미치지 못했던 까닭은 원래 아열대 지역이 원산지인 벼를 냉대 지역인 홋카이도에서 키울 수 없었기 때문이었다.

4~5세기의 속조몬 문화는 북쪽으로 사할린, 동쪽으로 지시마열도(千島列島)까지 전파되었다.

또한 속조몬 문화는 남쪽으로 동북지역 북부까지 세력이 확대되었는데, 혼슈까지 내려간 것이다. 당시 벼농사의 북쪽 경계는 지금의 미야기(宮城) 현에 해당되는데, 벼농사의 기술이 아오모리 현에서 미야기 현까지 내려간 까닭 역시 한랭화에서 찾을 수 있을 것이다. 이와 관련해 4~5세기 혼슈 중앙부에서는 고분시대라고 불리는 전방후원분을 특색으로 하는 고분문화가 형성되었음을 생각할 필요가 있다. 전방후원분 분포의 북쪽 한계선 역시 미야기 현이라는 것을 고려하면 속조몬 문화와 고분문화의 경계 역시 미야기 현 근처에 찾을 수 있을 것이다. 즉 4~5세기 혼슈는 미야기 현 정도를 기준으로 남북으로 문화가 나누어져 있었던 것이다.

그 이후부터 동북 지역 북쪽에서 벼농사를 짓게 되는 7~8세기까지 동북 지역 북부와 홋카이도는 공통된 문화양상을 보여 준다. 그곳에서의 주민들은 벼농사 이외에도 수렵·채집을 통해 생활하였다. 7세기에 접어들어 홋카이도에 중심을 둔 속조몬 문화는 사쓰몬(擦文) 문화로 변화해 갔다. 속조몬 문화와 사쓰몬 문화의 큰 차이는 전자가 새끼줄 문양을 장식한 토기를 사용하는 문화이지만 후자는 쇄모(刷毛, brush)로 쓴 문양을 가진 토기를 사용하는 문화라는 점이다. 이러한 토기의 변화가 생긴 까닭은 당시 혼슈의 왜인과 교역을 하면서 문화변동이 생겼기 때문이다. 실제로 동북 지역 북부와 홋카이도 지역에서는 혼슈의 영향을 받은 고분이 만들어지기도 하였다. 이는 7세기 중엽 무렵부터 혼슈에서 고분문화가 사라지는 것과 대비된다. 그 결과 동북 지역의 사람들은 혼슈 중앙부로부터 '에미시(蝦夷)'라고 불린 문화를 형성해갔다.

『일본서기(日本書紀)』에 따르면 658년부터 660년에 걸쳐서 지금의 후쿠이(福井) 현부터 야마가타(山形) 현 남부까지의 지역을 지배하고 있었던 아베노 히라후(阿倍比羅夫)가 사도(佐渡) 섬, 아오모리(青森) 현, 홋카이도까지 항해하고 숙신(肅慎, 말갈)을 토벌하였다고 한다. 이들 기사를 간단하게 요약해서 소개해보자.

① 이 해 고시노 쿠니노 카미(越国守) 아베노 히라후(阿部比羅夫)가 숙신(肅慎)을 토벌하고 살아 있는 불곰 2마리, 불곰 가죽 70장을 (천황에게) 바쳤다(『일본서기(日本書紀)』권26, 사이메이(斉明) 천황 4년).

② 3월 (천황은) 아베노 오미(阿倍臣[=아베노 히라후])를 파견하여 배 200척을 이끌고 숙신(肅慎)국을 토벌하도록 하였다. 아베노 오미(阿倍臣)는 무쓰(陸奥)의 에미시를 데리고 가서 큰 하천의 강가에 도착하였다. 이 때 강가에는 와타리노 시마(渡嶋[=홋카이도])의 에미시가 1000명이상 주둔하고 있었다. 와타리노 시마(渡嶋)의 에미시 중 2명이 아베노 오미(阿倍臣)에게 '숙신(肅慎)의 해적이 우리를 죽이려고 하므로 <u>아베노 오미(阿倍臣)께서 그들을 따르도록 하십시오</u>'라고 요청하였다. 아베노 오미(阿倍臣)는 숙신(肅慎)의 해적에게 사신을 보내 초대하려고 하였으나 응답하지 않았다. 그래서 아베노 오미(阿倍臣)는 베, 무기, 철 등을 바닷가에 두고 자랑하였다. 숙신은 배로 이들 물품을 보러 왔는데 숙신의 배에서 노인 2명이 내려와 이들 물품을 관찰하였다. 노인들은 물품 중에서 속

옷과 베를 골라 배를 타고 돌아갔다. 잠시 후 다시 돌아와서 속옷과 베를 원래 있었던 곳에 두고 돌아갔다(『일본서기(日本書紀)』권26, 사이메이(齊明)천황 6년).

〈그림 1〉 일본열도 북방의 문화권

①과 ②의 전쟁기사에는 귀중품에 대한 언급이 나타난다. 특히 ②는 사람끼리 직접 만나서 서로 말하지 않고 거래를 하는 이른바 침묵교역이라는 형태를 취하였다는 점에서 눈길을 끈다. 침묵교역은 교역의 원시형태로 아프리카 등 세계각지에서 이용되어 왔다. ②는 일본에서도 침묵교역이 존재했음을 보여주는 중요한 기록이다. ②에서 전쟁 원정 중에도 교역이 있었다는 것을 염두에 둔다면 ①에 나타난 '불곰 가죽 70장'은 전리품일 수도 있지만, 교역물품이었을 가능성이 높다는 점도 고려해야 할 것이다.

고대의 동해는 북방 민족과 왜인 간의 교역을 가능케 한 바다였다. 니가타(新潟)부터 아오모리(青森)까지의 서쪽 해안에서는 지금의 러시아 연해주 남부로부터 주석(朱錫)을 가지고 내려간 말갈 사람들이 오호츠크 해 문화 속에서 생활하였으며, 홋카이도 연안을 따라 혼슈의 남쪽까지 내려간 오호츠크인들과 철제 무기 등을 가지고 북쪽으로 올라간 왜인들이 서로 교역을 하는 곳이었다. 이러한 교역들을 동북 지방에서 생활하였던 에미시가 매개하였고, ②는 왜인과 숙신의 교역에서 에미시가 정보를 전달하는 매개적인 역할을 담당했음을 보여주는 사료이다. 따라서 위 사료는 아베노 히라후(阿倍比羅夫)의 예로 들어 야마토(倭/日本) 정권이 북쪽으로 올라가서 다른 문화권의 사람들과 교류하였던 귀중한 기록을 전하고 있는 것이다.

 7세기부터 9세기에 걸쳐서 나라(奈良)·교토(京都)를 거점으로 하였던 야마토 정권은 북방을 다스리고자 정복정책을 추진하였고 에미시와도 몇 번의 전투를 치렀다. 이들 전투와 함께 다양한 교류도 이루어졌다. 야마토 정권은 8세기 전반에 미야기(宮城) 현에 에미시를 지배할 거점으로 성책(城柵)을 설치하였다. 다가성(多賀城)이라고 불리는 이 성책은 군사적인 역할과 더불어 행정적인 기능도 병행하였음을 짙게 보여준다. 평상시에는 행정지배나 교역의 거점으로 사용되었다는 것을 알 수 있는 것이다.

 774년부터 811년까지 38년간 야마토 정권은 6회에 걸쳐서 에미시 토벌군을 파견하였다. '38년 전쟁'이라고 불리는 전쟁의 와중에서도 백성과 에미시의 교역은 이루어지고 있었다.『유취삼대격(類聚三代格)』에서는 787년, 백성들이 에미시와 물품을 교역하였는데, 야마토 정권은 에미시가 이익을 얻는 것을 위험하게 여겼다는 내용을 전하고 있다. 이러한 정황은 당시 에미시와 야마토 정권의 교류가 활발하게 이루어졌음을 의미한다고 하겠다.

 9세기말까지 야마토 정권은 북쪽으로 진군하였으나 에미시와 잡거하기도 하였다. 즉 에미시와 야마토의 영토적인 경계는 애매한 것이었으며, 민족적인 경계가 성책 등에 의해 만들어진 것도 아니었다. 880년의 상황을 다룬 지금의 야마가타(山形) 현, 아키타(秋田) 현 지역의 보고서에는 '에미시 사람들과 야마토의 민중이 잡거하고 있다'고 기록되어 있다.

 11세기까지 야마토 정권이 에미시와 전투를 하였다는 기록을 찾을 수 있다. 다만 야마토정권의 군사적인 승리가 에미시의 소멸을 의미하는 것은 아니었다. 에미시가 사는 땅이 야마토의 땅으로 인식되었으며, 정복한 땅의 민중을 파악하고 그들을 징세의 대상으로 삼은 것에 불과하였던 것이다. 즉 민족적으로는 야마토와 에미시가 계속 잡거하였던 것이다. 따라서 11세기까지 적어도 동북 지역은 야마토와 에미시라는 두 민족이 잡거하는 경계적인 양상을 보여주고 있었다고 할 수 있을 것이다.

 한편 에미시(蝦夷)라는 호칭은 중세에 들어서면 같은 한자 에미시(蝦夷)를 쓰면서도 발음은 에조로 바뀌어가는 모습을 보인다. 이러한 변화는 일본 정권이 보는 북방 민족의 모습이나 활동의 변화를 반영한 것이다. 9세기말까지 이어진 야마토정권의 북쪽 진군이 끝난 뒤에도 야마토 문화가 에미시의 문화를 완전히 흡수한 것은 아니었다.

 1086년 정월에 미나모토노 요리토시(源賴俊)가 시라카와(白河) 천황에게 보낸 편지에서 "에조 별도(衣曾別島)의 오랑캐를 토벌하였다"는 기록이 확인된다. 이 기록에서 처음으로 에조라는 명칭이 나타나는데 에조의 별도란 와타리노 시마(渡嶋) 즉 홋카이도를 가리킨다. 따라서 11세기 중엽에서 후반에는 홋카이도를 에조로 보았으며 여기서 오랑캐란 구체적으로는 사쓰몬(擦文)

문화를 주도한 민족을 가리키는 것이라 추측된다.

　12세기 동북 지역에 거점을 둔 오슈(奧州) 후지와라(藤原) 일족은 북쪽 해양민과의 교역을 통해 번영하였다. 특히 후지와라(藤原) 일족은 동물 가죽을 북쪽 해양민을 통해 수입하고 교토(京都)에 보내 큰 이익을 얻었다. 이와 관련되어 오슈(奧州) 후지와라(藤原) 일족의 와카(和歌)에서는 에조를 주제로 한 작품이 나타난다. 와카(和歌)가 다루는 에조는 구체적으로 아오모리(青森) 현 쓰가루(津輕) 지역과 홋카이도를 의미하였다. 따라서 중세에 들어서도 에조라는 공간적인 범위는 북위 40도 이북의 혼슈와 홋카이도에 한정되었으며, 이들 지역은 고대·중세 일본의 경계에 대한 인식실태를 보여준다.

3. 일본 남쪽의 경계와 류큐

1) 기카이가시마(鬼界が島)와 유황

　현재의 가고시마(鹿児島)현에는 이오지마(硫黃島)라는 섬이 있다. 이 섬은 중세에는 기카이가시마(鬼界が島)라고 불렸으며, 유형지로 역사상에 자주 나타난 지명이다. 1177년 헤이시(平氏) 즉 다이라(平) 일족을 타도하려고 한 음모가 다이라노 기요모리(平清盛)에게 알려져 승려 슌칸(俊寬), 다이라노 야스요리(平康頼), 후지와라노 나리쓰네(藤原成経)가 기카이가시마(鬼界が島)로 유형의 벌을 당하였다. 다이라(平) 일족은 9세기부터 확인되는데 1160년대부터 다이라노 키요모리(平清盛)를 중심으로 한 다이라(平) 일족이 권력을 장악하고 정치를 주도하였다. 헤이시(平氏) 정권이라고 불리는 이 정치체제는 1185년에 겐지(源氏)에 의해 멸망되기까지 중국 남송(南宋)과의 국제교역을 추진하였으며, 융성하였다. 헤이시(平氏)정권의 성쇠를 기록한 『헤이케 이야기(平家物語)』는 문학작품으로 각색되어 있는데 기카이가시마(鬼界が島)의 생활정황을 잘 전한다. 우선 기카이가시마(鬼界が島)의 주민들을 묘사한 기록을 보자.

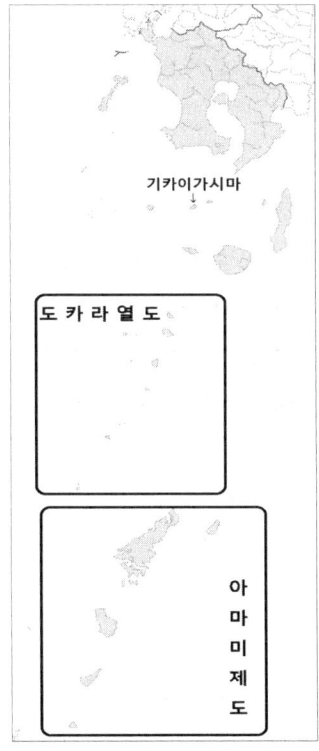

〈그림 2〉 일본 남쪽의 경계 지역

③ 섬에 사람은 거의 없다. 가끔 (사람을) 만나는데 일본의 사람과 다르다. 사람의 피부는 검은 색이며, 소와 같다. 몸에는 털이 많고, 말은 전혀 통하지 않는다. 남자는 모자를 사용하지 않고, 여자는 머리카락을 묶어서 뒤에 늘어뜨리지도 않는다(『헤이케 이야기(平家物語)』권2, 다이나곤(大納言)사거(死去)).

이러한 내용은 중세 일본의 기카이가시마에 대한 인식을 잘 보여준다. 즉 중세의 공간 개념에서 경계 밖에 거주하는 사람은 오니(鬼)로 불리는 귀신(鬼神)이었다. 기카이가시마라는 명칭에 '기카이(鬼界)=귀신의 세계'라는 단어가 붙여진 것에서도 알 수 있듯이 일본의 중심 즉 지금의 교토(京都)와 그 주변지역의 사람들은 그들을 귀신처럼 무서운 모습으로 상상한 것이다. 중세 일본에서 나타나는 귀신은 머리에 뿔이 있거나 호랑이 팬츠를 입는 등 전혀 사람이 아닌 모습으로 나타난다. 그러나 기카이가시마의 주민들은 지금 교토(京都) 주변에서 생활하는 사람과 차이는 있었을지라도 결코 귀신은 아니었다. 이러한 사람과 귀신이라는 이중적인 인식을 통해 이 섬이 중세 일본의 안과 밖을 구분하는 경계에 있는 공간이었다는 것을 알 수 있다.

『헤이케 이야기(平家物語)』에 나타난 기카이(鬼界)라는 단어는 다른 의미로도 사용되었다. 다이라(平) 정권이 공격을 받아 이 일족이 교토에서 도망가게 되었을 때 "교토를 다시 탈환하지 못하면 기카이(鬼界)·고라이(高麗)·텐지쿠(天竺)·신탄(震旦)까지 갈 것이다"고 하였다. 여기에서 나타난 고라이·텐지쿠·신탄은 각각 한국·인도·중국을 가리키며 일본과 다른 국가를 의미한다. 또한 기카이(鬼界)를 이들 국가와 같은 수준으로 두고 기카이부터 중국을 교토로부터 조금씩 더 일본에서 멀어지는 것처럼 서술하고 있다. 따라서 기카이는 일본에서 가장 가까운 위치에 있는, 일본 영토 밖에 있는 지역을 의미하는 것으로도 볼 수 있다. 즉, 기카이는 일본 땅의 경계라는 이미지를 가지고 있었던 것이다.

한편 『헤이케 이야기』에 나타난 기카이가시마는 교역의 공간이기도 하다. 실제 이 섬에 살게 된 슌칸(俊寛), 다이라노 야스요리(平康頼), 후지와라노 나리쓰네(藤原成経)는 지금의 규슈 사가(佐賀) 현에 위치하는 장원에서 생활필수품을 받고 있었다. 기카이가시마와 규슈 사가 현의 교류는 당시에 상인들이 왕래하고 있었다는 것을 의미한다. 그렇다면 기카이가시마에서 어떤 교역을 하였는가. 이를 보여주는 사료를 살펴보자.

④ 이 섬은 사람이 먹을 수 있는 것이 전혀 없는 땅이므로 체력이 있을 때는 산에 올라가서 유황이라는 것을 채취하고 규슈에서 온 상인과 만나서 식량과 교환한다(『헤이케 이야기(平家物語)』권3, 아리오(有王)).

이 사료를 통해 기카이가시마에서 유황이 많이 산출되었고 거기에서 생활하는 사람들은 유황 교역을 통해 생계를 유지하고 있었던 것을 알 수 있다. 당시 기카이가시마에서 채취된 유황은 규슈의 상인을 통해 하카타로 이동하였고, 남송(南宋)으로 수출되고 있었다. 남송에서는 유황을 화약의 원료로 사용하였기에, 여러 국가에서 수입할 필요성이 있었기 때문이다. 즉 남송이 동아시아 내에서 유황을 수입하는데 있어 기카이가시마는 중요한 섬이었다. 15세기에 편찬된 『해동제국기(海東諸国記)』에 기카이가시마를 유황도(硫黄島)로 소개한 것도 이와 관련된 것이다. 즉 15세기 기카이가시마는 유황이 산출되는 섬으로 조선왕조 사람들에게 알려져 있었다고 볼 수 있으며, 12세기부터 15세기까지 이 섬과 동아시아 지역 간 유황 교역이 계속 이루어지고 있었다는 것을 알 수 있다.

2) 일본과 류큐의 경계와 그 변화

이러한 일본의 남쪽 경계는 경계 공간이 남북으로 이동하면서 변화하였다. 12세기 후반 현재의 가고시마(鹿児島) 현 지역을 거점으로 하고 있었던 가와나베(川邊) 일족은 헤이시(平氏) 일족의 기카이가시마의 남쪽에 위치하는 도카라(吐噶喇) 열도를 자기 소유지로 인식하고 있었다. 이후 가와나베씨(川邊氏)가 쇠퇴하고 대신에 지카마(千竈) 일족이 세력을 확대해갔다. 14세기 초 지카마 토키이에(千竈時家)가 자녀에게 분배하기 위해 자신의 소유지를 설명한 문서에는 도카라 열도와 아마미제도(奄美諸島)도 포함되어 있었다. 따라서 일본의 국경은 조금씩 남쪽으로 확대되고 있었다는 것을 알 수 있다.

이처럼 가마쿠라(鎌倉)시대 때 확대된 국경은 15세기 류큐(琉球)의 아마미제도 진출에 따라 다시 변화하였다. 『조선왕조실록』에서는 1453년 상인 도안(道安)이 아마미제도에 진군하고 기카이(喜界)섬을 정복한 류큐국의 상황을 조선 단종에게 보고하고 있다. 확대된 일본의 경계를 다시 밀어 올릴 수 있었던 것은 류큐의 통일에 있었다.

일본은 14세기까지 류큐를 인접국으로 인식하지 못했다. 실제로 14세기경에 만들어졌다고 하는 「일본도(日本図)」에서는 류큐 지역의 사람들을 "몸은 사람이고 머리는 새(身人頭鳥)"로 표현하고 있는데, 이는 이 당시 일본인이 여전히 류큐를 괴물이 사는 세계로 보고 있었다는 것을 드러내는 것이다.

그러나 이러한 인식은 15세기에 이르러 점차 변화한 것으로 보인다. 14세기부터 16세기에 걸쳐서 오키나와(沖縄, 류큐) 본섬에서는 주잔(中山)·산난(山南)·산호쿠(山北)의 세 국가가 슈리(首里)를 수도로 하는 하나의 국가로 통합되었다. 류큐왕국이라고 불리는 이 통일국가는 1453년의 기사에서도 알 수 있듯이 동쪽은 아마미제도, 서쪽은 대만 부근까지 세력을 확대해갔다.

15세기 무렵의 류큐의 세력 확대와 그 융성함은 한국이나 중국 사료에서도 확인할 수 있다. 본래 류큐라는 명칭은 "7세기 초 수(隋)가 수군을 보내 '류큐(流求)'를 공격하였다"는 『수서(隋書)』의 기록에서 처음 확인할 수 있다. 이 기록의 '류큐'가 대만인지 오키나와(沖縄)인지에 대해서는 통설이 없으며, 원(元)대까지의 중국 사료에 나타난 류큐가 대만인지 오키나와인지도 확실하지 않다.

그러나 14세기 이후 명(明)대가 되면 사료 속에서 분명한 의미를 갖는 '류큐(琉球)'의 명칭을 확인할 수 있게 된다. 『명실록(明実録)』에서는 명(明) 중심의 국제사회 속에서 동남아시아부터 동아시아에 이르기까지 다양하게 왕래하는 류큐 사람들을 확인할 수 있다. 『조선왕조실록』에서도 역시 14세기 말부터 류큐에 관련된 기록이 나타난다. 여기에서는 주잔(中山)·산난(山南)·산호쿠(山北) 간의 항쟁 때문에 산난의 왕족이 조선왕조에 망명한 사실을 확인할 수 있다. 15세기에 편찬된 『혼일강리역대국도지도(混一疆理歴代国都之図)』나 『해동제국기(海東諸国記)』에서도 류큐를 확인할 수 있다. 따라서 14세기 후반부터 15세기에 걸쳐서 한국과 중국에서 류큐 인식이 확대되어갔다는 것을 엿볼 수 있다.

류큐가 아마미제도로 진출한 직후인 1458년에는 일본과 류큐의 밀접한 관계를 보여주는 사료가 나타난다.

⑤ 류큐(琉球)국은 남쪽 바다의 좋은 장소에 있고 조선(造船)의 우수성을 모아, 중국·일본과도 친밀하게 지내고 있는, 중국과 일본 사이에 있는 봉래(蓬莱)의 섬이다. 배를 조타하면서 세계의 가교가 되었으며, 귀중한 보물들이 국내에 잔뜩 있다(만국진량종명[万国津梁鐘銘]).

여기서 주의 깊게 보아야 할 점은 류큐가 중국과 일본 사이에 있는 나라라는 것을 일본이 인식하고 있었다는 점이다. 이는 류큐를 중요한 인접국으로 인식하고 있었다는 것을 시사한다. 그리고 중국이나 조선에서도 류큐에 대한 인식이 확대되어 갔다면 일본의 류큐 인식도 보다 명료하게 이루어졌을 것이며 일본의 남쪽 경계 역시 보다 명확해졌을 것이다.

16세기가 되면 류큐는 가고시마(鹿児島) 지역의 호족 시마즈(島津) 씨에게 종속되어 가는데 이 때 시마즈 씨는 아마미 제도를 직할지로 삼고 류큐는 청국과 일본 양국에 속하게 조치하였다. 이 때 아마미 제도를 직할령으로 삼은 배경에는 14세기까지의 경계선에 기반을 둔 일본의 국경인식이 복선으로 존재하였을 것이다.

4. 과제와 전망

본장에서는 일본의 남북 국경을 확인하였다. 이를 통해 고대 일본의 국경이 선이 아닌 공간이었다는 것, 그리고 국경의 공간에서 국가권력, 상인 등이 활발하게 교역을 하였다는 것을 알 수 있었다. 에미시의 경우 야마토 정권이 숙신과 같은 다른 민족과 교역하는 데에 매개자로 기능하였다는 것, 남쪽 경계에서는 유황을 남송(南宋)으로 수출하는 등 주변의 동아시아 국가와의 교역에서 중요한 역할을 하였다는 것을 알 수 있었다. 그리고 류큐 왕국의 영역 확대에 따라 일본의 국경이 보다 명확해지는 과정을 개관하였다.

　전술하였듯이, 남송은 화약의 재료인 유황을 일본의 끝에 있는 기카이가시마에서 구입하였다. 그렇다면 이러한 원거리 교역에서 어떻게 국가가 교역을 관리하였는가. 적어도 몇 군데 항구들을 매개로 유황 교역은 이루어졌을 것인데 거기에서는 일본-중국의 직접교섭이 가능하였는지 의심스럽다. 오히려 한국이 중계적인 역할을 하였다고 보는 것이 순리일 것이다. 또한 조선왕조의 외교관으로 활약한 신숙주의 저서『해동제국기(海東諸国記)』속에 기카이가시마가 기록되어 있는 것은 바로 조선왕조가 기카이가시마와 같은 변경의 작은 섬을 파악하고 있었다는 것을 의미한다. 유황은 전쟁의 재료로 사용된 귀중품이었으므로 국가가 이러한 물품을 관리해야 하였기 때문이다. 따라서 남송-일본의 유황교역에서 한국이 관여하였을 가능성이 높았을 것이다.

　이러한 교섭을 염두에 둔다면 두 나라 간의 교섭에서 제3자가 수행한 역할에 유의해야 할 것이다. 일본과 중국의 교섭에서 획기가 되는 시기는 왜-수(隋)의 외교가 이루어지던 시기이다. 실제로 중국사서『수서(隋書)』에서 600년에 왜가 수에 사신을 파견한 것을 확인할 수 있다. 일본사에서 왜-수 외교를 획기적인 계기로 삼는 까닭은 다음 장에서 설명하듯이 왜가 수와 대등한 외교자세를 보여주었기에 일본이 당시 강력한 국가였다는 것을 확인할 수 있다고 보고 있기 때문이다. 그런데 일본의 중국에 대한 대등의식이라는 문맥에서는 제3자인 한국

〈그림 3〉 7세기 초의 동아시아

의 역할은 구체적으로 나타나지 않는다. 중국과 일본의 관계에 초점이 맞추어져 있으므로 한국의 역할은 중일관계 문제의식 밖에 놓인 것이다. 그러나 이 시기까지 일본이 중국과 거의 교류가 없었는데, 갑자기 강력한 국가를 건설하고 중국과 직접 교섭을 하였다고 생각하기는 어렵다. 따라서 고대 중일관계를 검증함에 있어 국가권력자의 국제교류를 다각적으로 파악하는 작업은 중요한 과제라고 할 수 있다.

아울러 국가권력과 민간교역의 관계에 대해서도 고려해야 할 것이다. 일본의 남북을 막론하고 일본의 국경 지대에서는 국가권력, 상인 등이 활발하게 교역하였다. 그러나 이들 상인들이 자유롭게 교역하였다고 보기만은 어렵다. 국가가 민중이 원하는 사치품 등을 관리해야 그들에 대한 경제적인 통제가 가능하였기 때문이다. 그러나 민중의 교역 차원에서 기카이가시마를 포함하는 교류 네트워크가 마련되어 있어야 국가권력이 민간교역에 개입할 수 있다는 점도 또한 유의해야 할 것이다.

이러한 요소들을 일본사라는 국사의 틀에 갇히지 않고 동아시아 세계 속에서 서술한다면 일본을 포함한 광역세계에서의 국가권력과 경계에서 활약한 상인들의 교역활동을 그릴 수도 있을 것이다.

〈표 1〉 관련 연표

서력	사건
B.C.300~100	아오모리(青森)현 다레야나기(垂柳) 지역, 수나사와(砂沢)에서 수전을 이용한 농경이 이루어짐.
4~5C	속(続)조몬(縄文)문화가 동북지역 북부까지 세력을 확대함.
581	양견(楊堅)이 수(隋)를 건국함.
7C	속(続)조몬(縄文)문화가 사쓰몬(擦文) 문화로 변화함.
658~660	아베노 히라후(阿倍比羅夫)가 사도(佐渡) 섬, 아오모리(青森)현, 홋카이도(北海道)까지 항해하고 숙신(粛慎)을 토벌함.
724	야마토 정권이 다가(多賀)성을 설치함.
774~811	야마토 정권이 6회에 걸쳐서 에미시 토벌군을 파견함.
787	백성들이 에미시와 물품을 교역함. 이로 인해 야마토 정권이 에미시가 이익을 얻는 것을 위험하게 여김.
1019	여진족이 쓰시마(対馬), 이키(壱岐), 규슈(九州)북부 연안을 공격함.(도이(刀伊)의 내습 사건)
1067~1074	미나모토노 요리토시(源頼俊)가 아오모리(青森)현 북단으로 원정함.(엔큐에조(延久蝦夷)의 전투)
1086	미나모토노 요리토시(源頼俊)가 시라카와(白河)천황에게 아오모리(青森)현 북단 원정의 보상을 받기 위해 편지를 보냄.(에조별도(衣曽別島)의 표기가 확인됨.)
1127	송(宋) 고종(高宗)이 남경(南京)에서 즉위함. (남송(南宋)의 성립)
1160년대	다이라노 키요모리(平清盛)를 우두머리로 한 다이라(平) 일족이 정치를 주도함.(헤이시(平氏) 정권의 성립)
1177	승려 슌칸(俊寛), 다이라노 야수요리(平康頼), 후지와라노 나리쓰네(藤原成経)가 다이라(平) 일족을 타도하려고 함.(시시가다니(鹿ケ谷) 음모사건)
1180	헤이시(平氏) 정권에 대해 겐지(源氏) 일족이 반란을 일으킴.(지쇼(治承)·주에이(寿永)의 내란)
1183	겐지의 공격을 받아 헤이시(平氏)는 교토(京都)에서 서쪽으로 도망감.
1185	헤이시(平氏)가 멸망함.(단노우라(壇ノ浦)의 전투)
1192	미나모토노 요리토모(源頼朝)가 가마쿠라(鎌倉)막부를 엶.(가마쿠라(鎌倉)시대의 시작)

서력	사건
13C중엽	가와나베(川邊) 일족이 기카이가시마(鬼界が島)의 남쪽에 위치하는 도카라(吐噶喇)열도까지 영토로 함.
14C중엽~14C	『헤이케 이야기(平家物語)』가 완성됨.
1306	지카마 토키이에(千竃時家)가 도카라(吐噶喇) 열도와 아마미(奄美) 제도(諸島)를 자기 자녀에게 분배함.
1368	주원장(朱元璋)이 명(明)을 건국함.
1398	산난(山南) 왕족 온사도(溫沙道)가 조선왕조에 망명함.
1402	『혼일강리역대국도지도(混一疆理歷代國都之圖)』가 작성됨.
1429	지금 오키나와(沖繩) 본도에서 주잔(中山)왕국이 산난(山南)왕국과 산호쿠(山北)왕국를 통일하고 류큐(琉球)왕국을 세움.
1453	조선왕조 상인 도안(道安)이 아마미(奄美) 제도(諸島)에 진군하고 가키이(喜界)섬을 정복한 류큐(琉球)국의 상황을 조선왕 단종(端宗)에게 보고함.
1458	류큐(琉球) 쇼타이큐(尚泰久)왕이 만국진량종(万国津梁鐘)을 만들게 함.
1471	『해동제국기(海東諸國記)』가 간행됨.

참고문헌

芳即正·五味克夫監修(1998)『日本歴史地名体系47 鹿児島県の地名』, 平凡社.
山里純一(1999)『古代日本と南島の交流』, 吉川弘文館.
歴史学研究会編; 羽田正責任編集(2006)『シリーズ港町の世界史(3) 港町に生きる』, 青木書店.
豊見山和行(2004)『琉球王国の外交と王権』, 吉川弘文館.
村井章介(2006)『境界をまたぐ人びと』, 山川出版社.
池田栄史編(2008)『古代中世の境界領域 キカイガシマの世界』, 高志書院.
榎森進·小口雅史·沢登寛聡編(2008)『エミシ·エゾ·アイヌ アイヌ文化の成立と変容 -交易·交流を中心として-【上】』, 岩田書院.
村井章介 지음; 손승철, 김강일 [공]편역(2008)『동아시아속의 중세한국과 일본』, 경인문화사.
児島恭子(2009)『エミシ·エゾからアイヌへ』, 吉川弘文館.
山内晋次(2009)『日宋貿易と「硫黄の道」』, 山川出版社.
竹田和夫編(2011)『古代·中世の境界意識と文化交流』, 勉誠出版社.
羽田正(2011)『新しい世界史へ ー地球市民のための構想ー』, 岩波書店.
동북아역사재단편(2012)『전근대 일본의 영토인식』, 동북아역사재단.
헤이든 화이트 지음; 천형균 옮김(2013)『메타 역사: 19세기 유럽의 역사적 상상력』, 커뮤니케이션북스.
村井章介(2013)『日本中世境界史論』, 岩波書店.
羽田正(2016)『グローバルヒストリーと東アジア史』, 東京大学出版会.
羽田正(2016)『地域史と世界史』, ミネルヴァ書房.

한일 관계와 국경

제8장

왜·일본-당의 항로와 한반도

1. 외교의 역사 서술과 국경

우리가 전근대 교섭사를 보는 시각이 근현대 국제관계사에 대한 이해를 바탕으로 하고 있다는 것은 널리 알려진 사실이다. 즉, 전근대 동아시아 국제관계의 역사는 근현대 국제관계를 잘 이해하기 위해 연구되었다고 단적으로 말할 수 있다. 예를 들어 조공·책봉이라는 중국과 일본의 전근대 국제관계는 일본이 중국에 조공을 하고 작위를 받는 군신관계로 설명된다. 원래 조공이란 황제에게 물품을 바치는 것이고, 책봉이란 외국에서 온 사신에 대해 작위를 부여하는 행위이다. 현재 조공은 상하, 군신, 종속을 의미하는 굴욕적인 모습의 상징으로 사용되기도 한다. 이러한 이미지는 근대 이후 조공·책봉의 실태를 해명하려고 하는 많은 연구 성과를 통해 형성되었다.

전근대 중일관계사 속에서 근현대 특히 근대 연구사의 영향을 크게 받은 분야는 당과 일본의 교섭사이다. 1871년 메이지(明治) 정부는 불평등한 조약의 개정, 서양 각국의 시찰을 목적으로 이와쿠라 토모미(岩倉具視)를 전권대사로 한 이와쿠라사절단을 편성하고 구미각국을 방문하였다. 당시 이와쿠라 토모미가 사절단 파견에 앞서 일본의 사정을 조사한『휴대수장(携帯手帳)』제21항에는 '견수당사 및 학생의 일(遣隋唐使並学生之事)'이라는 제목의 한 구절이 있다. 여기에서 그의 고대 인식을 엿볼 수 있다.

　　① 견수당사 및 학생의 일
　　추고(推古)15년(607)에 처음으로 견수사(遺隋使)를 세웠으니, 지금에 이르기까지 1265년이다.

여기서 주목할 것은 우선 이와쿠라 토모미가 자신의 이와쿠라사절단을 1200여 년을 거슬러 올라가 고대 수·당 시기의 사절단과 연결시켰다는 점이다. 607년에 일본이 수나라에 파견한 사절단(遣隋使)은 일본과 수나라가 대등하다는 의미를 담은 내용의 국서를 가져 갔으며, 이를 본 수양제가 분노하였다고 한다. 이와쿠라사절단은 구미와 맺어진 불평등조약의 개정을 목표로 삼고 있었으므로 대등한 조약 체결을 희구하는 이와쿠라 토모미가 견수사 시대의 대등한 외교에 자기의 목적과 자세를 투영하였던 것이라 여겨진다.

현재 일본사는 일반적으로 강력한 당 제국의 압박을 받으면서도 일본은 '대등한' 관계를 유지하는 외교를 전개하였다고 기술하고 있다. '대등'이라는 시각이 강조된 까닭은 서구 각국의 압박을 받으면서도 그들과 대등한 관계를 유지할 수 있었다는 근현대 외교관계를 고대 당과 일본의 관계에 투영하였기 때문이다.

근대의 영향을 크게 받은 당과 일본의 관계사 서술 속에서 한국의 고대국가와 당의 관계는 군신관계를 지향한 주체성이 없는 외교로 서술되고 있다. 근현대 연구자들은 대등한 외교를 성공시킨 일본의 외교방침을 강조하기 위해 대조적으로 신라나 백제를 낮추어 서술하였기 때문이다. 예를 들어 근대 동양사학자로 교토제국대학에서 활약한 구와바라 지쓰조(桑原隲蔵)는 일본의 견당사(遣唐使)에 비해 신라가 더 자주 견당사(遣唐使)를 보냈는데도 당의 달력과 같은 선진문물을 수입하지 않았다고 보았다. 그러나 현재는 신라가 선진문물을 접촉하였고 일본이 당뿐만 아니라 신라를 통해 문화를 수입하였다는 것은 널리 알려져 있다. 이처럼 한국사에 대한 근대 일본의 역사인식은 이른바 정체성사관이라고 할 수 있는데 일본의 강력함, 한국 고대국가의 약소함이라는 구도는 당과 일본의 관계에서 한국 고대국가의 역할을 사상(捨象)해버리기도 하였다. 즉 당일관계의 서술은 당사자인 두 나라간의 관계만으로 그쳤던 것이다.

그러나 전근대 외교의 역사를 생각할 때 두 나라 간의 관계에서 제3자의 역할을 중시하는 시각은 중요하다. 당시에는 현대사회처럼 비행기로 서로 왕래하며 교류할 수 없었다. 따라서 직접적인 외교가 어려운 국가에 대해서는 매개자(제3자)의 도움을 받아 외교를 전개하는 경우도 있었다. 예를 들어 초기의 신라는 지리적으로 직접 중국과 교섭하기 어려웠으므로 백제의 도움을 받아 중국에 사신을 파견하기도 하였다.

이러한 실태적인 측면과 더불어 두 나라 간의 관계에서 제3자를 상정하는 일은 역사 공간에 새로운 '지역(area)'을 만들어서 생각할 수 있는 기회를 제공해 줄 수 있는 역사 서술 방식이라는 점에서 중요하다 하겠다. 예를 들어 한일관계에서 한국과 일본의 관계만을 생각하면 그 역사공간은 한반도와 일본열도에 한정되지만, 제3자인 중국의 역할도 생각하면 그 역사공간은 중국 대륙까지 넓어지게 된다.

보다 광범위한 지역공간을 다룰 수 있다면 일본이나 중국이라는 '국사'의 틀을 벗어나서 역사를 서술할 수 있는 실마리를 얻을 수 있을 것이다. 전근대사의 경우 일본이라고 해도 그 영역이 지금과 다르다는 것은 앞장에서 서술하였다. 전근대 국가의 공간이 현재 생각하는 것과 다르다는 것은 하나의 국가에 대해서만 적용되는 개념이 아니다. 즉 동아시아와 같은 광역세계도 마찬가지다. 현대사에서 '동아시아'라고 하면 '한중일' 세 국가를 상정할 것이다. 그러나 전근대의 동아시아 역사공간은 시대·지리·신분 등에 따라 달라질 것이다. 이처럼 전근대 광역세계가 근현대에 형성된 국민국가들과 다른 공간이라는 점에 유의하면, 광역 역사공간을 설정하는 일은 역사서술을 보다 다면적으로 볼 수 있는 기회를 제공해줄 것이다. 그렇게 볼 수 있다면 광범위한 세계에서 생활하는 다양한 집단들의 주체성을 고려할 수도 있기에 국사에 갇히지 않는 역사서술이 가능해 질 것이다.

따라서 본장에서는 당-일본의 외교 항로 속에서 한국 고대 국가의 역할에 대해 고찰함으로써 광역세계를 재설정하려고 한다. 이는 '외교'에서 흔히 우리가 간과해 온 사고방식의 문제점을 부각시키는 기회도 제공해줄 것이라 기대된다.

2. 왜의 북로 이용과 신라·백제

여기에서는 왜국과 일본 대당외교 행로의 실태를 통해 한국 고대국가의 역할에 대해서 고찰해보고자 한다. 신라와 당은 왜와 일본을 명확하게 구분하고 있다. 왜와 일본이라는 호칭의 전환기는 670년대부터 8세기 초 사이에서 찾을 수 있다. 일본 사료 가운데 『영집해(令集解)』에 나타난 대보령(大宝令) 관련기록 중, 일본이라는 용어가 보인다. 즉, 대보령의 편찬시기인 670년대 후반에는 이미 일본이라는 국호가 존재하였다고 볼 수 있다. 또한 702년의 견당사가 처음으로 일본국이라고 자칭(自称)하였으므로, 대외적으로 왜와 일본의 전환기는 8세기 초에서 찾을 수 있다. 따라서 왜와 일본의 전환기는 7세기말부터 8세기 초 사이라 할 수 있다.

일본열도에서 파견된 견당사 행로 역시 크게 7세기의 행로와 8세기 이후의 행로 두 가지로 구분된다. 원래 왜국의 견당사는 신라의 영향을 크게 받아 한반도 서해안을 따라 올라가 당으로 갔다고 여겨졌다. 이 행로는 북로라고 불렸고 사료 속에서는 왜국의 견당사가 '신라의 길', 즉 '신라도(新羅道)'를 통과하였다고 기술하였다. '신라도'라는 단어가 나오는 사료를 보자.

② 2월, 당(唐)에 파견하는 압사(押使) 다카무코노 겐리(高向玄理), 대사(大使) 가와베노 마로(河邊麻呂) 등은 배 두 척에 나누어 탔다. 유연(留連)하여 몇 개월 지내니, 신라도를 따라 내주(莱州)에 머물러 마침내 장안에 이르러 천자를 뵈었다(『일본서기(日本書紀)』 권25 하쿠치(白雉) 5년(654) 2월).

이 사료에서는 왜국의 견당사 중에서 가장 높은 지위에 있는 압사(押使)인 다카무코노 겐리(高向玄理) 등이 두 척의 배에 나누어 타고 신라도의 길을 따라 산동반도에 있는 내주(萊州)에 도착하였다고 하였다. 이를 통해 왜국의 견당사가 신라도, 즉 산동방면으로 가는 신라-당 외교의 길을 사용하였다고 추정할 수 있다. 이 주장을 뒷받침할 수 있는 사료는 다음과 같다.

③ 이 해에 왜가 사절을 신라로 보내 말하기를 "샤몬 지다치(沙門智達) 등을 당신의 나라 사절에 동행시켜 당에 보내기를 원한다."라고 하였다. 신라가 이를 들어주지 않아 샤몬 지다치 등은 돌아왔다(『일본서기(日本書紀)』 권26, 사이메이[齊明]천황 3년[657]).

이 사료는 왜가 신라 사절에 동행하여 사절단을 당에 파견하려고 하였으나 신라가 허락하지 않았다는 내용이다. 일부러 왜가 신라에 사람을 보냈다는 것은 당시 왜의 대당외교가 신라의 영향을 크게 받고 있었음을 의미한다. 더욱이 왜의 사신들이 신라 사신들과 함께 당으로 가고자 요청하였다는 것 또한 당시 왜가 신라-당 외교 행로 중 신라의 대당외교 행로를 이용하고 있었다는 것을 시사한다.

신라에서 당으로 향하는 길은 황해북부 연안을 경유하여 요동(遼東)반도에서 등주(登州)로 향하는 행로와, 현재 남양에 위치하는 당은포(唐恩浦)에서 황해를 일직선으로 횡단하여 등주(登州)로 향하는 것으로 구분할 수 있다. 원래 황해 연안을 따라 등주로 향하는 항로가 알려져 있었으나, 그 이후 신라의 입당항로 관련 연구가 심화됨에 따라 황해를 횡단하여 산동반도에 이르는 항로가 새로이 추가되었다. 또 신라와 이슬람 상인의 교섭 루트로 상정된 신라-양주·명주 방면을 잇는 항로가 개설되기도 하였다. 결국 신라의 대당 외교 행로는 신라로부터 중국 산동반도를 향하는 황해 북부 연안항로와 황해 중부 횡단항로, 그리고 중국 양주(揚州)·명주(明州) 쪽으로 향하는 황해 남부 사단항로의 세 가지로 정리된다. 다만 신라에서 양주·명주 방면으로 향하는 길은 항상 사용된 것이 아니라 비상용 루트였거나 당 지방 수장에게 사신을 보낼 때 사용하는 길이었다. 따라서 신라 대당외교 항로는 황해 북부 연안항로와 황해 중부 횡단항로로 한정된다.

이와 관련하여 당나라에 불교의 교리를 공부하러 유학한 일본의 학문승(学問僧)들이 신라 정부에서 파견한 송사(送使), 즉 신라 송사의 도움을 받아 귀국한 사례가 알려져 있다.

④ 가을 7월 24일 서해사(西海使) 기시노 나가니(吉士長丹) 등이 백제, 신라의 송사(送使)와 함께 쓰쿠시(筑紫)에서 묵었다(『일본서기(日本書紀)』 권25, 하쿠치(白雉) 5년(654) 7월).

이 기사의 내용은 기시노 나가니(吉士長丹)가 백제 송사, 신라 송사와 함께 쓰쿠시에 묵었다는 것이다. 여기에서는 서해사가 왜국의 견당사였는가 하는 문제가 제기된다. 그 전해에 '당으로 파견하는 대사 기시노 나가니(発遣大唐大使 小山上 吉士長丹)'라는 기사가 보인다. 따라서 이 사절은 왜국의 견당사라고 할 수 있다. 또한 이 기사의 바로 뒤에는 왜국의 견당사가 귀국한 것을 축하하는 기사가 나오는데, 이를 통해 기시노 나가니가 당나라에서 귀국하였을 때 백제나 신라의 송사와 같이 돌아왔을 가능성이 높다고 할 수 있다.

이상과 같은 사례를 보면, 왜국 견당사의 행로는 신라나 백제의 대당외교 행로와 같았을 것으로 추측된다. 직접 오가기 어려운 나라들이 다른 나라의 길을 빌려서 당으로 향하는 사례가 곳곳에 보이기 때문이다. 예를 들어, 흑수말갈이 발해의 길을 빌려서 당으로 향한 일이 있었다(『구당서(旧唐書)』권199, 발해말갈(渤海靺鞨]). 이와 마찬가지로 왜가 신라나 백제의 길을 빌렸을 가능성도 높았다. '신라도'라는 명칭은 신라의 대당 외교 행로를 가리키는 의미로 왜가 붙였을 것으로 보인다.

한편 ③에서는 '백제송사'도 확인된다. 이에 관해서는 먼저 왜의 견수사(遺隋使)에 대한 백제의 영향을 고려할 필요가 있다. 607년에 중국으로 들어간 오노노 이모코(小野妹子)의 사절이 608년에 왜로 귀국했음을 보여주는 기사를 통해 배청(裴淸)(배세청(裴世淸])이 백제로 가서 쓰시마를 거쳐 왜국으로 갔음을 알 수 있다. 따라서 수-백제-왜의 행로를 상정할 수 있다. 이 기록은 수대의 것으로 견당사와는 시간적인 차이가 있지만 당대에도 어느 정도는 그대로 사용되었을 것이라 사료된다.

또한 오노노 이모코가 귀국하였을 때 수 황제의 국서를 가져오지 않았던 이유로 백제 사람에게 빼앗겼다고 보고한 기록이 주목된다. 그런데 백제의 국서 약탈 사건은 허위라는 지적이 있다. 수의 국서를 가지고 귀국하면 대등외교를 인정하지 않는 수의 입장이 명료하게 나타나기 때문에 일부러 오노노 이모코가 허위 보고를 하였다고 보는 것이다. 한편 당시 고구려와 백제의 대립에 주목하여 일본이 고구려의 외교정책에 가담하였기 때문에 오노노 이모코의 보고는 진실이라고 보는 견해도 있다. 여기에서 허위이건 진실이건 백제의 국서 약탈 사건을 통해 수의 국서를 가져오지 못했던 이유를 설명할 수 있었다는 점에 주목할 필요가 있다. 즉 백제인이 외교에서 매우 중요한 국서를 탈취할 수 있는 위치에 있었다는 것이다. 따라서 왜와 당의 외교에서 백제가 상당한 영향력을 가지고 있었던 것은 틀림없다.

백제는 당에도 많은 사신을 파견하였는데, 651년에 마지막으로 사신을 보낸 이후 당과의 국교는 단절되었다. 따라서 650년대 당과 백제의 대립은 점차 심각해졌던 것으로 보인다. 한편 왜의 견당사는 630년 이후 653년에 파견이 재개된다. 따라서 사료 ①, ②처럼 650년대 신라의 도움을 받아 견당사를 파견하였다는 기록은 백제와 당의 대립과 밀접한 관계가 있음을 보여준다.

다만 659년 왜가 견당사를 파견하였을 때 백제의 섬에 도착하였다는 기록이나, 650년에 백제선을 만들었다는 것을 통해 650년대 왜가 견당사를 파견할 때까지도 여전히 백제의 도움을 받고 있었다는 것을 알 수 있다. 따라서 ③의 기록은 왜가 견당사를 파견하였을 때 백제나 신라라는 한국 고대국가의 도움을 얻어 견당사를 귀국시켰다는 것을 말한다.

3. 일본의 견당사 행로와 당 정보[1]

8세기부터는 일본 고토열도(五島列島)에서 동중국해를 직접 건너 중국 동남부 연안의 초주(楚州), 양주(揚州), 명주(明州) 방면으로 가는 남로와, 일본 규슈(九州) 지역에서 남하하여 지금의 아마미(奄美)나 오키나와(沖縄) 지방에 있는 섬들을 지나서 초주, 양주, 명주 쪽으로 가는 남도로가 형성되었다. 이에 대한 배경으로 주목되는 사료가 다음과 같이 확인된다.

⑤ 신라가 일본의 바닷길을 막아 명(明)·월주(越州)를 거쳐 조공하였다(『신당서(新唐書)』권220, 동이전 [東夷伝], 일본[日本]).

이것은 신라가 일본과 대립하여 바닷길을 막았다는 내용이다. 실제 663년 백촌강(白村江) 전투에서 신라·당의 군대와 싸워서 패배한 왜는 일본으로 국명을 변경하고 중국식 율령국가를 건설하려고 하였다. 일본은 중국의 중화사상을 받아들이고 그것을 구체적으로 실현한 율령국가의 형성을 지향하면서 신라에 대해서도 군신관계를 요구하였다. 그 결과 신라와 일본 사이에 갈등이 생기게 되었다. 이로 인해 일본은 새로운 행로가 필요해져 7세기 말 무렵부터 8세기 초에 걸쳐서 남쪽에 있는 섬을 탐방하면서 남도로나 남로를 사용하는 바닷길을 개척해갔던 것이다.

그렇다고 해서 8세기 이후 일본이 견당사를 파견할 때 신라의 도움을 전혀 받지 않았던 것이 아니다. 일본은 견당사를 파견하기 전에 혹시 배가 조난되면 도와달라고 신라에게 요청하였다. 당시 일본은 신라와 대립하여 새로운 견당사 행로를 모색하였지만 그럼에도 계속해서 신라의 도움이 필요하였던 것이다. 다만 8세기 이후에도 여전히 일본 견당사가 신라의 도움이 필요했던 까닭은 일본의 조선 기술이 아직 미숙하였다는 기술적인 이유 때문만은 아닐 것이다. 신라가 당과 많이 교섭하였으므로 신라를 통해 당의 정보를 얻을 수 있었다는 점에서도 그 이유를 찾을 수 있다.

구체적으로 신라 사신이 당의 정보를 가지고 일본을 방문한 사례를 확인해 보자. 769년 신라 사신 김초정(金初正)은 당의 정보를 가지고 일본을 방문하였기 때문에 일본 조정에서 좋은 대우를 받을 수 있었다.

⑥ 천황은 가타베노 히토누시(堅部人主)를 파견하여 김초정(金初正) 등에게 고하게 하여 말하기를, "지난번의 사절 김정권(金貞卷)이 귀국할 때 분부한 규칙에 대해서는 아직 한 번도 답한 적이

---

[1] 小宮秀陵 (2011) 「8세기 신라·발해의 정보전달과 일본의 당 외교 -견당사 연구의 비판적 검토를 위하여-」『한일관계사연구』38을 일부 수정, 보완한 것임.

없다. 이번 (사절)도 또한 사사로운 것을 가지고 왔으므로 빈객(賓客)으로 예우(禮遇)하지 않는다. 앞으로는 일을 알 수 있는 사람으로 하여금 입조(入朝)하게 할 경우에는 상례(常例)와 같이 대우(待遇)하겠다. 이러한 상황을 네가 신라국왕에게 보고해서 알리거라. 다만 당국 소식(唐国消息) 및 당에 있는 우리 대사(大使) 후지와라노 키요카와(藤原清河) 등의 서신을 진상한 것에 대해서는 그 부지런히 일한 공로를 가상히 여기니, 다자이후(大宰府)에 명하여 안치(安置)시켜 잔치를 베풀게 하라."고 하였다 (『속일본기(続日本紀)』 권30, 호키[宝亀] 원년[770] 3월, 정묘[4일]).

여기에서 김초정이 당나라의 소식(唐国消息) 및 당에 있는 후지와라노 키요카와(藤原清河) 등의 서신을 가지고 일본을 방문한 것을 알 수 있다. 원래 후지와라노 키요카와는 750년에 일본 견당사의 대사로 임명받아 장안으로 가서 당 현종을 알현하였다. 그 이후 당에서는 안사(안록산)의 난(755~763)이 일어났으므로 후지와라노 키요카와는 귀국하지 못한 채 당에 머물고 있었다. 외교사신 대사가 당에서 귀국하지 못한 것은 일본에서도 문제가 되었고 발해를 통해 당 정보를 얻어 일본은 후지와라노 키요카와의 귀국을 위해 견당사를 파견하였다. 사신들은 당 조정에게 후지와라노 키요카와의 귀국을 요청했지만 전쟁 중의 인질이었기에 거절당하였다. 이러한 가운데 김초정이 후지와라노 키요카와의 서신을 가지고 일본을 방문한 것이다.

후지와라노 키요카와(藤原清河)의 서신은 일본이 견당사를 파견하는데 중요한 기능을 하였다. 이와 관련하여 774년에도 신라 사신 김삼현(金三玄) 등이 일본 다자이후(大宰府)에 후지와라노 키요카와의 서신을 가지고 방문한 사례가 보인다. 그로부터 1년 후(775)에 일본은 견당사의 파견을 계획하였고, 또한 2년 후(776) 출발에 앞서 조칙을 내렸는데 그 속에 이들 서신과 견당사의 관련성을 엿볼 수 있는 사료가 있다.

⑦ 전(前) 입당대사(入唐大使) 후지와라노 키요카와(藤原清河)에게 서신을 하사하여 말하기를, "너는 사자로 절역(絶域=唐)에 파견되어, 오랜 세월을 보냈다. 충성은 널리 드러났고, 그 소식도 들은 바가 있다. 그러므로 지금 사신을 편성하고 너를 맞이하러 가게 한다"(『속일본기(続日本紀)』 권34, 호키[宝亀] 7년[776], 4월, 인신[15일]).

⑦에 있는 '소식'은 구체적으로 770년과 774년에 신라 사신이 전달한 후지와라노 키요카와의 서신일 것이다. 그렇게 본다면 신라가 후지와라노 키요카와의 서신을 일본에 전달한 것이 일본에서 견당사를 파견하게 된 이유가 되었다고 할 수 있다. 이것은 결국 신라가 전달한 정보가 일본견당사 파견의 중요한 계기가 되었음을 의미한다.

다음으로 후지와라노 키요카와의 서신과 함께 전달한 당국 소식(唐国消息)에 대해 살펴보자. 당국 소식은 당소식(唐消息)이라고도 불리는데 당나라의 정보를 일본에 전한 기록이다. 실제로

이 사료에 나타난 당소식의 내용에 대해서는 알 수가 없지만 후지와라노 키요카와의 서신이 안사의 난과 관련이 있다면 당소식 역시 안사의 난 이후의 당나라 정보라고 추측된다.

여기에서 당소식에 대해 조금 더 자세하게 생각해 보자. 구체적으로 당소식은 당에 입조한 일본 견당사가 보고한 것과 ⑥에서 보이듯 신라·발해의 사신을 통해 얻은 것의 두 가지가 존재하였다. 신라를 통한 당소식의 입수는 803년 인베노 하마나리(斎部浜成)가 사신으로 신라를 방문하였을 때도 이루어졌다(『고어습유(古語拾遺)』). 인베노 하마나리의 역할에 관해서는 일본이 견당사를 파견할 때 조난이나 표착에 대비하여 미리 도움을 요청하는 의무를 가진 사절이었다고 생각할 수 있다. 803년 인베노 하마나리의 파견을 전후하여 일본 견당사의 파견을 결정하고 있고, 뒤에 보낸 입당 사절에 관해 조난이나 표착에 대비해서 요청한 사례가 보이기 때문이다.

이와 관련하여 803년 파견이 결정된 일본의 견당사가 귀국하였을 때 보고한 당소식에 황제의 이름이나 가족관계, 산동반도나 중국동부 연안 지역을 거점으로 한 지방 수장들의 동향, 그리고 토번(티벳족)과 당 황실의 관계가 기록되어 있다. 이것은 일본이 파견하는 견당사가 산동반도나 중국동부 연안에 도착하였을 것이므로, 이들 지역의 정보를 주시하였기 때문에 이루어진 것일 것이다.

이상에서 후지와라노 키요카와의 서신이나 당 소식과 같이 신라가 전달한 정보는 일본의 견당사 파견을 결정하는 한 요인임을 알 수 있었다. 이것은 8세기 이후 일본이 중국과 직접 교섭할 수 있는 외교행로를 개척하면서도 정보라는 측면에서 일본은 신라나 발해의 영향을 크게 받고 있었음을 의미한다.

4. 고대 동아시아 교역망을 보는 시각

앞 장에서는 고대 중일외교가 한국 고대국가의 영향을 받았다는 것을 알 수 있었다. 7세기까지 왜는 신라·백제의 항로를 이용하여 한반도 서해 연안을 따라 올라가 황해를 횡단하는 행로를 이용해 당으로 향하였다. 일본은 신라·백제의 큰 도움을 받아 대당외교를 추진하였던 것이다. 8세기 이후 일본은 신라와 대립하였으므로 당과 직접 교섭하는 항로를 개척해갔지만 후지와라노 키요카와의 서신이나 당 소식과 같은 당의 정보적인 측면에서는 신라와 발해의 도움을 받고 있었다. 결국 고대 중일관계는 한국의 고대국가라는 제3자에 의해 큰 영향을 받아 전개된 것이다.

아울러 7세기와 8세기 중일관계의 이동범위에서 광역세계의 범위는 차이가 있었다. 우선 7세기 왜가 대중국외교에서 이용한 바닷길과 섬은 쓰쿠시(筑紫)와 같은 규슈북부 연안도시와 황해, 그리고 한반도의 서해 연안이었다. 8세기에 접어들어 7세기의 바닷길과 범위는 규슈북부와 남부의 섬이나 항구도시와 초주(楚州), 양주(揚州), 명주(明州), 월주(越州) 등 중국 연안부의 항구도시로 확대되었다. 다만 7세기의 왜가 사용한 대당외교의 역사 공간이 8세기에 들어 완전히 이동하였다고 보기는 어려울 것이다. 적어도 일본의 견당사 파견은 정보적인 차원에서 신라·발해의 영향을 받았으므로 그 전제로 신라와 당의 교류를 고려해야 할 것이다. 전술하였듯이 신라의 대당외교 행로는 황해 북부 연안항로와 황해 중부 횡단항로이다. 따라서 8세기 역시 황해와 서해연안도 광역세계의 범위 속에 넣어야 한다. 그렇다면 고대 중일관계에서 다룬 광역세계의 범위는 환황해와 규슈, 그리고 환동중국해라는 공간에서 장안이나 일본 나라(奈良)·교토로 퍼져가는 공간이었다고 볼 수 있다.

그런데 환황해와 환동중국해를 외교 사신이 왕래할 수 있으려면 그 공간에서의 민중 교류가 전제되어야 한다. 국가권력자가 교섭에서 사용하는 행로는 안전성이 담보되어야 하므로 민중들이 자주 사용하는 길이여야 외교 행로로 사용할 수 있기 때문이다. 그렇다면 주로 환황해와 환동중국해를 이동하면서 교류하고 있는 민간인들이 있었을 것이고 그것도 지속적으로 이루어졌다고 보아야 할 것이다. 이러한 바닷길을 항상 사용할 수 있는 조건을 갖춘 사람들은 바다의 일에 종사하고 있는 상인일 것이다. 실제 당대 이후 신라나 중국 상인이 황해와 동중국해를 자유롭게 이동하면서 해상교역을 주도하였다는 사실은 잘 알려져 있다. 그들은 해상(海商)이라 불렸으며 바다나 하천의 길을 통해 인근의 여러 도시를 이동하는 교역자들이나 원거리 교역을 담당한 사람들이었다.

이와 관련해 고대 동아시아 교역망을 주도한 사람들은 신라 상인이라는 견해가 지배적이었는데, 근년에는 신라나 당의 협업에서 그들을 찾는 견해도 나와 있다. 신라나 당의 협업을 주장하는 견해는 '신라' 상인이라고 하면 자칫 신라인만을 그리게 하는 국가사적인 견해에 대한 반론이기도 하다. 적어도 당시 동아시아를 주도한 사람들의 국적을 신라와 당 중의 하나를 선택하는 견해는 신중을 기해야 한다. 실제 일본 사료에서는 820년 당 상인 이소정(李少貞)이 데와(出羽) 국에 표착하였다고 나타나는데, 그는 장보고의 부하로 교역에 종사하였다.

또 다른 일본의 사료에서는 842년 이소정(李少貞)이 신라 상인으로 장보고의 사망을 전하려고 일본을 방문하였다는 기록이 확인된다. 이처럼 같은 인물이라도 귀속을 달리하는 사례는 자주 확인된다. 10세기 중엽에 고려와 송을 왕래하여 활약한 상인 서덕영(徐德榮)은 고려에서는 송인 선장이라고 불리고 송에서는 고려인 선장이라고 불렀다. 따라서 그들 상인을 어떤 한 국가에 귀속시켜서 보면 그들의 특성을 명확하게 이해하지 못하게 된다. 오히려 국적에 구애받지 않고 쉽게 국적을 바꾸면서 국제교역을 주도하는 그들의 모습을 그려야 할 것이다.

이 때 상인들의 국적이 경우에 따라 달라진 배경으로 교역을 의뢰한 주체의 의향을 고려해야 한다. 장보고의 부하로 나타난 이소정은 신라 상인으로 기록되었다. 이러한 사례는 교역을 의뢰한 주체가 장보고, 더 나아가 그 뒤에는 신라를 대표하는 인물이 있었음을 시사한다. 구체적으로 신라를 대표하는 인물은 신라왕일 것이다. 즉 신라왕 - 장보고 - 이소정이 교역으로 연계되어 있었다는 것을 상정할 수 있다. 적어도 해상은 국가권력자와 전혀 무관하지는 않았을 것이고 어떠한 관계를 유지하면서 국제교역에 종사하고 있었다고 추측된다. 이러한 국가에 구애받지 않은 사람들의 동향을 중시하고, 그들과 국가의 관계라는 시각을 바탕으로 다음 장에서는 황해와 동중국해를 이동하면서 생활한 상인의 동향을 고찰해 보고자 한다.

〈표 1〉 관련 연표

서력	사건
581	양견(楊堅)이 수(隋)를 건국함.
607	오노노 이모코(小野妹子) 등을 견수사(遣隋使)로 파견함.
608	오노노 이모코(小野妹子) 등이 수(隋) 사신 배세청(裵世淸)을 동행하여 귀국함. 귀국 행로는 백제로 가서 쓰시마를 거쳐 왜국으로 향함. 오노노 이모코(小野妹子)는 국서를 백제 사람에게 탈취를 당해 수(隋) 황제의 국서를 가져오지 못하였다고 보고함.
630	왜가 견당사를 파견함.
651	백제가 대당외교 사신을 파견함.(백제 최후의 대당외교 사신)
653	왜가 견당사를 파견함.
654.2	왜국의 견당사 중에서 가장 높은 지위에 있는 압사(押使)인 다카무코노 겐리(高向玄理) 등이 신라도의 길을 채용하여 산동반도에 있는 내주(萊州)에 도착함.
654.7	기시노 나가니(吉士長丹)는 백제송사, 신라의 송사와 같이 쓰쿠시(筑紫)에 체류함.
659	왜가 견당사를 파견함.
663	663년 백촌강(白村江) 전투
670	대보령(大宝令) 편찬
702	일본이 견당사를 파견함. 처음으로 당에서 일본국이라고 자칭(自称)함.
752	후지와라노 키요카와(藤原淸河)가 견당사로 당으로 향함.
755~763	안사의 난
769	신라 사신 김초정(金初正)이 당의 정보를 가지고 일본을 방문함.
774	신라 사신 김삼현(金三玄) 등이 일본 다자이후(大宰府)에 후지와라노 키요카와(藤原淸河)의 서신을 가지고 방문함.
775	후지와라노 키요카와(藤原淸河)의 서신을 근거로 견당사의 파견을 기획함.
803	인베노 하마나리(斎部浜成)가 견당사를 파견할 때 조난이나 표착에 대비하여 미리 신라의 도움을 요청함.
820	당 상인 이소정(李少貞)이 데와(出羽)국에 표착함.
842	이소정(李少貞)이 신라 상인으로 일본을 방문하고 장보고의 사망을 전달.
10C 중엽	서덕영(徐德栄)이 고려와 송(宋)을 왕래함.
1868	메이지 신정부 성립.
1871	이와쿠라(岩倉)사절단 편성됨.

〈그림 1〉 7~8세기 일본의 견당사 항로

참고문헌

茂在寅男他(1987)『遣唐使研究と史料』, 東海大学出版会.
이병로(1996)「8세기 일본의 외교와 교역」,『일본역사연구』4.
東野治之(1992)『遣唐使と正倉院』, 岩波書店.
李成市(1998)『古代東アジアの民族と国家』, 岩波書店.
王勇(1998)『唐から見た遣唐使 - 混血児たちの大唐帝国』, 講談社.
東野治之(1999)『遣唐使船 東アジアのなかで』, 朝日選書.
이성시 지음 ; 김창석 옮김(1999)『동아시아의 왕권과 교역 : 신라.발해와 정창원 보물』, 천년사.
이성시 지음 ; 박경희 옮김(2002)『만들어진 고대 : 근대 국민 국가의 동아시아 이야기』, 삼인.
専修大学·西北大学共同プロジェクト編(2005)『遣唐使の見た中国と日本 - 新発見「井真成墓誌」から何がわかるか』, 朝日新聞出版.
東野治之(2007)『遣唐使』, 岩波書店.
김은숙(2007)「7세기 동아시아의 국제 관계 : 수의 등장 이후 백제 멸망까지를 중심으로」,『한일관계사연구』26.
榎本渉(2007)『東アジア海域と日中交流 九~一四世紀』, 吉川弘文館.
森公章(2008)『遣唐使と古代日本の対外政策』, 吉川弘文館.
榎本渉(2010)『僧侶と海商たちの東シナ海』, 講談社.
小宮 秀陵(2011)「8세기 新羅·渤海의 情報伝達과 日本의 対唐外交 -遣唐使 연구의 비판적 검토를 위하여-」,『한일관계사연구』38.
이기동, 연민수 [외](2011)『8세기 동아시아의 역사상』, 동북아역사재단.
나행주(2013)「古代韓日関係(고대한일관계) 研究(연구)의 새로운 흐름 -倭国(왜국)의 第(제)3次(차) 遣唐使(견당사)와 百済(백제),新羅(신라)-」,『백제연구』58.
鄭淳一(2015)『九世紀の来航新羅人と日本列島』, 勉誠出版.

한일 관계와 국경

제9장

재당신라인의 교역과 국가권력*

1. 재당신라인의 개념

고대 황해와 동중국해를 이동하면서 상업을 한 사람들로 재당(在唐)신라인을 들 수 있다. 재당신라인이란 일반적으로 신라출신자로서 영주 혹은 장기 체류를 목적으로 당에 왕래하거나 이주하여 생업에 종사한 본인 혹은 그 직계비속(直系卑屬)을 가리키는 말이다. 재당신라인은 귀화의 유무에 따라 당에 귀화한 신라계 당인과 귀화하지 않은 신라국적의 사람으로 분류된다고 이해되어왔다. 그리고 그들은 마을의 지도자, 승려, 유학생, 당의 중앙 및 지방의 관리로 지내거나 해상 무역업에 종사하였다.

그러나 원래 재당신라인은 당이나 신라의 지배체제 밑에 있으면서 때로는 국가의 권력지배에서 벗어나 한 국가를 넘어 신라나 일본으로 이동하는 사람들을 가리키는 용어였다. 구체적으로 재당신라인은 신라의 국가권력과 밀접한 관계를 유지한 사람들과 거리를 두고 그들이 주체적으로 생활하는 모습으로 서술되었다. 즉 그들은 주로 거듭 일어난 전란이나 신라의 기근과 같은 국내 사정에 따라 당으로 이주하여 당에서 생활한 사람들이었다. 그들은 주로 농업이나 교역에 종사하면서 생계를 꾸려 생활하였는데, 특히 그들의 생활 모습 가운데서 자치를 하였거나 국경을 넘어 일본까지 교역한 모습이 강조되어왔다. 따라서 재당신라인은 원래 신라 국가와 무관한 사람들, 혹은 상당히 영향력이 약한 인물들로 그려졌다.

그러나 재당신라인이라는 용어 자체가 상당히 다양한 형태로 분화되어 그 의미가 확대되어

---

* 제9장의 내용은 小宮秀陵(2014) 「신라·발해의 당번진교섭 연구」 서울대학교 박사학위논문의 3장 및 4장을 참고하여 수정 보완한 것임.

왔다. '재당'이라는 단어가 당에 체류한다는 뜻만을 가지고 있지는 않았기 때문이다. 현재 재당신라인이라고 하면 국가권력과 밀접한 관계에 있는 사람들까지 포함된다. 예를 들어 신라인 왕자로 당에 체류한 사람들도 재당신라인이라고 부른다. 또한 이들 외교 사신과 함께 당 조정으로 파견된 사람들 역시 재당신라인으로 분류된다. 그들은 이른바 국가사업 속에서 당에 장기적으로 체류하게 된 사람들이었다. 따라서 재당신라인이라고 해도 국가의 권력지배에서 벗어나서 자주 국경을 넘어 이동한 사람들과는 또 다른 이미지로 그려지게 된다.

즉, 재당신라인이라고 해도 그 범위는 자치적으로 생활하면서 국제교역에 종사한 사람들부터 국가권력의 중추에 있으면서 그 권력자의 의지를 대변하는 역할을 한 사람들까지로 그 신분의 범위가 상당히 넓다.

이처럼 재당신라인의 다양성이 근년 주목 받고 있는 까닭은 현대사회에서 해외에서 활약하는 이른바 재외한국인의 이미지를 재당신라인에 투영하고 있다는 측면에서 찾을 수 있을 것이다. 현대 재외한국인은 그들이 겪었던 고난의 이미지와 세계의 가교로 활발하게 활약하는 이미지를 동시에 가지고 있다. 이러한 현대적인 이미지를 고대에 투영한 결과 다양한 신분의 재당신라인이 나타났던 것이라 이해된다.

다만 재당신라인의 정체성을 신라인이나 당인 중 어느 한쪽으로 간주할 수 있느냐 하는 문제에 대해서는 신중을 기해야 할 것이다. 최근 재당신라인이라고 해도 국제교역을 원활하게 수행하기 위해 가장 효과적인 국명을 표방하였음이 알려져 있다. 따라서 사료 중에 '신라인'이라고 나와도 바로 신라사람, 나아가 한국인으로 보기는 어렵다. 그 당시 활약한 사람들의 다양성에 주목하고 그들의 주체적인 모습을 복원함으로써 현대사회의 문제를 고찰하는 역사에 대한 냉정한 자세를 취하는 것이 중요할 것이다.

이처럼 다양한 재당신라인의 범주 속에서 본장에서는 주로 환황해, 환동중국해에서 활약한 재당신라인을 다루고자 한다. 여기에서의 재당신라인은 주로 바다에서 생업에 종사한 해상교역자가 될 것이다. 다만 해상교역자의 역사를 서술하는데에 있어 앞장에서 설명하였듯이 국가권력과 민간 교역자(재당신라인)의 관계에 대해 유의해야 한다. 따라서 재당신라인의 교역활동과 국가와의 관계를 위주로 정리하도록 하겠다. 우선 재당신라인의 거주지나 네트워크를 정리하고, 그 다음에 동아시아의 국가권력자와 재당신라인의 매개자로 기능한 장보고의 활동을 정리함으로써 재당신라인의 성격을 살펴보고자 한다.

2. 재당신라인의 거주 지역과 교역권

재당신라인의 기록은 중국의 역사서나 일본사료에서 확인할 수 있다. 그 중에서도 838년 일본 견당사를 수행한 승려 엔닌(円仁)이 기록한 『입당구법순례행기(入唐求法巡礼行記)』는 재당신라인의 활동을 구체적으로 알려주는 기본 사료이다. 이 책은 엔닌(円仁)이 견당사와 함께 일본에서부터 중국으로 출발하여 다시 일본으로 귀국할 때까지의 기록을 정리한 것이다. 여기에서 나타난 재당신라인들은 엔닌(円仁)의 당 순례 실현을 위해 헌신하였다. 엔닌(円仁)은 당 조정에 당 천태산(天台山)으로의 순례를 신청하였지만 허락을 받지 못했다. 그러나 그는 목표를 포기하고 일본으로 돌아 갈 수는 없다며 재당신라인의 도움을 받아 통행허가증을 얻어 오태산(五台山)으로의 순례를 실현하였다.

이처럼 엔닌(円仁)의 체험이 담긴 『입당구법순례행기(入唐求法巡礼行記)』는 재당신라인 사회의 실태와 함께 재당신라인들의 풍습이나 전통 행사 등을 전하고 있다. 이 책을 중심으로 재당신라인의 분포와 교역의 실태를 구체적으로 정리해보고자 한다.

- 산동(山東)반도 -

재당신라인의 거주 지역은 주로 산동반도와 중국동남연안부로 나뉘는데 산동반도 중 주요 거주지역은 등주(登州), 내주(萊州), 밀주(密州)이다. 등주(登州) 적산촌(赤山村)에는 적산법화원(赤山法花院)이라는 사찰이 있었는데 그곳에는 신라 승려 40명이 있었다. 또한 유산포(乳山浦)에도 재당신라인이 생활하고 있었으며 말과 나귀를 탔던 것으로 전해진다. 등주(登州)에는 신라인을 위한 게스트하우스인 '신라관(新羅館)'이 있었고 그곳에서 신라의 사신이나 상인들이 숙박하였다고 여겨진다. 이처럼 등주(登州)에서 생활하는 재당신라인을 관리한 사람들 역시 신라어와 당어에 모두 능통한 통역관 장영(張詠), 임대사(林大使), 왕훈(王訓)이었다. 그들은 재당신라인이면서도 당의 행정에도 관여하며 당에서 생활하는 신라인을 파악, 관리하였다고 이해된다.

내주(萊州), 밀주(密州)에도 재당신라인이 거주하였다. 내주(萊州)에서는 신라 양민을 납치하고, 등주(登州), 내주(萊州) 및 바닷길을 통하여 노비로 팔았다는 기록이 나타난다. 따라서 내주(萊州) 역시 신라인이 당으로 이동하는 과정에서 생활하였던 곳일 가능성이 있다. 밀주(密州)는 현재 청도 일대를 가리킨다. 이 지역은 중국동남부 연안의 재당신라인 사회와 산동반도의 재당신라인 사회를 연결하는 중계지로 기능하였다. 재당신라인 진충(陳忠)이 밀주(密州)에서 초주(楚州)로 이동하는 도중에 일본인 승려 엔닌(円仁)과 만나 그 배 삯을 비단 5필로 결정하였다는 기록이 보인다(『입당구법순례행기(入唐求法巡礼行記)』권4, 대중(大中) 원년(847) 윤3월17일).

-중국동남연안부-

재당신라인은 중국동남연안부에도 거주하고 있었다. 구체적으로 초주(楚州)·해주(海州)·양주(揚州)와 같은 곳은 서로 바닷길이나 운하로 연결된 도시나 마을이었다. 이처럼 수로를 통해 연결된 도시나 마을은 중국 장강(長江, 양자강) 남쪽까지 퍼져 있었으므로 재당신라인의 거주지 역시 소주(蘇州)·항주(杭州)·월주(越州)·명주(明州)와 같은 강남지역의 여러 도시에 있었다.

초주(楚州)는 회하(淮河, 황하와 양자강 사이에 동서로 흐르는 중국 3대 강의 하나)와 장강을 연결하는 운하 연안에 있는 도시이며 거기에서는 '신라방'이라고 불리는 신라인 거주지구가 존재하였다. 838년 일본 견당사(遣唐使)에 동행한 신라인 김정남(金正南)은 견당사의 배가 조난되어 대파한 까닭으로 초주(楚州)에서 새로운 배를 구입하려고 하였다. 이때 초주(楚州) 신라방에 거주하는 재당신라인이면서 지역의 실력자인 유신언(劉慎言)의 지원을 받았다. 유신언은 배를 구입하기 위해 초주가 아닌 연수현(漣水縣)에 있는 재당신라인을 배의 승무원으로 고용하기도 하였다. 이러한 사례는 중국 동남 연안부의 재당신라인이 수운에 종사하고 있었다는 것을 알려준다. 조금 더 자세하게 중국 동남 연안부에 있었던 '신라방(新羅坊)'의 실태에 대해 확인해 보자. '방(坊)'은 도시의 구획을 가리키는 단위이며 신라방은 신라인이 집단 거주한 한 도시 구획을 의미한다. 광주(広州)·천주(泉州)와 같은 중국 남부의 항만도시에서는 이슬람인들이 '번방(蕃坊)'이라고 불리는 구획 내 자치적인 조직을 형성하여 생활하고 있었는데, 신라방 역시 번방(蕃坊)처럼 자치적인 조직을 형성하였다. 신라방의 행정조직은 총관(惣管:총괄)-전지관(專知官:주임)-역어(訳語:통역관) 등으로 구성되었다. 재당신라인인 유신언(劉慎言)은 역어(訳語)에서 시작해 총관(惣管)까지 올라가 방의 행정을 총괄하였다. 즉, 재당신라인은 대륙 연안에 널리 거주하였는데, 주요 거주지는 산동과 회하·장강 유역이었다. 산동반도의 재당신라인들이 농업, 어업에 종사한 것에 비해, 회하 지역의 재당신라인들은 주로 수운업에 종사하였다.

-재당신라인의 네트워크와 장보고-

재당신라인은 산동반도와 회하·장강 유역 사이에서 무역에 종사하며 생계를 유지했고, 지리적으로 가까운 신라나 일본과도 교류하였다. 신라와 재당신라인과의 교류로는 장보고의 활동이 대표적이다. 그는 신라 서남해안의 해도(海島) 출신으로 신분이 낮은 자였는데, 신라사회가 혼란에 빠진 8세기 말부터 9세기 초 사이에 당으로 탈출하였다. 당에서는 지역 수장인 절도사 밑에서 군직(軍職)을 담당하였다. 820년대, 신라로 귀국한 그는 신라, 당, 일본의 지방 세력가나 중앙의 권력자와 교역하면서 황해와 동중국해 해역의 교역을 주도하였다.

산동반도 등주(登州)에는 적산법화원(赤山法華院)이라는 사찰이 있었는데, 이 사찰은 장보고가 세운 절이었다. 장보고가 적산법화원을 세운 까닭은 적산(赤山)이 신라와 산동반도를 연결하여 재당신라인들의 교역을 원활하게 추진할 수 있는 교통의 요지였기 때문이다. 이러한 교통상의 이점과 더불어 불교신앙의 거점이었기에, 적산을 재당신라인의 정신적인 기둥으로 삼고자 하는 의도도 있었다. '발해와의 전쟁에서 신라가 승리한 8월 15일의 전쟁기념축제를 이 사찰에서도 수행하고 있다'는 기록을 통해서도 신라의 사찰이라는 성격이 짙게 드러남을 알 수 있겠다. 즉 적산법화원은 재당신라인들의 물질과 정신을 뒷받침하는 시설로 건설되었다고 볼 수 있다.

장보고가 재당신라인의 정신적인 상징으로 사찰을 세울 수 있었던 것은 당시 교역에 종사하고 있던 재당신라의 활동을 그가 어느 정도 조직화하여 관리하고 있었음을 시사한다. 실제로 838년 일본에서 견당사를 파견하였을 때 승려 엔닌(円仁)은 규슈 북쪽 지쿠젠(筑前)국의 수장이 장보고 앞으로 보낸 서신을 지참하였으며, 그에게서 견당사 사신의 안전 여부를 들었다. 일본은 장보고의 해역 네트워크에 의지해서 외교 사신을 파견하려고 하였던 것이다.

이처럼 규슈 북부에 있었던 신라인과 재당신라인이 협력하여 견당사의 파견이나 당 체류를 지원하였다. 구체적으로 진술하자면 김정남(金正南)은 일본에서 활동한 신라인이며, 유신언(劉慎言)은 당에서 활동한 재당신라인이었다. 재당신라인의 활동은 동아시아 해역으로 퍼져 있었고 그것을 통괄한 사람이 장보고였다. 장보고는 한중일의 교역을 관리하였을 뿐만 아니라 동남아시아와의 물품교류에도 관여하고 있었다. 장보고가 통괄한 재당신라인 네트워크는 황해와 동중국해라는 동아시아 해역을 거점으로 동남아시아까지 바라볼 수 있는 광대한 것이었다.

3. 흥덕왕의 교역 통제정책과 장보고

신라 왕조와 재당신라인의 관계는 흥덕왕(興德王) 시기 사치품의 통제를 통해 엿볼 수 있다. 흥덕왕은 834년 교서에서 외래 사치품의 소유를 금지하였다. 당시 진골(真骨) 계급을 비롯한 귀족계층에서 사치품이 만연하고 있었기 때문이다. 구체적으로 진골 여인의 빗이나 관(冠)에 슬슬(瑟瑟)의 사용을 금지했는데, 당시 신라의 귀족이 슬슬 외에도 비취 털(翡翠毛), 공작 꼬리(孔雀尾), 대모(玳瑁), 자단(紫檀), 침향(沈香), 구수(毬毹), 탑등(毾㲪), 당나라 담요(大唐毯), 호피(虎皮) 등 다양한 물품을 장식품으로 상용하였다는 사실이 알려져 있다. 구체적으로 비취 털(翡翠毛)은 캄보디아에서 산출된 새의 털이 유명하였고, 공작 꼬리(孔雀尾)는 아프리카·동남아시아 일대의 것이었다. 대모(玳瑁)는 거북이의 껍데기(귀갑, 龜甲)로 바닷길을 통해 전해졌다. 자단(紫檀), 침향(沈香)은 주로 가구로 이용되는 목재이며, 전자는 중국 남부 및 동남아시아 등지에서 산출되었고, 후자는 인도와 대만 등지에서 산출되었다. 구수(毬毹), 탑등(毾㲪)은 양모를 주성분으로 한 페르시아(波斯)의 직물로 의자에 까는 좌구(坐具)로 이용되었다. 이러한 사치품 중 동남아시아나 인도, 파사(波斯)에서 산출된 물품이 많다는 점이 눈에 띈다. 이들 가운데 슬슬(瑟瑟)은 이란어 'Se-Se'의 한자식 표기로 에메랄드를 가리키는데, 이는 신라나 당에서 생산되지 않고 강국(康國, 서역의 한 나라, 지금의 사마르칸트 지방)이나 파사(波斯, 페르시아) 즉 이란, 타슈켄트, 터키 등에서 산출되었다.

〈그림 1〉 재당신라인의 활동 거점 지역

이러한 물품들이 사치성을 갖는 것은 명확하다. 869년 신라의 사신이 당 조정에 바친 물품 중 '슬슬로 장식된 금바늘 통(瑟瑟鈿金針筒)'이 확인됨으로, 당시 신라가 당과의 외교에서 슬슬(瑟瑟)을 활용하였음을 알 수 있다. 즉 슬슬은 당시 신라 조정이 당과의 외교에 사용할 정도로 귀중한 물품이었다고 할 수 있다. 흥덕왕은 슬슬(瑟瑟)을 비롯한 공작꼬리(孔雀尾), 비취 털(翡翠毛), 대모(玳瑁) 등 동남아시아산 물품이 너무나 사치스럽기에 소유를 금지시키려 한 것이었다.

그런데 신라는 이 슬슬(瑟瑟)을 어디에서 구했을까. 이에 관해 슬슬이 육로를 통해 타슈켄트로부터 전해졌다는 견해가 제시된 바 있다. 그러나 8세기 말 이래 중국의 하서회랑(河西回廊) 중국 감숙성 서북부의 좁고 긴 고원평지 보다 서쪽 지역은 토번에 의해 점령되어 단절된 상태였다. 게다가 슬슬(瑟瑟)은 당이 외국 왕조에 보내는 국서함을 제작할 때 사용하는 귀중품이었기 때문에 당에서도 쉽게 유통되지 않았다. 그렇다면 신라가 강국인(康國人)이나 파사인(波斯人)과 직접 거래했다고 보아야 한다. 이 때 회남(淮南)·절강(浙江)지역에서 활동하던 파사인(波斯人), 즉 페르시아인이 눈길을 끈다. 실제로 페르시아인이 양주(揚州)에 거주하고 있었고, 이 지역에 동남아시아 물품이 집적되던 상황을 고려하면 흥덕왕이 통제한 동남아시아산 물품은 회남(淮南)·절강(浙江) 지역과의 교역을 통해 입수했다고 볼 수 있다.

그렇다면 흥덕왕이 동남아시아산 물품을 통제했을 때 신라 조정의 귀족들은 페르시아 상인과 접촉하기 위해 그 사이를 연결할 매개자가 필요하였을 것이다. 이 때 매개자로 활약한 사람들이 회남(淮南)·절강(浙江) 지역에서 활동한 재당신라인이었다.

신라의 흥덕왕은 828년 해적 소탕을 명분으로 신라 중앙정계에 알려진 장보고를 대사로 삼아 완도에 청해진(淸海鎭)이라는 군사적인 근거지를 설치했다. 청해진(淸海鎭) 설치 배경에는 기근, 신라인 노비문제가 있었다. 816년 170명에 이르는 신라인이 절강성의 동부 즉 절동(浙東) 지방으로 이동하였듯 많은 신라인이 기근으로 당으로 이주하였고, 820년대까지 산동반도의 세력가나 해적들이 신라 양민을 약탈하여 노비로 파는 문제가 있었다. 신라 조정은 이러한 해역상의 문제를 해결하기 위해 청해진을 설치하였다.

그러나 청해진 설치에는 군사 이외의 목적도 있었을 것이다. 장보고는 청해진을 근거지로 삼아 사무역을 활발하게 전개하였다고 평가된다. 그런데 청해진 병사의 대부분이 사병이었음에도 장보고가 신라왕으로부터 '청해진대사(淸海鎭大使)'라는 직책을 받았던 점을 고려하면, 그의 활동이 신라 조정과 전혀 무관하게 이루어진 것은 아니다. 신라의 왕위계승 분쟁에도 깊이 관여했던 장보고는 단순한 민간 상인이 아니라 상당한 정치색을 가진 인물이라 할 수 있다.

더욱이 흥덕왕은 그 운영에도 어느 정도 영향을 끼쳤다고 보는 편이 자연스럽다. 흥덕왕이 동남아시아산 사치품의 통제를 시도하였다면, 그는 장보고를 통해 문물교섭을 통괄하고자 하였다고 볼 수 있다. 동남아시아산 물품은 그곳에서 교섭한 페르시아 상인들과 신라상인 간의 민간교역을 통해 귀족계층으로 흘러 들어가고 있었다. 신라는 이러한 물품들을 장보고를 통해 통제하고자 하였던 것이다.

한편 장보고는 흥덕왕 대 이후에도 신라 조정과 깊은 관계를 유지하였다. 836년 12월 흥덕왕이 서거함에 따라 신라에는 왕위 계승 분쟁이 발발하였는데, 김우징은 정쟁에서 패배하여 왕도 금성을 떠나 장보고가 있는 청해진으로 피신하였다. 장보고가 그를 지원하여 원군을 주었기 때문에 김우징(金祐徵)은 839년 민애왕(閔哀王)을 타도하고 신무왕(神武王)으로 즉위하게 되었다. 이러한 장보고의 활동을 보면 839년 무렵 장보고는 이전보다 신라조정의 중추에 더 깊숙이 들어가 영향력이 있는 인물로 변화해갔다고 볼 수 있을 것이다.

장보고는 흥덕왕 때의 무역 통제 체제가 유지되기를 원했을 것이다. 실제로 그는 839년 6월 청해진 병마사(兵馬使) 최훈(崔暈)을 대당매물사(大唐売物使)로 보냈다. 매물(売物)이라는 명칭에서 분명히 알 수 있듯이, 그 목적은 무역이었다. 따라서 그가 흥덕왕 사후에도 계속 무역을 중시했음을 알 수 있다. 구체적으로 그가 당과 거래한 물품들은 주로 위에서 언급한 동남아시아산 물품 외에, 대일 교역에서 거래된 동완(銅鋺), 첩자(疊子)와 같은 식기류, 마안(馬鞍)과 같은 말 관련 장식품, 그리고 이른바 일본에서 당물(唐物)로 불리는 귀족이 좋아하는 사치품 등이었다. 결국 장보고는 신라-일본-당이라는 광범위한 무역을 통제하면서 사치품을 독점하여 큰 이익을 얻었던 것이다.

그러나 841년 장보고는 피살되었다. 839년 신무왕이 급사함에 따라 그의 아들인 문성왕이 즉위하게 되는데 문성왕은 장보고의 딸을 두 번째 왕비(次妃)로 삼으려고 하였기 때문에 신분 질서에 엄격한 신라의 중앙귀족과의 대립이 심각해졌다. 귀족들은 섬 사람의 딸을 왕비로 맞을 수 없다고 했다. 결국 문성왕과 장보고의 딸의 혼인 계획은 신라 중앙귀족에 의해 수포로 들어갔고, 이에 장보고는 신라 조정에 대해 반란을 일으켰다. 그러나 장보고는 신라 조정에서 보낸 자객에 의해 암살되고 말았다.

4. 장보고 사후의 재당신라인

장보고 사후에 신라에서는 무역의 통제가 느슨해져 해적이면서 무역에도 종사하는 해상(海商)이 많아졌다. 해적들의 발호는 신라가 당(唐)에 사신을 보내는(入唐) 데에 큰 장벽이 되었다. 『삼국유사(三國遺事)』에는 887부터 897년에 걸쳐 재위한 진성여왕(眞聖女王)이 당에 사신을 파견하였을 때 해적과 갈등을 빚은 사례가 기록되어 있다. 그 내용은 진성여왕의 막내 양패가 입당하려고 하였을 때 후백제 해적이 나루와 섬에서 길을 막고 있었으므로, 50명의 궁사(弓士)를 뽑아서 따라가게 했다는 것이다. 이러한 기록으로 미루어 보아 진성여왕 대에는 사신이 입당하는데 어려움이 있었음을 알 수 있다. 실제로 893년에 진성여왕은 두 차례 사신을 당으로 파견하려고 하였지만 익사(溺死)하거나 전란 때문에 길이 막혀서 입당할 수가 없었던 것이 확인된다.

그럼에도 불구하고 진성여왕은 유학생의 파견을 꾸준히 시도하였던 것으로 보인다. 진성여왕은 891년 5월에 사신을 파견한 이후, 893년에 두 번 사신 파견을 시도하다가 실패하였고, 마침내 6년만인 897년에서야 사신을 입당시킬 수 있었다. 이 때 숙위학생 김무선(金茂先), 최환(崔渙), 최광유(崔匡裕)의 귀국과 이에 더하여 최신지(崔慎之), 김곡(金鵠) 등 학생 8명 및 기작(祈婥)과 소은(蘇恩) 등 대소수령(大小首領) 10명의 입학을 요청하였다. 또한 896년에 신라가 최예희(崔芸熙)를 양절(兩浙, 절강서의 동부 지역인 절동(浙東)과 서부지역인 절서(浙西)지역을 합해 양절이라 한다. 즉 절강성을 가리킴)지역으로 파견하고, 893년 이후 당에 사신을 보내지 못하는 상황에서 유학생의 귀국을 타진해보려 하였다.

신라가 사신을 파견할 대상으로 양절(兩浙)지역을 선택한 까닭은 재당신라인들의 활동과 밀접한 관계가 있는 것으로 보인다. 이와 관련하여 최예희(崔芸熙)가 파견된 이후인 901년에 새겨진 당무염원비(唐無染院碑)가 주목된다. 무염원은 현재 산동반도 곤유산(崑嵛山) 기슭에 위치하는데, 이 사찰을 건립할 때 신라인 김청(金淸)이 깊게 관여했다고 알려져 있다. 기록에 따르면 김청은 압아(押衙)라는 지역 수장 밑의 군직(軍職)을 지닌 신라인이며, 은수(鄞水)가 흘러가는 절강지방 주변에서 재산을 모아서 무염원에 불탑을 세웠다고 한다. 여기서 주목할 부분은 우선 첫째로는 김청이 절강지방에서 재산을 모았다는 것, 둘째로는 그가 불탑을 세웠다는 것이다.

김청이 절강지방에서 재산을 모았다는 것은 9세기말에도 여전히 재당신라인이 절강지방에서 활약하고 있었다는 사실을 알려준다. 9세기 전반에 독점적으로 교섭한 재당신라인의 해상활동은 장보고 사후 조금씩 퇴조한 반면 중국상인들의 해상활동은 점차 활발해졌다. 그러나 김청의 활동을 고려한다면 재당신라인들의 해상활동이 비록 9세기 전반만큼 활발하지는 않았지만, 9세기 말에도 이어지고 있었다고 보아야 할 것이다. 김청(金淸)의 재산축적은 당시 재당신라인이 활약한 단적인 사례라 할 수 있다.

다음은 김청이 불탑을 건립했다는 것인데, 실제로 김청(金淸)은 불탑의 건립뿐만 아니라 무염원 창건을 주도한 인물이었다는 견해가 있다. 나아가 산동 지역의 수장 왕사범(王師範)도 이 무염원의 건립에 참가하였다. 당시 산동반도 일대에서는 주전충과 회남(淮南) 지역 수장 양행밀(楊行密)이 세력을 다투며 전란이 벌어지고 있었는데, 897년에는 주전충(朱全忠)이 산동반도에 있는 대부분의 주요도시를 장악하였고, 왕사범은 오직 청주(靑州) 일대만을 보유하였다. 이러한 전란으로 인해 재당신라인들이 입은 피해는 매우 컸을 것이며, 따라서 이들을 공양(供養)하거나 위로하려는 목적으로 무염원이 건립되었다고 생각된다.

또 하나 주목해야할 것은 당시 양절 지역 수장이었던 전류(錢鏐)가 공덕시주(功德施主)로 이 비석에 기록되어 있다는 점이다. 전류(錢鏐)가 자기의 지배 지역과 떨어진 산동반도에 위치한 사찰의 건립까지 참여했다는 것은 특별한 이유가 있었으리라 생각된다. 그 이유는 무역에서 찾을 수 있다. 실제로 9세기 후반까지는 양주(揚州)가 회남(淮南)지역의 항구 역할을 하며 번성하였는데, 892년 전란에 휘말리게 되면서 쇠퇴하였다. 이에 전류는 전란을 피해 명주 지역으로 온 난민을 포섭하고 무역을 활성화하기 위해 항주에 나성(羅城)을 건립하여 양절지역을 정비하였다. 이러한 상황은 페르시아 상인 등 해외 상인들이 양주에서 박해를 받아 명주와 항주로 이동하였고, 양주에 집적되는 물품들도 그들과 함께 이동하였다는 사실에서도 짐작할 수 있다.

따라서 당시 절강지방에서 활동했던 김청을 비롯한 재당신라인의 무역 활동에 따른 안전은 전류의 상인보호 정책에 의해 보장되었다고 볼 수 있다. 즉 무염원 창건의 가장 중요한 목적은 공양과 위로였을 것이지만, 그 이면에는 재당신라인인 김청과 전류가 무역을 원활하게 추진하고자 하는 의도가 있었을 것이다.

5. 재당신라인의 성격

앞 장에서는 재당신라인의 활동을 통하여 국가권력과 민중의 경계를 서술하였다. 중국의 산동반도와 동남연안부에서는 재당신라인이라고 불리는 사람들이 수운을 이용한 생업에 종사하였다. 그들 중 가장 유명한 사람은 장보고이다. 장보고는 재당신라인을 통괄하면서 적산법화원(赤山法華院)과 청해진을 설치하고, 일본견당사의 파견과 당 체류도 지원함으로써 당, 일본, 신라라는 황해, 동중국해 연안의 국가들 간의 교류에 관여하였다. 당시 신라 흥덕왕은 장보고에게 청해진의 설치를 지시함으로써 재당신라인의 활동을 통괄하고 민간 무역을 통해 동남아시아산의 물품이 신라에 유입되는 문제를 해결하려고 하였다. 장보고 사후 재당신라인의 활동은 축소되지만, 재당신라인 김청의 당무염원비(唐無染院碑) 건립 사례를 통해 9세기말부터 10세기 초까지 여전히 재당신라인이 활약하고 있었던 것을 알 수 있다.

이처럼 동아시아 해역에서 활약한 재당신라인은 때로는 신라나 일본의 국가 정책에 긴밀하게 관여하였고, 당에서는 지역 지배에 관여하기도 하였다. 다만 그들이 조정이라는 국가권력자들에 적극적으로 대항하였던 모습은 거의 나타나지 않는다. 물론 장보고는 신라 조정의 중심에 가까워지려다 암살되었다. 그러나 장보고는 신라인의 노비 문제 등을 해결하려고 힘을 키웠고, 그러한 맥락에서 청해진을 설치하였다. 장보고는 그가 피살되기 3~4년 정도 전부터 신라 조정과 깊은 관계를 유지하였는데, 이때 신라 조정이 장보고의 힘에 기대었기 때문에 장보고는 정쟁에 휘말리게 되었던 것이다. 따라서 장보고와 신라 조정과의 대립은 갑작스러운 사건으로 보아야 할 것이며, 장보고가 적극적으로 대항하였다고 보기는 어려울 것이다.

오히려 장보고를 비롯한 재당신라인들은 해역을 거점으로 국가를 벗어나, 신라-당-일본 뿐만 아니라 페르시아까지 퍼져가는 네트워크를 잘 살려서 국가와 국가 간의 교섭을 도와주었고, 국가의 교역통제를 잘 활용하여 생활하였다. 재당신라인들은 국가의 보호를 받아야 이 네트워크를 살릴 수 있다는 것을 잘 알고 있었을 것이다. 그러므로 그들은 적극적으로 조정과 대항하는 모습은 보여주지 않았고, 단지 평화로운 교역의 유지에 전념하였던 것이다. 결국 재당신라인이란 동아시아 각국의 지배와 피지배라는 신분 구도에 구애받지 않고, 국경을 넘어 이동하는 사람들의 생활을 가장 우선으로 생각해서 활동하였던 지혜자로 평가할 수 있다.

재당신라인의 해역아시아 네트워크는 신라의 멸망 이후에도 기능하였다. 10세기 이후, 고려, 송, 일본의 상인들은 황해나 동중국해를 이용해서 교역을 하였는데, 이 때 거래한 도시, 마을이 재당신라인들이 생활한 지역들이었다. 구체적으로 명주(明州)는 현재 중국의 영파(寧波) 지역에 해당되는데, 그곳은 송대 일본 상인이 왕래하였던 지역이며, 명(明)-류큐(琉球) 외교에서도 동남아시아나 포르투갈 상인들이 왕래하는 중요한 도시로 기능하였다. 결국 재당신라인이 사용한 국제교역의 공간은 그 이후에도 중요한 항구 및 교역의 장으로 기능하였다고 볼 수 있다.

6. 역사 서술과 국경 재고

마지막으로 역사 속의 국경에 대해 다시 생각해보고자 한다. 우선 앞장에서 서술한 실태에 대해 다시 정리해보자. 일본의 국경에서는 에미시와 류큐(琉球)가 대립과 융합의 역사를 보여주었다. 전근대에서 국경이라는 것은 공간이었고 그곳에서 생활하고 있는 사람들은 동아시아 세계에서 서로 다른 문화권을 연결하는 매개자로 기능하였다. 이러한 교류는 국가 대 국가의 교섭에서도 마찬가지다. 당일외교에서는 한국고대국가들이 매개자로 기능하였고, 황해와 동중국해라는 해역을 통해 당일외교가 이루어졌다. 그 실태를 보면 재당신라인과 일본의 국가권력자가 서로 협력하면서 일본의 대당외교가 원활하게 수행될 수 있도록 환경을 마련하였던 것이다. 다만 재당신라인은 당을 넘어 일본이나 신라로 이동하면서 교역에 종사하였는데 국가권력과 대립하는 것이 아니라 이들 국가권력을 잘 활용해서 생활하였다. 재당신라인은 큰 해역에서 활약할 수 있는 지혜를 생각해냈고, 그것을 바탕으로 생활하였던 것이다.

이처럼 고대 국가와 국경의 관계를 볼 때 유의해야 할 점은 국경 지역에서 생활하고 있는 사람들의 정체성이다. 재당신라인은 신라와 당과 같은 국가권력자의 동향을 잘 살피면서도 자기들의 네트워크나 생업의 유지를 우선적으로 생각하고 있었다. 따라서 쉽게 신라인, 당인과 같이 이율배반적으로 분류하기는 어려울 것이다. 그들은 신라와 당의 지배방식을 잘 살리면서도 한중일 뿐만 아니라 동남아시아의 사람들과 교류한 경계인·국제인이라고 할 수 있다. 따라서 재당신라인이라는 그 자체에서 주체성을 찾아야 할 것이다.

그러나 지금까지 재당신라인의 역사를 신라나 당이라는 국가사의 한 측면으로 설명하는 경우가 많았다. 장보고가 세운 사찰은 신라인의 풍습을 남긴 공간이었으므로 신라와의 유사성이 강조되는데, 당연히 신라에서는 나타나지 않고 재당신라인만 가지고 있는 풍습도 있었을 것이다. 그러한 측면에서 재조명하고 역사를 서술해야 할 것이다. 일본사에서도 재당신라인에 관한 연구가 이루어져 있는데, 이들의 기술은 거의 대표적인 일본인으로 엔닌(円仁)의 행적을 서술하거나 일본견당사의 동향과 재당신라인을 관련지어 서술하는 것에 그친다. 이러한 문맥에서는 재당신라인으로 활약한 장보고는 엔닌(円仁)의 후원자로 서술되고 또한 일본견당사에 도움을 준 인물로만 나타난다. 즉, 일본사의 맥락에서 서술되어 있다는 점에서 국사의 틀에서 벗어나지 못하고 있다.

위와 같은 국사의 틀을 벗어나서 재당신라인의 역사를 서술하기 위해서는 한국, 중국, 일본과 같은 국사의 틀이 아니라 동아시아나 동북아시아와 같은 광역세계에서 재당신라인의 특징을 파악해보아야 할 것이다.

국가와 다른 광역세계에서 경계자의 역사를 서술하는 것은 국사의 틀에 갇히지 않고 보다 다양한 역사를 만드는 기회를 제공해 줄 것이다. 구체적으로는 재일외국인이나 재한외국인, 그리고 그들의 2세, 3세의 자손처럼 소속 국적에 구애받지 않고 그들 입장을 살려서 생활하는 사람들 입장에서 역사를 서술하는 일은 다양한 역사서술을 불러올 수 있는 실마리가 될 것이다. 기존의 역사 서술에서는 국가권력의 역사에 집중하였으므로 경계자의 역사는 대부분 주체성을 가지고 서술되지 않았다. 그러나 경계자는 적극적으로 생활의 기회를 찾아 국경을 넘어 생업에 종사하였으므로, 주체적으로 그들의 역사를 서술한다면 그들의 활동범위를 바탕으로 한 새로운 광역 세계도 설정할 수 있을 것이다.

마지막으로 이들 경계자에 대한 역사서술의 현대 사회적인 의의를 서술하고 본장을 마무리한다. 현재 한반도와 일본 열도는 LCC(Low Cost Carrier, 저가항공)의 증가로 쉽게 이동할 수 있게 되었고, 한국인과 일본인의 교류도 보다 활발하게 이루어지고 있다. 한류(韓流)나 일류(日流)와 같은 양국의 붐을 통해 양국의 상징이 되는 음악, 드라마 등이 전해지는데, 한일 교류는 이러한 흐름으로만 이루어지는 것은 아니다. 한국과 일본이라는 국가 대 국가의 교류형태가 아니라 한국의 대구와 일본의 히로시마처럼 지역 간의 교류도 증가하고 있는 추세이다. 이러한 교류를 통해 지역 특유의 사투리나 생활방식을 체험함으로써 국가라는 틀을 벗어나서 지역 간의 정체성으로 변화하고 있다는 것을 알 수 있을 것이다. 이처럼 세분화된 지역끼리의 교류와 동시에 세계무대에서의 교류도 많아지고 있다. 즉, 미국이나 호주, 유럽 등 제3국에서도 한일 양국의 교류가 많이 이루어지고 있다. 세계 무대에서의 교류 역시 국가라는 틀에 구애받지 않는 개인과 개인의 교류라는 측면의 중요성을 알려줄 것이다.

글로벌 시대에 역사를 서술하는 의미를 생각할 때, 미시적 혹은 거시적으로 경계자의 역사를 서술하면서 현대 사회가 안고 있는 문제에 접근하는 일은, 국경을 초월한 새로운 역사 서술 방법으로 기대될 수 있을 것이다.

⟨표 1⟩ 관련 연표

서력	사건
810~820년대	중국 산동반도의 세력가나 해적들이 신라 양민을 약탈하여 노비로 매매함.
816	신라인 170명이 기근으로 인해 중국 절동(浙東) 지방으로 이주함.
820	당 상인 이소정(李少貞)이 데와(出羽)국에 표착함.
828	흥덕왕이 해적 소탕을 명분으로 장보고를 대사로 삼아 청해진(淸海鎭)을 설치함.
834	흥덕왕이 귀족의 외래 사치품 소유 금지령을 내림.
836	흥덕왕이 서거함. 희강왕(僖康王)이 즉위함.
838	희강왕(僖康王)이 자살함. 민애왕(閔哀王)이 즉위함.
838	일본이 견당사를 파견함. 승려 엔닌(円仁)이 동행함.
839	김우징(金祐徵)이 민애왕(閔哀王)을 타도하고 신무왕(神武王)으로 즉위함.
839.6	장보고의 부하인 청해진(淸海鎭) 병마사(兵馬使) 최훈(崔暈)을 대당매물사(大唐売物使)로 당에 보내 교역하게 함.
839.?	신무왕(神武王)이 급사함. 문성왕(文聖王)이 즉위함.
841	장보고가 피살됨.
842	이소정(李少貞)이 장보고의 암살을 일본으로 전함.
869	신라가 당으로 사신을 보내 '슬슬로 장식된 금바늘 통(瑟瑟鈿金針筒)'을 바침.
887	진성여왕(眞聖女王)이 즉위함.
891	진성여왕(眞聖女王)이 당으로 사신을 파견함.
892	양주(揚州)가 전란에 휘말리게 됨.
893	진성여왕(眞聖女王)이 두 번 대당외교 사신 파견을 시도하다가 실패함.
896	신라가 최예희(崔芸熙)를 양절(兩浙)지역으로 파견함.
897	897년에는 주전충(朱全忠)이 산동반도에 있는 대부분의 주요도시를 장악함.
901	당무염원비(唐無染院碑)가 새겨짐. 당시 재당 신라인 김청(金淸)이 활약함.
907	전류(錢鏐)가 오월(吳越)국을 세움.

참고문헌

이기백(1974)『新羅政治社会史研究』, 일조각.
이용범(1976)『中世 東北亜細亜史 研究』, 亜細亜文化社.
김문경(1986)『唐代의 社会와 宗教』, 숭실대학교 출판부.
무함마드 깐수(1992)『新羅西域交流史』, 단국대학교출판부.
李炳魯(1993)「九世紀初期における『環シナ海貿易圈』の考察」『神戸大学史学年報』8.
이기동(1997)『新羅 社会史 研究』, 一潮閣.
金文経(1997)『張保皐研究』, 연경문화사.
山内晋次(2003)『奈良平安期の日本とアジア』, 吉川弘文館.
古瀬奈津子(2003)『遣唐使の見た中国』, 吉川弘文館.
金文経(2006)『9세기 후반 신라인의 해상활동』, 재단법인 해상왕장보고기념사업회.
고경석(2006)「清海鎮 張保皐勢力 研究」, 서울대학교 국사학과 박사학위논문.
윤재운(2006)『한국 고대무역사 연구』, 경인문화사.
佐伯有清(2007)『最後の遣唐使』, 講談社学術文庫.
榎本渉(2007)『東アジア海域と日中交流 九～一四世紀』, 吉川弘文館.
권덕영(2005)『재당 신라인사회 연구』, 일조각.
권덕영(2012)『신라의 바다 황해』, 일조각.
渡邊誠(2012)『平安時代貿易管理制度史の研究』, 思文閣出版.
田中史生(2012)『国際交易と古代日本』, 吉川弘文館.
한국해양재단 [편](2013)『한국해양사. 1, 남북국시대』, 한국해양재단.
小宮秀陵(2014)「신라·발해의 대당번진교섭 연구」, 서울대학교 국사학과 박사학위논문.
田中史生(2015)『国際交易の古代列島』, 角川出版社.

제IV부

사회·문화와 국경

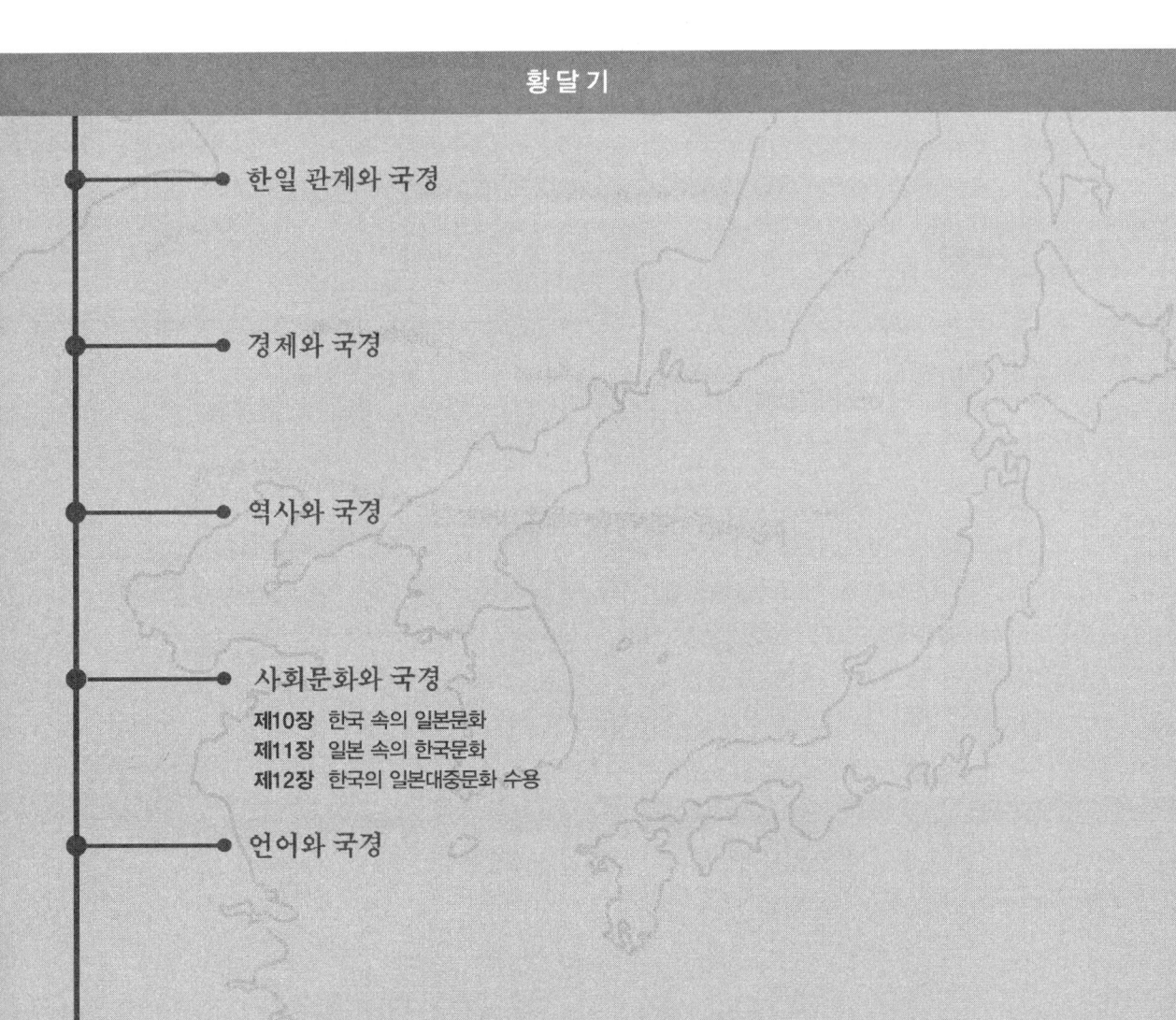

황달기

- 한일 관계와 국경
- 경제와 국경
- 역사와 국경
- 사회문화와 국경
  제10장 한국 속의 일본문화
  제11장 일본 속의 한국문화
  제12장 한국의 일본대중문화 수용
- 언어와 국경

한일 관계와 국경

제10장

한국 속의 일본문화*

― 한일문화의 대비와 조화를 위한 '한일우호촌'의 가능성 ―

• • • •

1990년대 초 지방자치제가 본격적으로 도입되면서, 그 동안 중앙의 획일적인 통제와 관리 하에 주변부로 남아 있던 각 지방이 다양한 아이디어를 근거로 지역활성화 사업에 적극적으로 뛰어들기 시작했다. 안동을 중심으로 한 유교문화권개발이나 고령을 중심으로 한 가야문화권 개발이 그 좋은 본보기이며(경상북도 2001), 1999년 초에 제기된 대구시 가창면 우록리의 '한일우 호촌 조성안'에 대한 여러 갈래의 논의들도 같은 맥락에서 이해할 수 있다. 한국을 대표하는 대도시로서 비교적 보수적이며 국제적인 이미지 면에서 다소 뒤떨어졌다고 평가되는 대구지 역의 이미지를 감안하면 대단히 파격적이며 획기적인 발상이라고 할 수 있다.

이러한 논의는 1997년 11월, 2002년 월드컵의 한일공동개최가 결정된 후 우리사회에 일기 시작한 일본에 대한 우호적인 분위기에서 촉발된 것이며, 나아가 월드컵이나 유니버시아드 대 회와 같은 대규모의 국제행사를 앞두고, 지역에 이렇다 할 국제적인 관광명소가 없다는 현실 적 자각이 한 몫을 했을 것으로 판단된다. 이 뿐만이 아니다. 1999년 2월에 글쓴이가 대한관광 경영학회에서 발표한 일본 미야자키현 낭고손(南鄕村)의 '백제마을 조성사업'에 대한 정보가 자 세히 공개되면서, 보다 적극적이며 다양한 논의들이 시작되면서 구체적 방안까지 본격적으로 검토되기 시작했다고 볼 수 있다. 위에서 언급한 영남일보사의 국제심포지엄에 낭고손의 촌장 (村長)이 발표자로 초청된 사실이 이를 뒷받침하고 있다.

대구시에서도 지역의 이러한 논의들을 적극적으로 수렴하여 1999년 '우록리의 한일우호촌 조성안'을 제4차 국토개획 중, 대구권 개발방안으로 국토개발연구원에 제출하게 된다(녹동서원

---

* 이 글은 「'우록리 한일우호촌' 조성의 필요성과 그 구체적 방안」(2004, 『일본어문학』26, 일본어문학회, pp.469-560)을 '한국 속의 일본문화'라는 주제에 맞게 약간 수정하고 보완한 것이다.

2000: 106). 그러나 17년이 지난 2016년 12월 현재까지 우록리에는 그 어떤 가시적인 변화도 포착되지 않고 있다. 그 때의 수많은 논의들이 '조성계획'이라는 보따리 속에서 깊은 잠을 자고 있는 것이다.

이 글은 그 동안 여러 갈래로 논의되어 왔으나 별 다른 진전을 보지 못하고 있는 '우록리 한일우호촌 조성사업'을 촉진하고, 초국적(超国的, transnational) 문화의 생산고 소비가 활성화되고 있는 현재의 상황에서 한일 간 문화의 조화와 융합의 가능성을 탐색하기 위한 하나의 구체적 방안으로서 가칭 '한일우호촌'에 대해 살펴보고자 한다.

1. 한일우호촌 조성의 필요성

1) 과거청산과 새로운 한일관계의 정립

한일관계는 고대 백제를 중심으로 한 불교와 한자 등의 문화전파에서 보는 것처럼 대단히 우호적인 관계에서 출발했다. 그 후 통일신라와 고려시대를 거치는 동안 별다른 진전 없이 소원한 관계로 이어지다가, 1592년 전 국토가 전장화 되는 임진왜란을 겪으면서 대단히 부정적인 관계로 변화되었다. 임진왜란은 그 동안 일본에 대한 문화전수국으로서의 자존심과 긍지에 씻을 수 없는 상처를 남겼으며, 지금까지 한국인들의 마음 속 깊은 곳에 일본에 대한 부정적 인식이 자리 잡는 결정적 계기가 되었다.

이러한 일본에 대한 부정적인 역사인식은 그 후 차츰 사라지는 듯 했다. 그러나 1910년에 시작된 일본의 식민지지배는 불행하게도 아직도 그 수많은 피해자가 생존해 있을 정도로, 생생히 기억되어 살아 숨 쉬는 또 다른 형태의 일본에 대한 증오와 배척의 반일정신을 심어주고 말았다. 1965년 한일국교정상화 이후, 여러 정치외교적 통로를 통해 끊임없는 교류를 촉진시킨 결과, 한국인의 일본에 대한 부정적 인식은 상당한 부분 개선되는 성과를 올리기도 했다. 특히 1970년대 이후 한국의 급격한 경제성장으로 일본과의 민간차원의 경제적 교류가 활발하게 이루지면서, 역사적 앙금이나 감정 등이 표면적인 일상적 삶 속에서는 크게 부각되지 않았다. 그러나 가끔 과거사에 대한 일본정부 지도자들의 발언이 문제되어, 식민지배에 대한 진정한 반성과 사과를 요구하는 움직임이 여러 경로를 통해 강력하게 표출되기도 했다.

이상과 같이 결코 순탄하지 못했던 한일관계는 1998년 10월 김대중 대통령의 일본방문을 통해, 이제 더 이상 과거사 문제는 정치외교적 문제로 쟁점화하지 않겠다는 다짐과 함께, 지금까지 보이지 않았던 일본 측의 진정한 반성과 사과를 받아내는 것으로 새로운 전기를 맞이하게 되었다. 이는 '2002년 월드컵 공동개최'라는 세계적인 대축제를 앞두고, 새로운 형태의 한일 간 상호이해와 협력이 요구되는 시점에서 나온 것으로 대단히 고무적인 일이라 할 수 있다. 특히, 1997년 IMF 외환위기와 같은 한국을 비롯한 아시아의 경제위기는 미국 중심의 세계경제체제에 대한 한일 공동대응의 필요성이 더욱 강조되는 계기가 되었다. 한편, 같은 맥락에서 유럽공동체가 단일통화인 '유로화'를 출범시키자, 이에 자극을 받은 아시아 국가들에 의해 일본과 한국을 중심으로 한 아시아의 경제블록화도 조심스럽게 제기되고 있다. 다시 말해 일본이나 한국은 달러와 유로화의 양대 세계경제체제에 적극적으로 대응하기 위해 공동연대를 모색할 필요성이 대두된 것이다. 따라서 과거 어느 때보다 정치외교적으로나 경제적으로 한일 상호이해를 바탕으로 한 바람직한 동반자적 관계의 정립이 절실히 요구되는 때라고 할 수 있다.

과거의 불행했던 역사도 따지고 보면, 서로에 대한 이해부족에서 비롯되었다고 할 수 있다. 따라서 2002년 월드컵 공동개최를 계기로 한층 더 성숙해진 한일관계를 뒷받침하기 위한 구체적이며 실질적인 한일 간 상호이해와 교류를 위한 사업을 추진할 필요가 있다 하겠다. 이를 계기로 보다 폭넓은 상호이해와 교류가 이루어져 불행했던 과거를 말끔히 청산하고, 21세기의 새로운 한일관계의 정립에 초석을 다져야 할 것이다. 이는 양국의 다양한 이질성에 근거한 정치적, 경제적, 사회적, 문화적인 경계를 허무는 작업으로서, 진정한 의미에서의 조화와 통합을 촉진할 것이다. 그러기 위해서는 한국과 일본을 이어줄 수 있는 새로운 매개체가 필요하며, 이 매개체는 정부나 행정이 주도하는 지금까지의 대형 이벤트나 개발 프로젝트가 아닌 민간의 지혜와 삶이 함께 어우러져 살아 숨 쉬는 삶의 현장을 보다 세련되게 연출하고 디자인할 수 있는 지역개발의 형태가 바람직하다. 이 글에서 제안하는 우록리의 '한일우호촌'이야말로 바로 그러한 매개체의 가장 바람직한 형태라고 할 수 있다.

2) 아시아적 가치의 공유와 확대

아시아의 근대화는 일본을 선두로 한국과 대만, 싱가포르, 홍콩 등 4개 신흥공업국가가 그 뒤를 이었다. 한 때 세계의 주목을 받던 4개의 신흥공업국가 중, 1997년 말에 시작된 한국의 경제위기는 단순히 일개 국가의 위기로 끝난 것이 아니라, 세계경제체제의 성격상 일본이나 다른 아시아 국가들에게도 심각한 영향을 미쳤다. 특히, 일본은 1990년대 중반에 시작된 버블경제의 붕괴로 내수부진과 고용불안 등, 구조조정을 착실히 진행하던 중에 아시아의 경제위기를 맞이했으며, 산업구조상 아시아 여러 국가들에 절대적으로 의존하고 있는 경제구조가 더욱 어려운 상황을 맞이하게 된 것이다. 대만이나 홍콩 등 나머지 3개국도 경제성장률의 둔화나 고용불안 등 선진국 문턱에서 불안한 상태를 보이고 있었다.

여기서, 우리가 주목해야 할 점은, 일본은 말할 것도 없거니와 다른 아시아 국가들의 근대화가 바로 유럽이나 미국을 모델로 한 이른바 '서구화'라는 사실이다. 각 민족 고유의 관습이나 가치 등의 문화를 바탕으로, 서양의 문물이나 제도를 자신들의 풍토에 맞게 취사선택하여 자기 것으로 만드는 데에 실패한 것이다. 이미 많은 전문가들이 주장하고 있는 것처럼, 아시아 국가들의 무분별한 서구화는 각 국민들의 의식구조나 사고형태에도 엄청난 영향을 미쳤으며, 결국 '나는 누구인가?'하는 정체성의 위기가 바로 경제위기로 나타난 것이다. 이러한 상황에서 한국과 일본에서 동시에 일어나고 있는 것이 바로 근대화 이전의 전통사회(한국은 조선시대, 일본은 에도시대)에서 기능했던 삶의 가치나 문화에 대한 새로운 인식과 평가이다. 서양과는 다른 한국적이며 일본적인 가치의 재인식과 창조적 계승을 통해 '비정한 도시'로 대표되는 산업사회의 비인간화나 인간소외, 정신의 황폐화를 슬기롭게 극복할 수 있는 지혜를 찾아보자는 움직임이다.

그 동안 한국과 일본의 대가족제도하의 가부장적 권위나 마을공동체내의 타자지향의 질서의식, 문중이나 '도조쿠(同族)'과 같은 혈연공동체와 계(契)나 '코(講)' 조직과 같은 자기희생적이며 화합을 중시하는 집단주의 의식 등이 서양의 자유와 평등, 개성중시, 합리적 사고 등에 비해 뒤떨어지고 열등한 것으로 치부되었다. 21세기의 후기산업사회가 나아갈 방향은 누가 뭐라고 해도, 자연과의 공생을 통한 환경친화적 삶의 방식을 바탕으로, 혈연과 지연의 공동체적 삶의 가치를 통해 인간성을 회복하는 것이라고 할 수 있다. 지금까지 '전근대적'이며 '봉건적 잔재'로서 부정적으로 평가되던 촌락공동체에 기반을 둔 인정과 은혜, 화합, 자기희생을 바탕으로 하는 아시아적 삶의 가치가 21세기에 요구되는 인류사회의 보편적 가치로 새롭게 주목을 받을 것이다. 따라서 한일 양국의 전통적 삶의 가치와 현대적 삶의 방식을 폭넓고 깊이 있게 보여주며, 상호교류를 통해 공유하며, 한일 간 경계를 넘어 세계로 널리 유포할 수 있는 거점을 마련하는 것이 시급하다고 하겠다.

3) 국제적 문화교류의 정보발신 기지

다가오는 21세기에는 국가 간 지역 간 인적·물적 교류의 양적 확대와 인터넷 등의 정보산업의 급속한 발달로 범지구화와 무국경시대가 도래할 것이다. 이러한 지구적 규모의 인적·물적 교류는 이문화간(異文化間) 커뮤니케이션을 필연적으로 수반하는 국제적 문화교류를 폭발적으로 증가시키게 될 것이다. 한국과 일본은 지정학적 위치와 언어·문화적 유사성, 상대적으로 많이 축적된 민간교류의 역사로 보아, 가까운 장래에 지금까지 '가깝고도 먼 나라'에서 '가까워서 친한 나라'로 탈바꿈하게 될 것이다. 그 동안 일본에 대한 한국 국민들의 정서를 감안하여 굳게 닫아두었던 일본대중문화의 빗장이 1998년 말을 기점으로 부분적으로 열리기 시작하여, 2004년 초 완전 개방된 것도 한국인의 부정적 일본인식을 개선하는 데에 크게 도움이 되었다.

진정한 의미에서의 '가까워서 친한 나라'가 되기 위해서는 우선 이문화간 커뮤니케이션의 차이와 간격을 극복할 수 있는 다양한 민간차원의 문화교류가 선행되어야 하며, 그 내용 또한 민족적 이데올로기나 문화적 주체성에 근거한 경계성을 부추기는 것이 아니라, 아시아적 삶의 가치를 공유하면서 인류문화의 보편성을 추구할 수 있는 조화와 통합성을 강조하는 것이어야 한다. 문화교류의 주체도 종래의 전문 작가나 예술가들의 고급문화 중심에서 탈피하여, 초등학생들의 만화 그리기에서 노인들의 게이트볼대회에 이르기까지 보다 대중적이며 저변을 확대할 수 있는 주체들이 중심에 서야 할 것이다. 이러한 관점에서 한일 양국 정상회담의 합의사항으로서 1993년 이래 지속되고 있는 미래지향적 한일관계를 구축하기 위한 청소년 교류사업은 한일민간교류의 차세대 전문가를 육성하고, 기존의 인식틀에서 벗어난 새로운 한일 간 이해와 신뢰기반을 쌓아 가는 데에 대단히 중요한 역할을 하고 있다.

지금까지의 한일 간 민간교류는 일본인들의 소그룹 중심의 단체관광과 재일동포들의 고향방문, 한국인들의 아주 제한된 일본유학이나 산업연수 등이 주류를 이루고 있었으나, 이제부터는 양국 국민들이 함께 생각하고, 말하고, 느끼고, 체험하는 보다 복합적인 교류가 중심이 되어야 한다. 그러자면, 전혀 새로운 민간교류의 모델을 개발하여 추진할 필요성이 제기된다. 바로 '한일우호촌'과 같은 민간의 다양한 삶의 방식이 일상적으로 전시되며, 짜임새 있게 개발된 교류프로그램을 운영할 수 있는 최소한의 인원과 시설을 보유한 개성 있는 '지역사회'가 절실히 요구된다는 말이다. 이러한 특정 지역사회를 통해 한일문화교류 사업을 지속적으로 추진하여 새로운 민간교류의 패러다임을 창출한 다음, 이것을 필요로 하는 다른 단체나 기구에 정보를 발신해야 할 것이다. 다시 말해, 국제적 문화교류의 정보발신기지로서의 역할이 필요하다는 말이다.

2. 대구시 우록리에 설립해야 하는 이유

1) 임진왜란과 일본인 무장 '사야가(沙也可)'

우록리는 대구 도심에서 그리 멀지 않는 대구시 달성군 가창면 소재지에서 오른 쪽으로 2㎞쯤 들어간 곳에 있다. 대구 도심의 어수선하고 시끌벅적한 분위기를 뒤로하고, 가창과 청도 쪽으로 시원하게 뚫린 왕복 4차선 도로를 따라 약 30분 정도 달리다 보면, 도로를 가운데에 두고 양옆으로 집들이 늘어선 작은 마을이 나오는데 이곳이 가창면 소재지이다. 여기서 '녹동서원'이라는 이정표를 따라 오른 쪽으로 꺾어 들어가면 제법 큰 산간마을이 나온다. 이곳이 1592년 임진왜란 당시 조선에 투항·귀화한 사야가(沙也可)와 그 후손들의 전설과도 같은 400여 년의 삶의 역사가 고이 간직된 현장 바로 우록리이다.

대도시의 따분한 일상적 삶을 뒤로 한 탓일까, 유별나게 한가롭고 평화로운 전원적 풍경이 사람들의 마음을 사로잡는다. 그래서 '사슴과 벗하며 노는 곳'이라 하여 '우록(友鹿)'이라 했던 가. 마을로 들어오는 북쪽을 제외하면, 나머지 삼면이 모두 산으로 둘러싸여 깊은 산촌을 연상하게 하는 전경이 오가는 이들의 마음을 설레게 하지만, 마을입구 오른쪽에 자리 잡은 녹동서원(鹿洞書院)의 고풍스러운 자태에 발길을 멈추고, 비석에 써진 글귀를 하나하나 읽어내려 가다 보면, 잊혀진 400여 년 전 임진왜란의 모진 풍상이 새로운 전설과 교훈으로 자리 잡은 유서 깊은 마을이라는 것을 알게 된다. 이곳을 찾는 사람이면 누구나 "한국에 이런 곳이 있었구나!"하고 깜짝 놀라게 될 것이다.

사야가는 1592년 임진왜란 당시 조선문물에 대한 경외심과 도요토미 히데요시(豊臣秀吉)의 조선침략에 대한 회의 끝에 전투수행을 포기하고, 경상도 병마절도사 박진에게 투항·귀화한 왜군의 선봉장이다. 일본명은 사야가(沙也可)이며, 호는 모하당(慕夏堂), 조선의 이름은 김충선(金忠善)이다. 그는 귀화 후 조선에 조총과 화약제조 비법을 전해주고, 임진왜란과 정유재란(27세) 등에서 큰 공을 세우니, 선조가 성명과 자(字), 관향(貫鄕)을 하사했다. 그리고 33-43세까지 북방에서 외적을 막는 일에 종사했으며, 이괄의 난(54세)과 병자호란(66세)에도 큰 공을 세워 광해군으로부터 정2품의 벼슬을 하사받았다. 병자호란이 끝나자 우록리로 내려와 사슴과 벗하며, 가훈과 향약을 지어 자손을 훈도하고 주민을 계몽함으로써 살기 좋은 마을만들기에 전념하다 1642년 72세의 나이로 세상을 떠났다(녹동서원 2000: 90-91). 그 후 사야가는 '모하당 김충선'이란 이름으로 일컬어지게 되었으며, 슬하에 5남 1녀를 두어, 오늘날 후손이 5천여 명에 이르는 사성김해(賜姓金海) 김 씨의 시조가 된다. 그의 글을 모은 〈모하당문집〉이 전하고 있으며, 유림이 지어준 녹동서원이 남아 있다. 녹동서원은 모하당 김충선을 추모하기 위해 정조 13년(1789년)에 세웠으며, 1884년 대원군의 서원철폐령으로 헐리는 수모를 겪다 1914년 복원되었다. 그 후 지난 1972년에 지금의 장소로 확장·이전되었다(녹동서원 2000: 104-105).

전쟁이란 대개 몇 사람의 정치지도자들의 허울 좋은 명분과 개인적 오만이나 야욕에 의해 수많은 사람들의 귀중한 생명을 담보로 치러지는 인간성 말살행위이다. 전쟁터에 나서는 모든 사람들을 집단적 광기로 내몰며, 합리적 이성과 인간존중의 순수성이 벼랑으로 몰리는 참담한 상황에서, 22살의 혈기왕성한 일본 장수 사야가가 내린 외로운 결단이 마침내 이국 땅 우록의 사성김해 김 씨 탄생의 장대한 역사의 초석이 되었다.

지난 1970년대까지 우록에는 80세대 가량의 우록 김 씨들이 시조 사야가의 평화애호와 주민계몽의 숭고한 정신을 받들며 공동체적 삶을 일구어온 집성촌(集姓村)이었으나, 그 후 급격한 도시화와 산업화로 상당수가 도시로 빠져나가고, 지금은 60여 세대만이 잊혀 질 뻔했던 400년 역사의 산 증인으로서 한국과 일본에서 각각 새로운 의미를 획득하며 힘차게 부활하고 있다.

2) 사야가(모하당)에 대한 새로운 평가

사야가가 임진왜란 400주년이 되는 지난 1992년을 전후해 일본에서 재평가되고 있다. 임진왜란 당시는 일본인들에게 '매국노'나 '배신자', '반역자' 등으로, 일제 때에는 식민지배에 대한 자존심 손상으로 조선총독부로부터 무시당했던 그가 최근 일본의 학자나 한일관계사 전문가로부터 역사적인 재인식과 평가를 받고 있다. 특히 일본의 식민지시대에는 사야가 후손들의 계보를 상세히 기술한 '족보'와 그의 글을 모은 〈모하당문집〉을 두고, '위작'이라고 했으며, "사야가와 같은 매국노나 반역자와 같은 존재를 믿는 것은 대단히 유감스러운 일"이라는 논의가 주류를 이루고 있었다(小山帥人 2000: 140-141). 그러나 1992년과 1997년 일본에서 임진왜란과 정유재란 400주년을 전후해 각각 개최된 두 번의 심포지엄에서 사야가는 '일본인의 양심'이나 '평화의 수호자' 등, 위대한 평화론자로서 21세기의 새로운 한일교류의 가교로서 크게 부각되었다(「慶長の役」400周年記念シンポジウム 1992). 일본 NHK방송은 두 번씩이나 사야가에 관한 특집을 방영했고, 그 외 여러 민영방송들도 앞 다투어 그의 행적과 사상을 조명하는 특집을 내보내기도 했다.

현대 일본인들에게 삶의 지혜를 시사하는 수많은 역사소설로 생전에 대단한 인기를 누렸던 시바 료타로(司馬遼太郎)가, 지난 1971년 우록리나 대구, 김해 등을 돌아보고 쓴 〈한(韓) 나라 기행〉이라는 기행문이, 그 이듬해 일본에서 출판되어 지금까지 폭발적인 인기를 모으고 있다. 그는 이 책을 포함한 42권의 방대한 역사문화 기행문 시리즈를 남겼으며, 그 저작의 일부는 일본 대기업 사원들의 연수교재로 활용될 만큼 오늘을 사는 현대 일본인들에게 국민적 작가로서 지대한 영향을 미치고 있다. 이러한 시바라는 개인작가가 가지는 일본 내에서의 막대한 비중과 함께, 전설과도 같은 사야가와 그의 후손들의 삶에 대한 관심으로, 지금도 우록리를 찾는 일본인들의 발길이 끊이지 않고 있다. 연간 1,000여 명이 넘는 일본인들이 그 흔한 단체관광의 가이드 한 사람 없이 시바 씨의 책을 들고 스스로 이곳 우록리까지 찾아오는 것이다.

이러한 사야가와 우록리에 대한 일본인의 높은 관심과 이에 대한 한국인의 뜨거운 시선은 한일 간의 진정한 이해와 새로운 교류의 장을 여는 귀중한 계기가 될 것이다.[1] 가까운 시일 안에 주한 일본대사나 외무장관 등 일본의 고위 외교관리들의 방문도 예상되며, 이는 민간에서 일어난 사야가에 대한 순수한 재인식과 평가가 국가적 차원의 공적 코드에 의해 새롭게 이해되고 평가되는 획기적 사건이 될 것이다. 또한 400여 년 전의 사야가와 그의 후손들이 더불어 살아온 현재의 우록동이 미래지향적 한일관계에 있어서 지니는 의미가 폭발적으로 증대하고 있다는 증거이기도 하다.

---

[1] 영남일보사는 국내외에서 일고 있는 사야가와 우록리에 대한 높은 관심을 지속시키기고 다양한 정보를 발신하기 위해 1999년 6월부터 7월까지 6회에 걸친 특집을 편성하기도 했다.

이곳을 찾는 일본인들은 한결같이 "우록리는 한일 양 국민을 보다 가깝고 친숙한 관계로 만드는 데에 크게 기여할 것"이라고 입을 모으고 있다. 다시 말해, 우록리가 새로운 의미에서의 한일교류의 장으로서 크게 활용될 것으로 기대하고 있다는 말이다. 우록리에는 이미 이러한 현실을 직시하고, 일본인 여행객들에게 사야가의 생애와 사상을 소개하며, 한일 민간교류의 창구역할을 하고 있는 사람이 있었다. 사야가의 14세손인 김재덕 씨가 바로 그 장본인이다.[2] 1997년 4월부터 매달 〈우록리회보〉를 발행하여, 이곳을 찾는 일본인들에게 무료로 나누어주었으며, 일본의 사야가 연구자를 비롯한 우록에 관심 있는 분들에게 정기적으로 보내주기도 했다.

지금까지 살펴본 사야가와 우록리에 모아지는 일본과 한국인들의 높은 관심은 우록리가 하나의 평범한 도시근교의 작은 마을이 아니라, 불행했던 한일 간 과거청산과 한국인의 일본에 대한 민족적 감정(피해의식)의 치유, 미래지향적인 진정한 우호와 친선을 위해 무엇인가 중요한 역할을 할 수 있다는 것을 강력하게 시사하고 있다. 더구나 1998년도 일본의 고등학교 역사교과서(高校日本史A, 實教出版)와 한국의 중학교 도덕교과서(서울대학교 사범대학 1종 도서, '도덕·윤리' 개발위원회 편, 문교부)에까지 김충선(사야가)에 관한 이야기가 나올 정도로 한일역사의 전면에 부각되고 있다. 이러한 사야가와 우록리가 발신하는 독창적 메시지가 바로 '한일우호촌'이 우록리에 조성되어야 한다는 역사적이며 시대적인 당위성을 내포하고 있는 것이다.

그럼 이제 한일우호촌 조성의 당위성에 대한 동의를 전제로, 구체적 지역만들기의 전제가 되는 이론적인 문제들을 검토해 보고자 한다.

3. '지역만들기'의 새로운 패러다임

"한국의 사극(史劇)에는 백성이 없고, 한국의 지역개발에는 주민(住民)이 없다."

1) 지역개발 문제점

지금까지 추진되어온 지역개발은 주로 유력한 행정이나 정치지도자에 의한 전략적 성격에 기인한 정치적 효과와 관련된 규모의 중시(scale merit의 추구), 복잡하게 얽혀 있는 문제점의 단순

---

2 그는 〈조국을 바꾼 사람들〉을 비롯하여, 〈400년의 역사를 오늘에 듣는다〉, 〈해방을 전후해서 일본인이 쓴 모하당 김충선 史論〉 등 수많은 연구서를 발간해, 사야가와 우록리에 관한한 독보적인 자료와 정보, 지식의 소유자로 평가받고 있다.

화나 대상의 다양성의 무시, 국가나 행정의 관료기구의 비효율성과 경비의 비대화, 도덕적 해이, 기존의 제도나 관습과의 부조화 등 여러 가지 문제점이 있었다(青柳まちこ編 2000: 13). 이를 보다 구체적으로 살펴보면(田村明 1987: 15-16), 우선 연구자나 건축가가 제안하는 계획은 시사하는 바는 많으나, 현실성이 결여되어 있는 경우가 많으며, 실행단계에서는 개별적 토목이나 건축 등의 건설사업만이 선행된 나머지 각 분야 간 상호관련성이나 통합성이 확보되지 않는다는 것이다. 이는 다름 아닌 개별적 하드 부분을 수평적으로 연계하는 소프트 부분이 발달하지 못함을 의미한다. 다음으로 중앙정부나 지방자치단체, 그리고 기업이 추진하는 개발은 지나치게 세로로 섹트(sect)화 되어, 지역주민들의 자치적 역량이나 지역의 종합적 힘을 부추기는 데에 실패하는 경우가 많았다. 이는 본래 지역주민에 의해 발의되고 실행되어야 하는 것이 외부에 의해 강요되었기 때문이다. 그 결과 지역주민의 자발적이며 적극적인 관여를 이끌어내는데 실패하여, 지역의 개성이나 매력을 충분히 가꿀 수 없게 된 것이다. 셋째 지속적이며 일관되게 추진하는 운영주체와 의지가 없어, 계획이 도중에 변경되거나 중단되는 경우가 많다는 것이다. 그 결과 추가비용이 비대해지며, 사업 자체의 성격이 모호해지는 경우가 많다. 이는 지역주민의 생활에 밀착된 소형의 실천가능한 작은 사업보다는 거창한 대형 프로젝트 위주의 개발이 우선되었기 때문이다. 넷째 경제적 효율성(이윤추구)이나 기능성을 지나치게 강조한 나머지, 예술적 가치나 아름다움을 표현하는 데에 미숙하다는 것이다. 따라서 재방문객을 확보하는 데에 실패하는 경우가 많다.

위에서 살펴본 지역개발의 여러 문제점 중에서 특히 문화인류학적 시각에서 문제가 되는 것은, 개발주체가 정부나 대자본인 경우, 개발이 지역주민들의 삶에 미치는 영향을 크게 고려하지 않는다는 점일 것이다. 다시 말해 개발대상이 되는 지역의 사회문화적 상황에 대한 배려가 제대로 이루어지지 않는다는 것이다. 이제 개발을 둘러싼 주도권을 정부나 자본이 독점적으로 행사하는 상황은 허용되지 않는다. 그만큼 개발에 관여하는 주체가 다양해졌다는 말이다. 그 결과 개발정책의 민주화나 투명성이 요구되고 있으며, 지역주민이 진정한 수익자가 되어야 한다는 인식이 확대되고 있다. 따라서 앞으로의 지역개발은 정부주도에서 현지주민이나 민간인, NGO의 참가나 등용, 기술이나 경제중심에서 인류학을 포함한 광범위한 사회과학자의 참가에 의한 포괄적이며 사회문화적이면서 지속가능한 접근으로, 전문가에 의한 이론이나 계획에서 비전문가에 의한 실천이나 과정의 중시로, 양적 기준에 근거한 대규모 프로젝트에서 질적 측면을 중시하는 소규모적인 사업으로의 전환을 강요받고 있다.

그렇다면 이러한 관점에서 우록리와 같은 소규모의 지역사회를 대상으로 한 개발은 어떻게 이루어져야 할까? 세계화와 정보화가 한층 빠른 속도로 전개될 21세기에는 더욱 치열한 국가 간 국가 내 지역(region)간 경쟁이 예상된다. 특히 후자의 영역에서는 독창적인 이미지를 지닌 '지역(마을, 거리, 도시) 만들기'가 대유행할 것이며, 그에 따라 지금까지 전개되어온 관광개발이나 도시계획, 농촌계획, 지역개발과는 아주 다른 새로운 형태의 패러다임이 요구된다. 패러다임은 언제나 개발의 대상으로서 주변화 되어버린 지역주민들을 개발의 대상인 동시에 주체자로서 인정하고 그들의 건강하고 윤택한 삶을 최우선으로 고려해야 한다는 기본적 인식을 전제로 한 것이다.

2) 지역개발의 전제-이론적 검토

다무라 아키라(田村明)는 지역개발의 기본이념으로, 통합과 시스템, 공유환경, 공용·공익, 공존·공생, 협동·공동책임, 공감(지역에 대한 긍지와 애정), 상호교류, 내발성(内発性)의 9가지를 들고 있다(田村明 1987: 121-122). 대단히 추상적인 개념이지만, 지향해야 할 이념이나 가치관으로 어느 하나 소중하지 않은 것이 없다. 그는 이것을 좀 더 구체화하여 인간환경의 사상, 시민자치의 사상, 통합적 주체성의 사상, 지역개성확립의 사상, 지속적 독창성의 사상, 실천의 사상이라는 6가지를 지역개발의 기본발상으로 해야 한다고 강조하고 있다(田村明 1987: 123-166). 이하 위에서 살펴본 지금까지의 문제점과 새로운 패러다임, 지역개발의 이념과 기본적 발상을 근거로 지역개발의 전제조건으로 무엇을 어떻게 만들어야 하는지 검토해 보기로 하겠다.

지금까지 지역이나 관광개발이라고 하면, 우선 시설이나 건물 같은 가시적 형상물을 만드는 것이 중심이었으나, 이런 형상물만으로 마을이나 지역이 만들어지는 것은 아니다. 그것을 관리하고 가꾸는 사람들의 조직이나 활동이 없으면, 어떤 형상물도 제대로 유지·계승되지 않는다. 즉, 보이지 않는 사람들의 활동이 보이는 마을이나 지역을 만들고 있다는 사실에 주목해야 한다. 그렇다면 무엇을 만들 것인가에 대해 생각해보기로 하자. 우선 사람과 물건(형상물)이라는 2가지 기본 축을 설정하고, 이것을 보다 세부적인 몇 가지 항목으로 나누어서 검토해 보기로 하겠다.

지역에 사는 사람들이건 외부에서 지역개발에 관여하는 사람들이건 자신들이 만들고자 하는 대상지역에 대해서 주민들의 생활이나 역사, 문화공간으로서의 지역이나 마을을 총체적으로 이해하고, 그들의 삶의 근거가 되고 있는 지역의 사회문화적 특성에 대한 충분한 인식이 전제되어야 한다. 그래야만 생생하게 살아 숨 쉬는 지역의 매력과 개성을 가꾸어갈 전략적 사고(주제 선정)가 가능하며, 그것을 바탕으로 한 종합적 실행방안이 마련될 수 있다. 이 때 무엇보다도 중요한 것은 "그곳에 사는 사람들에게 의미 있는 것이라야 그곳을 찾는 사람들에게도 의미가 있다"는 지극히 평범한 사실을 잊어서는 안 된다는 것이다. 글쓴이가 자주 주장하는 "한국의 사극(史劇)에는 백성이 없고, 한국의 지역개발에는 주민이 없다"는 얘기는 바로 이를 두고 하는 말이다.

① 조직과 규칙 만들기

지역만들기의 성패는 사람들을 어떻게 결합시켜, 그들로부터 어떤 지혜를 모으며, 서로 다른 의견을 어떻게 조정하여 합의를 이끌어내어, 실행해 가는가에 달려 있다. 일본의 성공한 사례들은 모두 사람을 기본으로 하여, 이들을 효과적으로 움직일 수 있는 조직을 결성했다는 공통점이 있다. 예를 들면 유네스코가 지정한 세계문화유산의 '시라카와고(白川鄕)'나 오이타현의 온천휴양지인 '유후인초(湯布院町)'는 모두 주민의 자치적 조직이 스스로 정한 규칙을 지키면서 행정이나 대자본의 개발논리를 통제하고 관리해온 전형적인 사례라고 할 수 있다(柿崎京一 2000: 1-6; 황달기, 2004: 515-516). 이를테면 주민조직에 의한 성장의 관리가 두 지역의 독특한 지역개발에 일관되게 적용된 이념이었다고 할 수 있다. 그 결과 다양한 주체나 세력들에 의한 이해관계로 좀처럼 합의점이 도출되지 않는 토지이용이나 개발에 대한 합리적 틀이나 규칙이 마련되었으며, 공동작업에 관한 협약이나 실천강령, 주민헌장 등이 제정된 것이다.

물론 전적으로 지역의 자주적 그룹이 모든 것을 적절하게 통제하고 관리해온 것은 아니다. 지역주민과 이해관계에서 자유로운 지역전문가, 행정의 3자간 협의체를 구성하여 첨예하게 대립되는 이해관계를 보다 객관적으로 대상화시켜 보편적인 가치에로의 통합을 이루어낸 것이다. 이러한 과정을 통해 주민과 행정 간의 신뢰관계가 구축되며, 이를 바탕으로 전담행정이 편성되며, 이를 통해 주민의 적극적인 의사가 전달되며, 행정 측에서는 또한 주민들의 자발적 참여를 효과적으로 유도하게 된다. 여기서 주의해야 할 점은 이러한 과정을 통해 행정이나 주민조직, 전문가그룹 모두 자연스럽게 부각되는 지역의 활동적인 리더를 발굴하고 육성해야 한다는 사실이다. 이러한 지역의 리더들에 의해 지역은 하나의 공동체로서 인식되고, 공동의 작업에 적극적인 참여를 보장받을 수 있다.

② 종합적 형상물 만들기

인간이 살아가는 생활공간이면서 외부사람들에게 보여줄 만한, 아니 외부사람들이 보고 싶어 하는 마을이나 지역은 예사로운 곳이 아니다. 뭔가 특별하면서 그 곳만의 이미지가 구축되어 있어야 하며, 그곳에서만 느낄 수 있는 고유한 정취나 분위기가 있어야 한다. 이러한 이미지나 정취, 분위기를 제어하면서 연출한 수 있는 매개물은 대체로 인공물일 수밖에 없다. 물론 천혜의 자연경관은 지역의 이미지를 결정하는 가장 중요한 요소임은 말할 것도 없다. 그러나 천혜의 자연경관은 아무 곳에나 있는 것이 아니다. 그냥 그렇고 그런 지연환경밖에 없는 지역에서 개성 있는 지역관광을 목표로 하는 개발은 인공물에 의존할 수밖에 없는 실정이다. 평범한 마을이라고 해서 기존의 자연환경을 완전히 무시해도 좋다는 얘기는 아니다. 어떤 인공물이라도 기존의 산과 강, 들, 수목과 같은 자연환경과 조화를 이룰 수 있어야 한다. 그래서 전체로서 그 지역의 고유한 이미지를 부각시킬 수 있는 어떤 통합된 이미지를 연출하는 전략이 필요한 것이다.

　그렇다면 어떤 종류의 형상물을 어떻게 조화시킬 것인가에 대해 생각해 보자. 자연물과 인공물처럼 서로 대립되는 두 극으로 각종 인공물을 몇 개의 범주로 나누어 배치시켜 보자. 인공물의 배치장소에 따라 공중물(애드벌룬, 비행선)과 지표물(건물, 가로등), 지하물(상하수도, 지하실, 지하도)로 나눌 수 있으며, 특정 인공물의 외부와 내부(실내공간)로도 나눌 수 있으며, 이동가능성의 유무에 따라서는 고정물(교량, 건물)과 반고정물(전화박스, 자판기, 간판)과 이동물(마차, 자전거)로 나눌 수 있으며, 마지막으로 메시지의 강도에 따라 이미지물(특산물, 토속주)과 일상생필품으로 나눌 수 있다. 이러한 대극적인 범주에 속하는 형상물들을 범주화한 다음 그들과의 조화와 융합을 꾀하고, 다시 전체적으로 통합될 수 있도록 디자인하여 연출할 필요가 있다. 말하자면 어떤 특정 테마나 개념에 따라 이러한 형상물의 배치는 물론 모양이나 색깔까지 조화롭게 꾸민다는 이야기이다. 이러한 작업을 보다 철저하고도 일관되게 표현한 것이 다름 아닌 디즈니랜드로 대표되는 테마파크이다(伊藤正視, 1994).

③ 지적재산의 발굴과 쾌적한 생활문화 만들기

　어떤 지역이라도 그 지역이 특정 다수의 삶의 공간이 되려면, 그들이 그 곳에서 먹고 살 수 있어야 하며, 보다 윤택하고 건강한 삶을 꾸릴 수 있어야 한다. 다시 말해, 생존과 생활이 가능해야 한다는 말이다. 그러자면 최소한 경제적 기반이 갖추어져야 한다. 그것을 바탕으로 유·무형의 지적 재산을 발굴하여 문화산업화 함으로써 새로운 일자리를 창출할 수 있다. 그 결과 지역을 떠난 젊은이들의 귀향이 촉진되며, 그들에 의한 새로운 지역 가꾸기가 시작되어 상승적이며 지속가능한 개발이 가능해진다. 여기서 지역개발이라 하면 흔히 공장유치나 산업개발을 떠올리지만, 이제 많은 기업들이 보다 싼 노동력을 찾아 중국이나 동남아로 떠나는 현실에서 이를 기대할 수 없게 되었다. 그렇다면 무엇에 눈을 돌릴 것인가? 생존을 가능하게 하는 '빵'의 문제는 해결된 상태이다. 이제 우리들의 삶의 질을 결정하는 것은 빵이 아니며, 냉전시대의 유물인 이데올로기는 더욱 아니다. 바로 '문화'인 것이다. 문화자체가 일상적인 삶을 한 단계 높은 수준으로 끌어올리는 구실을 하며, 이것을 비즈니스에 이용하면 여러 사람들을 먹여 살릴 수 있는 문화산업이 되는 것이다. 지역의 사람들이 오랫동안 갈무리해 온 여러 형태의 전통문화는 그 지역의 대표적인 지적 재산이요, 문화자본이 될 수 있다. 이 밖에도 특산물이나 자연자원들도 현대사회의 수요에 맞게 재창조하여 상품화 한다면 이 또한 지적 재산이 된다. 보다 알기 쉽게 이들을 유형화 한다면, 임재해가 지적한 인물과 동식물, 생활과 관련된 물질전승자료, 민속예술과 놀이 등의 행위전승자료, 설화와 민요 같은 구비전승자료, 지정문화재의 5가지로 나누어 생각해 볼 수 있다(임재해 2000: 158-160).

　이상에서 살펴본 지적 재산들을 발굴하여, 체계적으로 정리하면서 현대적 감각에 맞게 새로운 의미를 부여하고 재창조함으로써 문화상품으로 개발된다면 새로운 일자리의 창출이 가능해질 것이다. 여기서 우리가 주의해야 할 점은 지역주민의 현실적 삶의 방식과 이러한 지적 재산을 연계시켜야 한다는 사실이다. 이는 곧 자신들의 삶의 방식까지도 대상화하고 객체화하여 조작가능한 것으로 삼을 수 있어야 한다는 것이다. 삶의 현장과 유리된 지적 재산은 지역주민들에게 의미 없는 존재이며, 그것을 보러 오는 외부인에게도 큰 의미가 없게 된다. 일본의 지역활성화 사례에서 보는 바와 같이, 그들은 철저하게 자신들의 삶의 방식을 조작하면서까지 일관되게 지역이미지에 통합시키고 있다. 그렇지 않고서는 치열하게 경합하는 지역이미지 창출에 살아남을 수 없기 때문이다. 삶의 방식과 연계된 지적 재산의 문화상품화는 현재 우리사회에서 큰 인기를 끌고 있는 주상복합 아파트처럼, 주거와 직장의 분리에서 통합이라는 아주 효율적인 생활방식의 확대에도 기여할 것이다.

④ 사람 만들기(인재육성)

흔히 지역만들기는 '사람만들기'라고 한다. 이는 지역개발이든 관광개발이든 그 행위주체가 사람이기 때문이다. 지역이 합의하고 결정한 사항을 많은 사람들이 충실히 실천하지 않으면 지역만들기는 성공할 수 없다. 자신들이 삶의 공간에 대한 소상한 이해와 사랑, 미래에 대한 희망과 비전을 가지고 다함께 협력할 때 개성 있는 지역만들기는 가능하다. 지역에 살고 있는 것만으로는 부족하며, 지역을 사랑하고 지역에 남아 살고자 하며, 지역을 위해 뭔가 일을 해보려는 사람들이 있어야 한다. 계몽이나 강연, 간담회, 세미나 등 모든 수단과 방법을 동원하여 주민의 의식을 일깨울 필요가 있다. 우리는 다행히 새마을운동의 역사를 간직하고 있어서, 이러한 주민계몽이나 교육은 의외로 쉽게 달성될 수 있을지도 모른다.

인재육성에는 몇 가지 주의해야 할 점이 있다. 첫째 인재육성의 기본은 무한한 가능성과 잠재력을 지닌 어린이가 되어야 한다는 사실이다. 이들은 다음 세대의 주인이며, 지역만들기 또한 단숨에 이루어지는 것이 아니기 때문이다. 다음으로 지역만들기의 전문가를 육성하는 일이다. 현실에 대한 종합적 이해와 분석이 가능하며, 그것을 바탕으로 비전을 제시할 수 있는 다방면의 전문가 필요하다는 말이다. 이러한 전문가는 반드시 지역 내부에 있을 필요는 없으며, 한두 사람보다는 여러 명의 자문그룹 형태가 바람직하다. 그만큼 지역개발은 다양한 측면의 전문지식을 필요로 하기 때문이다. 셋째 이러한 전문가 그룹의 자문을 정기적으로 받으면서 현장에서 실무를 처리할 수 있는 리더가 필요하다. 수많은 성공사례의 공통점은 현장의 걸출한 지도자가 있어, 그들의 헌신적인 노력의 결과라는 사실이다. 일본 정부에서는 관광개발의 성공여부가 이러한 지도자의 유무에 달렸다는 판단아래 지역현장의 걸출한 지도자를 찾아 포상하는 '관광카리스마' 제도를 운영하고 있다(月刊観光 2003-5: 28). 그동안 관광개발의 결과만을 중시하는 '관광지 100선' 제도에서 과정을 중시하는 정책변화를 시도한 것도 바로 현장 리더의 중요성에 착안했기 때문이다. 다시 말해, 일본은 탁월한 개인의 개성을 지역에서 존중하며 살리는 시대를 맞이하고 있는 것이다.

　이상에서 살펴본 인재육성은 구체적으로 어떤 조건과 환경에서 이루어져야 할까? 답은 '평생학습'의 현장이다. 내용과 형식을 행정주도로 정하기보다는 지역의 자주그룹에 의한 다양한 주제와 형식의 학습모임을 통해 보다 보편적인 가치로의 통합을 유도하면서, 지역의 현안이나 문제와 같은 공적인 사항에 대한 인식을 재고하게 하는 것이다. 말하자면 커뮤니티나 지역사회를 기반으로 하는 시민의식을 고양할 필요가 있다는 것이다.

⑤ 이벤트 만들기

　지역만들기는 대부분 금방 표나지 않으며, 오랜 시간이 소요되기 때문에, 자칫하면 주민들이 무기력해지기 쉽다. 때문에, 비교적 단기간에 여러 가지 주제로 많은 사람들의 관심을 불러일으키고, 지역만들기에 대한 의도나 변화를 체감케 하여, 지역사회에서의 정체성을 확인시켜 주거나, 따분한 일상에 신선한 자극이나 활력을 불어넣어줄 필요가 있다. 이를 위해 일반적으로 동원되는 것이 축제나 이벤트이다. 앞서 살펴본 지역의 문화자원을 현대감각에 맞게 재창조하는 것이라면 더할 나위 없이 바람직하다. 여기서 주의해야 할 것은 전문가나 행정에 의한 세련되고 주도면밀한 기획보다는 조금 유치하고 어설픈 것이라도 주민이 직접 기획하고 다수가 참가하는 행사가 바람직하다. 전문가들이나 행정에 의해 초청된 프로급의 화려하고 세련된 공연이나 연출은 단번에 많은 구경꾼을 불러 모을 수 있다는 장점이 있지만, 지역의 주체인 대다수 주민들을 단순한 구경꾼인 주변적 존재로 전락시킬 위험이 있기 때문에, 그 축제나 이벤트는 결국 살아남지 못할 것이다. 철저하게 주민들의 현실적 삶과 유리되어 있기 때문이다. 축제의 나라 일본에서 벌어지는 대부분의 축제들이 오랜 역사를 가지고 의미 있게 전승되고 있는 까닭은 바로 주민들의 자발적이며 주체적인 참가와 기획, 연출이 있기 때문이라는 사실에 주목할 필요가 있다. 주민들에 의한 축제는 결과보다는 과정을 중시하는 최근의 지역개발에 중요한 의미를 제공한다. 함께 참가하는 과정에서 발생하는 주민 간의 만남과 대화, 정보교환을 통한 전인격적 교류는 지역사회의 공동체의식을 배양하고 함께 협력하는 협동정신을 기르는 데에 중요한 계기가 될 수 있다.

　이상에서 살펴본 지역만들기의 이론적 검토를 바탕으로 한일우호촌에 대한 구체적 조상방안을 검토해 보기로 하겠다.

4. 한일우호촌 조성의 구체적 방안

1) 역사와 문화에 관한 종합실태조사(학술조사)

앞부분에서 지적했듯이, 1992년 임진왜란 400주년을 전후로 하여, 국내외에서 사야가와 그 후손들의 삶에 대한 관심이 높아지고 있다. 지금까지 한일 간의 미묘한 역사적인 관계로 인하여, 잊혀 질 뻔했던 사야가와 그 후손들의 독특한 삶에 관한 이야기에 뜨거운 시선이 쏠리고 있는 것이다. 이는 잊혀진 400여 년의 역사와 문화가 새로운 의미를 획득하기 시작한 때문이다. 그 동안 사야가는 일본에서는 적장에 투항한 '매국노'로 매도되고, 한국에서는 그가 이룩한 눈부신 공적에도 불구하고 36년간의 식민지배의 가해자국 일본이라는 원죄와 부정적 이미지에 함몰되어 있었으나, 400여 년이 지난 지금 한일 간 평화와 우호라는 새로운 시대정신에 부합되고 강조되어야 할 가치로 재평가되기 시작한 것이다.

사야가와 그 후손들에 의해 일구어진 우록리는 조선시대의 많은 집성촌과는 다른 역사와 문화적 특징을 지니고 있는 것으로 알려져 있다. 이는 귀화인으로서의 입향조(入鄕祖)가 촌락의 정착과정부터 어떤 형태로든 영향을 미쳤기 때문이다. 한국에서 이와 같은 사야가와 그 후손들이 일구어낸 독창적인 역사와 문화를 종합적으로 기술·분석하는 것은 한국문화의 안에 존재하는 타자성을 이해하고, 인간사회의 다양한 문화의 존재양상과 공존의 메커니즘을 규명하는 데에 중요한 실마리를 제공할 것으로 기대된다. 나아가 사야가와 우록리가 갈무리해온 역사와 전통들을 현대적 감각에 맞게 재창조하여 개성 있는 지역으로 가꾸는 데에 기본적 자료로 활용될 것이다.

이와 같은 문제의식에서 몇 가지 과제를 선정하여 중점적으로 조사할 필요가 있을 것이다. 우선 기록물에 의한 사야가의 일대기(생애사)와 그와 관련된 여러 이야기(전승자료)를 체계적으로 수집·정리해야 하며, 둘째 우록리의 자연생태학적 특징과 사회문화적 조건(민속조사와 사회조사)에 대한 조사를 통해, 현재 우록리의 실상을 종합적으로 파악할 필요가 있을 것이다. 셋째 사야가가 우록리에 정착한 이래 그 후손들의 인구학적인 변화와 생태학적 적응과정, 혼인을 통한 지역민과의 사회관계와 경제활동 등에 관한 문제, 넷째 사야가와 그 후손들의 문화가 지역의 주류문화에 적응해 가는 과정에서 발생하는 긴장과 갈등, 타협, 동화, 통합의 문제, 다섯째 사야가와 우록리가 발신하는 정보가 현재 한국과 일본에서 어떤 형태로 수용되어 유포되고 있으며, 그것이 장래의 한일관계에 어떤 의미를 가지는가, 여섯째 본 연구의 성과를 바탕으로 우록리가 장래 어떤 모습으로 재구축되는 것이 우록리 주민들과 우록리 밖에 흩어져 살고 있는 사야가 후손들의 삶의 복지에 긍정적 영향을 미치며, 이렇다 할 국제적 관광지 하나 없는 대구시의 관광개발에, 나아가 바람직한 한일관계에 기여할 수 있는가에 대해 관광과 문화를 결합시켜 그 실천적 대안을 모색하는 문제 등이다.

이상에서 살펴본 종합적 학술조사는 어디까지나 개성 있는 '지역만들기'를 전제로 한 것이기 때문에, 단순한 사실관계의 확인이나 복원, 자료의 수집과 정리, 그것을 바탕으로 한 해석과 분석에 치중하는 일반적 연구와는 달리, 어디까지나 사야가와 그의 후손들의 삶의 터전인 우록리가 이룩한 역사와 문화적 자원들이 가지는 지적재산으로서의 가치와 그것에 대한 새로운 해석(재창조)이 중심이 되어야 한다.

2) 연구결과를 토대로 한 기본 주제의 설정

위의 종합적 학술조사에서 규명된 사실과 해석을 바탕으로 사야가 후손들이 구축한 우록리의 독특한 역사와 문화, 주민들의 정체성과 삶의 방식을 총체적으로 표현할 수 있고, 여기에 '관광객 유치'라는 전략적 사고를 첨가한 주제를 개발해야 할 것이다. 이 주제는 사야가와 우록리의 현대적 의미인 한일문화교류의 정보발신 기지로서의 성격과 한일문화의 경계와 융합, 한일 간 우호와 평화라는 이념을 모두 아우를 수 있는 것이라면 더욱 좋을 것이다. 그러나 가장 마지막의 한일 간 우호와 평화라는 이념을 지나치게 강조하면 주민들의 삶의 현장이 공원화되거나 주제를 표현할 형상물들이 기념비화 할 가능성이 커진다. 그렇기 때문에 약간의 '놀이 기분'을 가미하면서 삶의 현장과 밀착시킬 수 있는 주제와 표현기법의 고안이 필요하다.

예를 들면, 첫째 '한일문화의 극명한 대비(경계)와 자연스러운 공존(조화), 그리고 절묘한 융합'을 주제로 선정하고, 당시(한국은 조선, 일본은 근세인 에도시대) 한국과 일본의 분위기를 느낄 수 있는 경관을 조성하는 방법이 고려될 수 있다. 일본에서는 나가사키(長崎)의 오란다마을(네덜란드마을)이나 낭고손(南鄕村)의 백제마을이 모두 이러한 전략을 구사하여 크게 성공한 바 있다.

다음으로 사야가라는 일본인과 그의 후손들에서 연상되는 한국 속의 '일본마을'을 철저하고도 일관되게 일본식으로 연출하는 것도 생각해 볼 수 있다. 지역만들기가 치열하게 전개되고 있는 최근의 추세로 봐서는 평범하고 예사로운 이미지와 방법으로는 결코 개성 있는 지역만들기를 할 수 없다. 상상을 초월하는 이색지대로서의 통합된 이미지가 필요하다는 말이다. 한국인이 우록리에 가면 일본을 볼 수 있고, 일본인들이 우록리에 오면 한국을 가장 잘 보고 이해 할 수 있는 곳이면 된다. 완전히 일본식으로 화장을 하거나 성형하는 것과 같은 다소 파격적이면서 획기적이지 아니면 통하지 않는다는 말이다. 어떻게 보면 아주 민감한 문제이지만, 우록리이기 때문에 가능한 것이다. 명소탄생의 조건이 철저한 이국정취의 연출에 있다는 사실을 한 번 되새겨 봐야 할 것이다.

3) 기본계획 수립

기본 주제나 이념이 설정되면 전문기관에 의뢰하여 기본계획을 수립하여야 하며, 최종결정은 지역주민(특히 사성김해김씨종회)과 행정, 향토학자(우록리 연구학자)들과 협의하는 것이 바람직하다. 아직 한국에는 글쓴이가 주장하는 새로운 패러다임의 지역만들기에 관해 실적을 쌓은 전문기관이 없는 것으로 알고 있다. 그렇기 때문에 역사와 문화, 조경, 건축, 관광, 미술(디자인), 지역개발에 관한 전문가들의 협동작업이라면 가능할 것으로 예상된다. 특히 일본의 이미지를 내려면 이 분야의 국내전문가는 물론이고 필요하면 일본국내의 전문가로부터 자문을 받을 필요가 있을 것이다.

기본계획이 수립되면 구체적인 추진주체와 일정, 예산 등을 종합적으로 검토한 마스터플랜을 완성하여야 한다. 이 때 여러 가지 시간과 비용을 절감하고, 새로운 아이디어나 전략적 사고, 노하우 등에 대한 선진사례의 벤치마킹도 생각해 볼 수 있다. 예를 들면, 뒤에서 자세히 살펴볼 일본의 백제마을이나 네덜란드마을은 이 분야에 관한 한 귀중한 정보와 노하우를 축적하고 있기 때문이다.

4) 시행세칙의 수립과 실천

다음 단계는 구체적 시행안을 마련하여 천천히 그리고 확실하게 실천에 옮기는 일이다. 여러 가지 일을 한꺼번에 급하게 서두르면 여러 가지 문제점이 노출되어 후유증이 심각해지는 경우가 있다. 지역만들기는 최소한 "강산도 변한다"는 '10년'을 단위로 생각하는 것이 바람직하다. 앞서 살펴본 이론적 검토를 바탕으로 중요하다고 생각하는 몇 가지를 제안하고자 한다.

우선 주민 자치조직의 구성과 이것을 운영하고 통제하는 규칙의 제정, 나아가 현장 리더의 발굴이 이루어져야 한다. 주민총회나 마을대표자회, 마을가꾸기 추진위원회, 부인회, 청년회, 노인회, 어린이회 등의 자치조직이 구성되어야 하며, 아울러 이러한 자치조직의 구성과 활동을 합리적으로 관리하고 통제하며, 효율적으로 운영하기 위한 규칙을 제정하여야 한다. 이러한 과정을 통해 자연스럽게 등장하는 현장 리더의 발굴도 빼놓을 수 없는 작업이다. 나아가 '우록리를 사랑하는 사람들(자원봉사자)'과 '우록리를 연구하는 사람들' '일본문화연구회' '일본예술전승회' 등, 사야가와 우록리를 아끼고 지역문화 창달에 관심을 보이는 외부 전문가 그룹의 단체도 결성되어, 이들의 자문과 도움을 받을 수 있다면 주민 자치조직이 가지는 여러 가지 한계를 극복할 수 있다.

다음 단계는 주제를 형상화하는 작업이다. 우선 한일문화의 분명한 경계를 보여주기 위한 '극명한 대비'라는 주제를 표현하는 방법으로, 한일 양국의 전통적 건축양식을 사야가와 우록리 사람들의 생활문화와 관련시켜 현대적으로 표현하는 문제를 생각해 볼 수 있다. 예를 들면 한국의 초가와 기와집, 솟을대문의 양반집 등에 대비되는 일본식 건축물로 가야부키(억새지붕)를 모델로 한 관광센터(휴게소, 관리실, 기념품 가게)나 무사출신의 사야가 이미지를 구체화하고 강화할 수 있는 부케야시키(武家屋敷, 무사가옥)나 그를 제신으로 모실 수 있는 일본식 사당(신사), 일본 전통식 목조건물의 진수를 이해할 수 있으며, 일본의 다도를 시연하거나 체험할 수 있는 공간으로서 '스키야(数奇屋, 다실풍의 건물)'와 일본식 정원을 생각해 볼 수 있다.

이와 같은 극명한 대비에서 긴장과 부조화를 완화하고, 보완할 수 있는 '한일문화의 절묘한 조화'라는 또 하나의 상호 대립적이면서도 보완적인 주제는 건물 안과 밖의 대비를 통해 표현될 수 있다고 본다. 예를 들면 일본식 억새지붕 안의 온돌방과 그 온돌방 안에서의 한일복합요리, 한국식 기와지붕 안의 다타미방, 거기서 맛보는 한일혼합요리 등과 같이 순수성과 혼합성의 공존을 통해 기존의 형식과 고정관념을 다소 파격적이며 도발적으로 해체하면서 변혁과 창조의 상상력을 부추기는 것이다. 정형화된 순수에서 놀이기분 상의 일탈과 이단이 다양성을 부추겨 새로운 문화창조의 원동력이 될 수 있기 때문이다.

그 밖에 마을 전체를 주민의 입장에서 생활의 쾌적성(amenity)을 높이기 위한 꽃길이나 화단의 조성, 한국인이나 일본인이 좋아하는 수목의 육성, 마을의 전설이나 사야가와 관련된 동식물의 선정과 육성 등, 마을 전체를 예쁘고 아름답게 할 필요가 있다. 이를 테면 마을 전체가 하나의 무대로 꾸며지도록 하는 마을의 정원화이다. 이 때 주의해야 할 점은 사람이 살고 있는 곳이나 사람이 살아야 하는 건물은 주민들의 삶의 방식을 충분히 고려해야 하며, 사람이 살고 있지 않는 곳이나 사람이 살지 않아도 되는 건물은 주제를 철저하게 표현하여, 둘을 적절하게 조화시켜가면서 주제에 접근해야 한다는 것이다. 특정 주제가 일관되고도 세련되게 표현되어 강력한 메시지가 담긴 하나의 무대화된 마을이나 지역이라는 이미지가 형성되지 않으면 여간해서는 외부인에게 어필되지 않기 때문이다.

세 번째 단계로는 설정된 주제를 일상적 삶의 방식을 통해 표현하거나 강조할 수 있는 생활문화의 창조이다. 이는 자신들의 삶의 방식까지도 조작의 대상으로 삼아 적극적으로 변혁시킬 수 있어야 가능한 일이다. 좀 더 추상화해서 표현하면 '문화의 대상화'나 '객체화'이다(太田好信 1993). 이러한 문화의 객체화를 위해서는 우록리을 찾아오는 일본인 관광객들과의 소통을 위한 일본어를 포함한 일본에 대한 종합적인 이해(일본문화교실, 일본어 학습), 일본인을 감동시킬 수 있는 일본예능놀이의 전수와 시연 등이 가능해야 한다. 물론 한국 전통문화에 대한 이해와 표현능력도 같은 비중으로 학습되어야 함은 말할 것도 없다. 나아가 우록리의 전통예능의 발굴과 육성도 생각해 봐야 할 것이다.

그 밖에 비교적 접근하기 쉬운 향토음식, 예를 들면 지역의 특성을 살릴 수 있는 흑염소와 사슴요리, 김치를 이용한 새로운 요리의 개발도 생각해 볼 수 있고, 우메보시(매실절임)와 낫토(띄운 콩), 샤부샤부와 스키야키, 도로로우동(소바) 같은 순수 일본식 요리도 개발하면 일본적 분위기나 이미지를 강화하는 데에 도움이 될 것이다.

다음은 인재육성이다. 앞에서도 지적했듯이 지역만들기는 사람만들기이기 때문에 이 부분은 보다 철저하고도 세심한 배려가 필요하다고 하겠다. 여기서 사람만들기의 중심대상은 어린이이어야 한다. 우리의 지역축제나 이벤트에는 어린이들을 상업적인 대상으로 삼은 행위는 눈에 띄나 이들을 지역민이 교육적으로 배려하는 기획이나 행사는 거의 보이지 않는다. 어린이들이 지역만들기에서 중요한 위치를 점하고 있는 일본과 가장 다른 점이라고 하겠다. 지역만들기는 최소한 10년을 단위로 하는 장기간의 안목이 필요하다. 12세의 초등학교 6학년이 10년 뒤면 대학 4학년이 되는 나이이다. 어린이를 대상에서 제외하면 안 되는 이유가 바로 여기에 있다. 이들이 그 때가 되면 삶의 터전을 선택하는 시기이다. 이들에게 지역에 남아 지역에서 살아가야 하는 구실과 명분을 발견하게 해야 한다. 구체적 방법으로는 이들을 대상으로 한 지역의 총체성에 대한 이해도 높이기와 일본을 대상으로 한 국제화교육(언어와 문화)을 생각해 볼 수 있다. 마을기금으로 장학제도를 마련한다든가, 일본의 초중고와의 자매결연을 통한 정기교류 등도 좋은 방법이 될 수 있다. 물론 전체 주민을 대상으로 같은 내용을 시행해도 무방하다.

마지막으로 이벤트와 축제의 발굴과 시행이다. 이벤트와 축제는 단기간에 많은 사람들의 관심을 집중시킬 수 있다. 사야가와 우록리가 아직 대구 인근은 물론이고 전국적으로는 거의 알려져 있지 않다. 일본인이 연간 1,000여 명이 다녀간다는 사실로 봐서는, 일본에서 오히려 보다 더 잘 알려져 있다고 할 수 있다. 한일우호촌의 이벤트와 축제는 '한일문화의 극명한 대비와 절묘한 조화'라는 주제를 효과적으로 표현할 수 있고, 주민들의 현실적 삶과 직접 연계될 수 있는 행사라야 한다. 우리의 지역축제는 잘나가는 다른 지역의 이벤트를 그대로 모방하는 경우가 종종 있는데, 이는 절대로 장기간 성공할 수 없으며, 잘나가는 다른 지역의 축제도 망가뜨릴 가능성이 있다. 그 지역의 공동체적 문화전통을 지적 재산화 하여 문화산업으로 재창조하지 않았기 때문이다.

우선 '우록리포럼'이나 우록리 심포지엄을 정기적으로 개최하여 우록리에 대한 새로운 의미의 창출과 주민들에 대한 지역인식의 계기를 제공하여야 한다. 지역만들기의 기초공사인 셈이다. 여기서 제기되는 여러 가지 문제와 과제, 실천행위들을 널리 홍보하면 주민들로 하여금 스스로 지역의 문제에 관심을 가지게 할 수 있다. 또한 주민들은 직접참가나 방청을 통해 다양한 정보에 접하며, 자신들의 삶이 지역공동체의 중요한 일부를 이루며, 보다 보편적인 가치와 세계적 시스템과 어떻게 관련되어 있는지 깨닫게 된다. 이를테면 이들에게 있어서 이벤트와 축제는 공동체적 삶의 의미를 되짚고, 보다 성숙한 시민의식의 함양을 위한 중요한 기회인 셈이다(황달기 2004: 532-533). 그밖에 주제를 적절하게 표현할 수 있는 다양한 이벤트와 축제가 산만하게 제안될 수 있으나, 지면의 제약 상 가장 기본적인 것에 대해서만 언급하는 것으로 하겠다.

다음으로 우록리에서 생산되는 한일우호촌 건설과 관련된 정보와 지식들을 광범하게 유포하기 위해서는 '우록리 소식지'를 발간한다거나 '우록리 홈페이지'를 만들어 운영하는 것도 생각해볼 수 있다.

이상에서 살펴본 바와 같이, 여러 가지 시행세칙과 구체적 방안들은 기본 주제를 충실히 표현할 수 있는 상호 관련된 통합된 이미지의 구축을 겨냥하고 있기 때문에, 곧 바로 새로운 지역(마을) 이미지의 창출로 이어지게 된다. 이러한 과정을 통해서 우록리 주민들은 그들의 삶의 터전을 현재처럼 '대구남동 쪽의 끝'이 아니라, '대구는 우록리의 북서 쪽'에 있는 것으로 인식하고, 거대 도시 대구를 주변화하며 중심성을 회복하게 된다. 이 때 비로소 "지역에 남아 지역에서 살아간다"는 정당한 논리를 획득하게 되는 것이다.

5) 일본의 '백제마을'이 시사하는 것

미야자키현 낭고손은 백제왕 전설(11장 참조)과 그와 관련된 축제를 근거로 백제마을을 조성해 연간 10만 명이 넘는 관광객이 찾아오는 명소로 발돋움한 곳이다. 이들의 목적은 지역의 전통문화를 현대적 감각에 맞게 재창조하여 문화산업(관광산업)화 함으로써, 과소화를 극복하고 지역을 활성화하는 것이었다. 지역이 오랫동안 갈무리해온 문화적 전통이 여러 사람들의 삶의 질을 향상시키는 문화산업으로 탈바꿈한 것이다. 그 주요내용을 정리하면 다음과 같다(〈표1〉).

〈표 1〉 백제마을조성 개요

(1) 조성목적	관광을 통한 지역활성화
(2) 기본주제(개념)	진품을 통한 백제고도의 창출
(3) 기본구상	백제왕족과 관련된 독창적 지역 이미지의 창출(동경의 '럭 계획연구소')
(4) 개발주체	낭고손(기초지방자치단체, 인구 3,000명 정도)
(5) 운영	민간(낭고크리에이션) : 제3섹터 방식
(6) 조성근거	백제왕 전설과 시와스마쓰리
(7) 예산	정부의 '마을만들기 특별대책사업비'
(8) 특산물	백제왕김치와 토종닭구이, 김치우동과 김치라면
(9) 주제표현 수단	백제관(객사당), 백화정, 백제골목-단청과 한국기와, 낭고차야(南鄉茶屋, 일본의 전통초가)
(10) 생활문화	한국어 간판, 한국어 명함, 한국어 회화, 한국의 문화학습, 한국인 국제교류원, 백제왕김치, 사물놀이패 '남사당', 온천개발(때밀이), 한국토산품(전통공예나 차, 먹거리 등) 등

1986년에 시작하여 약 10여 년간 계속된 낭고손의 백제마을 조성사업은 위의 표에서 보는 바와 같이 백제(한국)문화의 철저한 복제와 유용을 통해 산간 오지 속의 고풍스러운 한국마을을 재현한 것이다. 그러니까 한국문화가 국경을 넘어 일본의 산간마을에 여러 형태의 형상물로

표현된 것이다. 여기서 주의해야 할 점은 낭고손의 한국문화가 낭고손 사람들의 역사와 전통에 근거한 생활문화의 일부로 새롭게 만들어진 관광문화라는 사실이다. 여기서 우리의 우록리를 한 번 생각해자. 우록리에는 확실한 역사적 사실과 그것을 보증하는 유물과 사당이 있고, 계보가 뚜렷한 후손들이 살고 있다. 더구나 행정이나 지역에서 거의 손을 놓고 있는 상황에서도 일본인 관광객이 거의 매일 찾아오는 곳이다. 전설과 축제 하나만으로 백제마을을 조성한 낭고손과는 비교가 되지 않는 것이다. 낭고손의 백제마을 조성사업을 우리들이 눈여겨봐야 하는 까닭이 바로 여기에 있다고 하겠다.

5. 한일 간 상호이해와 가치관의 공유

최근 정보화와 세계화의 흐름 속에 이 지구상의 인류는 상호이해와 융합의 깊이와 폭을 더해가고 있다. 그러나 아직도 종교나 인종, 이데올로기를 달리 하는 국가나 민족 사이에는 긴장과 갈등을 넘어 반목과 질시, 심지어는 최후의 수단으로 전쟁까지 불사하고 있다. 이문화간 교류와 이해가 강조되거나 진전되는 한편, 이문화간 단절이나 긴장이 조성되는 서로 모순·대립되는 상황이 병존하고 있는 것이다.

이러한 혼란스러운 상황은 인류의 장래에 아주 골치 아픈 문제로서, '문화'가 그 모습을 복잡하게 드러낸 것이라고 할 수 있다. 한 때 모든 것을 아주 단순화해서 정치나 사회, 문화, 인간의 사고활동까지 모두 먹고사는 경제문제로 인식하고 설명하는 시기가 있었다. 이를테면 생활보다는 생존이 우선시 되던 시대였다. 그러나 이제 그 정체를 훨씬 알기 어려운 '문화'야말로 인간의 생활이나 사고를 결정하는 보다 근원적인 요인으로 받아들여지게 되었다. 바로 '21세기는 문화의 세기'라는 인식과 맥이 맞닿아 있는 것이다.

이러한 관점에서 볼 때, 한일관계는 과거의 식민지상황을 근거로 한 불행한 역사적·정치적 관계에서 탈피해야 하며, 또한 무역불균형의 문제를 근거로 하는 경제적 의존이나 종속이라는 피해의식도 극복해야 할 것이다. 그렇다면 지금 우리들이 추구하는 새로운 한일관계는 상호이해와 존중을 바탕으로 함께 공유할 수 있는 아시아적 가치관을 발견·육성하는 일이며, 이것을 다시 세계로 발신하는 일이라고 할 수 있다. 이는 바로 '사야가'와 우록리가 걸어온 역사를 지적 재산으로 만들어, 이것을 다시 '한일우호촌'과 같은 문화산업으로 육성하는 일인데, 이것이야말로 한일양국이 공동으로 가꾸고 다듬어야 하는 21시기의 과제가 아니겠는가!

참고문헌

가키자키 쿄이치(2000) 「세계문화유산 시라카와고(白川郷)의 현상과 과제」, 제32차 한국문화인류학회 국제학술대회 발표논문집, 『전통의 활성화와 지역문화의 발전』.
경상북도(2001) 『가야문화권 보존 및 관광자원화계획』.
고야마 오사히토(小山帥人, 2000) 「한국인과 일본인의 심금을 울린 沙也加」, 김재석편 『김충선/사야가, 우록리』, 다산미디어.
녹동서원(2000) 『김충선/사야가·우록리』.
이종철·정승모·김상기(1992) 「日本 宮崎 南郷村의 '師走祭り' 調査研究」, 『한국문화인류학』 24집, 한국문화인류학회.
임재해(2000) 『지역문화와 문화산업』, 지식산업사.
황달기(1999) 「일본 지방자치단체의 관광개발에 관한 사례연구-낭고손의 '백제마을'」, 『관광연구』 제13집, 대한관광경영학회.
_____(2004) 「지역활성화 운동을 통해서 본 시민적 연대」, 『일본어문학』 24집, 일본어문학회.
青柳まちこ編(2000) 『開発の文化人類学』, 古今書院.
足羽洋保編(1994) 『新観光学概論』, ミネルヴァ書房.
伊藤正視(1994) 『人が集まるテーマパークの秘密』, 日本経済新聞社.
太田好信(1993) 「文化の客体化-観光を通じた文化のアイデンティティの創造」, 『民族学研究』 57-4, 日本民族学会.
「慶長の役」400周年記念シンポジウム(1992) 『再び、今なぜ沙也加か』, 大阪国際平和センター.
田村明(1987) 『まちづくりの発想』(岩波新書 393), 岩波書店.
土田芳美(1989) 『百済伝説-神門物語』, 南郷村.
日本観光協会(2003) 『月刊観光』 2003-5.

제11장

일본 속의 한국문화*

― 미야자키현 '낭고손'의 '백제마을'을 중심으로 ―

••••

　이 글은 일본국내는 물론 한국에까지도 널리 알려져 있는, 일본 규슈(九州) 미야자키현(宮崎県) 낭고손(南郷村)이 과거 10여 년 동안 추진해온 관광개발사업인 '백제마을조성'에 대해, 글쓴이의 현지조사(fieldwork) 자료를 바탕으로 그 경위와 전개과정을 몇 가지 관점에서 기술하고 분석한 것이다. 특히, 일본의 지방자치단체가 지역활성화와 과소화(過疎化) 대책으로 한국문화를 매개로 한 관광개발에 적극적으로 개입하게 되는 배경과 과정을 들여다보면서, 일본 속의 한국문화가 어떤 형태로 존재하며, 관광의 맥락에서 어떻게 연출되는지 살펴보고자 한다.

　이를 위해 다음 3가지 사실을 중점적으로 분석하고자 했다. 첫째, 낭고손 사람들이 관광개발을 위해 자신들의 삶의 방식을 조작의 대상으로 객체화하고, 그 과정에서 개발된 문화인 백제마을을 통해 자신들의 정체성을 확립해 가는 과정을 살펴보고자 한다. 둘째, 개발의 목적이 주변부 사람들을 산업사회의 균질적인(homogeneous) 도시문화라는 근대적 시스템에 일원적으로 통합시켜 가는 것이 아니라, 오직 남과 다른 차이를 만들어냄으로써 대내적으로는 타자성의 공존과 융합을 추구하고, 대외적으로는 개성 있는 '지역관광'을(足羽洋保編 1994: 68-89) 구축하고자 한다는 사실을 보여주고자 한다. 셋째, 이러한 관광개발이 고령화와 과소화의 심화로 황폐화된 지역사회 사람들의 정신을 활성화시켜, '지역에 남아 지역에서 살아간다'는 정당한 근거(논리)를 확보하는 과정임을 살피게 될 것이다.

　이 글은 이러한 문제의식에서 기존의 이론들을 가져와 가설을 세워 검증함으로써, 새로운 일반화를 시도하는 것을 지양하고, 지방자치단체가 주도하고 주민들이 적극적으로 협조하는 관광

---

* 이 글은 「일본 지방자치단체의 관광개발에 관한 사례연구」(1999, 『관광연구』 13집, pp.27-55)를 '일본 내 한국문화의 존재양상과 그 의미'라는 새로운 맥락에 따라 수정하고 보완한 것이다.

개발의 과정을 가능한 한 상세하게 스케치하면서, 일본 속의 존재하는 한국문화의 양상과 관광의 맥락에서 재해석되어 새로운 모습으로 연출(창조)된 관광문화의 특징을 분석해보고자 한다.

1. 낭고손의 현지조사

낭고손은 이른바 글쓴이의 '마이 필드'가 아닌 지역으로서, 이 연구를 위해 처음 방문한 곳이다. 따라서 낭고손을 조사지로 선정하게 된 이유와 조사 당시 조사자가 어떤 상황에 놓여 있었는가를 밝혀야 할 것 같다. 1996년 공동연구팀이 구성되어 정기적으로 연구회를 가졌는데, 그 때 일본의 지방자치단체가 주도한 관광개발의 성공적 사례로 낭고손의 '백제마을'이 자주 거론되었다. 특히, 백제마을은 고대의 백제왕족관련 전통문화를 소재로 한 것이기 때문에, 무엇보다도 글쓴이의 흥미를 끌기에 충분했다. 또한, 낭고손은 조사 당시 미야자키(宮崎) 공립대학의 최인택 교수가 다른 주제로 이미 오랫동안 연구해오고 있던 지역으로서, 그를 통해 기본적인 문헌조사나 현지조사에 대한 사전정보를 획득하기 쉬웠다.

이러한 상황에서 9박 10일간(1998년 1월 15일-24일)이란 인류학적 현지조사로서는 대단히 짧은 조사기간 동안에 수반되는 여러 가지 제약과 장애를 무난히 극복할 수 있었다. 조사지에 들어가기 전에 그 곳에 대한 문헌자료를 거의 입수하여 검토했으며, 관광생산의 경위와 전개과정, 그리고 주도적으로 추진한 세력들에 대한 사전정보도 충분히 파악할 수 있어, 단기간에 필요한 사항들에 대해 집중적인 조사가 가능했다.

낭고손은 조사 당시 일본 규슈(九州) 미야자키현 북서 산간지대에 자리한 동서 16km, 남북 12km, 총면적 190.23㎢의 우리의 면 규모의 지방자치단체였다. 현재는 2006년 1월 1일, 이웃하는 사이고손(西郷村) 및 기타고손(北郷村)과 합병되어 미사토초(美郷町)가 되었다. 그러니까 지방공공단체로서는 소멸했으며, 지역자치구인 낭고쿠(南郷区)로 남아 있다. 지방생활권의 중심도시인 휴가시(日向市)에서 국도 446호선을 따라 서쪽으로 38km 떨어진 곳에 있다. 그러니까, 큐슈지방을 남북으로 관통하는 고속도로나 태평양 연안을 남북으로 이어주는 철도로부터 모두 빗겨나 있으며, 접근이 대단히 불편한 이른바 '산간오지'에 자리하고 있다.

합병 전 낭고손의 인구는 1954년의 7,800명에서 1998년 1월 말 현재 약 1,000세대 2,700여 명으로 급격히 감소되었다. 특히 1970년부터 10년간 21%나 감소했으며, 그 후 감소율은 약간 둔화되지만 여전히 '과소화'는 진행되고 있다(南郷村 1996: 4). 삼촌(3村)을 합계한 현재의 미사토초의 인구는 1960년 19,410명, 1980년 10,709명, 2010년 6,248명으로, 50년 간 13,000명이 감소하여 (감소율 67.9%), 심각한 과소화 상황을 맞이하고 있다(http://www.town.miyazaki-misato.lg.jp/2016.12. 31일 검색).

낭고손의 산업구조를 보면, 1차산업의 취업률이 1965년의 68.8%를 기점으로 1990년 36%까지 감소했으며, 2차산업은 1965년 9.5%에서 1990년에 30.4%로 완만한 증가세를 보이고 있다. 3차산업 또한 1965년에 21.5%, 1990년에 33.6%로 조금씩 증가하고 있다. 이는 낭고손의 산업구조가 임업이나 농업에서 건설업이나 3차산업으로 이동했기 때문이다(南鄕村 1995: 6-7).

낭고손의 행정조직은 당시 7과 22계로 되어 있었으며, 7과에는 총무과와 세무과, 주민복지과, 농정과, 임정과(林政課), 건설과, 기획관광과가 있었다. 여기서, 우리가 주목해야 할 점은 백제마을 조성을 계기로 급증하는 한일교류에 대비하기 위해, 총무과에 '국제교류계'를 신설하고 한국인 국제교류원을 두고 있다는 점과 본격적인 낭고손관광을 위해 기획관광과 내에 '관광계'를 두어 관광행정의 전담부서로 활용하고 있다는 점이다.

1986년에 시작된 백제마을 조성사업에 따라 낭고손을 찾는 관광객이 급증하자, 1989년 5월 행정과 의회, 신사, 상공회, 청년단, 부인회 등의 대표가 모여, 낭고손의 관광자원을 개발하기 위해 '낭고손관광협회(이하 협회라고 함)'를 발족시켰다. 또한 구체적 사업을 추진하기 위해 협회 안에 '관광개발조사위원회'를 두고 있다. 이 위원회는 협회의 하부기구로서, 낭고손을 비롯한 상공회, 농협, 우체국, 청년단, 제3섹터 방식의 관광사업법인인 '낭고크리에이션' 등의 14개 단체의 대표로 구성되어 있다. 그러나 예산상의 제약으로(1997년 약 273만 엔) '협회'가 실질적인 관광개발을 주도하는 데는 한계가 있으며, 촌의 행정주도형 관광개발에 대한 정보공유와 주민참여의 촉구 등 보조적인 활동에 그치고 있다. 다만, 행정주도형 관광개발에서 소외되기 쉬운 주민의 의사를 적절히 반영할 수 있는 창구구실을 하고 있다는 점에 있어서는 중요한 의미를 지닌다고 하겠다.

2. '백제마을'이란 관광개발의 경위와 전개

1) 과소화와 고령화에 대한 대응

낭고손의 백제마을조성은 기본적으로 1980년대에 들어 일본 전국에서 활발하게 전개되고 있던 '무라오코시(마을 일으키기)'와 '무라즈쿠리(마을 만들기)'라 하는 과소화대책의 지역활성화 운동에 해당된다. 지역활성화는 각 지역의 자연이나 문화자원, 지역고유의 산업에서 주민의 생활양식에 이르기까지 개성 있는 지역문화의 창조와 육성을 목표로 하고 있다. 이미 우리 학계에도 일본농촌의 지역활성화에 대한 종합적 검토와 사례연구가 보고된 바 있다(김일철·이문웅 1994: 145-213).

일본정부는 과소화대책으로 1970-1999년까지 30년 동안 세 차례에 걸친 국가적 프로젝트를 시행해 왔다. 여기에 쏟아 부은 예산이 무려 60조 엔을 넘는다. 그러나 이 거대한 국가적 프로젝트가 크게 성공했다는 평가를 받지 못했다. 왜냐하면, 그 이후도 대부분의 지역에서 여전히 과소화가 진행되고 있기 때문이다.

전국적 규모로 전개된 농산어촌의 과소화는 규슈의 산간오지 낭고손에도 어김없이 찾아왔으며, 1965년 이후 급격한 인구감소를 억제하기 위해 여러 가지 방안이 강구되었다. 그러나 이러한 노력에도 불구하고 지역의 활기는 되살아나지 않았다. 과소화로 인해 고령화라는 새로운 문제가 발생했으며, 주민들은 낭고손에서 살아갈 의욕과 자신감마저 잃어버리고 말았다. 다시 말해, 젊은 층의 역외유출과 고령화, 출생률의 저하, 농림업의 쇠퇴, 이에(家)의 단절 등으로 인한 과소화는 좀처럼 치유하기 어려운 '정신의 쇠퇴'나 심리적 빈곤감을 수반하고 있었다.

이에 대한 대응으로서 '무라오코시'가 촌 행정의 최대과제가 되었다. 전국적으로는 오이타현(大分県)의 '일촌일품(一村一品)운동', 구마모토현(熊本県)의 '일본 제일운동(일본에서 최고가는 것 만들기)' 등, 지역활성화 운동이 최대의 붐을 맞은 시기였다. 낭고손에서도 구체적 시책이 검토되고 있었는데, 마침 그 때 미야자키현에서 '신 히무카만들기 운동(히무카는 미야자키현의 옛 지명)'의 일환으로, 각 시정촌(市町村)마다 한 가지 볼거리를 선정하여 지원·육성한다는 '잇초잇칸(一町一観)'을 모집하고 있었다. 그해 새로 취임한 다바루 마사토(田原正人) 촌장의 지시에 따라 기획된 것이 '백제마을조성' 사업이다(南郷村 1996: 383-384). 촌장이 특별히 백제왕족에 관심을 가지게 된 것은 다음과 같은 이유에서였다.

어린 시절부터 시와스마쓰리(師走祭り)를 가까이서 봤다. 왜냐하면, 우리 집이 마을 어귀에 있는 관계로, 마쓰리행렬이 미카도신사(神門神社)에 도착하면 제일 먼저 우리 집 마당에서 휴식을 취하며 간단한 의례를 행하기 때문이다. 백제왕 전설과 시와스마쓰리가 나도 모르는 사이에 머리 속 깊이 각인되어 있었던 것이다. 나는 촌장이 되자마자, '바로 이거다, 이것밖에 없다'고 생각했다. 모두들 "역시 당신이 할 운명이었다"고 했다.

낭고손은 과소화와 고령화에 대한 대책이나 무라오코시에 대한 별다른 묘안도 없이 전전긍긍하다가 바로 촌민들의 일상적 삶 속에 묻혀 있던 유무형의 문화재와 전설, 그리고 지금도 풀리지 않는 수많은 백제왕족에 관한 수수께끼에 눈을 돌린 것이다. 바로 1986년 11월의 일이었다.

2) 전통문화의 재인식과 '혼모노(진짜)'에 대한 집착

낭고손에는 예로부터 다음과 같은 전설이 전해오고 있다(土田芳美 1989: 4-11).

백제는 660년 나당연합군에 의해 멸망하게 되는데, 그 후 많은 왕족과 무관들은 당시 친밀한 관계에 있었던 일본으로 망명하게 되었다. 이들은 한 동안 당시 일본의 정치 중심지였던 나라(奈良)에서 상당한 대접을 받으며 살다가 일본국내의 권력다툼에 휘말리게 되었다. 이를 피하기 위해 두 척의 배를 타고 쓰쿠시(筑紫, 규슈의 북부지방)를 향해 길을 떠났으나, 혼슈와 시코쿠(四国) 사이의 세토나이카이(瀨戶內海)에서 풍랑을 만나 표류하다가, 지금의 미야자키현 해변가에 도착했다. 정가왕(禎嘉王)과 그의 아들 복지왕(福智王)의 일행이었다. 정가왕은 첩첩 산 속에 있는 낭고손 미카도(神門)에, 아들 복지왕은 해변에서 가까운 기조초(木城町)에서 한 동안 평화롭게 살고 있었다. 그러나 이들의 소재를 파악한 토벌군은 미카도를 향해 진격해 오고, 이 소식을 들은 아들 복지왕은 원군을 보내 대항했으나 모두 패퇴하여 전사하고 말았다. 그 후 정가왕은 미카도 신사, 아들 복지왕은 히키(比木) 신사의 제신으로 모셔지게 되었다.

그러나 위의 내용은 구전으로 전해지는 것과 상당한 차이를 보이는데, 이는 한 향토사학자에 의해 역사적 사실에 가깝게 재구성(재창조)되었기 때문이다. 이 점에 대해 당사자인 쓰치다 요시미(土田芳美) 씨는 다음과 같이 주장했다.

> 예로부터 전승되는 '미카도전설'은 바보 같은 이야기이다. 전설에 의하면, 백제에서 왕족이 750년경에 망명한 것으로 되어 있으나, 이는 백제멸망 후 90년이나 지난 얘기가 된다. 그래서 다시 만들었다. 아무리 근거 없는 전설이라 해도 어느 정도 역사적 사실에 접근시킬 필요가 있었기 때문이다. 멸망했다면 반드시 오사카(大阪)나 나라 쪽으로 올 것이다. 백제에서 오는 사람들은 그 당시 조정의 고위직에 오를 자격이 있었다. 천황의 조상이 백제출신이니까. 나라에 가서 고위직에 올라가면 반드시 본의 아니게 권력투쟁에 말려들게 될 가능성이 있다. 이 투쟁에 패한 백제왕족 일가가 규슈의 북부지방이나 어떤 지방의 관리로 추방되는 것은 흔히 있었던 일이다.

'백제마을조성'이란 목표를 달성하기 위해서는 아무리 근거 없는 신화나 전설이라고 하더라도, 역사적 사실에 가깝게 비판적으로 재창조하여 '관광'이라는 실용적이며 현실적인 가치에 접근시켜야 했던 것이다. 이러한 '혼모노(역사적 사실이나 진품과 동일한 것)'에 대한 '고다와리(집착)'를 통한 백제와의 관련 찾기나 관계 맺기 작업은 이후에 전개되는 여러 관광개발에도 일관되게 유지된다. 문화를 조작가능한 대상으로 삼아 새로이 만들어내는 문화의 '객체화(objectification)'나 '실체화(substantiation)' 과정이라고 할 수 있다.

여기서 무엇보다도 중요한 것은 낭고손민들이 이 전설을 사실로 여기고 있으며, 그 증거로 1,300여 년간 지속되어온 시와스마쓰리에 주목하고 있다는 사실이다. 이미 우리 학계에 보고된 바 있는 시와스마쓰리는(이종철·정승모·김상기 1992: 323-365), 장남 복지왕의 신체(神体)가 90㎞나 떨어진 낭고손 미카도신사의 제신인 아버지 정가왕을 방문하는 의례이다. 그리고 왕족의 유품이라고 하는 동경(銅鏡) 33개와 말 장식품, 스에키(須恵器),[1] '정가왕의 묘'로 전해지는 고분 등도 남아 있어, 이 지역 주민들은 백제왕족에 관한 전승이 단순한 전설 이상의 것으로 인식하고 있다.

이러한 백제왕족관련 전통문화에 가장 먼저 눈을 돌린 사람은 당시 촌장이었던 나카다 노보루(中田昇)와 조역(助役, 부촌장)이었던 다바루(당시 촌장) 씨였다. "백제왕족 전설을 무라오코시에 활용해보자"는 다바루 씨의 건의에, 당시 촌장이었던 나카다 씨가 촌 기획과에 "구체적 안을 마련해 보라"고 지시한 것이다. 이것을 계기로 1986년 백제왕족의 '본가(그들의 말)'인 한국 부여에 처음으로 3명의 조사단이 파견된 것이다. 제1차 조사단이 귀국하자, '미야자키 일일신문'에 '백제왕족 루트를 찾아서'란 기사가 났다. 이 기사를 본 촌 출신자가 촌 사무소에 '나라국립박물관의 미카도 동경'에 관한 정보를 제공했다. 이 우연한 정보가 이후의 낭고손 전통문화의 재인식 과정에 결정적 영향을 미치게 된다. 낭고손에서는 급히 나라국립박물관에 연락을 취했으며, 미카도는 나라시대의 동경이 많은 곳으로 학계에서는 아주 유명한 곳이라는 점을 알게 되었다.

미카도신사의 동경에 관한 얘기는 소화(昭和, 1926-1989) 초기에 문부성의 의뢰로 실시된 조사에서 최초로 공개되었으며, 그 후 1955년 나라국립박물관의 연구자에 의해 두 번째로 학계에 발표되었다. 이 보고서에 의하면, 미카도의 동경은 모두 전세품(伝世品)으로, 나라시대의 것만 해도 그 수가 일본에서 열 손가락 안에 들어가며, 게다가 나라 정창원의 '교부쓰(御物)'나[2] 동대사(東大寺) 출토경(出土鏡)과 꼭 같은 것이 포함되어 있다는 것이다. 또한 일본 고대의 고분시대와 나라시대의 동경이 24개나 한 곳에 전세품으로 남아 있는 것은 내난히 보기 드문 예라는 것이다(南郷村 1996: 387-389).

미카도의 동경은 이 보고서에 의해 비로소 그 역사·문화적 가치가 높이 평가되었다. 1987년 이후 다행히 많은 학자들의 미카도신사에 대한 조사가 이어져, 동경에 숨겨진 비밀을 밝히는 작업이 활발하게 이루어졌다.[3] 그러나, 아직까지 누가 왜, 미카도 신사에 고분시대와 나라시대의 동경을 24개나 가져다 놓았는지 밝혀지지 않고 있다. 다만, 백제왕족 관련설이 아직은 추론의 단계이지만 조심스럽게 제기되고 있을 뿐이다. 중요한 것은 전설을 뒷받침할 확실한 역사적 증거는 없지만, 촌민의 마음속에는 그러한 믿음이 오래 전부터 있어 왔다는 사실이다. 이 믿음이 백제마을조성 사업을 가능하게 한 원동력이 된 것이다.

한편, 백제왕족 전설을 뒷받침하는 시와스마쓰리에 대한 조사도 진행되었다. 1990년 1월 문

---

1 고분시대 후기에서 나라시대에 대륙계 도래인(渡来人)의 기술로 만들어진 토기. 주로 식기나 제구(祭具)로 사용되었다.

2 일반적으로 일본 황실의 소지품을 '교부츠(御物)'라고 하나, 여기서는 나라의 정창원에 소장되어 있는 수많은 교부쓰 중에서, 특히 나라시대의 동경(銅鏡)을 가리킨다.

3 예를 들면, 나라국립박물관과 나라국립문화재연구소의 전문가를 비롯하여, 오사카시립대학과 쿄토대학, 도쿄대학, 심지어 한국의 전문가까지 가세하여 동경의 비밀을 밝히는 작업이 이루어졌다.

화청의 조사관이 이곳을 찾아, 시와스마쓰리에 대한 민속학적 조사를 실시했다. 이 조사보고서에 의하면, 시와스마쓰리는 일본국내에서 아주 오래된 형태에 속하며, 좀 더 면밀한 조사를 해보면 일본 마쓰리의 기원을 밝히는 데에 중요한 실마리를 찾을 수 있다고 했다. 한편 시와스마쓰리에 대한 민속학과 고고학 분야에서 한일 간 비교연구도 행해졌으며, 이들은 한결같이 시와스마쓰리에는 고대 백제의 풍습이 전해지고 있으며, 대륙의 영향을 크게 받은 것 같다고 했다(南鄕村 1996: 390-392).

또한 백제왕족의 전설을 여러 각도에서 검증하기 위해, 보다 실제적인 방법도 동원되었다. 전설에 의하면, "세토나이카이에서 폭풍을 만나 표류하다가 휴가국에 도착했다"는 내용에 대해서, '과연 세토나이카이에서 풍랑을 만나 표류하면, 조류를 따라 큐슈의 남쪽까지 내려올 수 있을까' 하는 의문이 제기된 것이다. 세토해상보안서를 찾아가 자문을 구한 결과, 충분히 가능하다는 것이었다. 이것을 증명이라도 하듯, 1994년 3월 9일 NHK가 조류와 전설의 관계를 규명한 '역사발견-큐슈산지의 베일에 가려진 백제전설'이란 다큐멘터리 프로그램을 전국에 방영하기도 했다(南鄕村 1996: 392).

지금까지 백제왕족관련 전설이나 동경, 시와스마쓰리에 대해서 자세히 살펴보았는데, 이는 앞으로 다루는 '백제마을조성'이란 행정주도형 관광개발을 이해하는 데에 중요한 자료가 될 것이다. 이는 지역의 잠자고 있던 역사나 문화에 대한 재인식과 평가를 통해, 지역주민들의 삶의 가치를 실현하고 공동체적 유대를 다지며, 궁극적으로는 무라오코시(관광개발)의 논리나 근거를 획득해 나가는 과정이기 때문이다.

이상에서 살펴본 백제왕족관련 전설과 축제, 동경에 관한 새로운 인식을 바탕으로, 백제마을조성 사업의 3가지 기본구상이 마련되었다. 첫째, 백제관련 전통문화의 가치를 재인식하여 관광자원화 함으로써 지역의 새로운 정체성을 확립하는 것이고, 둘째 지역특산품을 개발하는 '산지산업(地場産業)'을 육성하는 것이고, 셋째 한국의 백제문화권과의 활발한 교류를 통해, 우선 지역주민들에게 이문화 접촉기회를 제공하여, 세계를 보는 안목을 넓혀 침체된 마을분위기를 일소하고자 한 것이다.

그럼, 이제 위의 기본구상을 구체적으로 어떻게 실현했는지 살펴보기로 하자.

3) 전통문화의 볼거리화와 새로운 문화의 창조

① 백제관과 백화정(百花亭)

백제왕족관련 전설과 유물, 마쓰리에 대한 학술적 검증을 마친 후, 볼거리화 대상으로 처음 손을 댄 것이 '백제관'이다. 이 건물은 부여국립박물관 앞의 '객사'를 모델로 한 것으로, '백제마을'이란 지역의 새로운 이미지 확립에 결정적 영향을 미쳤다. 또한 낭고손의 물산관과 관광과 문화교류의 자료관으로서 중요한 역할을 하고 있다. 현재 이 건물 안에는 1990년 민자당 총재로 있던 김종필 씨가 보내온 29점의 백제시대의 국보와 중요문화재 복제품이 전시되어 있으며, '혼바(本場, 본고장)'의 전통공예품이나 라면, 김치 등 한국산 식품을 직접 수입하여 판매하고 있다.

이 건물이 완성되기까지 주일한국대사관을 비롯하여 총영사관, 부여국립박물관의 지원과 한국에서 온 건축기술자의 직접 시공이 있었다. 특히 기와와 받침돌은 한국에서 직접 수입한 것을 사용했으며, 단청무늬는 한국의 단청사가 직접 그린 것으로, 그들이 자주 말하는 '혼모노'를 재현했다. 그 밖에도 촌 입구에 서 있는 장승은, 김종필 씨가 낭고손을 방문한 기념으로 기증한 것이다. 또한 '연인의 언덕' 위에 있는 '인연의 종'은, 1992년 11월에 한국의 방송작가이며 범종연구가이기도 한 이경재 씨가 시와스마쓰리를 보러 왔다가, '백제마을조성'에 감동한 나머지 한일협력위원회를 통해 보내온 것이다. 이러한 낭고손의 '백제색깔 내기'에는 한국의 다양한 형태의 지원이 한 몫을 한 것이다.

백제마을조성으로 낭고손의 새로운 명소가 된 '연인의 언덕' 위의 백화정은 부여 낙화암 위의 '백화정'을 그대로 모방한 것이다. 연인의 언덕은 마을 중심부를 한 눈에 내려다 볼 수 있는 해발 400m의 산을 깎아, 면적 1ha의 부지 위에 백화정과 야외무대, 벤치, 산책로 등을 갖춰 백제관보다 조금 앞선 1990년 10월에 완공했다. 연인의 언덕에서는 '연인이나 부모, 자식, 형제자매들이 종을 치면서 유대와 정리(情理)를 더욱 돈독히 한다'는 한국의 전승에 착안한 '연인페스티발'이 매년 개최되고 있다. 이곳은 예로부터 낭고손의 유명한 전망대였으나, '연인의 언덕'이란 새로운 유래와 이름으로 사랑의 결실을 기원하는 관광명소로 재창조된 것이다. 이러한 '만들어진 명소'는 새로운 생활양식과 사회적 욕구의 변화를 반영한 것이며(김양주 1997: 143-162), 백제문화의 복제와 유용(流用)을 통해 조작가능한 대상으로서 문화를 객체화한 것이라고 할 수 있다. 2년 전부터 등장하기 시작한 미카도신사 앞의 '소원성취 조롱박'도 같은 맥락에서 해석될 수 있다.[4]

백제관과 백화정의 완성으로 '낭고손 관광시대의 막이 올랐다'고 할 정도로, 이 두 건물이 관광촌 '백제마을'을 이미지화하는 데 미친 영향은 결코 무시할 수 없다. 이 두 건물에 단청을 그린 단청사의 활약상과 1990년 5월에 있었던 백제관 상량식은 한국에도 크게 소개되어, 이후 수많은 한국인 관광객이 낭고손을 찾는 계기가 되었다.

② **낭고차야**(南鄕茶屋)**와 백제골목**(百濟小路, 1호관)

'백제의 전통문화 21세기로의 계승사업'으로 건설된 낭고차야와 백제골목 1호관은 낭고손

---

4 원래 일본인들은 신사나 절에 기도할 때나 그 기도가 이루어졌을 때 사례로서 말 그림의 작은 액자를 바치는데, 이것이 백제마을 낭고손에서는 조롱박이 된 것이다.

의 식문화를 중심으로 한 생활문화를 표현하는 곳으로, 백제관과 함께 중요한 관광편의시설이다. 건축양식은 낭고손의 전통 민가인 '가야부키(억새지붕)'를 그대로 재현했으며, '이로리'[5] 주변에 식탁을 배치한 레스토랑, 낭고손 식품의 전시와 판매를 위한 물산관, 주차장, 휴게소 등의 부대시설을 갖추고 있다. 일본의 전통적 가야부키 작업은 억새의 관리와 수확, 분배 등을 조직적으로 관리하는 촌락공동체의 대표적 공동노동이었다. 현재는 거의 기능하지 않는 이러한 공동노동을 통해 가야부키를 완성하게 함으로써, 촌민의 긍지와 자부심을 고양하고, 자신들의 생활문화를 재인식하고 창조적으로 계승하는 귀중한 기회로 삼았다.

낭고차야와 백제골목은 '낭고크리에이션'에 의해 운영되고 있으며, 지배인과 핵심관리자들은 민간의 활력과 창의성을 활용한다는 취지에서 외부인을 채용했다. 낭고크리에이션은 낭고손이 1995년 5월에 자본금 2천만 엔을 전액 투자하여 설립했으며, 경영만 민간에 위탁한 형태이다. 또한 서정창원(西正倉院)과 낭고차야, 백제관도 모두 낭고손 소유이며, 입장료는 모두 낭고손의 수입이 된다. 그러나 운영은 낭고크리에이션에 위탁되어 있어, 매점의 매상은 낭고크리에이션의 몫이다. 이는 행정과 민간의 소유와 경영의 분리로, 행정의 경직성을 극복하고 민간의 유연성과 창의성을 효과적으로 활용할 수 있는 방식이라고 할 수 있다.

백제골목 1호관은 1995년 7월에 준공된 2층 목조건물로서 지붕에 한국산 기와를 덮어 고풍스러운 맛을 냈으며, 내부는 일본 전통의 다타미를 깔아 외관과 내부를 한국과 일본의 양식을 조화시켜 새로운 건축문화를 표현했다. 이 건물은 메이지(明治) 초기에 농산물의 집산지로 번영을 구가했던 거리를 하나씩 복원하기 위한 것으로, '한일문화의 조화와 융합', '아름다운 기와지붕의 고도(古都) 창출'이라는 관광개발의 기본이념을 상징적으로 표현하고 있다. 1층은 주민이 직접 임대하여 손수 만든 전통과자를 판매하며(実演販売), 그 외에 라면과 토종닭구이를 파는 식당이 있고, 2층은 낭고크리에이션이 운영하는 식당으로, 한국의 전통차와 김치라면, 김치우동 등, 백제마을을 효과적으로 이미지화하기 위한 특이한 음식들이 판매되고 있다.

한편, 위에서 언급한 관광개발의 기본이념은 1992년에 신축된 촌 사무소의 새 청사에도 충실하게 반영되었다. 지붕을 기와로 덮어 고풍스러운 맛을 냈으며, 특히 청사 내부에는 한국인 관광객을 의식한 한글안내문을 비롯하여, 중앙 홀 천정에는 두 마리의 용과 다섯 마리의 봉황이 그려진 직경 10m 크기의 단청화를, 그리고 현관 입구에 백제고도 부여의 황란천(皇蘭泉)을 모방한 우물을 마련하는 등, 백제문화를 발신하는 중심기지로서의 기능이나 디자인을 위해 세심한 주의를 기울였다. 이는 모두 관광에 의해 촉발된 '이종혼교화(異種混交化, creolization)'라는 문화변용(acculturation)의 한 현상이며, 또한 자신들의 생활문화를 박물관적 전시를 통해 종래와는 다른 전시품을 제공하는 쪽의 사람들이 타자에 대해 자신들의 정체성을 주장하는 방법이기도 하다.

---

5 방바닥의 일부를 네모나게 잘라내고, 그곳에 재를 깔아 취사나 난방용으로 불을 피우는 장치. 현대 주택에는 거의 사라지고 없지만, 지금은 과거에 대한 향수와 동경의 대상으로 관광객들에게 인기가 높다.

③ '서정창원(西正倉院)' 건설

앞에서 살펴본 바와 같이, 일본 고대사의 귀중한 유물인 미카도신사의 33개의 동경을 보관하기 위해, 인구 3,000명도 채 안 되는 작은 지방자치단체로서는 감히 상상하기 어려운 '엄청난' 계획이 시도된다. 즉, 일본 고대사의 상징적 유물인 나라의 정창원과 꼭 같은 세계적 명물을 만들어, 그 안에 미카도신사의 유물들을 보관·전시함으로써 대단한 문화재를 가진 마을로 알리려는 '작은 마을의 큰 도전'이 시작된 것이다. 이 건물은 나라의 정창원의 서쪽에 있다는 이유로 '서정창원'으로 명명되었으며, 1987년 6월 그 기본구상이 발표되어 1996년 5월의 준공까지 8년간의 대 역사를 거쳐 완공된다.[6]

이하, 백제마을조성에 중추적 역할을 한 서정창원이 어떻게 건설되었는지, 그 발자취를 더듬어 보기로 하겠다. 여기서 우리는 낭고손이 헤쳐 나가는 여러 가지 장벽들을 중심으로 중앙의 관계기관에 대한 지방자치단체의 위상이 어떤 것인가를 살피게 될 것이다. 이 계획의 중요한 포인트는 백제관이나 백화정 건설에서도 나타났듯이, 어디까지나 '나라의 정창원'과 꼭 같은 '혼모노'를 끝까지 고집하고 있다는 사실이다. 그러나 막상 실현단계에 들어가자, 예상치 못한 난관에 부딪히게 된다. 이것을 흔히 낭고손에서는 '5가지 장벽'이라 하는데, 글쓴이가 촌장과 전 기획관광과장(현 교육위원장)을 상대로 한 인터뷰 내용을 중심으로 정리하면 아래와 같다.

첫 번째 장벽은 나라의 정창원과 꼭 같은 '혼모노'를 만들기 위해서는 일본 고대건축에 관한 한 최고의 권위를 자랑하는 나라국립문화재연구소(이하 '연구소'라 함)의 학술적 지원을 얻는 것이었다. 낭고손 기획과에서는 1987년 11월부터 연구소에 서정창원 건설의 배경이나 활용법 등에 관해 설명한 결과, "연구소에서 검토위원회를 설치하기로 했으니, 담당자로부터 구체적 계획에 대해 설명을 듣고 싶다"는 답을 얻어냈다. 11월 1일 연구소에서 설명회를 가졌는데, 연구소에서는 "정창원 건설은 기술적으로는 그렇게 어렵지 않으나, 건축재료의 조달과 건축기준법 상의 문제가 있다"는 자문을 해 줬다. 이때가 1988년 6월이었다.

연구소에서 학술지원을 검토하는 과정에서 궁내청이 '문외불출(門外不出)'로 하고 있는 '정창원 실측도의 입수'라는 이른바 제2의 장벽에 부딪힌 것이다. 이에 촌장이 직접 도쿄의 궁내청 정창원사무소와 궁내청 교토사무소를 방문하여 협력을 요청하기에 이른다. 그러나 "아직까지 아무에게도 보여준 적이 없기 때문에 어려울 것 같다"는 반응이었다. 다시 촌장이 도쿄의 궁내청에 가서 재차 지원을 요청했으나 "촌장 당신이 요구하고 있는 것이 얼마나 엄청난 일인지 알고 얘기하시는 겁니까?"라며, 아주 놀라는 반응이었다. "과소화로 피폐된 마을에 활력을 불어 넣으려고 하는 것이니, 부디 도와주십시오"라고 간청하듯 부탁했다. 얼마 뒤 "낭고손의 계획이 연구소의 학술적 지원을 받고 있고, 연구소가 학술연구를 위한 열람을 신청하면 공개할 수

---

6 서정창원건설의 의의와 성격, 건물의 설계와 시공 등에 대한 참고자료에는 「서정창원 건축사업 보고서」(南郷村 観光企劃課 1997)가 있다.

있다"는 연락이 왔다. 1988년 2월부터 나라정창원사무소(3회), 궁내청 교토사무소(2회), 도쿄의 궁내청 정창원사무소 서릉부(3회)를 오가며 벌인 끈질긴 요청과 협의 끝에 정창원 실측도를 손에 넣은 것이다.

세 번째 장벽은 700㎥에 달하는 엄청난 양과 크기(직경 1m 20㎝, 수령 500-600년)의 히노키(桧, 편백)의 조달이었다. 임업현으로 알려진 미야자키현을 비롯하여 오이타(大分)와 구마모토(熊本), 멀리는 아오모리(青森)와 나가노(長野), 나라(奈良)현의 영림서(営林署) 등을 찾아다녔지만 구할 수 없었다. 한편 과거 임야청(林野庁) 장관이었던 현 지사에게도 협력을 요청했지만, 쉽게 해결되지 않았다. 그는 "만약 조달이 불가능하다면, 아오모리(青森)현의 '히바'로[7] 대체하는 것이 어떠냐?"는 타협안을 제시했으나, 촌장의 '혼모노'에 대한 집착으로 받아들여지지 않았다. 그러나 전국의 목재상에 정창원 건설에 필요한 히노키 견적서를 우송해 놓은 것이 적중해, 1992년에 나가노현의 한 목재상으로부터 수령 400-500년 되는 히노키가 있다는 연락이 온 것이다.

네 번째 장벽은 가장 어려울 것이라고 생각했던 건축기준법의 통과였다. 건축기준법에 의하면, 일본의 목조건축은 3층 이상, 높이 13m 이상은 지을 수 없으며, 또한 정창원 건물은 기둥이 없고 못도 사용하지 않아, 강도나 소방 등의 안전성의 문제로 허가할 수 없다는 것이었다. 토목사무소와 미야자키현 주택연구과, 건설성 주택과 등 4년간 30회 이상의 방문과 협의를 거쳤으나 모두 허사였다. 결국 마지막에는 "건설성의 용단을 촉구하는 것 외에는 다른 방도가 없다"고 판단하고, 건설성 쓰쿠바(筑波)연구소에 탄원하게 된다. 쓰쿠바연구소에서는 일본건축연구협의회에 마지막 결정을 위임한 결과, '협의회'에서 내린 "1200여 년간 보존되고 있는 현재의 정창원이 모든 것을 증명하고 있다"는 평가를 바탕으로, 1992년 7월 건설대신특별허가(건축기준법 제38조)를 내주게 되었다.

다섯 번째는 건설재원을 확보하는 문제였다. 건설자금은 당초에 자치성의 '마치쓰쿠리 특별대책사업비(起債)'를[8] 지원받도록 예정되어 있었지만, 사업비가 지원기준을 훨씬 넘게 되어, 정부와의 교섭이 난항에 부딪혔다. 정부의 입장은 재정이 취약한 낭고손에 4억 이상은 곤란하다는 것이었다. 여기서 촌과 현은 혼연일체가 되어 "개성적이며 매력적인 지역 만들기를 위해 불가피한 계획"이라며, 끈질긴 협상을 거듭한 끝에, 총 예산 16억 3,300만 엔 중, 16억 엔에 가까운 예산을 자치성으로부터 지원받게 된다. 이른바 제5의 관문을 돌파한 것이다.

서정창원 건설은 과소화를 극복하고 활기 넘치는 관광촌을 조성하기 위한 핵심사업이었다. 여기서 우리는 첫째, 정창원 건설을 추진한 행정 관계자들의 '개성 있고 매력 있는 지역 만들

---

[7] 학명은 '히노키아스나로'이며, 히노키와 품종이 비슷한 것으로, 히노키보다 병충해에도 강하며, 잘 썩지 않는 것으로 알려져 있다. 무엇보다도 가격이 히노키의 1/3에서 1/2정도밖에 되지 않는다는 점이 유리한 조건이었다.

[8] 이 기금은 '마치츠쿠리 특별대책사업'(보통 '맛사쿠'로 줄여서 말함)의 일환으로 지방자치단체가 한꺼번에 돈을 빌려, 빌린 돈의 35-50% 범위 내에서 정부에서 매년 조금씩 지방교부세로 갚아주는 제도이다.

기'를 위한 '혼모노'에 대한 집요하고 끈질긴 집착과, 둘째 이를 실현하기 위한 현과 정부, 학술연구소, 궁내청을 상대로 한 협의과정에서 보여준 지방자치단체의 주도면밀한 문제해결 능력과 중앙관계기관의 적절한 대응, 셋째 5가지 장벽을 뛰어넘음으로써 산골 지방자치단체의 관광개발을 언론이나 학계, 국가기관을 포함한 국가차원의 '무라오코시'로 발전시킨 점 등은 주목해야 할 것이다. 다시 말해, 이른바 주변부의 '지방'의 작은 행정촌과 권위와 권력의 중심기관인 '중앙'의 관계에서 나타난 지방의 위상, 지방에서 중앙으로의 하의상신형 의사결정 메커니즘에 관한 일본적 면모와 특성이 잘 드러나고 있다는 것이다.

4) 국제교류란 이름의 한국과의 국제관광

일본 지방자치단체의 국제교류는 주민들의 국제적 시야와 감각을 넓히고, 국제화시대에 능동적으로 대처할 수 있는 인재를 양성하며, 지역의 활성화를 꾀하고자 오래 전부터 실시해고 있는 공공사업이다. 그러나 낭고손의 국제교류는 이러한 국제교류의 일반론적 성격과는 달리, 백제왕 전설과 시와스마쓰리의 비밀을 밝히기 위한 자신들의 뿌리 찾기에서 시작되었다. 처음에는 낭고손의 일방통행적 교류였지만, 백제왕족을 제신으로 모셔온 낭고손 주민들의 전통문화가 한일 양국에 널리 알려지자(양쪽 모두에게 대단히 '놀라운 사실'로 받아들여짐), 한국을 방문하여 백제왕족의 유래를 더듬어보고자 하는 낭고손민, 백제왕족을 제사지내는 낭고손을 찾아보고 싶다는 한국인들에 의해, 양국 간 교류의 국제관광이 급속도로 확대되었다.

촌 총무과 국제교류계에서 직접 입수한 자료(「한국교류일람: 총괄」)에 의하면, 1986년 1차 방한조사단부터 1997년 7월 한국 부여여행단의 낭고손관광까지 모두 117회(낭고손 사람들의 방한 46회, 한국사람들의 방일 71회), 4,103명(방한 960명, 방일 3,143명)의 관광교류가 있었다. 이것을 좀 더 자세히 살펴보기로 하겠다.

1986-1987년 사이에 백제와의 관련성을 찾을 목적으로 두 차례의 조사단이 부여에 파견되었는데, 이것을 계기로 양국 간 교류가 시작된다. 특히 1-2차 방한 때, 여러 가지로 신세를 진 부여군 부군수와 문화원장을 사절단으로 초청하여 대대적으로 환영했다. 이에 크게 고무된 촌민들 사이에서 한국의 역사나 문화에 대한 관심이 고조되었다. 주민들 스스로 비디오에 의한 한국어교실을 열자, 촌에서는 1990년 4월 전국에서 최초로 한국으로부터 국제교류원을 초청하여, 주민들에게 한국어뿐만 아니라 역사나 문화, 습관 등을 손쉽게 익힐 수 있는 기회를 제공하기 시작했다.

한편, 낭고손이 추진하는 한일교류를 널리 홍보하고 부추기기 위한 민간의 자발적 모임도 결성되었다. 바로 낭고손의 사물놀이패인 '남사당'이다. 이는 1990년 11월 백제관 낙성식에 김종필 씨가 보내준 김덕수 사물놀이패에 매료된 낭고손 젊은이들에 의해 결성된 예능단체이다.

이들은 1991년 7월 한국국악원 부여지부에서 지도자를 초청해 4주간 연수를 받았으며, 촌의 공식 축하행사나 정기축제, 한일 간 교류, 한국단체관광객의 낭고손 방문 때에 주로 활동한다. 최근에는 한국이나 일본 내의 다른 시정촌에서 개최되는 각종 이벤트에도 초청되는 등, 백제마을 낭고손의 이미지를 심는 데에 크게 활약하고 있다.

또한 이들은 사물놀이를 낭고손의 전통예능으로 계승시키기 위해, 1995년부터 미카도소학교 4-6학년생(15-20명)을 대상으로 클럽활동시간을 통해 전수하고 있으며, 그 이듬해에는 미카도중학교 전 남학생(30여 명)을 대상으로 정기적으로 지도하고 있다. 낭고손에서는 백제문화가 아무런 저항 없이 수용되어, 자신들의 것으로 재창조되고 있는 것이다. '남사당'의 핵심멤버로 꽹과리를 맡고 있는 촌 교육위원회의 시모다 히카리(下田光) 씨의 다음 이야기도 같은 맥락에서 이해할 수 있다.

> 한국사람들에게 우리를 알리고, 친근감을 느끼게 하는 데는 사물놀이가 최고인 것 같다. 특히 대전엑스포장에서 공연할 때는 대단했다. 그 덕분에 낭고손이란 이름이 한국과 일본에 동시에 알려져, 모두들 자신감을 얻게 되었다. 백제마을조성 사업은 백제관이나 정창원 같은 한 번 보면 그만인 시설만으로는 한계가 있다. 앞으로 한국의 전통예능을 우리 풍토에 맞게 들여와 이 고장의 명물로 가꾸고 싶다.

백제마을조성은 우선 한국의 사회나 문화를 이해하는 것에서 출발해야 한다는 취지아래, 1990년부터 중학교 3학년 전원이 참가하는 한국연수가 시작되었다. 1994년 8월에는 부여의 임천중학교와 낭고손의 두 중학교 사이에 자매결연이 있었으며, 1996년부터 임천중학교 학생들도 낭고손을 방문하는 등, 본격적인 상호교류가 시작되었다. 1990년 1월에는 한국청소년연맹에서 184명의 청소년을 보내오자, 낭고손에서는 그 준비와 대응에 부산한 움직임을 보였다. 이 때 모든 인원을 수용할 수도 없고, 의사소통에도 문제가 있어 대단히 불안한 마음으로 이들을 맞이하게 되었다. 그 때 겪었던 여러 가지 문화충격에 대해서 주민들은 다음과 같이 얘기하고 있다.

> 한국에서 친구들이 왔다. 여자아이는 치마저고리 모습이고, 남자아이는 청바지 차림. 대면식에서 한국의 중학생들은 유창한 영어로 말을 걸어왔다. 낭고손의 선생님들도 학생들도 모두 깜짝 놀랐다. 교류회에서도 대단히 적극적이었으며, 아무리 대도시인 서울의 아이들이라고 해도, 이 분야에서는 일본이 훨씬 앞서 있을 것이라고 생각했던 낭고손 관계자들은 큰 충격을 받았다. 민박집에서 식사를 할 때, 아무리 권해도 수저를 들지 않는다. 온갖 동작으로 '밥을 먹어라' 했지만 막무가내였다. 그러던 중에 우연히 안 사실은 나이 많은 어른보다 먼저 먹지 않는다는 것이었다. 유교정신이 강한 한국, 어른들은 이런 아이들 모습에 감동했다(南鄕村 1996: 843).

위에서 보인 낭고손 주민들의 반응은 이후의 한일교류에 중요한 역할을 하게 된다. 즉 처음에는 한국학생들을 민박시키는 것에 대한 일종의 거부감(?)이 있었으나, 이 일이 있고 난 후, 2차 민박가정 모집에는 너무 많은 신청자가 몰려 촌에서 선별하기까지 했다.

1989년 이후부터 조선일보사가 역사탐방단으로 교원 817명을 보내오거나 전주시 기전여자전문대 학생들이 낭고손에서 3차례의 민박관광을 실시하는 등, 대형 여행단과 시찰단이 끊임없이 낭고손을 방문하게 된다. 특히, 앞에서 언급한 김종필 씨는 1990년 8월에 민주자유당 최고위원 자격으로 낭고손을 방문하게 되는데, 이것을 계기로 한국정부의 중요인사들의 방문도 이어지게 된다. 낭고손의 백제마을이 한국에 상당한 폭과 깊이로 알려진 증거로 볼 수 있다.

한편, 낭고손민의 한국방문도 유행하게 되는데, 1987년 촌 사무소 직원들의 해외연수여행지로서 서울과 부여가 선정되었으며, 이듬해인 1988년 4월에는 촌장을 비롯한 의회의원 전원이 부여를 방문했고, 이어 구장회(区長会)와 농업위원회, 민생·아동위원, 사회교육관계자 등이 방문, 상호교류의 물꼬를 트기 시작했다. 부여의 백제문화제에도 1990년부터 매회 초청되고 있으며, 1993년 대전엑스포에도 일본의 지방자치단체 중에서는 유일하게 낭고손이 초대되어, '백제왕족 1,300년만의 고국방문'이란 이벤트로 한국에서도 크게 화제가 되었다.[9] 이러한 상호교류가 진행되는 중에, 1991년 9월 부여읍과 자매결연이 성사되어 보다 체계적이며 지속적인 교류가 가능하게 되었다.

백제왕족 전설과 시와스마쓰리 등 백제관련 전승문화의 재인식으로 시작된 한일 간 교류가 국내외에서 화제가 되자, 일본 국내의 백제관련 문화유적이 있는 정촌들이 낭고손과의 교류를 제의해 왔다. 시가현(滋賀県) 가모초(浦生町)는 백제의 석공이 만들었다는 일본에서 가장 오래된 석탑(국보)이 있는 곳으로 유명한데, 이 가모초에서 개최되는 '석탑 페스터벌'에 초대되는가 하면, 오사카후(大阪府)의 '사천왕사(四天王寺), 왔소', 가나가와현(神奈川県) 가와사키시(川崎市)의 '일본의 마쓰리'에도 초대되어 이들 지역과도 활발한 교류가 이루어지고 있다.

이들에게 있어서 백제와 한국은 더 이상 터부와 관심 밖의 대상이 아니라, 현실적 삶을 재조명하고, 자신들의 정체성을 형성하는 중요한 매개변수로 등장한 것이다. 나아가 백제와 한국을 매개로 한 한일 간 교류나 일본국내 교류의 네트워크 형성에도 크게 기여한 것이다. 그 결과 그들의 문화는 '낭고손'이란 지역적 의식을 넘어, 일본 속의 백제문화라는 보다 보편적인 인식체계 속에 자리매김된 것이다.

---

9 백제왕족 제신(祭神)의 고국방문은 촌장을 단장으로 한 210명의 대형 문화사절단에 의해 이루어졌다. 대한항공 전세기 편으로 서울에 도착, 부여 능산리 백제왕릉에서 고전제(告田祭)를 올리고, 부여시내 퍼레이드나 대전엑스포 참가 등, 한국인의 대대적인 환영을 받았다. 이 때 한국의 매스컴이 대대적으로 보도했으며, 이것이 결국 낭고손을 한국 전역에 알리는 절호의 기회가 된 것이다(南鄕村 1996: 396-397).

5) 백제와 한국에 집착하는 이유

1998년 1월 16-18일까지 거행된 시와스마쓰리에 한국으로부터 140명의 관광객이 오기로 예약되어 있었으나, 갑자기 불어 닥친 'IMF위기'로 모두 취소되는 사태가 발생했다. 글쓴이는 마침 이 기간 중에 시와스마쓰리를 조사하고 있었는데, 여기에 온 각종 신문이나 잡지, 라디오, TV 기자들의 집중 취재대상이 되었다. 외국(한국)에서 온 유일한 관광팀(?)이었기 때문이다. 그들은 우리들에게 한결같이 한국의 IMF위기가 언제쯤 끝날 것인가에 대한 질문만 반복했다. 140명의 관광객이 한꺼번에 예약을 취소하는 예기치 못한 사태에 굉장한 충격을 받은 것이다. 자신들의 삶이 보다 큰 세계적 시스템에 연결되어 있다는 것을 인식하게 된 것이다.

여기서, 낭고손이 왜 그토록 '백제(한국)'에 집착하는지, 그 이유를 살펴봐야 할 것이다. 낭고손이 일본사회에서 일반적으로 금기시되고 있는 고대사의 비밀(자신들의 문화의 뿌리가 백제라는 것)을 공적 담론화하는 위험을 무릅쓰고, 한국사람들의 일본에 대한 특별한 '민족주의'에 호소함으로써, 한국인을 불러들이는 전략을 구사했다고 할 수 있을까? 글쓴이는 낭고손을 방문하기 전부터 이런 의문을 가지고 있었다. 이 부분에 대해 집요하게 접근했으나 대답은 한결같이 '처음에는 아니요'라는 것이다. 백제마을조성 사업에 핵심적 역할을 한 전 기획관광과장 하라다 씨와 글쓴이가 나눈 다음의 대화를 살펴보기로 하자.

Q1: 부여에는 왜 갔으며, 무엇을 느꼈나?
A1: 무엇인가 백제와의 관련성을 찾아보기 위해서다. 시와스마쓰리나 동경(銅鏡)에 대해 얘기를 했다. 그들은 특히 시와스마쓰리에 굉장한 관심을 표시했다. 그러니까, 한국 사람들이 가장 소중히 여기는 효의 사상을 엿볼 수 있는 시와스마쓰리가 한국인의 관심을 끄는 데에 딱 들어맞은 것이었다.

Q2: 무언가 실마리를 찾았나?
A2: 아무 것도 찾지 못했다. 다만, 시와스마쓰리에 많은 관심을 보인 부여 부군수와 문화원장을 초대했다. 그들은 축제를 보고 감동한 것 같다. 여기서부터 교류가 확대되기 시작했다.

Q3: 이쪽의 얘기를 하니 저쪽에서 더 적극적이었단 말인가?
A3: 그렇다. 특히 시와스마쓰리에 관심을 표시했다. 올해도 140명이나 시와스마쓰리를 보러 오기 위해 예약했다가 취소하지 않았는가? 교류가 진행되는 중에 한국의 매스컴에도 보도되어, 한국청소년연맹에서 184명을 보냈다.

Q4: 그 때만 하더라도 한국인의 해외여행은 일반화되어 있었던 게 아닌데, 많은 단체에서 이곳까지 학생들을 보냈다. 그 이유를 알고 있나?
A4: 백제문화에 대한 정보가 흘러 들어간 것 같다. 백제문화가 남아 있다고 하니, 보고 싶어진

게 아니겠나? 이곳에서도 와줬으면 하고 바라고 있었으니까.

Q5: 지금 생각하면 그 원인이 무엇이라고 생각하나?

A5: '조직'의 힘으로 생각한다. 청소년연맹 총재인 김집 씨도 다녀갔으니까.

Q6: 한국문화가 이곳에 남아 있다니, 손상된 자존심과 문화적 긍지를 복원시켜 주는 좋은 자료가 한국인의 마음을 끌지 않았나? 이를테면 '민족주의' 같은 것.

A6: 그런 게 있었으리라 생각한다. 그러나 당시는 몰랐다. 그 때 따라온 매스컴이 모두 "백제왕 후손이 있나?"는 질문을 했다. 일본에는 족보도 없으니 뭐라고 말할 수 없었다.

Q7: 조선일보사가 816명이라는 대규모의 인원을 이곳에 보냈는데, 이러한 한국인의 기분을 활용하면(민족주의에 호소), 보다 많은 사람을 오게 할 수 있다고 생각하지 않았나?

A7: 한국인들이 자신들의 문화의 루트를 즐겨 찾아다닌다는 것쯤은 알고 있었다. 그러나 우리는 예로부터 해오던 것을 그대로 보여주면 된다고 생각했다. 점점 교류가 진행되던 중에 KBS를 비롯하여 MBC, SBS가 다녀갔다. 어떤 것에 관심을 가지고 있는지 알게 되었다.

Q8: 한국인이 도쿄나 오사카에 가는 것과 이곳에 오는 것은 그 성격이 다르다. 이 점을 잘 이해하고 접근한 것이 아닌가, 나는 처음부터 그렇게 생각했는데…….

A8: 재일한국인 작가인 김달수 씨가 이곳을 다녀간 후, 조선일보에 백제마을에 대한 글을 실었다. 그는 '일본 속의 조선문화'란 주제로 일본인 학자와 나눈 대담에서, "미야자키의 낭고손이 '백제'를 표면에 내세워 무라오코시를 하고 있다니! 정말 놀라운 사실"이라고 했다. 우리가 하고 있는 것이 일본 안의 조선문화의 주류가 아니라고 생각한 것 같다. 주류가 아닌 것이 아주 빛나고 있으니까, 굉장히 놀란 것이다. 우리는 다만 '주류'냐 '비주류'냐 하는 문제가 아니라, 실재 해오고 있는 문제다. 오랫동안 유지해온 우리들의 삶의 양식의 일부이다.

Q9: 반대로 한국에서 이런 식으로 '일본문화' 하면 큰일이 난다. 그런데 일본에서는 아무 일 없었나?

A9: 촌장에게는 몇 건의 편지와 전화가 있었다고 한다. 아마 우익이나 '북조선(북한)' 관계자로부터 왔을 거다. 아마 대도시였다면 군함행진곡을 틀고 시위를 벌였을 것이다. 반대로 격려전화도 많이 왔다. 이제부터는 아시아의 시대다. 일본은 지금까지의 태도를 버려야 한다. 우리가 터부를 깬 것이나 다름없다. 그 덕분에 낭고손이 일본에서 백제문화의 대표가 된 것이다.

이상의 대화에서 알 수 있는 것처럼, 백제마을조성 사업은 처음부터 한국을 상대로 한 것이 아니었다(A1). 자신들이 오랫동안 지켜온 백제왕족과 관련된 삶의 양식 일부를(A8) 공적 담론화하는 과정을 통해(A9), 현대적 의미로 재창조한 것이다. 그러나 자신들의 백제마을이 한국과 일본에서 동시에 주목을 받게 되자, 이제 '백제문화'를 이들의 관광개발과 지역활성화에 전략적 수단으로 인식한 것이다(A5, A7). 따라서 당분간은 '관광'이란 창을 통해 새로운 백제문화가 낭고손은 물론 다른 지역에서도 보다 적극적으로 연출될 것으로 예상된다(A9). 구체적으로 어떻게 전개될 것인가 그 추이를 지켜볼 필요가 있다.

6) 관광상품의 개발과 육성

① 백제왕김치

행정주도의 백제마을조성 사업이 본격적으로 시작되자, 1988년 민간에서도 낭고손의 '특산물'을 만들어보자는 의견이 대두되었다. 마침 상공회 부인부가 이웃 정촌(町村)에 없는 것을 만들어 봐야겠다고 생각한 것이 '백제왕김치'이다. 부인부의 임원이었던 나가타 타쓰코(長田たつこ) 씨를 중심으로 한국방문과 한국요리사 초청을 통해 '혼바'의 김치제조법을 익혔다. 그 후, 1989년 미야자키에서 열린 '요리페스티발'에 김치를 출품시켰으며, 낭고손을 찾는 관광객을 대상으로 임시매장에서 판매하기도 했다. 이제 백제왕김치는 촌 밖으로 널리 알려져, 미야자키시의 한 호텔에 정기적으로 납품하기도 하며, 연간 약 1,000만 엔 정도의 매상을 올리고 있다.

촌의 관광시설에서 판매되고 있는 식료품을 조사해보면, 배추김치를 비롯하여 무김치, 죽순김치, 우엉김치 등 다양한 형태의 김치류 외에도 '김치'라는 이름이 붙어 있는 것을 많이 볼 수 있는데, 모두 매운 맛을 그 특징으로 하고 있다. 예를 들면, '김치우동'을 비롯하여 '김치라면', '김치메밀국수' 등, 김치는 백제와 매운 맛을 이미지화하는 중요한 매개변수인 셈이다. 앞으로도 지역에서 나는 농산물을 이용한 다양한 매운 음식이 개발되어 백제와의 관련성 속에 널리 유통될 것으로 보인다.

나가타 씨에 의하면, 당시 촌의 공무원 부인들로 이루어진 '시키사이(四季菜)'란 그룹에서도 김치를 만들어서, 촌 내에서도 맛과 판매에서 경쟁이 심한 편이라고 했다. 이점 관해 그녀는 '백제왕' 브랜드의 김치에 부정적 영향을 미칠까 걱정하면서, 다음과 같이 주장했다.

> 촌 사무소에서 하는 일이 마음에 들지 않는다. 만약 다른 그룹에서 만든 김치 맛이 좋은 평가를 얻지 못하면 모두 피해를 입기 때문에, 너도나도 김치 만들기에 뛰어들게 해서는 안 된다. 백제왕 김치 맛에 대해 이러쿵저러쿵 말들이 많으나, 현재의 김치 맛을 내기까지 굉장한 노력을 했다. '백제왕'이란 브랜드를 사용하기까지 3년이나 걸렸다. 백제마을에는 '혼바'의 맛을 즐길 수 있는 '백제왕김치'가 있다는 사실에 대단한 자부심을 느낀다. 아무나 섣불리 뛰어들어서는 안 된다. 이제 겨우 '백제왕김치'가 백제마을의 명물이 되었는데…

그녀의 주장은 단순하게 생각하면, 백제왕김치에 대한 자부심과 백제마을 명물의 이미지 손상에 대한 경계심의 표현이겠지만, 관광상품 개발을 둘러싼 주민과 행정, 주민간의 경합과 갈등의 표현으로도 볼 수 있다. 이 밖에도 백제마을조성 사업이 4개의 '오아자(大字)'[10] 중 미카도 중심으로 이루어지고 있는 것에 대해, "각 오아자마다 신사와 마쓰리가 있는데, 미카도만을 위한 것인가?", "미카도신사 입구 주변의 가게만 혜택을 보고 있다"는 등의 비난의 목소리도 있다. 이는 관광에 의해 촉진된 여러 형태의 문화창조 과정이 그 대상이나 방법을 둘러싼 논쟁으로부터 모두 자유로운 것이 아니라는 사실을 말해 주고 있다. 다시 말해, 관광을 개발하는 과정에서 커뮤니티를 구성하는 여러 요소들에 미세한 차이가 발생하여, 외부에 대해서 연대적 정체성이 형성된 결과, 정치적인 각성이나 문화의 자각화(의식화)가 진전된 것으로 볼 수 있다.

② 토종닭 숯불구이와 온천개발

1988년 4월부터 나가오 이사무(長尾勇) 씨를 대표로 3명이 공동으로 출자하여 토종닭을 사육하기 시작했는데, 당시 숯불구이나 통닭구이용으로 연간 약 4,000마리를 생산하고 있었다. 1995년부터는 회감과 냄비요리를 세트로 한 새로운 닭고기 요리를 개발해 관광객을 상대로 선호도를 조사하기도 했다. 특히 백제마을 여름축제 때는 특별판매소를 설치하여, 낭고손을 찾은 관광객을 대상으로 적극적인 홍보활동을 전개하고 있다(南鄕村 1996: 574).

이 외에도 여러 민간 그룹에서 촌의 지원사업으로 낭고손 특산품 개발과 육성에 힘을 기울이고 있다. 예를 들면, 1981년에 설립된 시미즈(清水) 그룹을 비롯한 총 11개 그룹에서 30여 가지의 특산품을 개발하여 판매하고 있다. 특히, 이 지역에서 개발되는 농림업산업의 원료를 사용한 식료품이 주류를 이루고 있어, 지역의 경제기반을 다질 수 있는 산지산업(地場産業)으로 성장이 기대된다.

한편, 백제마을을 찾는 관광객들의 요구에 따라, '고향창생자금(1억엔)'을[11] 활용하여 자연이 잘 보존된 주변부에 '백제숲'이라는 이름의 캠프장을 설치하게 되었다. 백제마을조성 초기에는 아무래도 미카도신사나 백제관 주변인 촌의 중심부에 투자가 집중되는 것이 바람직하나, 골짜기 마을이 활기를 잃어버리게 되면 주변마을로 파급될 것이라는 우려에서 실시한 것이다 (南鄕村 1994: 194). 또한, 한국인 관광객들이 온천을 즐긴다는 점에 착안하여, 1990년부터 새로운 관광산업으로서 지열개발이 검토되었다. 이듬해 규슈대학의 기술지원으로 타당성조사가 이루어졌으며, 1992년 8월에 미카도의 서쪽 지구에 개발가능지역이 보고되었다. 1998년 10월에

---

10 일본의 지방자치단체인 시정촌(市町村) 안의 행정구분으로, 오아자(大字)는 다시 몇 개의 고아자(小字)로 나뉘어져 있다.

11 1987년에 출범한 다케시타 노보루(竹下登) 내각이 '일본열도 후루사토(고향) 창조 사업'의 일환으로 전국의 3,057개의 시정촌(市町村)에 지급한 기금으로, 1988년 2,000만 엔, 이듬해에 8,000만 엔이 지원되었다(地方自治政策研究会編 1989).

개장되어 낭고손의 새로운 명물이 되었다. 1988년 올림픽 이후, "피부미용에 좋다"는 소문으로 일본 주부들 사이에서 폭발적인 인기를 모으고 있는 한국식 '때밀이(아카스리)'도 도입되어, 새로운 관광수요를 창출하고 있다.

3. 낭고손 관광문화의 특징

1) 새로운 정체성의 형성

낭고손관광은 1987년까지 관광객 제로 상태에서 1990년 7천 6백여 명, 이듬해에는 약 12만 명이 찾아오면서 일본국내외에서 주목받기 시작한다. 이렇게 되자 '관광협회'는 1990년 8월부터 주민들의 요구나 불편사항을 청취하거나 관광객들의 취향을 조사하는 등, 촌의 관광행정에 적극적으로 개입하게 되었다. 다시 말해, 관광객의 급증이 관광개발에 대한 마을사람들의 인식전환에 중요한 계기가 되었으며, '지역에 남아 지역에서 살아간다'는 논리를 획득하거나(정체성의 확립), 스스로 자신들의 요구를 건의하는 정치적 각성의 계기가 되었다는 것이다.

이때까지 낭고손의 관광개발에 대해서, 현이나 현 관광협회에서는 "투입된 비용에 비해 기대 이상의 성과가 나타나고 있는 것"으로 보고 있다. 이러한 관광개발에 대한 평가는 현 내보다 전국적으로 알려져, 자치대신이나 국토청장 등의 상을 받거나, 전국 '30대 여행마을' 등으로 지정되기도 했다. 또한 TV나 신문, 각종 잡지 등에도 소개되어, 지방자치단체의 관광개발에 대한 정보발신기지로서 주목을 받고 있다. 그러나 무엇보다도 가장 큰 성과는 촌민이 자신감을 얻었다는 것이다. 이것을 여기서는 흔히 '마음의 활성화'라고 한다. 지금까지의 어둡고 침체된 분위기를 일신하는 '마음의 활성화'를 통해 촌민의 자긍심을 되살린 것이다. 관광을 통해 자신들의 새로운 정체성을 확립한 것이다.

2) 전통문화의 재해석

백제마을조성이란 시와스마쓰리를 통해 전승되어온 전통문화(백제왕 전설)를 관광자원화함으로써 지역활성화를 꾀하려는 것이다. 전통문화를 관광자원화하는 움직임은 전국적인 현상이며(야마시타신지 편/황달기 역 1997: 207-217), 또한 지역활성화를 성공적으로 이룩하는 데에 크게 기여하고 있는 것으로 평가되고 있다. 그러나 한편으로는 무라오코시를 위한 이벤트활동의 대부분은 일회성이나 일과성 행사로, 실제 어느 정도 지역활성화에 영향을 미치고 있는가에 대한 부정적인 견해도 있다(松崎憲三 1991: 58). 따라서 전통문화와 관광에 대한 보다 많은 사례연구가 필요하다고 본다. 왜냐하면, 각 시정촌이 목표로 하는 무라오코시와 관광자원으로서의 전통문화의 바람직한 모습을 규명할 수 있기 때문이다.

여기서 전통문화에 대해 일반적 정의나 해석은 논외로 하고, 무라오코시를 전제로 한 전통문화에 대해 생각해 보기로 하겠다. 여기서 말하는 전통문화란 지역문화의 일부로서, 지역이란 일정한 공간과 시간적 제약 속에 형성되어, 오랫동안 지역주민들의 풍요로운 삶의 가치를 실현하고 공동체적 유대를 다져온 신앙이나 풍습, 의례 등의 생활양식을 의미한다. 특히 지역에 남아 지역에서 살아가는 사람들의 정체성 인식과 확립에 중요한 매개 구실을 하며, 시대와 지역에 따라 독특한 역할과 의미를 획득하며 발전적으로 해체되거나 재창조되어 온 것이다. 이렇게 하여 전통문화는 몇 세대에 걸쳐 그 형태와 의미가 변화되어 왔지만, 지역주민들이 온갖 정성을 다해 이를 계승해온 것에 중요한 의미가 있다고 하겠다.

최근, '전통'의 이러한 재창조나 발명의 측면을 강조하는 연구가 눈에 띄는데, 특히 한 집단이 위기상황이나 급격한 변화 중에 있을 때, 창조에 대한 욕구가 더욱 강해진다는 것이다(エリッタ ホブズボウム/テレンスレェンジャー編/前川啓治訳 1992: 9-28; 권숙인 1996: 219-234; 야마시타신지 1997: 149-159). 전통은 이러한 상황에서 기존의 부정적인 분위기나 이미지를 개선하는 데에 중요한 자원으로 동원된다. 이 점에 관한 한 낭고손의 전통문화도 예외일 수 없다. 낭고손 사람들은 과소화로 인한 지역문화의 총체적 위기에 직면하여, 전통문화의 재인식을 통한 자신들의 정체성 확립과 형상화를 통한 관광개발을 시도한 것이다.

외부자가 자신들의 지역에 함부로 들어오는 데에 대한 저항감, 외부자를 의식한 전통문화의 서툰 연출 가능성에 대한 염려, 생활을 위해서는 경제적 이익을 조금이라도 많이 챙기기 위한 여러 가지 경합과 갈등도 예상된다. 그럼에도 불구하고, 낭고손에서는 자신들의 전통문화를 객체화함으로써 관광상품으로 재창조한 것이다. 이들에게 있어서 전통문화의 관광상품화는 자신들의 삶의 양식 일부를 스스로 현대적 의미로 재창조하려는 것이며, 이것이 바로 전통문화의 새로운 인식과 발전적 계승이라고 할 수 있다. 따라서 백제왕족관련 전통문화를 매개로 한 관광개발은 그들의 생존을 보장하는 문화의 의식화나 정치적 각성의 계기가 되었으며, 경제적 수단(보증)이 된 것이다.

낭고손에서는 '문화관광'이란 말을 자주 듣게 된다. 이들은 '관광'이나 '지역활성화'라는 창을 통해 확실한 실체로서 문화를 발견한 것이다. 말하자면, 그들에게 문화의 변화(의식화)가 일어난 것이다. 그들이 의식하지 않은 채로 그들의 의식과 행위를 이끌어내는 전제(前提)로서의 문화에서, 그들 자신이 의식하고, 적극적으로 이야기하며, 또한 그것을 통해 정치·경제적인 힘을 손에 넣으려는 문화로의 변화인 것이다. 이면에서 전면으로 문화의 자리가 바뀐 것이며, 이는 다름 아닌 문화의 전경화(前景化)라는 전위(転位)일 것이다.

3) 관광에 의한 문화의 객체화

　백제왕족관련 전통문화를 발판으로 한 새로운 관광문화의 창조는 자신들의 문화와 '백제문화'를 조작의 대상으로 객체화한 결과이며, 이 과정을 촉진한 사회적 요인이 관광이라는 점에 있어서는 이론의 여지가 없을 것이다. 이러한 관점은 관광이 문화의 고유성이나 '순수성(authenticity)'의 빈껍데기만을 보여준다고 하는 비판에 대해, 문화담당자인 호스트 측의 주체성에 바탕을 둔 문제제기이다. 현대사회는 표준적이며 전형적이며, 지배적인 규범이 퇴조하고, 자신들을 규정하는 방법과 내용을 대단히 다양화하고 있다. 이 시대를 살아가는 사람들은 누구나 의식적으로 자신을 의미 있는 형태로 성형할 필요를 느끼게 될 것이다. 낭고손이 시행한 일련의 관광개발 과정도 따지고 보면 문화의 주체적 성형화 과정이나 다름없다. 특히, 백제마을을 이미지화하기 위한 백제관이나 사물놀이, 백제왕김치, 백화정과 연인의 종, 사물놀이패 등, 백제문화의 철저한 복제(혼모노 재현)와 유용을 통해, 개성 있는 지역의 관광문화를 창출한 것이다. 낭고손은 이제 이러한 한일문화의 이종혼교(異種混交)의 무대를 마련한 것이며, 이 무대에 올려진 '백제문화'는 아직 극히 일부에 지나지 않는다. 어차피 '백제마을 낭고손'이란 이미지의 형성과 유포를 목적으로 시작한 개발이니까, 장차 사회적 요구와 가치관의 변화에 따라, 한일문화의 다양한 형태의 이종혼교화의 길을 걸을 것으로 예상된다. 따라서 이들에게 있어서 문화의 국적이나 경계는 큰 의미가 없을 것이다.

　낭고손의 관광개발과정에서 확인된 '문화의 객체화'나 '문화의 유용'은 문화가 관광에 의해 소멸되어 가는 것이 아니라, 새로이 생성되어 간다는 새로운 문화이론을 검증하는 데에 적절한 예가 될 수 있다. 다만, 여기서 강조되어야 할 점은 오타 요시노부(太田好信)도 지적했듯이, 해당 사회사람들이 '혼키데(진정으로)' 벌이는 관광개발에 관한 실천을 문화의 창조과정으로 파악하고, 그 주체성을 부정하지 않는 자세와 시각이 전제되어야 한다는 것이다(太田好信 1992: 1-33). 또 한 가지 중요한 사실은 지금까지 인류학에서 다루어진 관광은 주로 관광이 토착문화에 미치는 영향이라는 문화변용(acculturation)에 관한 논의가 대부분이었으나, 관광개발에 필수적으로 수반되는 개발을 둘러싼 경합이나 갈등, 전략과 같은 정치적 변수를 고려한다면, 오히려 관광의 대상이 되는 사회에서 생활하는 사람들이 관광이라는 피할 수 없는 사회적 맥락 안에서 어떻게 자신들의 정체성을 구축해 가는가 하는 문제야말로 보다 현실적이며, 시급히 해결하여야 할 사안이라고 할 수 있다.

　낭고손의 백제관련 전설이나 축제, 형상화된 건축물은 관광개발에 의해 낭고손 지역문화의 상징으로서 객체화된 것이다. 이제 이 지역 주민들은 백제관이나 전설, 축제 등을 빼고는 자신들의 문화를 이야기할 수 없게 되었다. 그들에게 있어서 관광은 과거나 미래를 연결해주는 현재의 문화창조를 위한 중요한 맥락인 것이다.

4. 일본 속의 백제문화

지금까지 일본의 한 지방자치단체가 주도하고, 지역주민들이 적극적으로 참가하는 관광개발의 사례를, 개발의 대상이며 주체이기도 한 지역주민들이 어떻게 인식하고, 대처하며, 또한 스스로 자신들의 행위를 어떻게 평가하고 있는지, 그들의 '담론(discourse)'을 주요 텍스트(text)로 삼아 종합적으로 기술·분석해보았다. 여기서 밝혀진 사실을 몇 가지 관점에서 정리하면 다음과 같다.

첫째, 일본 속의 타자성(백제문화)를 이용한 지방자치단체의 관광개발 과정에 대한 아주 구체적이며 실증적인 연구는 관광개발에 대한 정책입안이나 방안제시 등을 다루는 수많은 연구들이 지니는 일반적이며 추론적인 논의의 한계를 극복하는 것으로, 이와 유사한 상황에 놓여 있는 우리들의 지방자치단체의 관광개발에 아주 유익한 참고사례가 될 수 있다.

둘째, 지금까지 인류학에서의 관광은 문화와의 관련에서 가끔 부정적으로 논의되어 왔다. 즉, 관광개발이 전통문화를 파괴한다는 주장이다. 그러나 관광개발만이 전통문화를 파괴하는 주범이라 할 수 없으며, 이러한 논의는 처음부터 '전통문화'를 고정불변적인 근원적 실체로서 이상화하는 우를 범하고 있다. 낭고손에서는 오히려 관광이 전통문화를 자극하고, 새로운 문화창조를 위한 중요한 동인(動因)이 되고 있다. 다시 말해, 낭고손의 백제문화는 이곳을 찾는 관광객들의 시선을 의식하고, 의도적으로 재창조된 것이며, 한국(백제)과의 만남을 통해 새로 만들어진 혼합적(hybrid) 문화, 즉 관광문화라는 것이다.

셋째, 관광용으로 만들어진 낭고손의 백제문화는 일본 내에 존재하는 다양한 백제관련 문화를 대표하면서 지역의 개성 있는 관광문화로 자리 잡았다. 여기서 낭고손의 관광문화는 낭고손의 독특한 문화 이미지를 일본국 내외로 유포시키는 중요한 매개체 구실을 하고 있다.

넷째, 낭고손 주민들은 의식 속에 잠재되어 있는 자신들의 문화를 전략적으로 조작가능한 대상으로 객체화함으로써, 문화를 생존의 문제와 직결된 확실한 실체로서 인식하게 되었으며, 이를 통해 '지역에 남아 지역에서 살아간다'는 정당한 논리를 확보했다는 것이다(정체성의 확립).

마지막으로 인도네시아의 발리섬이 세계적인 관광지가 된 것은 발리문화를 지탱하는 여러 가지 표상의 세계적인 유통에 있었다고 보는 견해가 있다(石森秀三 1996: 69-79). '백제마을'을 떠올리는 표상은 어떤 것이며, 그 표상은 어떤 매체를 통해 형성되어, 국내와 국외(한국)로 유포되는가, 앞으로 이 부분에 대한 집중적인 조사와 분석이 필요하다고 본다.

참고문헌

권숙인(1996)「현대 일본사회와 지방의 아이덴티티」, 서울대학교출판부.
김양주(1997)「일본관광명소와 자원의 변천-변화하는 사회적 욕구와 만들어지는 '명소'」『지역연구』6-1, 서울대학교 국제지역원, pp.143-162.
김일철·이문웅(1994)「일본농촌에서의 지역활성화 운동의 사례연구」『국제지역연구』3-1, 서울대학교 국제지역원, pp.145-213.
야마시타 신지 편·황달기 역(1997)『관광인류학의 이해』, 일신사.
이종철·정승모·김상기(1992)「日本 宮崎 南郷村의 '師走祭り' 調査研究」『한국문화인류학』24, 한국문화인류학회.
足羽洋保編(1994)『新観光学概論』, ミネルヴァ書房.
エリッタホブズボウム·テレンスレェンジャー編/前川啓治他訳(1992)『創られた伝統』, 紀伊国屋書店.
石森秀三(1996)『観光の20世紀』, ドメス出版.
太田好信(1993)「文化の客体化-観光を通じた文化のアイデンティティの創造」『民族学研究』57-4, 日本民族学会, pp.1-33.
地方自治政策研究会編(1989)『全国ふるさと創生一億円データブック』第一法規.
土田芳美(1993)『百済伝説-神門物語』, 日本宮崎県南郷村.
南郷村(1994)『小さな村の大きな挑戦』, 日本宮崎県鉱脈社.
_____(1995)『第3次南郷村長期綜合計劃書』, 日本宮崎県南郷村.
_____(1996)『南郷村史』, 日本宮崎県南郷村.
_____(1997)『村世要覧』, 日本宮崎県南郷村.
南郷村観光企劃課(1997)『西の正倉院建築事業報告書』, 日本宮崎県南郷村.
松崎憲三(1991)『現代社会と民俗』, 名著出版.
〈인터넷 자료〉http://www.town.miyazaki-misato.lg.jp(2016.12.31. 검색)

한일 관계와 국경

제12장

한국의 일본대중문화 수용[*]

- 1990년대 이후의 일본영화를 중심으로 -

　1965년 한일국교 정상화 후, 30여 년이 지난 1998년 10월 일본대중문화에 대한 개방조치가 취해졌다. 그 후 2004년 제4차 개방까지 드라마와 방송 등의 극히 일부분을 제외한 거의 모든 분야의 일본대중문화가 개방되었다. 우리들은 4차례에 걸친 개방조치 이후에, 한국사회에서 어떻게 일본대중문화가 수용되고 있는지, 살펴볼 필요가 있을 것이다. 이는 현재 세계적으로 광범위하게 일어나고 있는 문화의 초국적(超国的, transnational) 유통과 소비의 한 단면을 파악하는 데에 유용하기 때문이다.

　지금까지 발표된 일본대중문화의 개방이나 한국사회의 수용과 관련된 연구들을 살펴보면, 개방 전의 한국사회에 만연된 일본대중문화의 모방과 표절 문제에서(이연 외1998: 53-110), 일본대중문화에 대한 한국인의 인식과 반응(김은경 1997), 개방 전후의 수용현황에 관한 문제까지(최재목 2006) 다양한 주제를 다루고 있으나, 개방 후 일본대중문화의 수용양상을 특정 분야에 한정해서 구체적이고 실증적인 자료를 통해 분석한 연구는 거의 보이지 않는다. 총론적 논의와 함께 구체적인 실증 데이터에 근거한 각론적 연구가 필요한 시기라고 하겠다. 이하 일본대중문화 중, 가장 먼저 개방된 일본영화의 유통과 소비에 나타난 한일 간 문화적 경계를 살펴보고자 한다.

---

[*] 이 글은 「한국의 일본대중문화 수용」(2007,『일본어문학』36집, pp.469-492)을 약간 수정하고 보완한 것이다.

1. 일본대중문화가 개방되기까지

〈표 1〉 한일문화교류의 역사

시 기	내 용
1965. 6	한일기본조약 및 부속협정 서명
1965.12	한일 간 문화재 및 문화협력에 관한 협정 발효
1983.12	제1회 한일문화교류 실무자회의에서 일본대중문화 개방문제 제기
1990. 3	일본이 한국에 제4차 한일문화교류 실무자회의에서 개방을 강력히 요구
1992. 6	한국문화통신사 일본방문
1992.10	이수정 문화부장관 일본대중문화 개방 긍정적 검토 시사
1994. 3	가수 계은숙 문화체육부 허가 받아 독립 후 국내공연으로는 처음으로 일본어 가요 부름
1994. 5	일본 '고지마 만스케(小島屋万助)' 춘천국제마임축제 공연
1994. 9	일본 극단 '시키(四季)', 극립극장에서 '지저스 크라이스트 슈퍼스타' 공연
1995. 1	배우 안성기 일본 오구리 코헤이(小栗康平) 감독의 '잠자는 남자'에 출연 계약
1995. 2	공연윤리심시위원회, 미국영화 '쇼군 마에다' 국내 상영 불허
1995. 2	문화체육부 한국계 일본 여가수 '미야코 하루미(都春美)' 국내공연 불허
1996. 5	2002년 월드컵 한일공동개최 결정
1996. 9	부산국제영화제에서 안성기 주연의 일본영화 '잠자는 남자' 등 15편 첫 상영
1998. 2	김대중 대통령 단계적 개방 표명
1998. 5	문화관광부에 일본문화개방에 관한 자문위원회 설치
1998.10	일본문화 1차 개방(영화, 비디오, 만화 단계적 개방조치)
1999. 9	일본문화 2차 개방(영화의 개방범위 확대 및 대중가요 개방)
2000. 6	일본문화 3차 개방(영화, 비디오, 공연, 게임, 방송 등 1, 2차에 비해 개방정도 대폭 확대
2001. 7	역사왜곡 교과서문제로 단계적 개방 중단
2002. 6	한일월드컵 공동개최
2003. 6	한일정상회담의 공동성명 내용 중, "양국의 문화교류의 활성화를 위해, 한국은 일본대중문화 개방을 확대한다"를 발표
2004. 1	일본문화 4차 개방(영화, 음반, 게임 등 완전 개방)

〈출처〉 김영호, 「일본문화개방에 따른 우리나라 방송의 효과적인 개방절차」(http://www. .adic.co.kr/data/sem/japan98/japan03.htm(2006.10.26)에서 1996.9까지 인용하고, 각주 7-9번과 1998.2-2004.1까지의 내용은 글쓴이가 추가한 것임.

위에서 보는 바와 같이 한일 간 문화교류나 일본문화의 개방문제는 한국의 문화외교와 깊은 관련이 있으며, 정책적 결정의 대상이었음을 알 수 있다. 여기에는 폭력적 식민지배에 대한 역사적 기억이 일본문화와의 접촉에 의해 풍화되는 것을 경계하려는 의도가 내제되어 있었다고 해야 할 것이다. 한편 일본 측에서도 이와부치 코이치(岩淵功一)의 지적처럼, 현존하는 문화적 헤게모니의 불균형을 적절히 이용하여, 아시아와 일본을 연결시키려는 초 국가주의적 욕망을 들어내고 있다고 할 수 있다(Iwabuchi 2001: 199-222; 조한혜정 외 2003: 91).

그럼, 여기서 1998년 10월 1차 개방에서 2004년 1월 4차 개방까지의 구체적 내용을 살펴보기로 하겠다(표 2).

〈표 2〉 일본대중문화 개방조치의 내용

단 계	개 방 내 용
제1차 (1998.10.20)	4대 국제영화제(칸, 베니스, 베를린, 아카데미)의 수상작품, 한일 간 공동 제작된 영화, 국내 영화에 일본배우가 출연한 영화, 국내에서 상연된 영화와 비디오, 일본어로 출판된 만화와 만화잡지
제2차 (1999.9.10)	공인된 국제영화제(한국영화진흥위원회 포상대상의 영화제, 국제영화제작자연맹이 인정한 영화제 등 70여 개, 작품은 100여 개) 수상작, 영상물등급위원회가 '전체 관람 가'로 인정한 영화, 2천 석 이하의 실내공연장에서의 대중가요 공연
제3차 (2000.6.27)	'12세 관람 가'와 '15세 관람 가'의 영화, 국제영화제의 애니메이션 수상작, 국내에서 상연된 영화 및 애니메이션, 비디오, 지금까지 허용한 영화의 케이블 TV 및 위성방송 방영, 대중가요공연은 실내외 구분 없이 전면 허용, 일본어 가창 음반을 제외한 모든 음반, 게임기용 비디오물을 제외한 모든 게임물(PC게임물, 온라인게임물, 업소용 게임물), 매체구분 없이 스포츠, 다큐멘터리, 보도프로그램의 방송
제4차 (2004.1.1)	방송과 극장용 애니메이션 분야(2004년 말까지 개방 폭 확정)를 제외한 모든 분야 전면개방. → 2006년부터 극장용 애니메이션 허용, 방송부분은 부분개방으로

〈출처〉 문화관광부 홈페이지(http://www.mct.go.kr/index.jsp, 2006.12.24 검색) 검색창에서 '일본대중문화 1~4차 개방'으로 검색한 결과를 정리한 것임.

위와 같은 4차례의 개방을 통해, 당시 음성적 경로를 통해 유통되어온 일본대중문화가 양성화되었으며, 그에 따라 그 동안 자주 쟁점이 되어온 한국의 일본대중문화의 모방이나 표절이 더 이상 불가능하게 되었다. 이를 두고 도정일은 일본문화상품의 음성적 유통에 의한 문화암시장(수요)의 부패구조와, 모방과 표절을 자신의 창작으로 내세우는 생산의 부패구조가 청산되었다고도 했다(이연 외 1998: 6). 그러나 이러한 일본대중문화의 양성화도 제1차 개방 후 2001년 7월 교과서파동이 일어나자 잠시 주춤했던 사실에서 보는 바와 같이, 여전히 한일 간 정치적 산물로서 과거의 식민지배와 언제든지 재부상할 수 있는 독도영유권 문제와 연계되어, 향후 어떤 형태로 전개될지 예측하기 어려운 측면도 있다. 이와 관련하여 최재목이 한국사회에서의 '일류(日流)' 붐이 정치적 기제로서 언제든지 작동될 수 있는 독도영유권 문제를 들고 있는 것도(최재목 2006: 98-99), 필자와 같은 맥락에서 한일 간 문화교류를 보고 있다고 하겠다.

2. 대중문화개방을 둘러싼 찬반논의

1998년 제1차 개방을 전후하여 이에 대한 찬반 논의가 활발하게 이루어졌다. 이러한 논의들 중에, 우선 찬성하는 쪽의 의견은 개방 후의 효과에 대하여 대중문화 생산력을 키우기 위한 기본조건들의 확보에 사회적 관심을 불러일으킬 수 있으며, 그동안 불법적 음성적으로 행해져왔던 일본대중문화에 대한 모방과 표절이 사실상 불가능해져, 한국사회의 대중문화의 생산과 소비과정에 수반된 부패구조가 청산된다는 것이다(이연 외, 1998: 8).

다음으로 반대하는 쪽은 일본의 대중문화는 외설적·폭력적이며 지나치게 선정적이어서 이를 여과 없이 받아들이면 우리 청소년들의 정서에 좋지 않는 영향을 미치며, 나아가 아직 대중문화산업의 기반이 취약한 국내시장을 급속히 잠식하여 문화산업의 기반을 붕괴한다는 것이다. 이를테면 일본대중문화의 '해악론'이나 '위협론'이다. 이러한 논의들의 대부분은 일본 식민지배에 대한 불행한 과거의 집단적 기억에 의한 이데올로기적 판단에서 비롯된 것으로서(毛利嘉孝 2004: 164), 문화의 다양성에 대한 인식의 결여와 그동안 진행되어온 한국사회의 일본대중문화 수용의 역사를 애써 과소평가하고 있다는 데에 문제점이 있다고 하겠다. 나아가 문화의 다양성을 인정하고 한일 간 문화교류를 촉진하여 상호이해의 폭을 넓힌다는 점보다 문화를 지나치게 산업론적 시각이나 시장논리에서 파악하고 있는 것도 문제점이라고 할 수 있다.

이와 같이 당시의 일본대중문화 개방에 대한 백가쟁명식(百家爭鳴式) 논의는 이미 우리사회에 폭넓게 수용되어 온 일본대중문화 그 자체에 대한 불충분한 인식을 바탕으로, 지나치게 자폐적인 판단과 상상력으로 일본대중문화를 재단한 것이나 다름없다고 하겠다. 그렇다면 문제는 이러한 판단과 주장들이 개방 후의 우리사회를 진단하는 데에 유효한 것인가이다. 이하 일본영화의 수용현황을 중심으로 살펴보고자 한다.

3. 일본대중문화 개방 이후의 일본영화

1) 예술적 작품의 한계

개방 후 영화제가 아닌 일반극장을 통해 한국에 처음 개봉된 일본영화는 1997년 제54회 베네치아 영화제에서 황금사자상을 수상한 기타노 타케시(北野武) 감독·주연의 〈하나비〉였다. 처음 개봉된다는 뉴스와 함께 일본영화에 대한 호기심으로 서울에서만 4만여 명의 관객이 동원되었다(김수경 2006/No.547). 같은 해 개봉된 구로사와 아키라(黒沢明) 감독의 〈가게무샤(影武者)〉도 1980년 칸 국제영화제 그랑프리상을 수상한 작품이었지만, 사무라이 문화 특유의 일본적 폭력과 극적 효과에 대한 문화적 이질감으로 별 호응을 얻지 못했다. 이러한 분위기는 이듬해 개봉된 이마무라 쇼헤이(今村昌平) 감독의 〈우나기〉와 〈나라야마부시코〉까지 이어졌다. 이 두 영화도 각각 1997년과 1983년에 칸 국제영화제에서 황금종려상을 수상한 작품이었지만, 전체적으로 어둡고 침울한 분위기에 인간의 욕망과 생존의 문제를 인공적인 화면의 조작 없이 있는 그대로 표현하는 다큐멘터리성으로 인해 대중적 관심 밖으로 밀려났다. 특히 〈나라야마부시코〉는 '문화의 생성'을 이해하기 위한 대학 강의의 참고자료로 사용해도 손색이 없는 민족지영화(ethnic film)로, 일본적 심상(신앙, 정신)의 세계를 세밀하게 그리고 있지만, 완만한 화면전개와 전체적으로 무거운 분위기는 영화의 주 고객인 젊은 층에 특별한 의미를 제공하지 못했다.

1999년 9월 2차 개방에 의해 '전체관람가' 판정을 받거나 공인된 국제영화제의 수상작으로 개방 폭이 확대되자, 그해 11월 이전부터 대학가와 통신망을 떠돌던 이와이 슌지(岩井俊二)¹ 감독의 〈러브레터〉가 개봉되었다. 이 때 영화수입사 대표는 "불법 비디오를 통해 본 관객이 20만 명이라는 소문 때문에 개봉당시 걱정도 많았다"고 했지만, 서울관객 64만 명, 전국관객 140만 명이라는 대성공을 거두게 된다(김수경 2006).

2000년 6월 3차 개방을 통해 성인영화를 제외한 모든 일본영화는 수입이 가능해졌다. 1998년 2편, 1999년 4편에 불과하던 개봉영화가 2000년에는 무려 25편이나 개봉될 정도로(김영심 2006: 352-353), 일본영화는 전체 외화수입 비중에서 미국영화 다음의 양적 팽창을 기록하게 된다. 2001년 7월 '역사교과서' 문제가 부각되자, 일본영화를 집중적으로 수입해 개봉하는 '스튜디오 2.0'에서는 이와이 슌지 감독의 〈스왈로테일 버터플라이〉, 〈언두(UNDO)〉〈피크닉(PiCNiC)〉〈릴리슈스의 모든 것〉 등을 4-5년 뒤에야 개봉하는 일도 벌어졌다(김수경 2006). 일본의 과거행위에 대해서는 지나칠 정도로 엄격한 국민정서가 일본문화 수용에 대한 자제력을 발휘한 결과이며, 일본영화의 한국 내 흥행을 경계하는 또 다른 보이지 않는 힘의 영향도 있었던 것으로 생각된다.

2) 상업영화의 부진

현재까지 일본영화 중에서 흥행순위에서 상위 10위 안에 들어간 영화의 면면을 보면(표 3), 미야자키 하야오(宮崎はやお)² 감독의 신작 애니메이션이 1, 2위, 개봉초기의 〈러브레터〉가 3위,

---

1 이와이 슌지는 원래 TV연출가였는데, 영화계로 옮겨 서정적 분위기의 작품으로 일본의 젊은 층에 인기를 모은 감독으로 알려져 있다.
2 미야자키 하야오는 〈이웃집 토토로, 1988〉나 〈원령공주, 1997〉 등으로, 우리들에게 인지도가 높은 감독으로, 일본의 급격한 산업화에 따른 환경파괴에 대해 국민적 계몽과 경고의 메시지를 담은 작품으로 일본에서 국민적 인기를 모으고 있다.

공포영화 〈주온(呪怨)〉이 4위를 차지하고 있다. 개방 후 지속적으로 인지도를 높인 '지브리' 애니메이션이 두각을 나타내고 있는데, 이는 한국영화가 상대적으로 감당할 수 없는 분야(취약한 분야)로, 일본의 만화나 게임 등에 익숙한 젊은 세대들의 취향을 반영한 것으로 볼 수 있다.

〈표 3〉 한국에서 상영된 일본영화의 순위

순위	영화명	개봉일	전국추정치, 단 〈 〉안은 기간별 박스오피스(전국), ( )안은 서울관객 수
1	하울의 움직이는 성	2004.12.24	〈2,470,268〉(981,221)
2	센과 치히로의 행방불명	2002. 6.28	2,340,000(937,459)
3	러브레터	1999.11.20	1,610,000(645,615)
4	주온(呪怨)	2003. 6.27	860,000(345,769)
5	일본침몰	2006. 8.31	〈757,126〉
6	춤추는 대수사선	2000. 7.22	750,000(300,767)
7	셸 위 댄스	2000. 5.13	750,000(300,169)
8	데스노트	2006.11. 2	〈705,405〉
9	사무라이 픽션	2000. 2.19	560,000(224,256)
10	철도원	2000. 2. 4	548,000(219,327)

〈자료〉〈 〉안의 수는 영화입장권통합전산망 홈페이지http://www.kobis.or.kr에서 기간별 박스오피스를 참고했으며, ( )안의 서울관객수는 http://www.cine21.com/News_Report/news_view.php?mm=001002003&mag_id=37638(2006년 9월 27일 검색)에서 김수경의「한국 영화시장의 일본영화 중간점검」(2006.4.6)의 자료를 근거로 함. 그리고 전국추정치는 '하울의 움직이는 성'의 서울관객수와 전국누적 관객수의 비율(1:2.5)을 감안하여 필자가 임의로 산정한 것임.

개방 후 2006년 12월 24일 현재까지 개봉된 일본영화는 위의 '영화관입장권 통합전산망 홈페이지'에 따르면 1998년 12월부터 2006년 12월 24일 현재까지 180편에 달하나[3] 서울관객 기준으로 50만 명 이상을 동원한 영화는 불과 3편에 불과하다(표 3). 이에 대해 '한맥영화사' 김형준 사장은 "카메라워킹이 적고, 드라마의 굴곡이 심하지 않은 일본영화는 성격이 급한 한국 관객에게 지루하다는 인상을 준다"고 했다(김수경 2006). 이는 일본영화가 화면전개에 박진감이 없고, 스토리가 전개가 역동적이지 못한 일반적 성향을 적절하게 평가한 것이라고 할 수 있다.

---

[3] 영화관입장권통합전산망 홈페이지, http://www.kobis.or.kr(2006.12.24)에서 '영화작품정보'를 선택한 후, 검색창에서 검색조건 '국적' 란에 '일본'으로 검색한 자료를 바탕으로 산정한 수치임. 총계 186편의 영화가 나오지만, 2007년도 개봉예정인 6편을 제외하면 180편이 개봉되었음을 알 수 있다(단 2006년도 개봉편수는 56편). 그러나 1998년 개봉된 〈가게무샤〉와 1999년에 개봉된 〈러브레터〉와 〈링〉 등의 작품이 누락되어 있어(이는 영화관입장권통합전산망은 전체 영화관을 대상으로 한 것이 아니라, 현재 이 전산망에 가입한 연동영화관의 스크린가입률 91%를 기준으로 작성한 것에서 비롯된 것. 2007년 1월 4일 기준 245개 영화관의 1,669개 스크린) 정확한 통계는 알 수 없는 상황이다. 참고로 김영심이 제시한 자료에 따르면 2005년 12월까지 134편의 일본영화가 개봉된 것으로 되어 있다(김영심 2006: 352-356). 이 자료에 2006년도 개봉편수(56편)를 합치면 계 190편이 개봉된 셈이다.

여기서 또 한 가지 지적하고 싶은 것은 일본 후지TV 제작의 〈춤추는 대수사선(踊る大搜查線)〉과 유키사다 이사오(行定勳)의 〈세상의 중심에서 사랑을 외치다(世界の中で愛をさけぶ)〉와 같은 일본 내 흥행작이 한국에서 부진을 면치 못하는 것은 영화에 대한 사전 정보의 인지 측면에서 큰 차이가 난다는 점이다. 위의 두 영화는 같은 이름의 드라마가 원작이며, 특히 뒤의 것은 이미 소설로 화제를 모았던 것으로, 소설의 인기가 TV드라마로, 다시 영화로까지 이어진 경우이다.

여기서 일본영화를 이해하는 데에 중요한 부분으로서, 영화 이외의 변수들에 대한 다각적인 이해가 필요함을 인식하게 된다. 일본은 잘 알려진 바와 같이 아시아에서는 한 발 앞선 근대화로 두꺼운 식자층을 확보했으며, 이들의 왕성한 독서욕구를 채워줄 소설이나 만화 등의 읽을거리가 풍부하다. 이러한 환경이 바로 영화계에 다양한 원작을 제공할 뿐만 아니라, 시각화된 원작에 대한 중요한 소비층을 확보하는 기반이 되고 있는 것이다.

마지막으로 짚고 넘어가야할 사항은 영화에 대한 사전정보의 내용으로서, 특정 배우나 감독에 대한 관심이나 지명도에 있어서 한일 간 엄청난 격차가 존재한다는 점이다. 가장 대표적인 예가 〈철도원〉의 주인공인 다카쿠라 켄(高倉健)이라는 배우이다. 그가 출연한 영화는 "영화를 보러 가는 게 아니라, 다카쿠라 켄을 보러 간다"는 말이 유행할 정도로, 일본인들에게 영화배우의 존재는 우리의 상상을 초월한다.

〈표 4〉 일본영화의 기간별 박스오피스 순위(점유율)

연도	순위	영화명	개봉일	관객수(명)	점유율(%)
2003	11	사토라레	11.21	31,827	2.1
	16	춤추는 대수사선2	12.12	20,643	1.4
	34	붉은 돼지(紅の豚)	12.19	1,020	0.1
2004	26	하울의 움직이는 성	12.24	985,252	1.4
	63	세상의 중심에서 사랑을 외치다	10.8	320,221	0.5
	72	착신아리(着信アリ)	7.9	237,038	0.3
2005	23	하울의 움직이는 성	2004 12.24	1,485,016 (누적2,470,268)	1.2
	91	착신아리2	4.29	296,958	0.2
2006 12.24	47	일본침몰	8.31	757,126	0.6
	50	데스노트	11.2	705,405	0.5
	98	환생	6.8	308,833	0.2

〈자료〉 영화관입장권통합전산망 홈페이지http://www.kobis.or.kr/(2006년 12.월 24일 검색)에서, 전체영화 중 100위 안에 들어간 일본영화만을 골라 연도별로 정리한 것임. 단 2003년도는 위의 전산망 홈페이지 오픈(2003.12) 이후의 통계를 나타내는 것으로 2003년도 전체를 나타내는 것이 아님.

앞의 〈표 3〉과 〈표 4〉에서 보는 바와 같이, 지금까지 개봉된 일본영화는 복고적인 감성의 멜로와 애니메이션, 공포영화라는 3가지 장르로 나누어지며, 이들이 한국 관객들에게 적극적으로 수용되고 있는 것으로 보인다. 또한 한국에서 상영된 전체 영화 중에서는 2003년 이후 줄곧 미국영화에 이에 3위를 차지하고 있다. 〈표 5〉와 〈그림 1〉, 〈그림 2〉의 시장점유율 측면에서는 2003년 12월에서 2006년 12월 24일 현재까지, 3년여 동안 상영편수에서는 11.3%, 관객 수에서는 이보다 훨씬 떨어진 2.3%의 점유율을 보이고 있다. 개방초기에 일본대중문화의 한국문화시장 잠식을 우려하는 목소리가 많았는데, 이는 단순한 기우였음이 들어난 셈이다.

〈표 5〉 한국에서 상영된 영화의 국적별 편수와 관람객수

연도	국적	한국	미국	일본	영국	중국	프랑스	소계/총계 (소계의 %)
03	상영편수	14 (28.6)	20 (40.8)	3 (6.1)	1 (2.0)		2 (4.1)	40/49 (81.6)
	관객수	689,276 (46.5)	543,596 (36.7)	53,490 (3.6)	150,104 (10.1)		10,414 (0.7)	1,446,880/1,481,676 (97.7)
04	상영편수	101 (30.7)	127 (38.6)	36 (10.9)	9 (2.7)	3 (0.9)		276/329 (83.9)
	관객수	38,236,621 (53.9)	27,359,388 (38.6)	1,822,499 (2.6)	1,414,764 (2.0)	1,037,711 (1.5)		69,870983/70,924,731 (98.5)
05	상영편수	125 (26.6)	155 (33.0)	53 (11.3)	28 (6.0)	4 (0.9)		365/470 (77.7)
	관객수	72,436,809 (57.8)	44,593,121 (35.6)	2,363,096 (1.9)	2,129,954 (1.7)	1,128,200 (0.9)		122,651,180/125,397,675 (97.8)
06	상영편수	167 (31.2)	162 (30.2)	64 (12.0)	25 (4.7)		30 (5.6)	448/535 (83.7)
	관객수	87,294,786 (64.0)	41,806,154 (30.7)	3,339,435 (2.4)	672,537 (0.5)		701,442 (0.5)	133,814,354/136,397,753 (98.1)
계	상영편수	407 (29.4)	464 (33.6)	156 (11.3)	63 (4.6)	7 (0.5)	32 (2.3)	1,129/1,383 (81.6)
	관객수	198,657,492 (59.4)	114,302,259 (34.2)	7,578,520 (2.3)	4,367,359 (1.3)	2,165,911 (0.6)	711,856 (0.2)	327,783,397/334,201,835 (98.0)

〈자료〉 영화관입장권통합전산망 홈페이지 http://www.kobis.or.kr/(2006.12.24)에서 연도별(2003.12-2006. 12.24) 통계를 기초로 관객 수 상위 5위까지 국가별로 재구성한 것임. ( ) 안은 점유율(%)을 나타냄.

〈그림 1〉 한국, 미국, 일본영화의 상영편수(점유율, %)

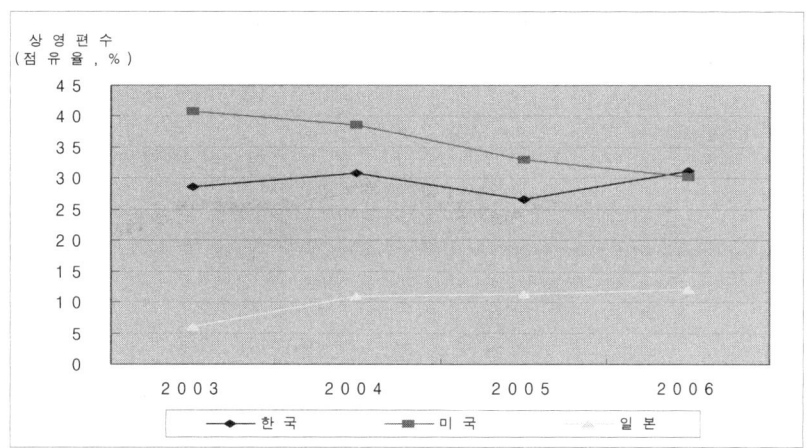

〈그림 2〉 한국, 미국, 일본영화의 관객수(점유율, %)

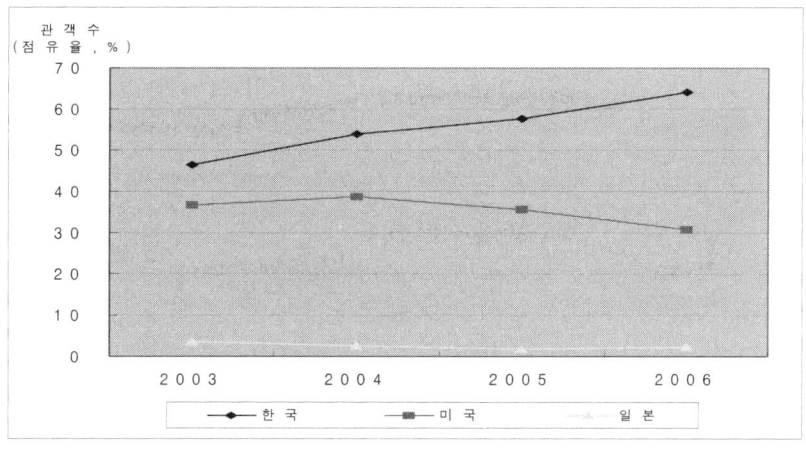

3) 새로운 공급방식과 소비-인디영화의 단관개봉

지금까지 살펴본 바와 같이, 초기에 대부분 와이드 릴리즈 방식으로 개봉되어 흥행에 실패한 일본영화는 두 가지 측면에서 변화를 보이고 있다. 우선, 영화의 직수입이 아닌 한일합작을 적극적으로 시도하고 있다는 점이다. 합작의 형태도 일본의 자본이나 배우를 활용하거나 일본의 원작을 구입해 한국의 풍토나 기호에 맞게 리메이크하는 등 다양하다.[4] 이러한 움직임은 방

---

4 예를 들면 이재용 감독의 〈순애보〉(2000.12)를 비롯하여, 문종근 감독의 〈싸울아비〉(2002.2), 강정수 감독의 〈런투유〉(2003.5), 아소 마나부(麻生学) 감독의 〈착신아리 파이널〉(2006.60, 그리고 2007년 상반기 개봉예정의 배형준 감독의 〈소년은 울지 않는다〉와 한상희 감독의 〈첫눈〉 등이 있다(http://www.cine21.com/Index/index.html에서 '한일합작영화'로 검색한 결과를 참고함).

송드라마 분야에서도 활발하게 이루어지고 있다.[5] 이는 그 동안의 흥행실패에도 불구하고, 일본영화의 작품성이나 상품성을 다른 각도에서 인식하기 시작한 증거로 볼 수 있다. 이는 일본문화의 적절한 번역(안)을 통해 양국 간 문화적 소통과 아시아적 보편성을 찾으려는 노력의 일환이라고 할 수 있다.

다른 한 가지 변화는 일명 '인디영화'로[6] 일컬어지는 작은 영화들의 장기적인 단관개봉으로, 한국영화와 헐리우드 영화에 편중된 와이드 릴리즈의 틈새시장을 엿보는 움직임이다. 서울의 '스폰지하우스'와 'CQN명동', 대구의 '동성아트홀'의 시도가 그 좋은 사례라고 할 수 있다. 2004년 10월 이누도 잇신(犬童一心)이라는 낯선 감독의 〈조제, 호랑이 그리고 물고기들(ジョゼと虎と魚たち)〉이 전국의 5개 스크린에서 소규모로 개봉되었는데도 5만여 명이나 관객을 동원했으며, 뿐만 아니라 연세대학 100주년 기념관에서 1달 연장 상영을 했고, 1년 뒤에 재 상영까지 했다고 한다(박혜명 2006/No.564: 69).

또한 스폰지하우스에서는 올해 7월 1일부터 12일까지 '일본 인디필름 페스티벌'을 개최했는데(정재혁 2006/No.559: 32-33), 의외의 호응으로 13일부터 26일까지 2주간 동안 인기작품 5편만으로 앙코르 상영을 했다. 이마져도 큰 호응을 얻자, 바로 다음날인 27일부터 이시카와 히로시(石川寬) 감독의 〈좋아해(好きだ)〉, 이시카와 카스히토(石川克人) 감독의 〈녹차의 맛(茶の味)〉, 미키 사토시(三木聡) 감독의 〈거북이는 의외로 빨리 헤엄친다(亀は意外と速く泳ぐ)〉, 이상일 감독의 〈스크랩 헤븐(スクラップ ヘブン)〉, 고이즈미 타카시(小泉堯史) 감독의 〈박사가 사랑한 수식〉 등, 1차 앵콜 상영작 5편 중 〈박사가 사랑한 수식〉을 제외한 나머지 4편을 가지고 연장 상영에 들어갔다. 이 기간 중, 서울지역 관객 수가 약 2만 명에 접근했으며, 중요한 좌석점유율이 80%를 넘을 정도로 큰 반향을 불러일으켰다고 한다(박혜명 2006/No.564: 70).

그 뒤를 이어 이와이 슌지 감독의 〈하나와 앨리스(花とアリス, 2004.12)〉, 이누도 잇신 감독의 〈메종드 히미코(メゾン ド ヒミコ, 2005.12)〉, 이즈쓰 카즈유키(井筒和幸) 감독의 〈박치기(パッチギ, 2006.2)〉, 야마시타 노부히로(山下敦弘) 감독의 〈린다 린다 린다(リンダリンダリンダ, 2006.4)〉까지 2년 남짓한 기간에 인디계 일본영화는 단관개봉이라는 새로운 소비양식으로 자리 잡은 것으로 볼 수 있다. 이 중에는 이치카와 준(市川準) 감독의 〈도니 타키타니(トニー滝谷)〉와 이즈쓰 감독의 〈박치기〉와 같이 단관개봉

---

5 예를 들면, SBS방송국의 〈요조숙녀〉를 비롯하여, 〈봄날〉, 〈101번째 프러포즈〉, 〈연애시대〉 등이 있으며, 또한 MBC 방송국의 〈하얀거탑〉('07년 1월 6일 20부작으로 첫 방송 예정)도 있다.

6 1960년대 이후 TV의 급속한 보급으로 일본의 영화산업은 침체일로에 있었다. 스튜디오시스템이 붕괴되고, 대형영화사들은 자체제작을 포기하고 미국영화를 수입해 배급하는 것으로 겨우 명맥을 유지하고 있었는데, 이 때 등장한 것이 기타노와 쓰카모토 신야(塚元晋也)를 중심으로 한 인디영화(independent film, 독립영화)이다. 이들의 작품이 1990년대 국제영화제에서 두각을 나타내면서 일본영화계는 재도약의 발판을 마련한다. 특히 1997년에는 국제적으로는 기타노의 〈하나비〉를 시작으로, 이마무라 쇼헤이(今村昌平)의 〈우나기〉가 칸영화제에서 황금종려상을, 가와세 나오미(河瀨直美)가 〈주작(朱雀)〉으로 신인감독상을 수상하는 하는가 하면, 국내적으로는 우리에게도 익숙한 미야자키 하야오(宮崎はやお)의 원령공주(もののけ姫)가 기록적인 흥행을 거두는 등, 그야말로 '일본영화의 르네상스' 시기였다(김려실, 2005: 143-144).

으로 1만 명 이상을 동원한 영화도 있다(김수경 2006/No.547).

한편, 대구의 동성아트홀에서는 2005년 12월에서 2006년 11월까지 1년간 총 29편의 일본 인디영화가 특별전이나 일반 상영방식으로 6차례에 걸쳐 공개되었는데, 주로 일본영화 마니아들이 단골 고객으로 관람하고 있는 것 같다.[7] 동성아트홀은 객석 200개 규모의 하나의 스크린만 보유한 '소극장'인 관계로 하루에 3-4회씩 시간대를 달리하며 반복 상영하는 방식을 취하고 있다. 대구지역에서 소비되는 일본의 인디영화는 이 동성아트홀을 중심으로 한 입소문과 인터넷 카페를 통한 정보공유로 급속도로 그 입지를 확장하는 추세에 있는 것으로 보인다.[8] 이란 경향은 인디영화가 최근 서울을 중심으로 한 대형 멀티플렉스 안까지 진입한 사실에서도 확인된다.[9] 이는 일본대중문화 개방 이후의 변화로 영화 소비시장에서 장르의 다양화가 진행되고 있는 것으로 해석된다. 일본에서는 단관개봉이 대형 상업영화에 맞서 인디계 영화가 생존하는 방식의 하나이지만, 한국에서는 지금까지 코아아트홀이나 호암아트홀에서 예술성이 짙은 영화가 단관개봉 방식으로 장기간 상영된 적은 있지만 일반영화관에서는 생소한 방식이라고 할 수 있다.

한국사회에서의 일본 인디영화의 강세는 무엇보다도 개인적 문제나 개인 간 문제를 섬세한 터치로 치밀하게 그려내는 감수성에서 비롯된 것으로 볼 수 있는데, 이는 1950년대에 특히 일본 멜로영화에 이미 하나의 패러다임으로 자리한 섬세한 미적 감각이나 신비주의의 전통과 관련이 있다고 하겠다.

또 한 가지 생각해 볼 수 있는 것은, 일본의 인디영화들의 대부분이 청춘스타에 의한 '청춘물(青春物)'이라는 점이다. 여기서 말하는 청춘물은 일본어로 세이슌모노가타리(青春物語)로서, 학원물이나 멜로, 성장이야기를 포함한 젊은이들의 이야기인데, 이러한 청춘물은 만화나 애니메이션, 소설 등의 분야에서도 상당한 비중을 차지하고 있다. 이는 그만큼 소재의 다양성과 스토리의 전개, 표현방식 등에 있어서 역사적인 성과가 축적되어 있다는 것을 의미한다. 특히 세계시장을 미국만화와 양분하고 있는 일본만화는 대중문화의 한 양식으로서는 1920년대 초기에 미국의 신문연재 만화를 모방한 것에서 시작되었으나(ジャクリーヌ・ベルトン 1994: 30-31), 지금은 '재패니메이션(일본만화)'이라는 신조어가 통용될 정도로, 세계의 문화시장에서 독자역 영역을 구

---

7 글쓴이의 '일본사회론(2006년도 2학기)' 강의에서 발표된 정경화 학생의 보고서를 참고했다. 이 보고서는 동성아트홀 인터넷 카페 자료실(http://cafe.naver.com/dartholic.cafe)에도 올라 있다.

8 동성아트홀의 인터넷카페가(http://cafe.naver.com/dartholic) 오픈된 것이 2005년 2월 15일이었는데, 약 1년 뒤인 2006년 2월 3일에 1,000명의 회원을 확보하더니, 같은 해 5월에는 3,000명, 8월과 12월에는 4,000명과 5,000명을 돌파하는 등, 급신장세를 보이고 있다.

9 2006년 한 해 동안 CJ CGV의 전국 4곳의 멀티플렉스 영화관 안의 인디영화관을 찾은 사람은 30만 5천 명에 이른다. 이는 2005년도 22만 2천 명보다 무려 37%나 증가된 규모이다. 이에 고무된 CJ CGV에서는 올 상반기에 강남에 추가로 오픈할 예정이라고 한다(http://www.cine21.com/News_Report/ 2007.1.4). CGV의 인디영화관에서는 〈메종드 히미코〉와 〈유레루〉가 각각 4만 5천과 1만 8천명의 관객동원으로 1, 4위를 차지했다.

축했으며, 일본인의 일상적 삶과 불가분의 관계를 맺고 있다. 일본만화에는 어린이만화를 비롯하여 소녀만화, 성인만화, 샐러리맨만화, 야쿠자만화, 공상과학만화, 포르노만화 등 그 대상과 내용에서도 아주 다양한 형태를 보이고 있다. 이들 중, 소녀만화가 이른바 '세이슌모노가타리'에 포함되는데, 다양한 소녀만화가 '청춘물' 영화의 토양을 제공하고 있다고 하겠다. 또한 세이슌모노가타리로 분류된 작품에 대한 정보를 따로 모아 공개하는 사이트가 있을 정도로 (http://moviessearch.yahoo.co.jp/12402), 장르별 소비형태가 자리 잡고 있다.

반면, 한국에서는 이러한 청춘물이 장르적으로 가장 취약한 분야라고 할 수 있다. 1970년대 여고생 이야기의 청춘물이 한국영화에서 반짝 인기를 모은 적이 있으나, 그 후 만화나 소설 등의 다양한 매체를 통해 하나의 흐름으로 정착되지는 않은 것 같다. 1990년대 이후 국가나 민족적 이데올로기가 상대적으로 약화된 젊은 층이 일본대중문화의 주된 소비층이 되어온 점을 감안하면, 일본영화의 청춘물은 한국영화의 장르적 공백을 메워주는 역할을 충실히 하고 있다고 볼 수 있다.

한국 영화계가 주목하는 일본 인디영화의 또 하나의 장르는 '사다코'라 일컬어지는 'J-호러'의 공포·괴기 영화이다(박혜명 2006/No.564: 10). 이 분야는 한국영화계에 즉시 도입되어 많은 'K-호러'를 만들어내기도 했다. 이에 비해 청춘물은 아직 한국 영화계의 미개척 분야인 셈이다.

여기서 우리들은 일본영화를 적극적으로 소비하는 사람들과 일본대중문화의 관계를 검토해볼 필요가 있을 것이다. 다시 말해 일본의 인디영화팬이 일본대중문화의 마니아층과 일치하는가이다. 이와 관련해서 '일본영화 컬렉션'이라는 인터넷 카페를 운영하고 있는 손준성 씨는 카페 회원 13,000명 중 일본대중문화 마니아는 극소수인 200-300명 정도에 지나지 않는다고 했다(박혜명 2006/No.564: 72). 스폰지에서 개봉된 일본영화 관객 중에 대개 20-30%정도가 일본문화 마니아라는 지적도 영화관객과 일본대중문화 마니아층과의 관련성을 낮게 보는 것으로 이해할 수 있다. 다시 말해 한국사회의 일본 인디영화 붐은 일본의 '한류'처럼, 몇몇 걸출한 스타의 인기에 의존한 자발적이며 극성스러울 정도의 문화적 실천과는 거리가 멀다는 것이다. 한국과 할리우드의 대형 상업영화에 싫증난 사람들이 아직은 소수이지만 제3의 범주를 찾기 시작했으며, 일본의 인디영화가 이들의 문화적 욕구를 채워주고 있는 상태라고 하는 것이 타당할 것이다. 어쨌든 일본영화에 대한 새로운 접근방식으로 그 추이를 지켜볼 필요가 있을 것이다.

일본영화 중 애니메이션을 비롯한 J-호러와 인디계 영화는 한국영화 시장에 다양성을 제공하면서, 그 동안 할리우드 영화에 편중된 관객의 시선을 분산하면서, 영화를 보는 안목이나 인식의 지평을 상당히 확장시켰다고 할 수 있다. 이러한 다양성이야말로 양국 영화산업의 발전은 물론이고, 상호이해와 교류의 폭을 넓혀 주는 계기가 되는 것이다.

4. 초국적(超國的) 문화의 소비와 유통

　1990년대 이후 한국의 경제성장과 국제적 위상에 대한 자신감으로, 일본에 대한 탈 식민적 상황이 다양한 분야에서 전개되었다. 그 중에서 주목하지 않으면 안 되는 것은 오래 동안 제도적인 제약 속에서도 꾸준히 일본대중문화를 기웃거려온 젊은 세대들의 문화적 감수성과 지적 호기심이라고 할 수 있다. 이들의 감수성과 호기심은 이른바 제도권 권력의 심판관적 태도와 정책을 바꾸는데 큰 영향을 미쳤음은 말할 것도 없다. 그 결과 우려했던 일본대중문화 개방에 따른 악영향이나 충격은 거의 일어나지 않았다. 오히려 다양성에 근거한 영화산업의 활성화와 한일 간 소통의 폭을 넓혀주었다고 해야 할 것이다.

　이 글에서 살펴본 한국에서의 일본영화의 소비와 유통은 일본대중문화는 외설·폭력·선정적이어서 '저질'이라는 판에 박힌 언설의 이데올로기성과 허구성을 폭로하고, 글로벌화와 함께 대단히 빠르게 진행되는 문화의 초국적(超国的, transnational) 생산과 소비를 촉진시키는 데에 중요한 역할을 하고 있다고 할 수 있다. 현재 일본 드라마는 지상파가 아닌 위성방송이나 케이블 TV에서만 방송 가능하지만 주된 소비공간은 이들이 아니라 인터넷으로, 여기서 동영상을 가공하여 유통시키는 문화적 실천(실제 위법적 행위)이 폭넓게 이루어지고 있는 것(毛利嘉孝 2004: 203-229)도, 바로 젊은 층의 문화적 감수성과 지적 호기심에서 비롯된 것이다.

　디지털 통신기술의 발달에 따른 미디어정보나 이미지, 텍스트 등의 동시간적 소비와 유통이, 동아시아 특히 한일 간에 가장 활발하게 그리고 지속적으로 이루어질 것으로 예상된다. 한 가지 다행스러운 것은 한일 간 문화소통에 지금까지 비대칭적인 권력관계가 존재했는데, 최근 한국에서의 일본대중문화 개방조치와 일본에서의 '한류' 붐으로 균형적인 소통을 기대할 수 있게 되었다는 점이다.

　앞으로 J-POP이나 대중가요를 비롯하여 아직 부분적으로 개방되고 있는 드라마와 방송까지, 한국에서의 수용상황을 종합적으로 살펴볼 필요가 있을 것이다. 이러한 한일간 국경을 넘나드는 문화이동과 문화번역에 대한 조사와 분석은 한국과 일본을 넘어 아시아의 문화적 정체성과 공동성을 발견하는 계기가 될 것이다.

참고문헌

김려실(2005) 『일본영화와 내셔널리즘』, 책세상.
김수경(2006.4.6) 「한국영화시장의 일본영화 중간점검」, 『CINE21』 No.547
        (http://www.cine21.com/news/view/?mag_id=37638, 2016.12.31 검색)
김영심(2006) 『일본영화일본문화』, 보고사.
박혜명(2006.8.8.) 「스페셜, 일본 젊은 영화의 힘(1), 일본 인디영화의 조용한 반란」, 『CINE21』 No.564, pp.68-72.
이연 외(1998) 『일본대중문화베끼기』, 나무와숲.
정재혁(2006.8.9.) 「스페셜, 일본 젊은 영화의 힘(2)/(3), 올 하반기 개봉을 기다리는 일본영화 5편/장르를 넘나드는 일본의 젊은 배우들」, 『CINE21』 No.564(http://www.cine21.com/news/view/?mag_id=40483, 2016.12.31 검색).
_____(2006.6.30) 「리포트, 일본영화의 숨은 매력을 만난다, 일본 인디필름페스티벌」, 『CINE21』 No.559, pp.32-33.
조한혜정 외(2003) 「한류와 아시아의 대중문화」, 연세대학출판부, pp.87-123.
최재목(2006) 「한국에서 '일류(日流)'의 현상-특히 일류 붐의 한계와 그 극복방안 논의를 중심으로」, 『일본문화연구』20집, 동아시아일본학회.
ジャクリーヌ・ベルトン(佐藤和夫・水野邦彦訳、1994) 『マンガの国、日本』, 花伝社.
毛利嘉孝(2004) 『日式韓流ー「冬のソナタ」と日韓大衆文化の現在ー』, せりか書房.
Iwabuchi, Koichi(2001) "Uses of Japan Popular Culture: Trans/nationalism and Postcolonial Desire for 'Asia'", *Emergence* 11(2): 199-222.

〈인터넷자료〉
http://moviessearch.yahoo.co.jp/12402(2016.12.31. 검색)

제Ⅴ부

언어와 국경

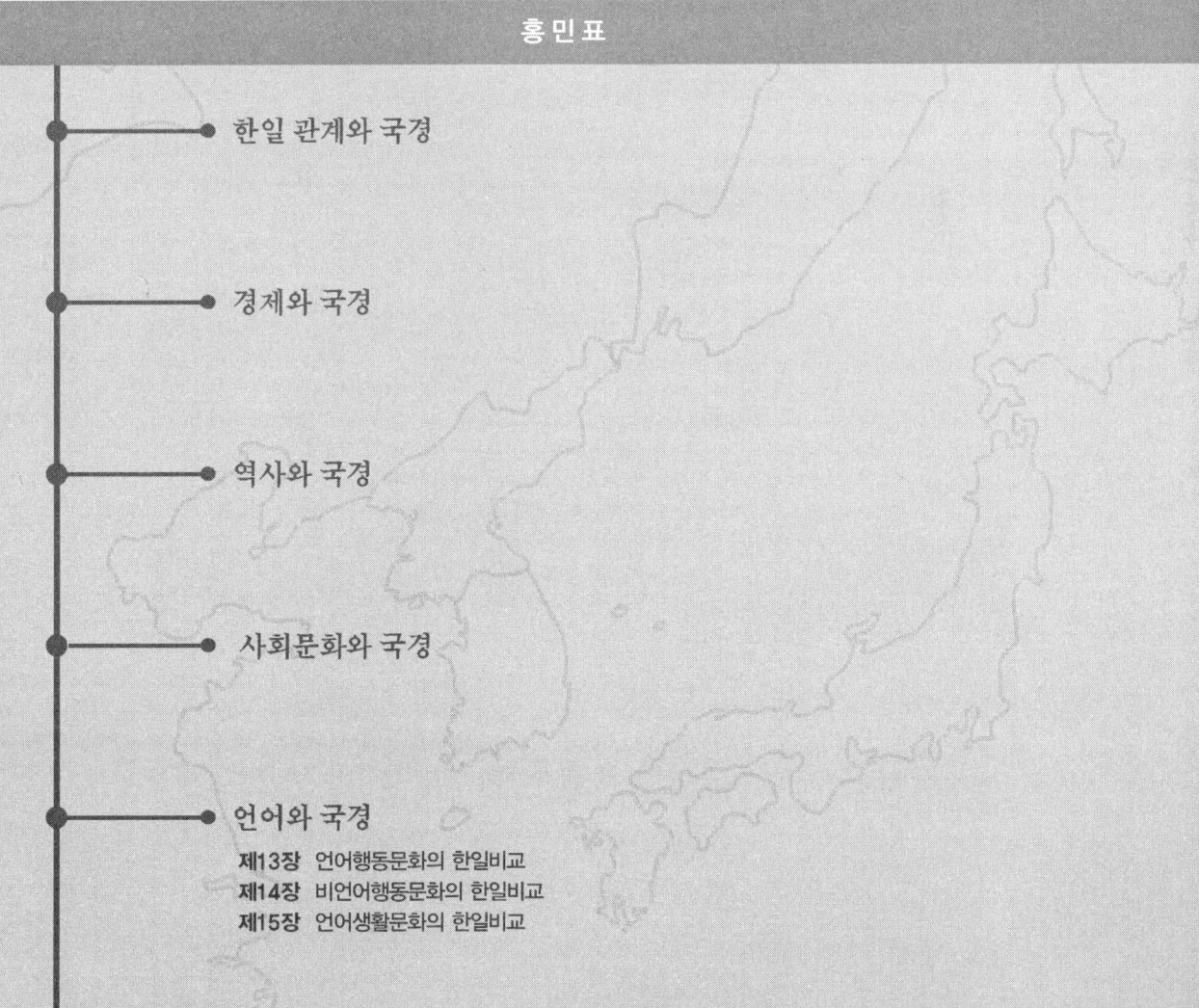

홍민표

- 한일 관계와 국경
- 경제와 국경
- 역사와 국경
- 사회문화와 국경
- 언어와 국경
  - **제13장** 언어행동문화의 한일비교
  - **제14장** 비언어행동문화의 한일비교
  - **제15장** 언어생활문화의 한일비교

한일 관계와 국경

제13장
언어행동문화의 한일비교

오늘날과 같이 인적, 물적 교류가 활발한 국제화시대에 이문화 간의 의사소통은 더 이상 특정한 사람만의 문제가 아니라 지구촌에 살고 있는 모든 사람의 문제가 되고 있다. 그런데 이문화간의 의사소통에서는 언어나 문화의 차이가 상호 의사소통을 방해하여 오해나 트러블이 자주 발생하게 되는데 그 이유는 문화가 다르다는 것은 언어뿐만 아니라 가치관이나 행동양식도 다르다는 것을 의미하기 때문에 서로의 행동에서 뜻밖의 오해가 발생하기 때문이다. 즉 인간의 인지작용과 행동양식은 대부분이 문화의 산물인 것이기 때문에 언어행동, 언어생활, 사고방식 등은 모두 문화의 영향을 받고 있다고 해도 과언이 아니다.

한편 언어표현의 오해나 트러블은 설명을 추가하거나 다른 표현으로 대체하여 정보의 정확성을 기하면 해소가 되지만 언어행동의 차이로 발생한 오해나 트러블은 화자의 심리 상태나 발화 태도와 관련된 문제이기 때문에 쉽게 해결하기 어려운 면이 있다. 따라서 이문화간의 의사소통에서는 상대국의 문화나 언어생활의 패턴 등이 자기방식과 다르다고 하는 문화상대주의(Cultural relativism)에서 출발해야 하며 또 그 차이점을 알고 이해하려는 자세가 필요하게 된다.

본장에서는 언어행동에 대한 이론적 배경을 토대로 인사행동, 간접발화, 맞장구행동을 중심으로 한일 양국인의 접촉과정에서 발생할 수 있는 문제점에 대해서 알아보기로 한다.

1. 언어행동의 이론적 배경

1) 언어행동이란

인간은 공동체를 이루며 사는 사회적 동물이며 사회는 복수의 인간에 의해서 형성되는 공동체 집단이다. 그런데 사회에는 행위, 행동, 사상, 등 인간과 관련된 다양한 요소가 내포되어 있다. 이러한 사회에서의 공동생활을 원활이 영위하기 위해서는 구성원간의 의사소통이 필수적이며 그 수단으로서 언어가 존재한다. 따라서 그 사회를 구성하는 인간의 언어행동이나 언어의식을 파악한다는 것은 그 사회를 알기 위한 수단으로서 매우 유익한 일이라 할 수 있다. 즉 어떤 사회를 구성하는 인간의 언어를 파악한다는 것은 그 언어를 지탱하고 있는 사회를 알 수 있게 되는 것이다. 이하에서는 홍민표(2010:3-6)을 참고로 언어행동의 정의와 연구방법에 대해서 기술하고자 한다.

우리가 사용하는 언어는 적어도 두 개의 관점에서 관찰할 수 있다. 하나는 의사소통 소재의 측면이고 다른 하나는 그 소재를 어떻게 사용하여 다른 사람과 커뮤니케이션을 하는가 하는 언어사용의 측면이다. 일반적으로 전자를 언어체계, 후자를 언어행동이라고 부른다. 언어체계는 우리의 두뇌 속에 기억되는 추상적인 개념이고 언어행동은 구체적인 언어 경험이나 언어 행위를 말한다. 즉 언어행동(language behavior)은 인간이 언어에 의해서 행하는 사고, 표현, 전달의 행동과 그 행동에 대하여 상대방이 그것을 해석하고 이해하는 행동 전체를 가리키며 이러한 언어행동에 대해 그 실태를 발견하고 그 내부의 모습을 파악하려는 언어 연구의 한 분야를 '언어행동론'이라고 한다. 따라서 언어체계는 체계적, 추상적, 지식적, 객관적, 정적인 개념이고 언어행동은 개별적, 구체적, 생활적, 주체적, 동적인 개념이라고 할 수 있다. 언어체계의 연구는 우리의 두뇌 속에 내재되어 있는 언어 지식을 대상으로 언어의 균질성을 연구 대상으로 하고 있으며 언어행동은 언어의 다양성을 연구 대상으로 해서 실제 사용되는 언어로부터 데이터를 수집하여 언어사용의 실태를 파악하려는 입장이다. 이와 같이 언어 연구를 언어체계와 언어행동으로 분류하는 경우, 언어행동은 사회언어학과 중복되는 부분이 많다. 사회언어학(sociolinguistic)은 언어를 사회문화적인 현상으로 파악함과 동시에 언어 사용자의 성(性), 연령, 직업, 지역, 계층 등에 따라 나타나는 변종(variety)에 주목한다는 특징을 가지고 있으며 응용언어학의 한 분야로 1960년 후반에 등장했다.

즉 사회언어학이나 언어행동은 언어학의 아버지로 불리는 소쉬르(F. de Saussure, 1857-1913)가 분류한 파롤(parole)과 랑그(langue)의 개념으로 볼 때 전자에 해당하는 것이다. 즉 랑그가 사회적으로 약속되어 있는 체계로서의 언어라고 한다면 파롤은 구체적인 개인의 언어행동, 즉 발화된 구체적인 음성 연속을 가리킨다. 다시 말해 연주의 본질인 악보가 랑그라고 한다면 악보에 의해서 구체적으로 연주되는 그때그때의 연주음은 파롤이라고 볼 수 있다.

2) 언어행동 연구방법

언어학은 언어를 대상으로 하는 실증과학이다. 실증과학이라는 것은 그 대상이 되는 현상이 법칙과 질서에 의해 지배되고 있다는 가정 하에 성립된다. 그리고 각종 가설을 세워 관찰과 실험을 통해 검증하고 그 법칙과 질서를 개략적으로 또는 부분적으로 확인하는 것이다. 이러한 연구를 위해서는 무엇보다 조사와 데이터가 필요하게 된다. 언어행동 연구, 즉 사회언어학은 연구자 한명의 언어의식으로 주관적인 판단을 하는 것이 아니라 여러 사람의 언어의식을 조사하고 그 결과를 토대로 현실의 언어현상을 설명하려는 입장이다. 즉 논지를 전개하기 위해서는 근거가 필요하고 그 근거가 되는 것이 데이터이며 데이터를 수집하기 위해서는 조사가 필요하다. 오기노외(荻野他, 1990)에서는 이러한 조사 및 데이터를 중시하는 일본 사회언어학 연구의 의의로 다음 두 가지를 제시하고 있다.

첫째, 수량적 확인은 그 자체로서 중요하다. '상식'은 애매한 것으로, 조사의 결과를 숫자로 나타낸 것을 나중에 '상식'이라고 할 수는 있어도, 조사이전에 상식을 숫자로 나타낼 수는 없다. 따라서 수량적 확인을 거쳐야 비로소 신뢰할 수 있는 데이터라고 할 수 있다.

둘째, 상식은 정말로 정확한 것인가, 의문이 있다. 언어사용자(native speaker)의 직감이나 언어의식의 레벨에는 여러 가지가 있으며, 그것들이 서로 다를 때가 있다. 그럴 때 무엇을 상·식으로 생각하느냐에 따라 결과가 상식적이기도 하고 새로운 발견이 되기도 한다. 즉, 조사에 의한 수량적 확인을 한다는 것은 무의식적이고 주관적이며, 상식적인 지식을 의식적·객관적·과학적인 지식으로 바꾸기 위한 과정이라 볼 수 있으며, 더 나아가서는 새로운 사실의 발견이나 개념을 제시하는데 의의가 있다고 볼 수 있다. 따라서 수량적 확인을 위해서는 조사가 필수 불가결한 것이다.

3) 언어 상대성 가설

언어상대성 가설(Theory of linguistic relativity)이란 간단히 말해서 언어=사고라는 개념이다. 즉 언어가 다르면 발상이나 인지양식도 다르다는 것이다. 다시 말해 사고는 언어를 통해서 이루어지는데 이 언어가 사고에 영향을 미친다고 보는 것이다. 따라서 다른 언어를 사용하면 세계관도 다르기 때문에 어떤 식으로든 말을 통일하지 않는 한 같은 세계관을 갖기 어렵다는 것이다. 이것은 유럽, 특히 독일의 전통적인 세계관이었는데 미국의 언어학자 사피어의 고찰을 거쳐 그이 제자인 울프의 연구에 의해 주목을 받기 시작했다. 그래서 이것을 사피어=울프 가설(Sapir-Whorf hypothesis)이라고도 하고 언어사고 결정설이라고도 한다.

예를 들어 영어에서는 「소(牛)」를 cattle, cow, ox, bull, veal, steer, beef, calf, bullock 등, 10종류로 나타낼 수가 있는데, 일본어로는 「ウシ」와 「ギュウ」 2종류뿐이다. 반대로 일본어로는 「쌀(米)」을 「米」「稲」「籾」「ご飯」 등 4종류로 나타낼 수 있지만 영어로는 rice와 peddy 2종류 뿐이다(https://etail.chiebukuro.yahoo.co.jp). 이와 같은 차이는 영어권에서는 목축업이 발전했고 일본에서는 농업이 발전했기 때문이다. 또 일본어에는 「달린다(走る)」는 행위를 스피드에 따라서 구분하는 동사는 없지만, 영어에는 run이라는 동사 외에도 스피드에 따라서 jog, sprint, dash와 같이 동사를 구분해서 사용하고 있다. 즉 일본인이 「달린다(走る)」는 말로 표현하는 행위를 미국인은 몇 단계로 나누어서 표현할 수 있으며 무의식 중에 그 스피드에 의해서 달리는 행위를 분류하고 있는 것이다. 일본인은 「歩く」와 「走る」라는 행위를 무의식중에 일정한 속도로 구분하고 있지만, 그 이상의 속도의 구분에는 명확한 기준이 없는 것이다. 즉 일본인이 타인이 달리는 스피드를 인식하지 못할 만큼 언어가 인식이나 사고에 강한 영향을 주지 못하는 것이다. 이와 같이 동일한 행위를 보아도 사용하는 언어에 의해서 카테고리화의 방법이 달라진다는 것이다. 카테고리화가 다르면 기억이 바뀌고, 기억이 바뀌면 의견이나 행동양식이 바뀐다는 것이다(http://hitokotoshinri.blog.fc2.com).

한편 에스키모어에는 약 400개의 눈(雪)을 나타내는 말이 있기 때문에 눈에 대한 어휘가 적은 미국인에 비해서 에스키모어 화자는 눈에 대해서 많은 관심이 있고 눈을 세세하게 분석할 수가 있다고 한다. 즉 미국인은 인식할 수 없는 레벨에서 에스키모인은 눈을 인식할 수가 있다는 것이다. 흔히 언어는 문화라고 일컬어지는데 이는 언어는 문화를 구성하는 요소의 하나이며 동시에 문화의 다른 요소는 모두 언어를 통해서 전달되며 발전되기 때문이다.

2. 인사행동의 한일 비교[1]

불교의 선종에서는 문답을 주고받으면서 상대방의 깨달음의 깊이를 확인하는 것을 「一挨一拶」고 했는데, 이것이 점차 문답뿐만 아니라 서로의 안부를 주고받는 의례적인 의미가 되었고, 말 자체도 「一挨一拶」가 생략되어 「挨拶」라고 말하게 되었다. 일본어의 인사말은 이러한 유래를 가지고 있기 때문에 연령과 지위 고하에 관계없이 동등하게 사용하는 정형 표현이 많

---

[1] 인사행동의 한일비교는 홍민표(2010: 12-21)를 인용 및 참고하여 작성한 것임.

다. 이에 비해 한국에서는 인사를 '사람이 할 일'이라는 의미의 '인사(人事)'라고 한다. 즉, 한국어의 '인사(人事)'는 '교환한다.'라는 의미보다는 윗사람에게 안부를 묻는 의미가 크다. 따라서 한국어 인사말은 누구나 동등하게 사용하는 정형 표현이 적고, '안녕하세요?' '잘 먹겠습니다'처럼 윗사람에게 먼저 인사를 하는 정중형이 많다.

일반적으로 지나치면서 가볍게 목례로 하는 인사를 「会釈」라 하고 허리부터 상체와 머리를 숙여 정중하게 경의를 표하는 인사를 「お辞儀」라고 한다. 즉 일본의 전통적인 인사형태는 「お辞儀」라고 볼 수 있는데, 이와 같은 인사형태가 정착하게 된 이유로는 다음의 2가지를 들 수 있다. 첫째, 일본인은 첫 대면부터 자신의 기분을 상대에게 직접적으로 전달하는 것에 저항감이 있기 때문에 서서히 심리적 거리를 좁혀가며 일정한 거리를 두고 머리를 숙여서 행하는 「お辞儀」가 일본인에게 가장 편안한 인사방법이 되었을 것으로 보는 견해가 많다. 즉 「お辞儀」는 완곡한 표현을 많이 사용하는 일본인들의 언어행동과 밀접한 관련이 있다고 볼 수 있다. 둘째는 머리를 숙이면서 하는 「お辞儀」는 신체접촉의 일부로서 시선접촉을 부담스러워 하는 일본인들에게 편안한 인사방법이 되었을 것이다.

한편 상대방에게 머리를 숙여서 하는 「お辞儀」는 신체 중에서 가장 중요한 부분인 머리를 상대방에게 숙임으로써 적의가 없다는 것을 나타내는 것인데, 이는 오른손을 내밀어 적의가 없다는 것을 보여주는 악수와 동일한 제스처로 볼 수 있다.

한편, 일본어의 「こんにちは」「ただいま」「いただきます」, 영어의 'Good morning' 'Thank you' 'Good-bye' 등과 같이 연령과 지위의 고하에 관계없이 누구나 동등한 입장에서 사용할 수 있는 인사말을 인사말의 '정형표현'이라고 한다. 감사와 사과의 표현으로 일본인이 많이 쓰는 「どうも」도 정형 표현의 하나라고 할 수 있다. 그러나 한국은 이러한 연령에 관계없이 동등하게 사용할 수 있는 인사말이 하나도 없다. 한국어에는 이처럼 쌍방이 연령이나 지위에 관계없이 사용할 수 있는 인사말이 없기 때문에 상사가 아랫사람에게 먼저 인사를 할 때는 장면이나 상황에 따라 다양한 표현이 사용된다. 예를 들어, 교사가 학생을 만났을 때 '어디 가니?' '밥 먹었니?'라고 말하고, 아버지가 귀가 할 때도 '아무도 없나?' 'ㅇㅇ는 들어왔니?'라고 말하고, 경우에 따라서는 헛기침을 하면서 들어오는 것은 이러한 이유에서이다. 다만 한국어의 인사말은 '안녕히 주무세요.' '잘 먹겠습니다.' '다녀오겠습니다.' 등과 같이 아랫사람이 윗사람에게 쓰는 인사말은 거의 정형화되어 있다.

한국과 일본에서는 만남과 이별, 감사와 사과를 할 때는 상체를 숙여 인사를 한다. 이 때 한국에서는 인사가 한 번에 끝나지만, 일본에서는 몇 번이나 반복해서 고개를 숙여 인사하는 사람이 많다. 이러한 일본인의 인사의 모습은 외국인이 일본인 흉내를 낼 때 흔히 볼 수 있는 독특한 제스처로 잘 알려져 있다. 이러한 반복 동작은 인사행동뿐만 아니라 일본어의 인사표현에도 잘 나타나 있다. 즉 한국어의 '감사합니다.'나 '미안합니다.'는 일회성 감사와 사과의 말

이며, 'Have a nice day!'도 과거와는 관계없이 미래 지향적인 의미가 많이 포함되어 있지만 일본어의 감사와 사과 표현에는 「どうも」「いつもお世話になっております」「いつもすみません」과 같이 과거의 관계를 전제로 반복하여 쓰는 표현이 많다. 이와 같은 인사말의 특징이 있기 때문에 일본에서는 누군가에게 선물을 받거나 또는 생일 파티에 초대되었다가 다음 만나면 「この前はどうも」「毎度どうも」 등과 같은 감사의 말을 하는 것이 상식으로 되어 있다. 이처럼 일본에서는 반복적인 인사행동이 원활한 인간관계의 확인과 유지에 연결된다고 생각하고 있다.

한편, 한국에서는 친한 사람을 만나면 남자끼리는 악수를 주로 하고 여성끼리는 포옹이나 손을 잡는 형태로 인사가 이루어지는 것이 보통이다. 이와 같은 인사행동은 서양에서 악수가 들어오기 전에도 오랜만에 친한 사람이나 친척을 만나면 손을 잡거나 포옹하는 습관이 있었기 때문이라고 알려져 있다. 그러나 일본에서는 국제적인 비즈니스와 선거 운동과 같은 특수한 장면이외의 일상적인 장면에서는 친한 사람을 만나더라도 악수와 같은 신체적 접촉은 수반되지 않고 말로만 인사를 교환하는 것이 보통이다. 실제로 일본의 드라마를 보아도 악수하는 장면은 거의 찾아볼 수 없다.

이처럼 악수가 일본에서 일반화되지 않은 것에 대해서 生越(1995)에서는 일본인의 신체접촉과 시선접촉의 기피와 관련하고 있다고 설명하고 있다. 즉, 악수는 서로 시선을 맞추고 하는 것이 본래의 모습인데 악수할 때의 시선접촉이 부담이 되기 때문에 일본에서는 악수가 일반화되지 않았다고 설명하고 있다. 실제로 일본인은 지하철에서 책이나 신문 등을 읽는 사람이 많은 것으로 알려져 있는데 이것도 앞을 보고 있으면 맞은편에 앉아 있는 사람과 시선이 마주치기 때문에 그것을 피하기 위해서 책이나 신문을 읽는 사람이 많다고 한다. 한편 모리스(東山 訳, 1999)에서는 서로의 지위가 달라도 동일한 동작을 한다는 점에서 보면 악수는 평등주의적인 제스처로 서구 사회에는 적합하지만, 계층화된 옛 일본사회에서는 지나치게 평등하다고 생각되어 그 당시 일본에서는 전혀 받아들여지지 않았다고 설명하고 있다. 또한 일본에서 악수가 일반화되지 않은 이유에 대해 일본의 기후나 원시신앙과 관련지어서 설명하는 연구자도 있다. 즉 고온 다습한 일본에서는 끈적끈적한 손을 접촉하는 행위는 상대에게 불쾌감을 주는 행위로 인식했기 때문이며, 사람의 신체에는 혼이 깃들어 있다는 원시신앙의 영향으로 타인과의 신체접촉을 기피했다는 것이다. 상대방과 가장 가까이 접근하는 인사형태가 명함을 주고받는 것인데 이것도 상대방과의 신체접촉을 수반되지 않는다.

한편, 악수가 왜 한국에서 널리 행해지고 있는지에 대해서 이토 외(伊藤他, 2000)에는 "해방 후(1945년 이후) 남북을 통해서 악수가 한창 보급되면서 농촌까지 일반화하고 있다. 원래 전통적으로 노인과 여성 사이에는 친한 사람과 친척 등이 오랜만에 만나면 손을 잡거나 어깨를 포옹하며 인사를 나누는 습관이 있었는데 악수는 이러한 기존의 스킨십이나 신체접촉에 의한 비언어적인 인사의 습관과 관련이 있을 것이다."라고 설명하고 있다. 그러나 한편으로는 영역의식의 차이와도 관계가 있지 않을까 생각된다. 즉 악수와 같은 신체접촉은 아무래도 상대의 영역을 침해하는 행위이기 때문에 타인의 영역과 자신의 영역을 철저히 구분하는 습관이 있는 일본인은 악수나 손을 잡을 수 있는 거리까지 접근하는 것이 부담이 되기 때문에 악수가 일반화되지 않았다는 견해도 있다.

한편, 기독교 신자가 식사 전에 신에 대한 감사의 기도를 드리는 의식처럼 일본에서는 양손을 모아「いただきます」라고 인사를 하고 식사를 시작하는 사람이 많다. 한국에서도 식사 전에 '잘 먹겠습니다'라고 인사를 하는데 이는 일본어의「いただきます」와는 의미가 조금 다르다. 한국은 식사를 실제로 준비해준 준 어머니, 또는 나를 손님으로 초대한 사람에 대한 감사의 인사로 하는 경우가 많다. 그러나 일본에서는 식사를 준비해준 사람에 대한 보답으로 사용하는 경우도 있지만 단지 습관적으로 양손을 모아「いただきます」를 하는 경우도 많다.

한국에서는 외식할 때나 학교에서 급식을 먹을 때처럼 특별히 감사할 상대가 없는 경우는 아무 말 없이 먹는 경우가 많지만 일본인은 외식이나 급식을 먹을 때도 습관적으로「いただきます」를 말하는 사람이 많다. 심지어 혼자서 밥을 먹을 때도「いただきます」를 하는 사람이 많다.

〈그림 1〉 가정에서 가족과 함께 식사할 때의 인사실태(일본인, %)

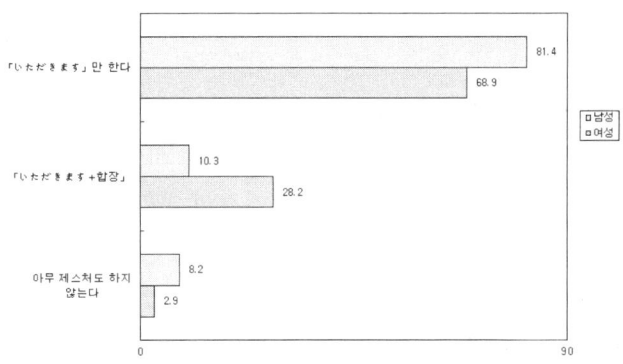

〈그림 2〉 가정에서 혼자 식사할 때의 인사실태(일본인, %)

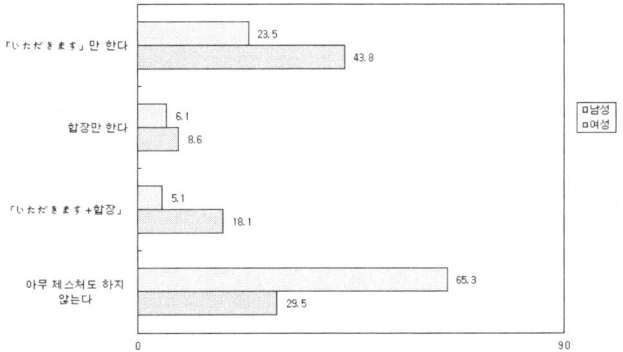

〈그림 1〉과 〈그림 2〉는 2013년에 일본의 수도권에 거주하는 중년층 200명(남성 100명, 여성 105명/평균연령 남성 46.4세, 여성 45.9세)을 대상으로 가정에서 식사할 때의 인사 실태를 조사한 것이다. 우선 〈그림 1〉의 가정에서 가족과 함께 식사할 때의 인사 실태를 보면 남녀 모두 「いただきます」만 한다고 응답한 비율이 80% 전후로 가장 높고 다음이 「いただきます+합장」이 20% 전후로 나타났다. 남녀별로 보면 「いただきます」는 남성이 높고 「いただきます+합장」제스처는 여성이 높은 것으로 나타났다. 〈그림 2〉의 혼자 식사할 때의 인사 실태를 보면 가족과 함께 할 때와 달리 남성은 아무 제스처도 하지 않는다고 응답한 비율이 가장 높고 여성은 「いただきます」를 한다고 응답한 비율이 가장 높은 것으로 나타났다. 그래도 「いただきます」+합장+「いただきます+합장」의 비율을 합하면 남성은 31.7%, 여성은 70.3%로 높은 비율로 혼자 식사를 할 때도 「いただきます」 또는 합장을 하는 것으로 나타났는데 이는 일본 식사문화를 잘 나타내고 있는 결과라고 볼 수 있다.

3. 간접발화의 한일비교[2]

우리가 말하는 행위와 그 음성을 발화(utterance)라고 하는데, 발화에는 크게 '직접발화'와 '간접발화'가 있다. 예를 들어, 편의점에 들어가서 "우산 있습니까?"「傘ありますか」와 "어제 서울은 많이 추웠습니다"「昨日東京はとても寒かったです」같이 발화문과 전달의도가 일치하는 언어표현을 '직접 발화(direct speech)'라고 한다. 그러나 우리가 일상적인 언어생활을 하다 보면 발화문과 전달의도가 반드시 일치하는 것은 아니다. 예를 들어, 밤늦게 귀가한 자녀에게, 혹은 약속 시간보다 늦게 온 친구에게 "지금 몇 시냐"라고 묻는 경우, 문장형식은 의문문이지만 전달의도는 현재 시간을 물어 보는 것이 아니라 "늦지 말라"는 명령이나 "늦지 않았으면 좋겠다"라는 요청의 의미가 된다. 또 자녀들이 시험 성적을 잘못 받아왔을 때, 부모님들이 "잘~했다"라고 해도 이것은 칭찬이 아니라 꾸중, 비난의 의미로 해석되는 것도 간접발화의 기능으로 볼 수 있다. 또 길에서 만난 외국인이 "이 근처에 우체국이 있습니까?"라고 물었을 때 '네' 또는 '아니오'라고만 대답을 하면 상호 의사소통이 이루어지지 않을 것이다. 왜냐하면 이 발화문의 문장 형식은 '네' '아니오'를 묻는 의문문으로 되어 있지만, 이 외국인의 전달 의도는 근처에 우체국이 있으면 어디에 있는지 가르쳐달라는 요청의 의미로 사용했기 때문입니다. 이와 같이 발화문과 전달의도가 일치하지 않고 문맥(context), 즉 장면이나 상황에 의존하여 간접적으로 전

---

[2] 간접발화의 한일비교는 洪珉杓(2015a: 135-153)를 인용 및 참고하여 작성한 것임.

달되는 언어 표현을 '간접 발화(indirect speech)'라고 한다.

일반적으로 간접 발화는 제안을 거절하거나 요구를 하는 경우에 많이 사용된다. 예를 들면 어떤 학생이 친구에게 전화해서「あした映画を見に行かない？」라고 물었을 경우, 상대방이 「あしたはテストがある」(내일 시험이 있다)라고 답했다면, 이는 간접발화 기능을 사용하여 제안을 거절한 것이다. 왜냐하면「あしたはテストがある」(내일 시험이 있다)라는 문장에는 어디에도 제안을 거절하는 의미가 포함되어 있지 않지만, 실제로는 간접발화의 기능을 이용해서 친구의 제안을 거절한 것이다. 또한 교토에서는 찾아온 손님에게 어느 정도 시간이 지난 후에「お茶でもいかがですか」(차 한잔 하시겠습니까?)라고 제안한다면 이것은 차를 권하는 것이 아니라 "시간이 되었으니까 슬슬 돌아갔으면 좋겠다"라고 하는 요청이나 요구의 의미로 전달된다고 하는데, 이것도 '발화문'과 '전달의도'가 일치하지 않는 점에서 전형적인 간접발화의 기능으로 볼 수 있다.

간접 발화는 같은 언어를 사용하는 화자끼리라면 발화문과 전달의도가 일치하지 않아도 오해가 생길 가능성은 많지 않지만, 언어와 문화를 달리하는 외국인과의 커뮤니케이션에서 사용되는 간접 발화의 경우는 발화문과 전달 의도의 차이를 잘 모르기 때문에 오해의 가능성이 높다. 예를 들어, 한국에서는 친한 친구에게 만나자고 제안할 때, "얼굴 한번 보자" 또는 "얼굴 좀 보여줘라"는 말을 자주 사용하지만 일본어에는「顔を見よう」와 같은 말은 만나자는 제안의 의미로 사용되지 않기 때문에 무슨 뜻인지, 이해하기 어려울 것이다. 또 한국에서는 점심시간 전후에 친한 사람을 만나면 "식사했는가?"라고 묻는 습관이 있는데, 이것도 정말 식사했는지, 안 했는지를 물어보는 것이 아니라, 단지 인사말로 사용하는 경우가 많다. 그러나 일본에서는 〈食事したか〉와 같은 말은 인사말로 사용하지 않기 때문에 실제로 식사했는지, 안 했는지를 물어보는 직접발화로 받아들이는 경우가 많다. 반대로 일본에서 생활해 본 사람은 주위의 일본인에게 "한번 놀러오세요" 또는 "일본에 오면 꼭 연락하세요"라는 말을 진심으로 알아듣고 그 집에 놀러갔다가 또는 일본에 갔을 때 연락을 했다가 서로 당황하는 경험을 한 사람이 많이 있을 텐데 이것도 한국에서 인사말로 사용하는 "식사했습니까?"와 비슷한 예로 볼 수 있다. 따라서 일본어를 학습할 때, 어휘나 문법지식 뿐만 아니라 목표 언어, 즉 일본어의 사회언어학적 지식, 또는 담화가 이루어지는 콘텍스트(context)에 관한 화용론(pragmatics)적 지식이 반드시 필요하다.

일반적으로 일본인은 간접 발화를 많이 사용하는 것으로 알려져 있는데, 일본어의 대표적인 간접 발화로는「すみません」「考えておく」등을 들 수 있다. 일본인들이 일산생활에서 많이 사용하는「すみません」이라는 말의 경우, 발화문의 의미는 "미안합니다"이지만, 그렇다고 반드시 사과나 사죄의 의미가 아니라 감사나 호출 등, 다양한 의미로 사용되는 경우가 많은데, 이는 발화문과 전달의도가 일치하지 않는다는 점에서 간접발화의 기능으로 볼 수 있다. 그러나 한국어의 "미안합니다"는 대개 사과나 사죄의 의미로 사용되기 때문에 간접발화가 아니라 직접발화로 볼 수 있다. 그런 점에서 일본어의 「すみません」과 한국어의 "미안합니다"는 반드시 일치하는 말이 아니라는 것을 알 수 있다.

일본어의 「考えておく」는 우리말로 누군가로부터 부탁을 받았을 때, "생각해 보겠다"는 뜻으로 한국어에서는 긍정적인 의미로 해석되는 경우가 많지만, 일본어에서는 대개 완곡한 거절의 의미로 사용되는 경우가 많기 때문에 이것도 일본어의 대표적인 간접발화로 볼 수 있다. 그래서 일본인과 비즈니스 상담을 할 때, 일본인이 맞장구를 치면서 「考えておきます」라고 하면 한국인은 대개 비즈니스 상담이 잘 된 것으로 생각하지만, 실제로는 그 반대의 경우가 많아 종종 트러블이 일어나는 경우도 있다고 한다.

〈그림 3〉「(친한 사람에게) 생각해 볼게(考えておくよ)」라고 대답했을 때 발화의도 한일 비교〉

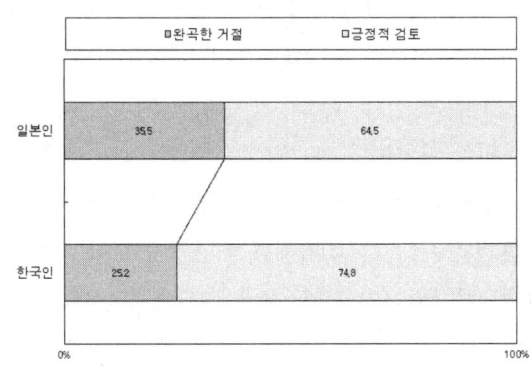

〈그림 3〉은 213년에 한일 양국의 수도권에 거주하는 20세부터 59세까지의 한국인 646명(남성 297명, 여성349명)과 일본인 477명(남성 217명, 여성260명)을 대상으로 친한 사람에게 사용하는 "생각해 볼게"(「考えておくよ」)의 발화의도를 조사한 것인데, 이것을 보면 큰 차이는 아니지만 완곡한 거절로 사용한다는 사람은 한국인보다 일본인이 더 많고, 긍정적인 검토의 의미로 사용한다는 사람은 일본인보다 한국인이 더 많음을 알 수 있다. 모리야마(森山, 1990)에 따르면 일본어 「考えておく」는 자신의 의향을 우선시하는 것을 전제로 하는 대답이기 때문에 이것은 상대이익 우선의 원칙에 위배되므로 손윗사람에게 사용하는 것은 부적절한 표현이라고 한다.

한편, 한국에서는 식사 시간 전후에 누구를 만났을 때 '밥 먹었니?' 또는 '식사했는가?'를 인사말로 자주 사용하는데 일본에서는 그것을 사적영역에 속하는 화제로 받아들이기 때문에 서로 언급을 하지 않는 습관이 있다. 즉 한국에서 '밥 먹었니?' '식사했습니까?'라고 묻는 것은 반드시 같이 먹으로 가자는 의미보다는 인사말로 하는 경우가 많은데 비해서 일본에서는 이와 같은 인사말 자체를 잘 사용하지 않으며 이 말을 사용한 경우에는 지나가는 인사말이 아니라 안 먹었으면 같이 먹으러 가자는 권유 또는 제안의 의미로 사용하는 경우가 많다.

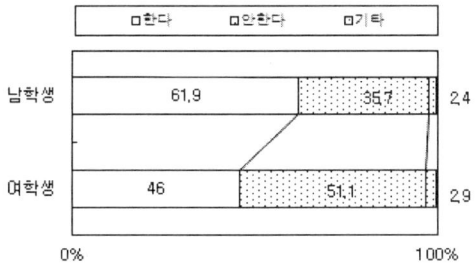

〈그림 4〉 점심시간 전후에 친한 교수님을 만났을 때, 점심식사에 관한 언급을 하는가?(한국)

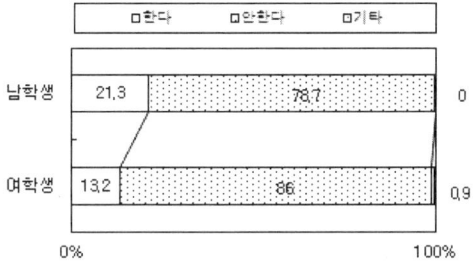

〈그림 5〉 점심시간 전후에 친한 교수님을 만났을 때, 점심식사에 관한 언급을 하는가?(일본)

〈그림 4, 5〉는 2010년에 한국의 대구지역과 일본 오사카 지역의 대학에 재학하고 있는 대학생 중에서 유의선택방식(convenience sampling)으로 선정한 한국인 대학생 263명(남학생 126명, 여학생 137명), 일본인 대학생 351명(남학생 123명, 여학생 228명), 합계 614명을 대상으로 점심시간 전후에 교수님을 만났을 때 "식사하셨습니까?"와 같은 말을 하는지에 대한 조사결과이다. 이것을 보면 일본 대학생보다는 한국대학생의 비율이 월등히 높으며 특히 한국 남학생들은 60% 이상의 학생이 교수님에게 "식사하셨습니까?"를 한다고 응답한데 비해 일본 남학생은 21.3%에 지나지 않고 있음을 알 수 있다. 여학생도 크게 다르지는 않다. 이와 같은 인사말은 학생이 교수에게만 하는 것이 아니라 교수가 학생한테도 "밥 먹었니?"라는 인사말을 자주 사용하는데 이와 같은 결과는 한국어에 정형화된 인사말이 적은 것도 하나의 원인으로 볼 수 있다. 이와 같은 인사말은 친한 관계에서만 주로 사용한다는 특징이 있다(홍민표 2012: 233-251).

4. 맞장구행동의 한일비교

A : で、いつも同じ場所に夕方…
B : ええ。
A : 4時とかぐらいに、あの、こう、同じ場所に、電信柱に止まって、そのカ　ラス…
B : ええ。
A : こう鳴いているんですけど、もうカラスの鳴き方って同じ、ねえ、カアカア　ってこう鳴くのが…
B : ええ。
A : こう、あの、一般的あれですけれども…
B : ええ。
A : 途中からワンとかですね…

B：ええええ。
A：あの、こう犬が、その例えば、犬...
B：ええ。
A：飼ったりすると...
B：ええ。
A：同じ鳴き方をまねするようになってきたんです。だんだん
B：へえ。

　　맞장구라는 청자의 언어행동은 위의 회화문(大塚 2014: 48-49)에서 보는 것처럼 일본어의「ええ」「へえ」「ホント」나 한국어의〈그래?〉〈진짜?〉처럼 상대편의 이야기에 관심을 갖고 잘 듣고 있다는 신호의 의미로 사용되는 짧은 말이나 음성을 가리키는데, 이와 같은 언어형식은 대부분의 언어에 존재하지만 사용빈도는 문화나 지역에 따라 다르다. 한 조사결과에 의하면 일본인은 1분에 17번의 맞장구를 친다는 통계가 있을 정도로 일본인은 상대방의 말에 일일이 맞장구를 치는 습관이 있다. 즉 일본어 담화는 화자만이 아니라 청자와의 상호작용에 의해 성립된다. 예를 들어 화자의「もう、そろそろ…」라는 발화를 청자가 이어받아「帰りましょうか」라고 말함으로써 두 사람이 함께 하나의 발화를 완결하는「공화(共話)」의 형태로 담화가 전개된다는 특징이 있다. 즉 일본어에는「…です」「…しました」로 끝나는 완결형의 문장 형식이 적고「…が、」「…て」「…から」「…けど」「…けどね」와 같은 하나의 句가「それで」「ほぉ～」「なるほど」「そうですよね」「え? うっそ!」「そう、そう」와 같은 상대방의 맞장구를 받아서 이어지는 것이 몇 차례 반복된 후에 완결형 문말이 오는 것이 보통이다. 일반적으로 한국에서는 상대편의 이야기가 끝나기를 기다렸다가 자신의 이야기를 시작하는 것이 예의로 되어있지만, 일본인들은 대화중에 자주 맞장구를 치면서 화자와 청자가 공동으로 대화를 전개해 나가는 습관이 있다. 그래서 대화중에 맞장구가 없으면 불안해서 내용을 재확인하기도 하고 경우에 따라서는 이야기를 중단하는 경우도 있다고 한다. 특히 외국인과 대화를 할 때 맞장구가 없으면 상대방이 화가 나있는 것으로 오해하기도 하고 심지어는 상대방이 일본어를 이해 못한다고 오해하는 경우도 많다고 한다. 특히 오로지 음성정보에 의해서만 상대방의 마음을 파악해야 하는 전화에 의한 의사소통에서는 이러한 오해가 자주 발생하고 있다. 일본인이 이와 같이 맞장구를 자주 치는 배경을 일본인의 대인의식과 관련지어서 보면 다음과 같은 두 가지 특징을 알 수가 있다. 우선 하나는 상대방이 말하려고 하는 것을 열심히 듣고 있다는 신호를 상대에게 전달함으로 해서 대화를 공동으로 전개해 가려고 하는 협조적 태도이고 또 하나는 반대의견을 말할 때도 맞장구를 쳐 줌으로 해서 부분적으로는 상대방의 의견에 동의하고 있다는 것을 전하려는 조화적 태도가 그것인데 이 두 가지 특징의 공통점은 상대방에 대한 배려행동으로 볼 수 있다. 또한 일본인의 일상적인 언어행동을 한국인과 비교해 보면 일본인은 행동 자체가 굉장히 세밀하고 말

로 일일이 행동을 구분하는 습관을 갖고 있는데 일본인의 맞장구도 이러한 일본인의 언어행동의 특징과 관련이 있을 것으로 생각된다. 이에 비해 한국인은 일일이 말로 표현을 하지 않아도 서로 상대의 마음을 알 수 있는 이심전심의 원리가 작동하는 사회이기 때문에 맞장구를 일본인보다 적게 치는 경향이 있다. 또한 일본어 회화에서는 「ね」「よ」 또는 「よね」와 같은 종조사를 사용하지 않으면 일본어가 이상하게 들릴 정도로 많이 사용되는데 이와 같이 문말에 사용하는 종조사는 대화 상대자에게 맞장구를 유도하는 기능이 있다. 예를 들어 화자가 「今日は暑いですね」라고 하면 청자는 자연스럽게 「そうですね」 또는 「ね~」라고 맞장구를 치게 되는 것이다. 한편 일본인들이 자주 사용하는 맞장구(相づち)는 상대방의 이야기에 동의한다는 뜻이 아니라 단순히 상대방의 이야기를 듣고 있다는 신호의 의미가 강하다. 즉 맞장구에 사용하는 일본어는 「ハイ」「エエ」「ハア」와 같이 상대방의 말에 찬성한다는 뜻의 말이 많지만, 반드시 찬성한다는 의미가 아니라 상대방의 이야기는 잘 듣고 이해했지만, 결정은 모른다, 또는 어려울 것이다, 는 의미가 강하기 때문에 일본인과의 대화에서는 주의할 필요가 있다(홍민표 2010: 80-85).

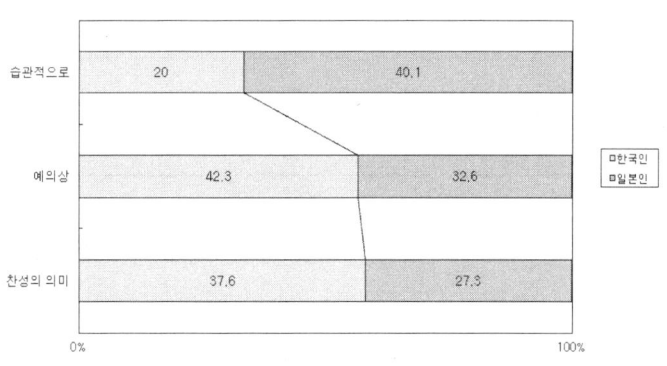

〈그림 6〉 맞장구를 치는 이유의 한일비교(상대가 손윗 사람인 경우)

〈그림 6〉은 2013년에 한일 양국의 수도권에 거주하는 20세부터 59세까지의 한국인 646명(남성297명, 여성349명)과 일본인 477명(남성217명, 여성260명)을 대상으로 손윗사람에게 사용하는 '맞장구'(相づち)는 무슨 의미로 주로 사용하는가를 조사한 것인데, 이것을 보면 한국인은 예의상 또는 찬성의 의미로 사용한다고 응답한 사람이 일본인보다 많고 습관적으로 사용한다고 응답한 사람은 일본인이 한국인보다 많다는 것을 알 수 있다. 즉 한국인이 손윗사람에게 사용하는 맞장구는 주로 예의상 또는 실제로 찬성한다는 의미로 사용되는 경우가 많지만 일본인은 알려진 대로 예의나 찬성보다는 단지 잘 듣고 있다는 신호의 의미로 습관적으로 사용한다는 것을 확인할 수 있다(洪珉杓 2015a: 135-153).

調べてみましょう

(1) 다음과 같은 장면에서의 한국어와 일본어 인사말을 적고 그 차이를 비교해 봅시다.

장면	상대	한국어	일본어
아침 인사	손위 사람		
	손아래 사람		
낮 인사	손위 사람		
	손아래 사람		
밤 인사	손위 사람		
	손아래 사람		
첫 대면 인사	손위 사람		
	손아래 사람		
헤어질 때	손위 사람		
	손아래 사람		
밤에 잘 때	부모		
아침에 일어났을 때	부모		
외출할 때	부모		
귀가할 때	부모		
식사를 시작할 때	부모		
식사를 마칠 때	부모		

(2) 한일 양언어의 대화중에 자주 사용되는 맞장구(「相づち」)표현을 적어보고 그 빈도를 비교해 보자.

드라마 제목		드라마 발표일		드라마 전체분량	
한국	일본	한국	일본	한국	일본
		년	년	분	분

구분	언어(말)	비언어	언어+비언어	합계
일본드라마				회
한국드라마				회
합계	회	회	회	회

> **참고문헌**
>
> 홍민표(2010)『언어행동문화의 한일비교』, 한국문화사.
> _____(2012)「교수에 대한 언어행동의 한일비교연구」『일본연구 32집』, 중앙대 일본연구소.
> 洪珉杓(2015a)「日韓両言語の間接発話に対する社会言語学的研究」『日本韓国語教育学』4号, 日本韓国語教育学会
> 홍민표(2015b)「간접발화의 사용실태에 대한 한일대조연구」『일어일문학』66집, 대한일어일문학회.
> 東山安子訳(1999)『ボディートーク─世界の身振り辞典(原著者：Desmond Morris)』, 三省堂.
> 伊藤亜人他監(2000)『朝鮮を知る事典』(新訂増補), 平凡社.
> 大塚容子(2014)「初対面3人会話におけるあいづちの談話展開上の機能」『岐阜聖徳学園大学紀要. 外国語学部編』53, 岐阜聖徳学園大学.
> 荻野綱男他(1990)「日本語と韓国語の聞き手に対する敬語用法の比較対照」『朝鮮学報』136輯, 朝鮮学会.
> 生越まりこ(1995)「いぐさの日朝対照研究」『日本語学』14-3, 明治書院.
> 森山卓郎(1990)「『断り』の方略：対人関係調整とコミュニケーション」『言語』19巻8号, 大修館書店.

한일 관계와 국경

제14장

비언어행동문화의 한일비교

• • • •

　의사소통은 언어(verbal)와 비언어(nonverbal)가 유기적으로 작용하면서 이루어지는데 지금까지 비언어는 언어에 가려져 경시되어 온 부분이 있다. 그러나 실제의 의사소통에서 비언어는 결코 무시할 수 없는 중요한 역할을 하고 있다는 것이 최근 들어 점차 밝혀지고 있다. 구체적으로 비언어행동 또는 전달(nonverbal communication)이 학문 분야로 체계화되기 시작한 것은 1950년대부터이며 이 용어가 처음 알려진 것은 1956년에 간행된 Ruesch and Kees의 저서 제목에 사용되고 부터이다(東山: 2003). 그 후 미국을 중심으로 학제적인 연구 방법으로 발전을 거듭 해왔으며 최근에는 컴퓨터를 비롯한 분석 도구의 개발을 통해 눈부신 연구 성과를 거두고 있다. 그런데 비언어적 행동의 전달체계는 언어나 문화별로 독립적으로 발전해 온 것을 각 개인이 사회화 과정을 통해 습득한 학습의 결과이기 때문에 같은 행동도 문화에 따라 달리 해석되는 경우가 많다. 예를 들면 한국에서는 젊은 여성끼리 팔짱을 끼고 걷는 것을 흔히 볼 수 있지만 일본에서는 이러한 모습은 거의 볼 수 없다. 또한 한국에서는 악수를 하는 남성을 흔히 볼 수 있지만 일본에서 악수하는 모습은 거의 볼 수 없다. 즉 한국인은 예로부터 대인행동에서 신체 접촉이 자연스럽게 이루어지는 문화이지만 일본인은 그 반대의 비언어적 전달 체계를 가지고 있는 것이다. 이처럼 한국어 사회는 한국어 사회, 일본어 사회에서는 일본어 사회 나름의 비언어적 전달 체계가 있기 때문에 한일 양국인의 원활한 의사소통을 위해서는 그 차이를 이해하고 알아 둘 필요가 있다. 본장에서는 비언어행동의 이론적인 배경을 토대로 대인거리나 착석행동을 중심으로 한일 양국인의 접촉과정에서 발생할 수 있는 문제점에 대해서 알아보기로 한다(홍민표 2010: 101-163).

1. 비언어행동이란

일반적으로 태도, 언행, 표정, 몸짓, 손짓, 음성 표현법, 시선, 말의 속도, 거리 등에 따라 같은 내용이라도 듣는 사람이 느끼는 뉘앙스는 달라지는데 그 전체를 '비언어전달'(nonverbal communication ノンバーバル·コミュニケーション)이라 하고 그것을 매개로 하는 의사소통을 '비언어행동'이라고 한다(西原 1995). 즉 비언어행동이란 말하는 사람이 의사소통에 필요한 다양한 정보를 표정이나 몸짓, 태도, 시선, 자세, 목소리의 상태 같은 언어 이외의 수단을 통해 청자에게 전달하는 행위로 정의할 수 있다.

신체 동작을 이용한 비언어적인 의사소통의 하나로서 바디 랭귀지(body language)라는 것이 있다. 한국과 일본에서는 body language를 직역하여 신체 언어 또는 몸짓언어라고도 불리는데 이와 같은 전달 수단은 주로 몸짓이나 손짓을 이용한 제스처(gesture)로 상대에게 메시지 전달한다. 구체적인 동작으로는 시선과 눈썹, 손짓을 포함한 손동작, 어깨를 포함한 팔 동작, 입가의 움직임이나 혀를 차를 하는 행위, 얼굴 표정이나 눈치도 포함된다. 이들 신체언어의 대부분은 팬터마임과 같은 독립된 예술로 발전한 것도 있지만 언어를 사용하는 의사소통에서는 주로 음성언어의 보조적인 수단으로 이용된다. 언어를 학습하는 과정에 있는 유아들에게 이와 같은 신체언어가 많이 사용되는 것은 어휘수가 적기 때문에 이와 같은 제스처를 보조적으로 사용하는 것이다. 언어와 문화가 다른 이문화간의 의사소통에서 이와 같은 신체언어를 사용하면 다소 오해를 초래할 위험성은 있지만 언어를 모르면 의사소통이 전혀 안 되는 것과 달리 손짓과 몸짓을 잘 이용하면 대략적인 의미가 통하기 때문에 2000년대 이후 국제화시대의 도래와 함께 많이 사용되고 있다. 따라서 나라마다 각기 다른 다양한 제스처를 모두 수집하여 취사선택 하고 분류하여 국제적인 표준화 작업을 하면 이모지나 픽토그램이 국제적으로 통용되는 것처럼 이문화간 커뮤니케이션 수단의 하나로서 인류에 크게 도움이 될 것으로 생각된다.

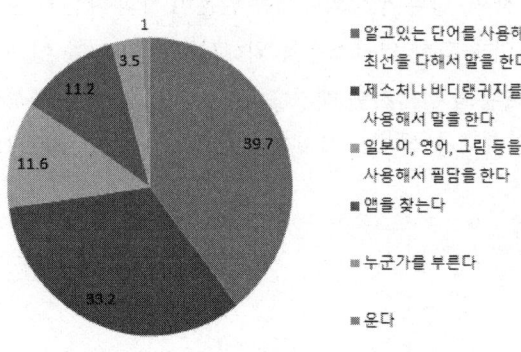

〈그림 1〉 외국인과의 대화에서 말이 안 통할 때 일본 청소년들은 어떻게 하는가?(%)

〈그림 1〉은 「マンナビティーンズ」 편집부에서 2015년 11월에 일본인 청소년 199명을 대상으로 외국인과의 대화에서 말이 안 통할 때 어떻게 대처하는지를 조사한 것이다 (http://news.mynavi.jp/news/2015/11/01/250/). 이것을 보면 알고 있는 말이나

단어를 사용해서 최선을 다해서 말을 한다는 비율이 39.7%로 가장 높지만 제스처나 바디랭귀지를 사용해서 말을 한다는 비율도 35.2%로 높은 비율을 나타내고 있다. 이와 같이 비언어행동은 문화나 지역에 따라 표현 방법이 다르기 때문에 보편성은 낮지만 이문화간의 의사소통에서 해당 언어를 모르면 의사소통이 전혀 안 되는 것과 달리 비언어행동은 언어에 대한 문화적인 영향이 상대적으로 적기 때문에 신체언어(body language)로서 이문화간 의사소통에서 중요한 역할을 하고 있다. 특히 이탈리아에서는 1832년에 이미 손짓언어 사전이 나왔을 정도로 말을 할 때 다양한 제스처를 사용하고 있다. 이와 같은 비언어행동은 (1) 얼굴표정(facial expression), 시선(eye contact), 자세(posture), 몸짓(gesture) 등을 연구하는 동작학(kinesics), (2) 악수, 포옹, 손바닥 터치 등을 연구하는 접촉학(hyptics), (3) 상대방과의 물리적인 거리(distance)를 연구하는 공간학(proxemics), (4) 음성의 높이(pitch), 길이(duration), 속도(speed) 등과 같은 운율적 특징(prosody)을 연구하는 주변언어(paralanguage) 등으로 분류된다(홍민표 2010: 101-108).

2. Mehrabian의 법칙

의사소통은 언어(verbal)와 비언어(nonverbal)가 유기적으로 작용하면서 이루어지는데 지금까지 비언어는 언어에 가려져 경시되어 온 부분이 있다. 그러나「目は口ほどにものをいう」,즉 "눈빛만 보아도 안다"는 한일양국의 속담서도 알 수 있는 것처럼 실제의 의사소통에서는 언어보다도 얼굴표정, 시선, 제스처와 같은 비언어는 결코 무시할 수 없는 중요한 역할을 하고 있다는 것이 최근 들어 점차 밝혀지고 있다.

일반적으로 상대방이 전달하는 메시지는 언어정보, 비언어정보, 목소리 등 3가지 요소가 일치하는 것이 보통이다. 그러나 누군가를 속인다든지 범인이 거짓말을 하는 경우와 같이 이 3가지 요소가 일치하지 않는 경우도 많다. 미국의 심리학자 Albert Mehrabian은 1972년에 출판된 "Silent

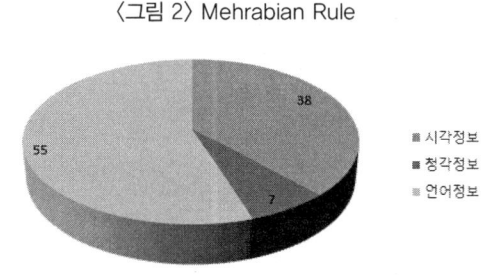

〈그림 2〉 Mehrabian Rule

messages"라는 저서에서 이 3가지 요소가 일치하지 않는 경우에 사람들은 어떤 순번이나 비율로 메시지의 내용을 해석하고 받아들이는지에 대한 실험결과를 발표하였다. 그 결과 사람들이 중요시하는 순번이나 비율은 얼굴표정, 시선과 같은 시각정보(Visual) 55%, 목소리의 속도나 상태 등과 같은 청각정보(Vocal) 38%, 말의 내용과 같은 언어정보(Verbal)가 7%라는 것을 밝혀냈다

(http://eyeeye.vision/2016/02/27/post-2197/). 이것을 보통 Mehrabian Rule 또는 시각정보(Visual), 청각정보(Vocal), 언어정보(Verbal)의 첫머리를 따서「3V의 법칙」이라고도 한다(https://ja.wikipedia.org).

3. 비언어행동의 특징

　인간의 기초적인 감정인 분노, 실망, 공포, 기쁨과 감동, 놀람 등에 대한 표정은 보편적인 것으로 알려져 있지만, 손짓, 몸짓과 같은 비언어적인 동작은 대부분 문화마다 다른 경우가 많다. 즉 비언어적 행동의 전달체계는 언어나 문화별로 독립적으로 발전해 온 것을 각 개인이 사회화 과정을 통해 습득한 학습의 결과이기 때문에 같은 행동도 문화에 따라 달리 해석되는 경우가 많다. 예를 들면 한국에서는 젊은 여성끼리 팔짱을 끼고 걷는 것을 흔히 볼 수 있고 악수를 하는 남성들도 흔히 볼 수 있지만 일본에서 이러한 모습은 거의 볼 수 없다. 그러나 손을 합장하고「ごめんなさい」하고 사죄하는 모습이나 식사할 때 온 가족이 합장하고「いただきます」를 하는 모습은 다른 나라에서는 볼 수 없는 제스처이다. 한편 언어는 선조적(線条的)인 반면 비언어행동은 신체 각 부분을 동시에 다중으로 움직여 입체적으로 메시지를 전달할 수 있다는 특징을 가지고 있다. 언어가 선조적이라는 말은 그래프나 평면의 지도처럼 한 번에 동시다발적으로 나타낼 수 없기 때문에 언어는 한 번에 한마디씩 일직선으로 말을 한다는 의미이다. 또한 언어는 상대를 속일 수도 있지만 얼굴표정이나 시선과 같은 비언어적인 요소는 콘트롤이 안 되기 때문에 남을 속일 수 없다는 특징이 있다. 그래서 우리는 상대편의 언어정보와 비언어적 정보가 일치하지 않는 경우 비언어적 정보를 우선적으로 고려해서 상대방의 발화내용을 파악하는 경우가 많다(홍민표 2010: 102-103).

4. 시선접촉(eye contact)

　눈으로 전해지는 메시지의 중요성은 예로부터 전해지고 있다. 고대 이집트 시대부터 여자는 눈으로 보내는 메시지를 강조하기 위해서 화장을 했다고 한다. 일본에도「目は口ほどに物を言う」라는 속담이 있고 한국에도 예로부터 호흡이 잘 맞고 사이가 좋다는 의미로 "눈빛만 보아도 안다"는 속담이 있다. 속담뿐 아니라 한국의 유행가에는 "눈으로 말해요" "사랑의 눈동자"와 같이 유독 눈동자가 들어간 가사가 많다. 그만큼 동서고금을 막론하고 눈은 일일이 말로

안 해도 눈의 표정으로 상대에게 자신의 메시지를 전달할 수 있으며 말로 아무리 상대를 속여도 눈에는 본심이 드러난다는 의미일 것이다. 또한 타인과의 첫 접촉은 시선을 통해 이루어지기 때문에 눈은 대인관계에서 강력한 힘을 가지고 있다. 인간은 자신의 생각을 상대에게 전하기도 하고 전달받기도 한다는 점에서 감정의 동물이라고 한다. 그런데 인간이 감정을 느끼거나 교환하는 방법에는 5감(感) 즉 시(視), 청(聽), 후(嗅), 미(味), 촉(触)이 있으나 그 중에서 눈을 통한 감정 전달이 가장 우세한 것으로 알려져 있다. 즉 시선은 희로애락의 감정을 가장 현저하게 나타낸다는 점에서 입으로 말하는 만큼의 감정이나 기분을 나타나기 때문에 아무 말을 하지 않아도 눈빛으로 상대의 감정을 파악할 수 있는 것이다. 갓난아기나 고양이가 귀엽다고 느끼는 것은 몸이 작고 앙증맞아서 그런 것도 있지만 몸집에 비해 상대적으로 크고 검은 눈동자로부터 느끼는 효과가 크다고 한다. 또 수업시간에 선생님과 눈이 마주치면 지명을 당할 수 있으니까 시선을 돌려서 "지명하지 않았으면 좋겠다"고 선생님에게 메시지를 보낸 경험이 누구에게나 있을 것이다. 일반적으로 서양인에 비해 한국인이나 일본인은 말로 직접 표현하기 보다는 시선이나 얼굴표정과 같은 비언어적인 요소를 이용하여 무언가를 나타내는 경우가 많다. 이에 비해 서양인은 말로 분명하게 표현하는 경향이 많다. 이에 대해 에드워드 홀(Hall, 1976)은 의사소통이 이루어지는 콘텍스트에 의존도가 높은 문화를 '高콘텍스트(high context) 문화', 의존도가 낮은 문화를 '低콘텍스트(low context) 문화'로 분류하고 다음과 같이 설명하고 있다. 즉 한국과 일본 같이 단일 언어, 단일 문화권에 속하는 '高콘텍스트 문화'에서는 화자와 청자 사이에 공유하고 있는 정보와 경험이 많고 인간관계가 밀접하기 때문에 명확히 말하지 않아도 서로 이해할 수 있고 경우에 따라서는 굳이 말하지 않아도 얼굴표정이나 느낌만으로도 메시지가 전달된다. 그러나 다문화, 다언어 국가인 미국이나 서양 대부분의 국가와 같은 '低콘텍스트 문화'에서는 화자와 청자 사이에 공유하고 있는 정보와 경험이 많지 않고 개인주의가 강하기 때문에 상대의 기분이나 마음을 헤아리기보다는 어떻게 자신의 의사를 상대에게 주장할 것인지가 중요한 사회라고 설명하고 있다. 따라서 서양인과의 대화에서 일본인과의 대화에서 눈을 마주치지 않는 것은 정중함과 공손함을 의미하는 것으로 받아들여질 수 있지만, 서양인과의 대화에서 상대의 눈을 제대로 보지 않는 사람은 불성실, 속임수가 있는 것으로 오해받을 수 있다. 일반적으로 시선은 주로 상대에게 호감이나 호의를 나타내지만 동시에 상대에게 자신에 대한 관심과 호감도를 높이는 수단으로 사용되는 경우도 많다. 상대의 동공이 평소보다 커지면 보고 있는 것에 관심을 갖고 있는 것으로 볼 수 있다. 즉 사람은 관심을 가지고 있는 것에 대해서는 더 잘 보고 싶다는 심리가 작용하므로 자연히 동공이 커진다고 한다. 또한 좋아하는 것에 도전하고 있는 사람이나, 흥미 있는 것을 보는 사람의 눈은 반짝 반짝 빛나게 된다. 따라서 만약 상대의 눈이 반짝 반짝 빛나고 있거나 동공이 커졌다면 말하는 사람 혹은 이야기 화제에 관심이 높다고 볼 수 있다. 남자에게 예쁜 여자사진을 보여 주고 여성에게 귀여운 아기 사진을 보여 주면 눈동자가 20%나 커진다고 한다(최광선, 2004). 실제로 동공이 수축되는 여성의 얼굴 사진과 같은 사진의 눈동자만 크게 수정한 사진을 남성피험자에게 보인 결과, 대부분의 남성은 동공이 수축된 여성에 소극적인 평가를 하고 동공이 열린 여성에게 호의를 나타냈다고 한다. 또 다른 실험에서 남성의 동공은 여성의 누드사진을 보여주었을 때 확대되었고, 여성의 동공은 남성의 근육질 몸의 사진, 아기, 아기를 안은 여성의 사진을 보여주었을 때 동공이 커졌다는 결과가 되었다고 한다. 이와 같은 결과로 볼 때 인간의 동공은 상대방이 적극적인 감정을 가진 때는 확대하고 소극적인 감정을 가진 때에는 수축한다는 것을 알 수 있다. 따라서 보통 사진을 찍을 때 '치즈'

혹은 '김치'를 발음해서 하얀 치아를 보이려고 하는데 사실은 치아보다 눈을 크게 하면 더 매력적으로 보인다고 한다. 그러나 소통의 의도가 없이 10초 이상을 계속 응시하면 상대방은 불쾌감을 느낀다고 한다. 특히 스모나 검도 같은 경기에서는 상대를 응시하는 것은 투쟁심이나 적개심의 표현이기 때문에 이 때 경기의 승패가 결정될 정도로 위력을 가지고 있다고 한다(홍민표 2010: 135-137).

5. 대인거리

 누군가와 대화를 할 때 무의식적으로 또는 의도적으로 상대방과의 물리적 거리를 조절하는데 이것을 심리학에서는 보통 대인거리(interpersonal distance)라고 한다. 그런데 이것은 단순한 물리적 거리가 아니라 화자의 심리상태가 반영된 비언어행동의 하나이다. 일반적으로 자신이 좋아서 호감을 가지고 있는 사람에게는 가능하면 다가가려고 하지만 그렇지 않은 사람에게는 가급적 멀리 떨어져 말하려고 한다. 길을 걷는 젊은 남녀의 대인거리를 보면 두 사람 관계를 대체로 알 수 있다. 또한 학생들이 강의실에 앉을 때에도 대체로 담당교수에 대한 호감도가 높은 학생은 앞 쪽에 앉고 그렇지 않은 학생은 뒤 쪽에 앉는 경향이 있다(홍민표 2010: 123-126).
 일반적으로 일상 회화의 표준거리로 일본에서는 약 1미터, 미국에서는 45-50㎝, 라틴 아메리카와 중(근)동에서는 더 접근하고 쿠바에서는 사람이 없는 조용한 곳에서 말할 때에도 45㎝ 이내 밖에 떨어지지 않는 반면 아프리카계 미국인의 경우 개인적인 내용의 경우에도 1미터 이상의 거리를 유지하는 것으로 알려져 있다(田中他, 1996).

〈그림 3〉에서 보는 것처럼 일본인의 대인거리는 한국인보다 먼 것으로 알려져 있다. 왜냐하면 일본인은 가족이나 친구와 같은 친한 관계에서도 악수와 같은 신체접촉을 잘 하지 않는 습관이 있기 때문에 악수나 손을 잡을 수 있는 거리까지 접근하지 않는 경향이 있기 때문으로 볼 수 있다. 즉 친한 사람과도 악수를 잘 하지 않는 일본인의 습관과 일본의의 예의 바른 인사인 「お辞儀」를 할 때의 거리를

〈그림 3〉 대인거리의 한일비교

생각하면 일본인이 한국인보다 대인거리가 멀다는 것을 알 수 있다. 또한 일본인은 자신과 타인의 영역을 명확히 구분하는 습관이 있기 때문에 대화할 때도 가급적 상대방의 영역을 침범하지 않기 위해서 일정한 거리를 유지하려는 경향이 있는데 이것도 일본인의 대인거리와 관련이 있다고 생각한다. 이에 비해 한국인은 일본인에 비해 악수나 포옹과 같은 신체접촉을 자주 하기 때문에 상대방에게 다가가는 경향이 있고, 또한 친한 관계에서는 자타의 영역구분을 명확히 하지 않는 습관이 있기 때문에 일반적으로 대인거리가 가까운 편이다(홍민표 2010: 123-126).

Hall(1966)은 문화에 따라 대인거리가 다르다는 전제하에 미국 북동부 대서양 연안 지역의 중류 계층의 성인을 대상으로 대인거리를 측정한 결과 다음과 같은 4종류의 대인거리를 제시했다.

① 밀접거리(intimate distance) (비밀 이야기) : 0~45㎝, 연인, 친구, 부모와 자녀가 포옹하거나 손을 잡을 수 있는 거리.
② 개인거리(personal distance) (개인적인 이야기) : 45㎝~120㎝로 거리에서 우연히 만난 2명이 대화를 할 때 취하는 거리. 또는 상대의 기분을 살피면서 개인적 관심사를 이야기할 수 있는 거리.
③ 사회거리 (social distance) (반 공적 이야기) : 120㎝~360㎝로 비즈니스를 할 때의 거리, 또는 가정에서 부부가 편안하게 휴식을 취하는 거리.
④ 공중거리(public distance) (공적 거리) : 360㎝ 이상으로 강의를 하는 교사와 학생, 업무지침을 말하는 상사와 부하직원, 연설을 하는 정치인과 청중, 무대 배우와 관객의 거리.

6. 착석행동의 한일비교

〈그림 4-7〉은 2003년에 한일 양국의 20대 전반의 젊은층 554명(한국인 306명, 일본인 248명)을 대상으로 약속장소에서의 착석행동을 조사한 것이다(尾崎編 2009).

〈그림 4〉약속장소의 좌석배치

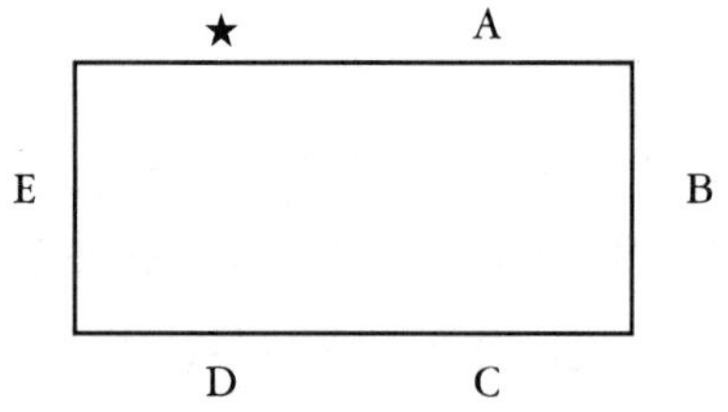

〈그림 5〉가족이 먼저 와 있는 경우

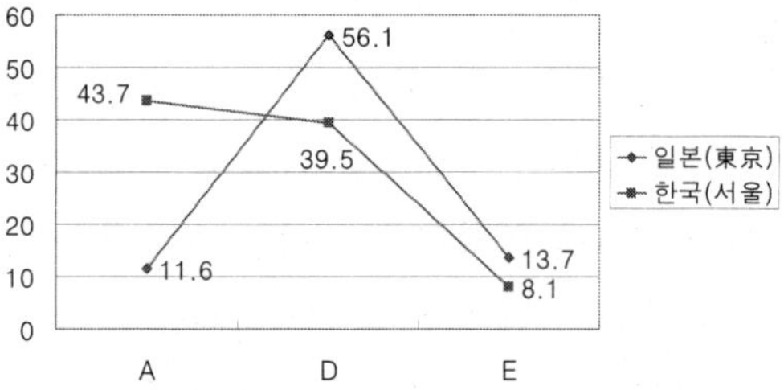

① 약속장소에서 〈가족〉이 먼저 와 있는 경우

〈그림 4〉은 약속 장소의 좌석배치이고 〈그림 5〉는 약속 장소에 상대가 먼저 와서 ★의 의자에 앉아 있다면, 당신은 A~E 중 어디에 앉겠는가를 조사한 결과이다. 우선 먼저 와 있는 사람이 〈가족〉인 경우의 결과를 보면 일본인은 D, 그러니까 맞은편에 앉는다고 응답한 사람이 56.1%로 A에 앉는다고 응답한 사람보다 압도적으로 높게 나온 데 비해, 한국인은 반대로 옆자리인 A가 맞은편 자리인 D보다 비율이 높게 나타났다. 즉 옆자리인 A를 선택한 사람은 일본인보다 한국인이 압도적으로 높게 나타났습니다. 이와 같은 결과로 볼 때, 친한 관계인 가족이라도 일정한 거리를 유지해서 자타 영역을 철저히 구분하려는 일본인의 대인의식과 친한 사이에서는 영역구분을 잘 하지 않는 한국인의 대인의식을 확인할 수 있다.

② 약속장소에서 〈친구〉가 먼저 와 있는 경우

〈그림 6, 7〉은 약속 장소에 친구가 먼저 와서 〈그림 4〉의 ★의 의자에 앉아 있다면, 당신은 A~E 중 어디에 앉겠는가를 조사한 결과인데, 이것을 보면 한국 대학생들의 경우, 〈그림 6〉에서 보는 것처럼 상대가 동성 친구인 경우에는 옆 자리인 A(37.9%)보다 맞은편인 D(49.3%)에 앉는다고 응답에 앉는다고 응답한 비율이 높고, 〈그림 7〉에서 보는 것처럼 이성친구인 경우에는 맞은편인 D(42.4%)가 아니라 옆자리인 A(46.4%)에 앉는다고 응답한 비율이 높게 나타났다. 그러나 일본대학생의 경우는 상대가 가족, 친한 동성이나 이성 친구에 관계없이 옆자리인 A가 아닌 맞은편 D에 앉는다고 응답한 비율이 높은 것으로 나타났다. 이와 같은 결과를 보면 아무리 친한

관계라도 서로 일정한 거리를 유지하려는 일본인의 영역의식과 친한 관계이면 자타의 영역구분을 엄격히 하지 않는 한국인의 영역의식의 차이를 확인할 수 있다. 이와 같이 일본인처럼 친한 사이에서도 자타의 영역을 엄격히 구분하는 대인의식을 「親しき仲に礼儀あり」라 하고, 경계나 영역을 잘 구분하지 않는 대인의식을 「親しき仲に迷惑あり」하는데, 이와 같은 대인의식의 차이로부터 한국인은 일본인을 냉정하고 친해지기 어렵다고 느낄 수 있고, 일본인은 한국인을 필요 이상으로 친절하다고 느끼는 경우가 많다.

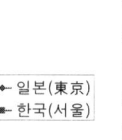
〈그림 6〉 약속장소에 동성 친구가 먼저 와 있는 경우

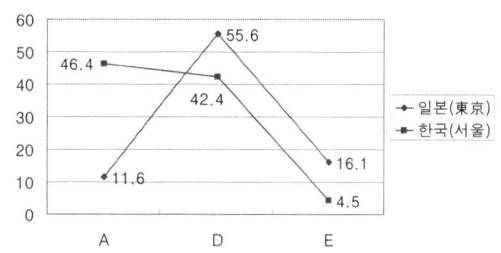
〈그림 7〉 약속장소에 이성 친구가 먼저 와 있는 경우

③ 도서관에서의 착석행동

〈그림 8〉 도서관 좌석배치

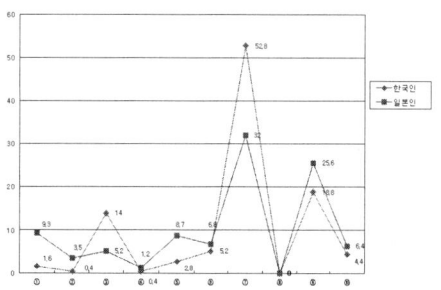
〈그림 9〉 착석행동의 한일비교(%)

〈그림8, 9〉은 2012년에 한일 양국의 대학생 421명(일본대학생 171명, 한국대학생 250명)을 대상으로 도서관에 공부하러 갔는데 먼저 친한 친구가 〈그림7〉의 ⑧번 좌석에 앉아 있다고 한다면 본인은 어디에 앉겠는가를 조사한 결과이다(横山 2013). 〈그림8〉에서 알 수 있는 것처럼 일본대학생은 양옆자리인 ⑦번과 ⑨번에 앉겠다고 응답한 사람이 거의 반반씩으로 크게 차이가 없는데 비해 한국대학생은 오른쪽인 ⑦번이 52.8%로 압도적으로 많은 것으로 나타났다. 이와 같은 결과로 볼 때 한국인은 왼쪽보다는 오른쪽을 선호하거나 우선시하는 경향이 명확한데 비해 일본인은

좌우를 크게 구분하지 않는다는 것을 알 수 있다.

④ 지하철에서의 착석행동

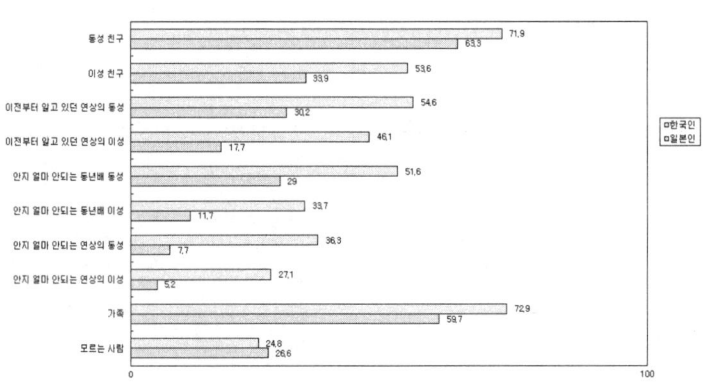

〈그림 10〉 '앉는다'고 응답한 비율의 한일비교(%)

〈그림 10〉는 2003년에 한일 양국의 20대 전반의 젊은층 554명(한국인 306명, 일본인 248명)을 대상으로 지하철에서의 착석행동을 조사한 것이다(尾崎編 2009). 구체적으로는 지하철을 탔는데, 우연히 그래프와 같은 사람이 좌석에 앉아있고 그 옆자리가 비어 있지만 당신이 앉기에는 비좁은 상황인데, 그 자리에 앉겠는가, 라는 질문에 대해 〈앉겠다〉고 응답한 비율을 한일 비교한 것이다. 이것을 보면 옆자리에 앉아있는 사람이 누구인지에 상관없이 앉겠다고 응답한 사람의 비율이 일본인보다 한국인이 높게 나타났다. 이와 같은 결과를 보면 일본인보다 한국인의 심리적인 대인거리가 가깝고 타인과의 영역의식을 그다지 엄격하게 구분하지 않는 경향이 있다는 것을 알 수 있다. 이와 같이 자타 영역구분을 엄격히 하는 일본인과 자타 구분을 그다지 하지 않는 한국인의 차이는 어쩌면 식사문화와도 관련이 있을 가능성이 있다.

예를 들어 한국에서는 가족끼리 또는 외부에서 여러 명이 식사를 할 때 모두가 냄비 하나에 찌개를 담아 같이 먹고 다른 반찬도 같은 접시에 담아 같이 먹는 것이 일반적이지만 일본인은 아무리 친한 사람이나 가족 간에도 찌개나 반찬은 각자의 그릇이나 접시에 담아 먹는 것이 원칙이다. 특히 한국인은 가족이나 친구와 같이 친한 관계에 있거나 회사 동료와 같이 이해관계에 있는 사람끼리는 '우리'라는 공동체 의식이 강한 반면 일본인은 자타 영역을 엄격히 구분하는 차이가 있는 것 같다. 단 모르는 사람인 경우에는 유일하게 한국인이 일본인보다 앉겠다는 비율이 낮게 나타났는데 이는 무수히 많은 외침을 받아온 한역사적 사실이 있기 때문에 모르는 사람에 대한 경계심이 일본이보다 높기 때문으로 볼 수 있다.

7. 신체언어의 한일비교[1]

언어나 문화가 다른 사람끼리 접촉하는 이문화간의 의사소통에서는 언어와 함께 손짓, 몸짓이 중요한 역할을 하게 된다. 특히 그 나라의 언어를 모를 경우에는 손짓, 몸짓이 훨씬 유용한 전달 수단이 되는 경우가 많다. 실제로 사람의 얼굴에는 근육이 잘 발달되어 있어서 미묘한 감정까지도 잘 나타난다. 얼굴표정을 보충해 주는 것이 손짓과 몸짓이다. 손짓과 몸짓을 이용하여 상대와 의사소통을 하려고 할 때 그 손짓과 몸짓은 언어와 같은 역할을 한다고 해서 보통 신체언어(body language) 또는 동작언어(gesture language)라고 부른다. 그런 의미에서 인간의 가장 원초적인 의사 전달 수단은 말이 아니라 행동이나 동작이었을 것으로 추측된다. 실제로 사람의 얼굴에는 근육이 잘 발달되어 있어서 미묘한 감정까지도 잘 나타난다. 특히 손가락에는 관절이 많아서 다양한 모양의 제스처가 가능하다. 한편 신체언어(body language)와 제스처(gesture)는 언어행동의 보조수단으로 사용되는 비언어행동이라는 공통점이 있지만 구체적인 점에서는 약간 차이가 있다. 즉 신체언어(body language)는 자신의 의도와 관계없이 감정 등이 동작에 나타나는 것이고 제스처는 의도적으로 상대에게 의지와 기분을 전달한다는 점에서 차이가 있다. 예를 들어 놀랐을 때 눈동자가 커지는 것이나 화가 주먹을 불끈 쥐는 행위는 신체언어로 볼 수 있고 공중에 집을 그려 보이거나 자신의 손가락으로 지시물을 가리키는 행위 등은 제스처로 볼 수 있다. 나라별 제스처의 차이를 보면 다음과 같다.

① 새끼손가락을 세우는 동작

한국과 일본에서는 '여자친구' 홍콩과 말레이시아에서 '마지막', 스리랑카와 인도에서는 '화장실에 가고 싶다', 태국, 사우디아라비아에서는 '우정' '친구가 되다'라는 뜻으로 사용된다(金山 1989).

② 엄지를 치켜세우는 동작

격려나 칭찬을 할 때 언어나 문화에 상관없이 폭넓게 사용되는 엄지를 세우는 동작도 이라크에서는 칭찬이 아니라 경멸을 나타내기 때문에 이라크 사람들이 미군을 마음껏 욕하고 다녔다는 신문보도도 있었다. 이밖에도 일본에서 이 동작은 「男」「夫」「父」를 나타내기도 하고, 새끼 손가락을 세우는 동작은 「女」「恋人」「妻」를 나타내기도 한다.

---

[1] 신체언어의 한일비교는 홍민표(2010: 145-159)를 인용 및 참고하여 작성한 것임.

그러나 엄지를 아래로 내리면 죽음의 의미가 된다.

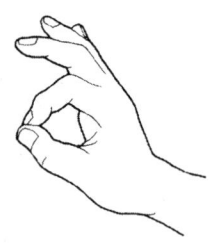

③ 엄지와 검지로 동그라미를 그리는 동작

엄지와 검지로 동그라미를 그리는 동작을 그리면 대개는 '잘 됐다'는 뜻으로 받아들이지만 프랑스에선 '별볼일 없다'는 제스처로 사용된다. 그리고 몰타에선 동성애를 뜻하고 독일, 불가리아, 브라질, 아랍 여성들은 아주 외설적인 의미로 받아들이기 때문에 조심해야 한다. 한편 우리는 엄지를 검지와 중지에 끼워 넣는 것이 욕이지만 브라질에서는 행운을 기원하는 표시로 이런 모양의 관광 상품이 있을 정도다.

④ V사인

제2차 세계대전 연합국의 진영에서 승리(Victory)를 의미하는 V자를 모방하여 만든 제스처로 현재는 승리, 평화를 상징하는 세계인의 공통어가 되었다. 1943년 영국의 처칠수상이 「V for Victory」캠페인을 연설에서 긍정적으로 언급을 하고 직접 사용하면서 널리 알려지게 되었다. 프랑스에서는 드골대통령이 1942년 이후 모든 연설에서 이 V사인을 사용했고 미국에서는 닉슨대통령이 베트남 전쟁의 승리의 표시로 자주 사용하면서 하나의 트렌드마크처럼 알려졌고 1974년 워터게이트로 사임하면서 백악관을 떠날 때도 이 V사인을 사용했다. 이처럼 V사인은 세계적으로 승리와 평화를 상징하는 제스터로 널리 알려져 있지만 영연방에서 사용할 때는 주의가 필요하다. 손바닥을 앞으로 향해 V자를 그리면 괜찮지만 손등이 상대편을 향하면 적대감, 도발, 욕이 되기 때문이다. 영국 등 영어권에서는 Victory(승리)를 의미하기 때문에 보통 V사인으로 불린다. 일본과 한국에서는 승리나 평화의 의미와 함께 기쁨의 의미로 사진 찍을 때 이 제스처를 많이 사용한다.

⑤ 머리를 끄덕이는 동작

한국이나 일본에서는 머리를 상하로 끄덕이면 'YES'의 의미가 되지만 그리스에서는 머리를 끄덕이는 것이 'YES'가 아니라 'NO'로 받아들여질 수도 있고, 손을 가볍게 흔드는 작별인사도 그리스인은 자기에게 욕을 하는 것으로 오해할 수 있다고 한다. 또한 영어권에서는 「너 요즘 바빠서 영화 보러 갈 수 없지?」와 같이 부정의문문에 대한 응답으로 일본이나 한국에서 상하로 끄덕이면 못 간다는 의미가 되지만 영어권에서는 간다는 의미가 되므로 주의할 필요가 있다.

⑥ 자기 자신을 가리키는 동작

일본인이 검지로 자기 자신을 가리키는 제스처는 잘 알려져 있지만, 한국에서 이와 같은 제스처는 '코', 미국에서는 '냄새가 난다'의 의미로 많이 쓰이고 있다. 또한 가네야마(金山, 1989)에 의하면 중국인도 이와 같은 제스처로 '자기 자신'을 가리킨다고 기술되어 있는 것을 보면 검지로 자신의 코를 가리키는 동작은 일본인만의 제스처는 아닌 듯하다. 한편 아랍어권 사회에서는 검지를 콧등의 중간부분에 얹어 좌우로 움직이면 어린이 사이에서 상대방을 약 올리는 제스처가 된다고 한다(사희만 1990). 영어권에서 자기 자신을
가리킬 때 코가 아니라 한국과 마찬가지로 가슴을 가리키는데 이는 자신의 마음을 강조하는 의미가 있는 것이고 일본인이 코를 가리키는 것은 자신의 얼굴을 강도하는 의미가 있는 것이다. 집단주의적인 성격이 강한 일본은 일본에서는 자기 자신을 알릴 기회가 많지 않기 때문에 자기소개의 기회를 이용하여 그 집단 내에서 「佐藤」라는 사람은 이런 얼굴을 하고 있다는 것을 강조하는 것으로 알려져 있다. 이에 비해 한국인이나 서양인들은 얼굴보다는 신체에서 가장 중요한 심장을 가리키며 자신의 마음을 가리키려는 의도가 있는 것으로 볼 수 있다.

⑦ 이쪽으로 오라는 제스처

한국이나 일본에서 이쪽으로 오라는 제스처는 손등을 위로 해서 손가락을 2-3회 상하로 움직이는데 비해 이런 제스처는 미국에서는 저쪽으로 가라는 의미가 된다. 미국이나 영국에서 이쪽으로 오라는 제스처는 한국과 반대로 손바닥을 위쪽으로 해서 2-3회 상하로 움직인다. 그래서 미국에 수출하는 「招き猫」는 일본의 「招き猫」와 손바닥의 상하 방향이 반대라고 한다.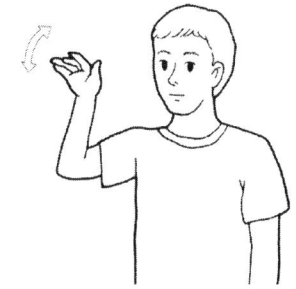

⑧ 사람을 배웅하는 제스처

한국과 일본에서는 사람을 배웅할 때 얼굴 높이에서 손을 좌우로 흔들지만 서양인들은 주먹을 쥐었다 폈다 한다.

⑨ 전화(telephone)

"나중에 전화할게" 또는 "전화 왔어!"라는 제스처를 나타낼 때 한국과 일본에서 과거에는 수화기를 잡는 것처럼 왼손 주먹을 가볍게 쥐고 왼쪽 가까이로 당겨서 전화하는 시늉을 했지만 최근에는 엄지와 새끼손가락을 세우고 엄지손가락은 귀에 새끼손가락은 입에 대는 미국식 제스처로 바뀌고 있다.

[調べてみましょう]

(1) 「친소도」와 「상하관계」를 고려해서 본인이 생각하고 있는 대인거리를 선택하여 해당하는 란에 「○」해 주세요. 단 여기에서 「표준거리」란, 오른손을 펴서 닿을 정도의 거리를 말한다.

상대	표준거리보다 가까이 간다.	표준거리	표준거리보다 멀리 떨어진다.
친한 손윗사람			
친하지 않은 손윗사람			
친한 동급생			
친하지 않은 동급생			
친한 손아래사람			
친하지 않은 손아래 사람			

(2) 다음과 같은 장면에서 어떻게 행동하는지, 〈보기〉에서 골라 해당 번호를 적어 주세요.

장면	상대	번호	보기
도서관의 같은 테이블에서 우연히 친구들과 함께 공부하고 있을 때, 옆에 있는 친구의 지우개를 빌릴 때 어떻게 하는지요?	친한 친구인 경우		① 한마디 양해를 구하고 사용한다. ② 아무 말 없이 사용한다. ③ 가지고 오면서 양해의 말을 한다. ④ 기타
	친하지 않은 친구인 경우		
친구 집에 놀러 가서 화장실을 사용하고자 할 때 어떻게 하는지요?	친한 친구인 경우		① 한마디 양해를 구하고 사용한다 ② 아무 말 없이 사용한다. ③ 가지고 오면서 양해의 말을 한다. ④ 기타
	친하지 않은 친구인 경우		
식당 등에서 오른쪽과 같은 사람들과 함께 식사를 할 때, 옆 사람의 앞에 있는 조미료나 소스를 가져 올 때, 어떻게 하는지요?	옆 사람이 부모인 경우		① 한마디 양해를 구하고 사용한다 ② 아무 말 없이 사용한다. ③ 가지고 오면서 양해의 말을 한다. ④기타
	옆 사람이 친한 선배인 경우		
	옆 사람이 친하지 않은 선배인 경우		

참고문헌

최광선(2004) 「눈동자에 비치는 마음」, 『빛과 소금』, 두란노.
한삼희(2004.8.26) 「팔면봉-손가락제스처」, 조선일보사.
홍민표(2010) 『언어행동문화의 한일비교』, 한국문화사.
東山安子(2003) 「ノンバーバル·コミュニケーション」『応用言語学事典』, 研究社.
尾崎喜光編(2009) 「対人行動の日韓対照研究―言語行動の基底にあるもの」, ひつじ書房.
金山宣夫(1989) 『ノンバーバル事典』, 研究社出版.
西原鈴子(1995) 「異文化接触における非言語行動」『日本語学』14-3, 明治書院.
田中春美, 田中幸子(1996) 『社会言語学への招待』, ミネルヴァ書房.
横山由香(2013) 『日韓大学生の対人関係·対人行動·対人意識の比較』, 東北大学大学院博士論文.
Mehrabian, A(1972) Silent Messages: Implicit Communication of Emotions and Attitudes(Wadsworth Publishing Company)
Hall, E. T.(1976). *Beyond Culture*. Doubleday

한일 관계와 국경

제15장

언어생활문화의 한일비교

한국과 일본은 전통적인 농업국가에서 산업국가로 탈바꿈하면서 세계에서도 유례가 없는 빠른 속도의 경제성장을 이루었다는 공통점이 있다. 그러나 그 과정에서 농어촌 인구의 도시 집중화 현상이 일어나고 지방에는 상대적으로 인구 과소화 현상이 생겨났다. 그리고 최근에는 고속철도(KTX)나 신칸센(新幹線)의 개통으로 인해 전국이 반나절 생활권으로 바뀜에 따라 인구의 수평이동이 일상화되면서 지역 간의 언어접촉이 그 어느 때 보다 많아지게 되었다. 그러나 한편으로는 이와 같은 괄목할만한 경제성장의 부작용으로 인한 빈부의 격차가 심화되면서 관념적으로는 평등하나 현실적으로는 불평등한 상호관계 때문에 생기는 계층 간의 갈등관계는 우리의 일상생활에 그대로 반영되고 있다. 한편 대외적으로는 과학문명의 급속한 진전에 따라 국가와 국가 간의 경계와 구분이 무의미해지면서 외국과 아무런 관련이 없는 사람도 좋든 싫든 외국인과 의사소통을 하면서 살아가야 하는 보더리스(borderless) 시대에 우리는 살고 있다. 실제로 대도시의 거리나 우리의 주위를 보더라도 10년 전과는 비교가 되지 않을 정도로 외국인이 눈에 많이 띈다(홍민표 2010: 175-176).

본장에서는 정보화, 국제화, 자녀수 감소현상으로 요약되는 최근 언어 환경의 변동 중에서 한일 양국인의 언어생활은 어떻게 변화하고 있는지에 대해 구체적으로 알아본다.

1. 언어생활이란

언어생활이란 간단히 말해서 인간이 삶을 영위하는데 있어서 일어나는 다양한 언어현상을 연구하는 학문이다. 즉 언어의 체계나 구조를 연구하는 것이 아니라 그 언어를 어떻게 사용하여 타인과 의사소통을 하고 사회생활을 영위해 나가는가를 연구 대상으로 하는 학문분야라고 말할 수 있다. 예를 들어 표준어와 방언의 문제, 경어문제, 직장에서의 호칭 문제, 그리고 가정에서 부모와 자식 간에는 어떻게 말을 주고받는지, 부부사이에는 서로 어떻게 부르며 어떻게 의사소통을 하는지 등에 관한 실태조사를 하고 분석, 고찰하는 분야를 말한다. 이밖에도 화자나 청자의 성별, 연령, 지역, 계층 등에 따라 대화 내용, 방향, 형식 등에 어떠한 차이가 있는지를 사회언어학적인 관점에서 분석하고 고찰하는 것도 언어생활연구의 중요한 부분을 차지하고 있다(홍민표 2010: 163-168).

이와 같은 관점에서 오기노(荻野, 1995)에서는 언어생활에 대해 "일본어에 대해 여러 가지를 관찰하려고 할 때 관심의 중심이 일본어 자체가 되는 것은 당연하다. 하지만 가끔 관점을 바꾸어 일본어 자체 보다는 일본어 사용법에 눈을 돌리는 것도 중요하다. 일본어 사용법을 보면 결과적으로 일본어를 사용하는 인간, 나아가서는 일본어를 사용하는 생활에까지 관심의 범위가 확대될 것이다. 이러한 범위에 속하는 연구를 취급하는 분야가 언어생활이다"라고 설명하고 있다. 한편 도키에다(時枝, 1980)는 언어생활이 인류문명에 기여한 것을 다음과 같이 설명하고 있다.

언어생활은 시대와 문화의 발전에 병행하여 변천함과 동시에 언어생활의 발전 또한 시대와 문화의 발전에 기여한다. 문자가 없는 시대의 인간사회는 좁은 지역에 한정되고 문화의 계승도 제한된 범위에 한정되어 있었다. 문자의 발명을 계기로 문자언어 생활이 시작되었으며 동시에 대규모 국가 또는 사회조직도 가능하게 되었으며 문화도 급속도로 발전 할 수 있게 되었다. 음성언어 생활도 문자언어 생활도 시대와 문화의 발전에 따라 새로운 형식이 창조되고 언어생활의 역사도 만들어지게 된다. 봉건시대에는 지배계층이나 지식 계층과 서민계층의 언어생활이 단절되어 있었기 때문에 별도의 언어생활을 영위하고 있었다. 일본의 경우에는 메이지 이후 의무교육제도의 실시와 함께 국민의 언어생활은 점차 보편화되었다. 또한 인쇄술과 라디오의 발명이 언어생활의 확대와 발전에 기여하는 부분이 컸다.

일본사회언어학 연구의 특징은 한마디로 언어생활의 연구라고 할 수 있는데 이러한 연구가 본격적으로 이루어진 것은 제2차 세계대전 후인 1940년대 후반부터 1950년대에 걸쳐서이다. 특히, 일본정부의 언어정책추진을 위한 기초조사를 목적으로 설립된 국립국어연구소는 어휘조사, 지역 사회의 언어생활조사, 방언조사, 언어체계의 분석 및 기술에 관한 연구, 국어교육·언어발달의 연구 등을 체계적으로 행해, 오늘날 일본 사회언어학의 기반을 구축하였다. 국립국어연구소에서 행한 일련의 언어생활연구는 대부분 통계학의 방법을 이용해서 조사대상자(informant)를 구하고, 그들을 대상으로 휠드워크(field work)에 의한 다량의 변종을 수집하고, 데이터를 요인분석의 방법을 이용해서 계량적으로 처리한다는 점과, 개인 연구가 아닌 대규모의 공동연구에 의한 거시적인(macro) 실태조사라는 특징을 갖고 있으며, 그런 의미에서 시기적으로나 방법론적으로나 구미의 사회언어학적 연구보다 앞선 선구적인 연구라는 평가를 받고 있다. 특히 1945년부터 시작된 사회언어학적인 연구에서는 특정개인의 하루 24시간 언어생활조사와 츠루오카(鶴岡市)에서 약 20년 간격의 추적조사를 실시하여 지역의 언어사용 형태와 그 변천을 명확히 밝혀 국민의 언어생활에 대한 관심을 불러일으킨 점은 높이 평가된다(홍민표 2010: 163-168).

2. 쓰루오카(鶴岡/山形縣鶴岡市) 조사

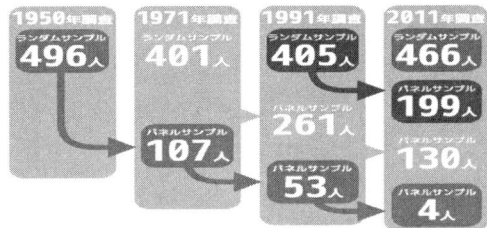

〈그림 1〉 쓰루오카 지역의 조사대상자(米田, 2014)

일본 국립국어연구소에서는 사회언어학적인 조사연구의 일환으로 1950년부터 20년 단위로 2011년까지 4회(1950/1971/1991/2011)에 걸쳐서 쓰루오카(鶴岡/山形縣鶴岡市) 지역의 공통어 구사 능력을 조사했다. 〈그림 1〉에서 보는 것처럼 1950년에 496명을 최초로 무작위 표본 조사를 시작하였고 그 후 20년 후인 1971년에 새롭게 무작위 표본 추출한 401명과 제1회 때 조사대상자였던 496명을 추적하여 소재가 판명된 107명(panel sample)을 합하여 총 508명을 대상으로 공통어 구사 능력을 조사하였다. 이와 동일한 방법으로 1991년에 719명, 2011년에 799명을 대상으로 조사가 이루어졌는데, 이와 같이 60년간에 동일한 지역에서 20년 간격으로 언어조사가 이루어 것은 세계적으로도 유례를 찾아보기 어려운 연구 성과로 평가받고 있다. 쓰루오카(鶴岡)조사에서는 무작위 표본 조사와 패널 조사를 병행하고 있는데, 요네다(米田, 2004)에 의하면 전자는 쓰루오카시(鶴岡市)의 사회 변화를 파악하기 위한 것이고, 후자는 조사대상자 개인의 언어사용 변화를 파악하기 위한 것이라고 한다(p.169). 특히 60년 전인 1950년 조사부터 반세기 이상 오랜 기간 동안 조사대상자가 되어 준 생존자 4명에 대한 패널 조사 결과는 개인의 언어사용변화를 파악하는 데 귀중한 자료가 될 것으로 생각된다.

쓰루오카(鶴岡)지역의 공통어 사용실태 조사는 문법, 어휘, 언어생활, 음성·음운으로 나누어 조사했는데, 그 중에서 음성·음운 항목의 공통어 구사능력을 보면 1950년에는 전체적으로 50% 전후가 공통어로 반응했지만, 1971년에는 80% 전후로 급격히 높아졌고 1991년 조사에서는 90% 전후, 그리고 2011년 조사에서는 1-2개 어휘를 제외하고 거의 모든 어휘에 걸쳐서 100% 공통어로 반응하는 것으로 나타났다. 이와 같은 조사결과를 확대하면 일본인들은 지역에 관계없이 현재 대부분 공통어를 구사할 수 있는 것으로 유추할 수 있다. 한편 1970년 조사에서 공통어로 반응한 비율이 20년 만에 80%로 급격히 높아진 이유는, 1954년부터 1973년까지 일본이 경제적으로 고도성장을 이루면서 대도시간의 고속철도가 개통되고 1964년에 도쿄 올림픽이 개최되면서 지역 간 인적교류가 활발히 이루어 진 것이 하나의 계기가 된 것으로 볼 수 있다(홍민표 2016: 311-336).

3. 언어생활의 변화

시간의 흐름에 따라 언어의 구조나 체계가 변하는 현상을 언어의 내적 변화라고 하는데, 구체적인 현상으로는 그 때 그 때 유행에 따라서 잠시 사용되다 사라지는 유행어, 새로운 문물의 유입이나 심리적인 이유에 의해서 만들어지는 신어 등이 있다. 그리고 한국어의 '가르치다'가 '가리키다', 일본어의 「来られる」가 「来れる」로 바뀌는 것처럼 발음의 편리성에 따라 어형이 바뀌는 경우가 있다. 한편 대외적으로는 과학문명의 급속한 진전에 따라 국가와 국가 간의 경계와 구분이 무의미해지면서 외국과 아무런 관련이 없는 사람도 좋든 싫든 외국인과 의사소통을 하면서 살아가야 하는 보더리스(borderless) 시대에 우리는 살고 있다. 또한 정보화 사회의 진전에 따라 우리의 언어생활도 하루가 다르게 변하고 있다. 예를 들어 휴대폰과 같은 새로운 통신 수단의 등장으로 인해 타인과의 의사소통 방법이 과거와는 비교가 되지 않을 정도로 바뀌었고 워드프로세서와 인터넷을 이용한 전자우편이나 채팅의 등장으로 인해 문자언어를 이용한 언어생활도 엄청난 변화를 초래하고 있다(홍민표 2010: 171-184).

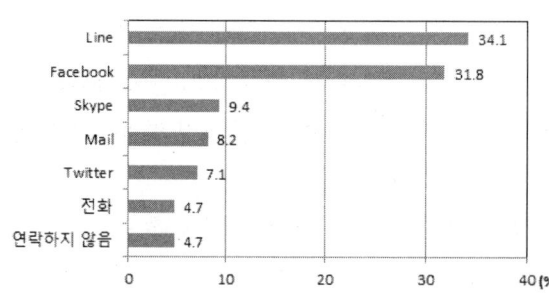

〈그림 2〉 외국인 친구와의 연락 수단

〈그림 2〉는 「만나비딘즈(マンナビティーンズ)」편집부에서 2015년 11월에 외국인 친구가 있다고 응답한 일본인 청소년 199명을 대상으로 외국인 친구와의 연락 수단을 조사한 것이다(https://teens.mynavi.jp/blog). 이것을 보면 일본 청소년들이 외국인 친구와 연락할 때 사용하는 전통적 연락수단인 전화는 5% 미만이고 Line과 Facebook이 65%를 넘고 있고 기타 Skype, Mail, Twitter 등이 약 25%를 차지하고 있음을 알 수 있다.

1) 「ら抜き言葉」

하1단 동사(起きる/食べる 등)의 가능형인 「起きられる」「食べられる」에서 「ら」를 뺀 「起きれる」 「食べれる」와 같은 형태, 또는 「来る」의 가능형인 「来られる」에서 「ら」를 뺀 「来れる」와 같은 형태를 「ら抜き言葉」라고 한다.

〈표 1〉 일본어 동사의 수동형과 가능형

동사 종류	예	수동형	가능형	ら抜き言葉
5단(1류) 동사	読む	読まれる	読める	-
	飲む	飲まれる	飲める	-
1단(2류) 동사	起きる	起きられる	起きられる	起きれる
	見る	見られる	見られる	見れる
변칙(3류) 동사	する	される	できる	-
	来る	来られる	来られる	来れる

이와 같은 변화는 〈표 1〉에서 보는 것처럼 1류 동사의 「飲む」를 「飲まれる」(수동/존경/자발형)와 「飲める」(가능형)를 구분해서 사용하는 것처럼 2류 동사에서도 「食べられる」(수동/존경/자발형)와 「食べれる」(가능형)를 구분해서 사용하는 자연스러운 음운의 변화로 받아들이는 연구자도 점차 증가하고 있다. 실제로 고치현(高知県)을 비롯한 일부 지방에서는 상당히 오래전부터 「れる」는 가능형, 「られる」는 수동, 존경, 자발의 형태로 구분해서 사용하고 있다고 한다. 그러나 일본문부성의 자문기관인 국어심의회는 1995년에 「ら抜き言葉」에 대해서 심의를 한 결과 아직까지는 표준어로서 인정하는 것은 시기상조라는 결과를 발표했기 때문에 신문이나 교과서, 공문서 등과 같은 공식적인 문장에서는 사용하지 않고 있다.

2) 일본인들은 「ら抜きことば」를 어떻게 생각하고 있는가?

〈그림 3〉은 日本文化庁이 2016년 3월에 16세 이상 일본인 성인 남녀 2,104人을 대상으로 「こんなにたくさんは食べられない/食べれない」 중, 어느 쪽을 사용하는가를 조사한 결과이다. 우선 〈그림 3〉을 보면 「ら抜き言葉」인 「食べれない」가 아니라 「食べられない」를 사용한다고 응답한 사람이 60세 이상에서는 65%, 50대에서는 62.3%, 40대는 60.1%, 30대는 54.8%, 20대는 49.3%로 연령이 낮을수록 그 비율은 감소하고, 반대로 「食べられない」가 아니라 「食べれない」를 사용한다고 응답한 사람은 연령이 낮을수록 비율이 증가하고 있음을 알 수 있다. 16~19세

에서는 「食べれない」가 「食べられない」보다 20%포인트 높게 나타났다. 그러나 전체적으로는 「食べられない」를 사용한다고 응답한 사람이 60.2%로 높게 나타났다(文化庁 2015).

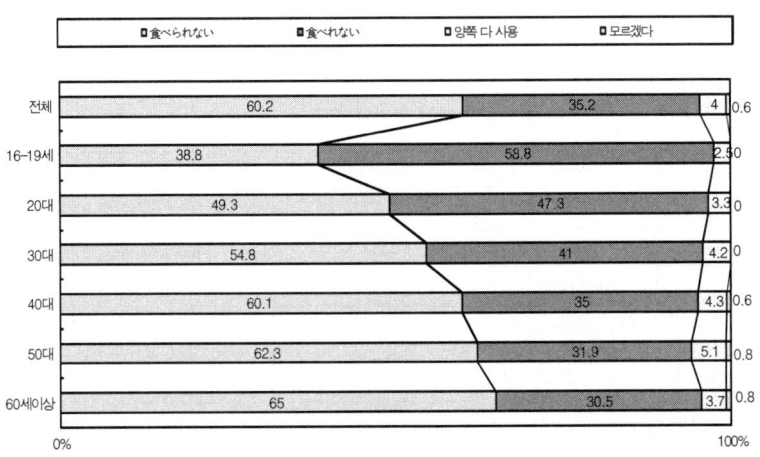

〈그림 3〉「たべられない」와 「食べれない」의 사용비율(%)

〈그림 4〉의 결과도 「ら抜き言葉」인 「来れない」가 아니라 「来られない」를 사용한다고 응답한 사람이 60세 이상에서는 56.3%, 50대에서는 46.1%, 40대는 45.6%, 30대는 38.2%, 20대는 41.3%로 연령이 낮을수록 그 비율은 감소하고, 반대로 「来られない」가 아니라 「来れない」를 사용한다고 응답한 사람은 연령이 낮을수록 비율이 증가하고 있음을 알 수 있다. 특히 16~19세에서는 「来れない」가 「来られない」보다 50%포인트 높게 나타났다. 전체적인 비율을 보아도 「来られない」와 「来れない」의 사용비율은 47.9%대 43.2%로 큰 차이가 없는 것으로 나타났다.

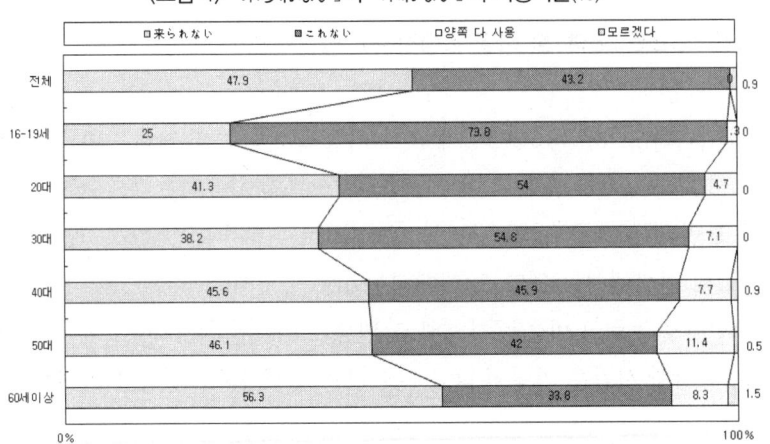

〈그림 4〉「来られない」와 「来れない」의 사용비율(%)

〈표 2〉「ら抜き言葉」의 사용 실태(단위: %)

구분		①을 사용	②를 사용	양쪽 사용	모른다
(1)	① こんなにたくさんは食べられない。 ② こんなにたくさんは食べれない。	60.8	32.0	6.8	0.4
(2)	① 朝5時に来られますか。 ② 朝5時に来れますか。	45.4	44.1	9.8	0.7
(3)	① 彼が来るなんて考えられない。 ② 彼が来るなんて考えれない。	88.6	7.8	2.9	0.8
(4)	① 今年は初日の出が見られた。 ② 今年は初日の出が見れた。	44.6	48.4	6.5	0.4
(5)	① 早く出られる？ ② 早く出れる？	44.3	45.1	10.2	0.5

〈표 2〉는 2016년에 일본인 16세 이상 1959명을 대상으로「ら抜き言葉」에 대한 의식조사 결과를 나타낸 것인데, 이것을 보면 동사 어간의 음절수에 따라「ら抜き言葉」의 사용비율이 많이 차이가 있다는 것을 알 수 있다. 예를 들어,「食べられない」「考えられない」와 같이 어간의 음절이 2내지 3음절인 경우에는「ら抜き言葉」의 사용비율이 압도적으로 높고「来られる」「見られる」「出られる」와 같이 어간의 음절이 1음절인 경우에는「ら」를 뺀 형태의「ら抜き言葉」와「ら」를 빼지 않은 형태의 사용률이 큰 차이가 없다는 것을 알 수 있다(文化庁 2015).

3)「さ」入れことば

「(さ)せてもらう」의 겸양어「…(さ)せていただく」는 원칙적으로서 1류 동사에는「…せていただく」, 그 외의 동사에는「…させていただく」가 붙어 상대의 허가를 구하는 겸양표현으로서 사용된다. 그러나 이것이 최근「明日は休まさせていただきます」처럼「さ」를 넣어 허가를 구하는 겸손한 마음을 강조하는 경우가 많은데, 이러한 형태의 새로운 말을「さ」入れ言葉라고 한다. 물론 이것은 경어로서 과잉표현이며 문법적으로도 틀린 말이다. 그러나 최근에는 공식적인 모임에서도 사회자가「次に移らさせていただきます」처럼 불필요한「さ」를 넣어서 말하는 경우가 증가하고 있다. 그러나 아직까지는「帰らさせていただきます」보다는「帰らせていただきます」를 많이 사용하고 있고,「歌わさせていただきます」보다는「歌わせていただきます」를 더 많이 사용하고 있다.

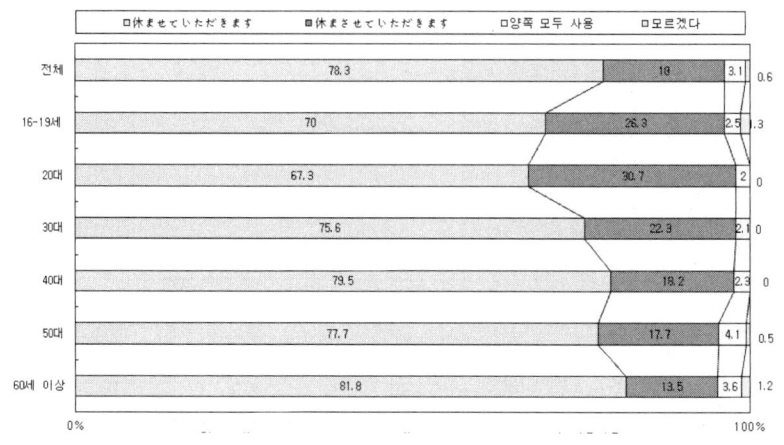

〈그림 5〉「休まさせていただきます」와 「休ませていただきます」의 사용비율(%)

〈그림 5〉은 「明日は休ませていただきます」와 「休まさせていただきます」어느 쪽을 사용하는가를 조사한 결과인데, 이것을 보면 모든 연령대를 통해서 「休まさせていただきます」보다는 「休ませていただきます」를 사용한다고 응답한 사람의 비율이 8:2 정도로 높게 나타났다. 이처럼 이 「さ」入れ言葉는 「ら抜き言葉」만큼 널리 쓰이고 있지는 않지만, 20대에서는 「休まさせていただきます」를 사용한다고 응답한 비율이 30%를 넘고 있고 앞으로도 그 비율은 계속 증가할 것으로 보인다(文化庁 2015).

4. 한일 양국인의 독서실태

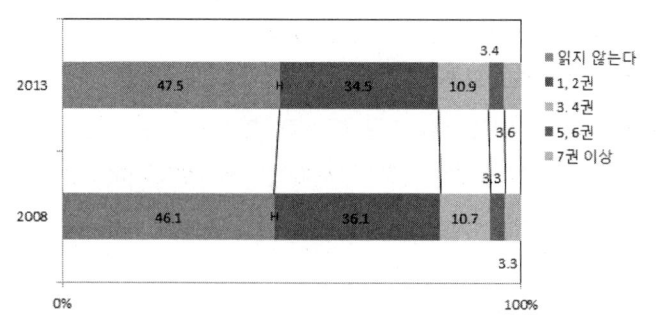

〈그림 6〉 일본인의 1개월간 독서량

〈그림 6〉는 일본 문화청이 2015년 3월에 16세 이상 일본인 2028명을 대상으로 작년(2013년) 1년간 1개월에 몇 권의 책을 읽었는지에 대해 개별면접조사를 실시한 결과를 2008년 조사결과와 비교한 것이다. 이 결과를 보면 1권도 읽지 않는다고 응답한 비율이 47.5%로 가장 높게 나타났고 이어서 3-4권이 10.9%, 1-2권이 34.5%, 5-6권이 3.4%, 7권 이상이 3.6%로 나타났다. 2008년에 비해서 1권도 읽지 않는다고 응

답한 비율이 10.4포인트 증가했다(文化庁 2014).

〈그림 7〉는 1개월간 1권도 읽지 않는다고 응답한 사람을 연령별로 나타낸 것인데 이것을 보면 1권도 읽지 않는다고 응답한 비율은 70세 이상이 59.6%로 가장 높게 나타났다. 일본 문화청에 의하면 고령자의 경우, 시력저하 등의 건강상의 이유

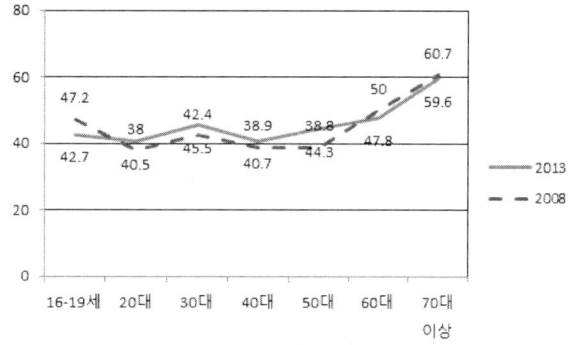
〈그림 7〉 1개월간 책을 1권도 읽지 않는다(%)

가 독서율 저하의 가장 큰 이유라고 설명하고 있다. 한편 20대(40.5%)와 40대(40.7%)는 다른 연령대보다 낮은 40%대로 나타났다. 전체적으로 2008년에 비해 1권도 읽지 않는다고 응답한 비율이 증가한 것으로 나타났다(文化庁 2014).

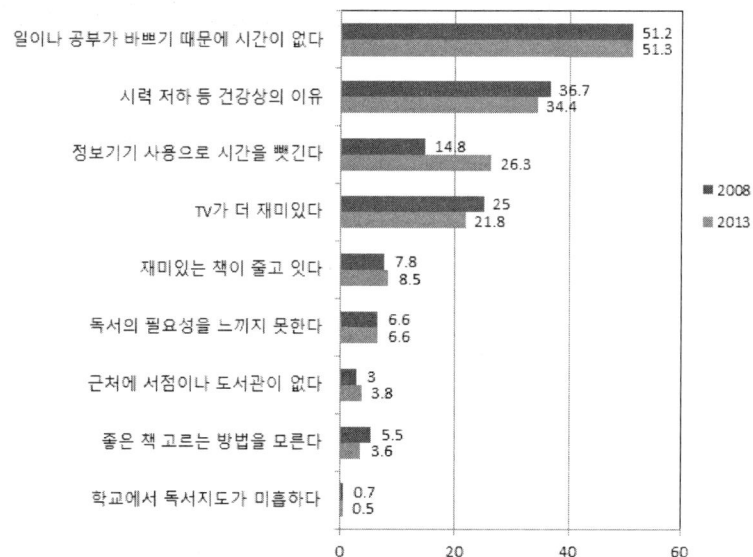
〈그림 8〉 일본인이 책 읽기를 충분히 하지 못하는 이유(%)

〈그림 8〉은 일본인이 책 읽기를 충분히 하지 못하는 이유를 조사한 것인데 이것을 보면 독서량이 감소하는 이유로서 일이나 공부가 바쁘기 때문에 시간이 없다가 51.3%로 가장 높게 나타났고 이어서 시력 저하 등 건강상의 이유가 34.4%, 그리고 휴대전화나 컴퓨터 등의 정보기기 사용으로 인해 독서할 시간이 없다가 26.3%, 텔레비전이 더 재미있다가 21.8% 순으로 나타났다. 특히 TV가 더 재미있다는 3.2포인트 감소했지만 휴대전화, 스마트폰, 태블릿 PC, PC, 게임

기 등과 같은 정보기기로 시간이 없다를 이유로 든 비율은 2009년에 비해 11.5포인트 증가했는데 이 비율은 앞으로도 계속 증가할 것으로 판단된다.

한편 2016년 일본 문부과학성 조사에 의하면 일본인은 1년간 평균 12-13권의 독서를 하는 것으로 나타났다. 이것을 월 평균으로 환산하면 1개월에 1권 읽을까 읽지 않을까에 해당 하는 비율이 된다. 한편 1개월에 3권 이상 읽으면 상위 20%에 해당하고 6권 읽으면 상위10%, 7권 이상 읽으면 상위 4%에 해당한다고 한다(文化庁 2014).

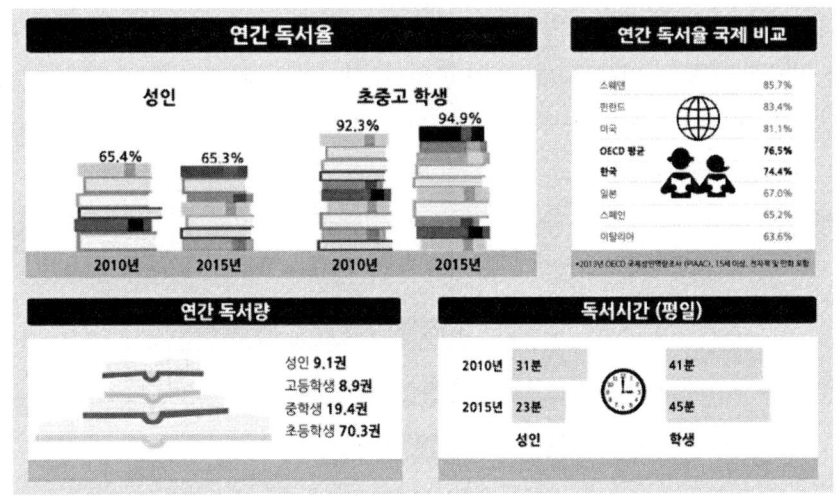

〈그림 9〉 한국인의 연간 독서율

(출처: 문화체육관광부, 2015 국민독서 실태조사)

〈그림 9〉은 한국 문화체육관광부가 전국의 19세 이상 성인 남녀 5천 명과 초·중·고등학생 3천 명을 대상으로 실시한 '2015년 국민 독서실태 조사' 결과이다(조사기간 2014.10월-2015.9월). 한국출판연구소가 2년마다 실시하는 이 조사의 지난해 결과에 따르면 지난 1년간 1권 이상의 일반도서(교과서·참고서·수험서·잡지·만화를 제외한 종이책)를 읽은 사람들의 비율, 즉 2015년 연평균 독서율은 성인 65.3%, 학생 94.9%(2013년 독서율은 성인 65.4%, 학생 92.3%)로 2년 전에 비해 학생은 2.6% 증가했지만 성인은 큰 차이가 없는 것으로 나타났다. 또한 성인의 연평균 독서량(9.1권/고등학생 8.9권, 중학생 19.4권, 초등학생 70.3권)과 독서시간(평일 23분, 학생 45분)은 2년 전(평일 성인 31분, 학생 41분)에 비해 학생은 4분 증가했지만 성인은 무려 8분이나 감소한 것으로 나타났다. 2013년에 비해 독서량은 0.1권, 독서시간은 평일 0.7분, 주말 0.5분 각각 감소했다. 전체 평균 독서량은 2년 전과 거의 비슷하지만, 독서자 기준 평균 독서량은 2013년 12.9권에서 2015년 14.0권으로 오히려 증가했다. 이는 독서인구(독서율)는 감소한 반면 책을 읽는 사람은 더 많은 책을 읽었기 때문인 것으로 분석된다. 학생의 연평균 일반도서 독서량은 29.8권으로 2년 전에 비해 2.5권 감소했다. 이번 조

사 결과 성인의 64.9%, 학생의 51.9%는 '스스로의 독서량이 부족하다'고 느끼고 있는 것으로 나타났다.

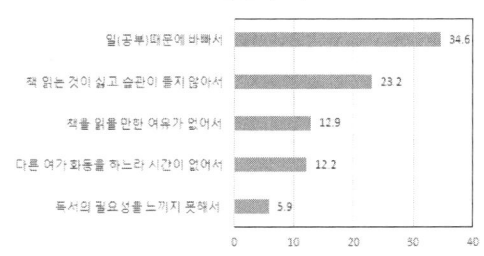

〈그림 10〉 한국인이 책읽기를 충분히 하지 못하는 이유(성인, %)

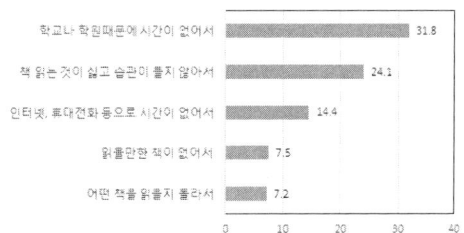

〈그림 11〉 한국인이 책읽기를 충분히 하지 못하는 이유(학생, %)

〈그림 10, 11〉는 한국인이 책 읽기를 충분히 하지 못하는 이유를 조사한 것인데, 결과를 보면 성인과 학생 모두 '일 또는 공부 때문에 시간이 없어서(성인 34.6%, 학생 31.8%)', '책 읽기가 싫고 습관이 들지 않아서(성인 23.2%, 학생 24.1%)' 등으로 나타났다. 이러한 원인은 경쟁적인 학업 및 취업 준비(대학생)와 사회생활(직장인) 등으로 대다수 성인들의 시간적, 정신적 여유가 줄었고, 독서 습관을 충분히 들이지 못했으며, 스마트폰의 일상적 이용과 같은 매체환경의 변화에 따라 독서에 투자하던 시간과 노력이 감소하고 있기 때문인 것으로 풀이된다.

5. 연간독서율의 국제비교

〈표 3〉 연간 독서율의 국제비교

국가	독서율	국가	독서율
스웨덴	85.7	OECD 평균	76.5
에스토니아	84.9	프랑스	74.7
덴마크	84.9	한국	74.4
핀란드	83.4	네덜란드	73.6
노르웨이	83.2	폴란드	73.6
영국	81.1	슬로바키아	69.6
미국	81.1	일본	67.0
독일	81.1	벨기에	65.5
체코	79.2	스페인	65.2
오스트리아	78.7	이탈리아	63.6

〈표 3〉은 경제협력개발기구(OECD)의 주도로 수행된 15세 이상 국제성인역량조사(PIAAC)를 토대로 분석한 '해외 주요국 독서실태 조사' 결과인데, 이것을 보면 전자책과 만화를 포함한 독서율에서 한국은 74.4%로 조사돼 경제협력개발기구 평균인 76.5%와 비슷한 수준인 것으로 나타났다. 국가별로는 한국의 독서율이 스웨덴(85.7%)과 덴마크(84.9%), 영국(81.1%)에 비해 낮지만 프랑스(74.7%)와 비슷하고, 벨기에(65.5%), 일본(67.0%), 네덜란드(73.6%) 등보다는 높은 것으로 조사되었다. 또한, 지난 2013년 유럽연합(EU)의 조사와 '2013년 국민 독서실태 조사' 결과를 비교해 보면 유럽연합 평균(68.3%)보다 한국인의 독서율(73%)이 더 높고, 공공도서관 이용률도 한국(32%)이 유럽연합 평균치(31%)보다 높은 것으로 나타났다. 이는 한국인의 독서율이 선진국 그룹의 평균 수준임을 보여준다(문화체육관광부 2016.1.22. 보도자료).

6. 최근 10년 간 일본인 미디어 접촉 시간의 변화

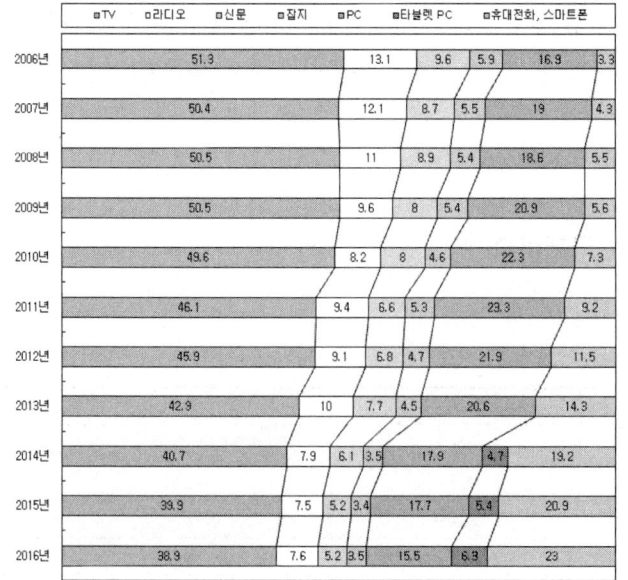

〈그림 12〉 최근 10년간 일본인 미디어 접촉시간 점유율의 연도별 추이(%)

〈그림 12〉는 2006년부터 2016년까지 10년간 일본의 4개 대도시에 거주하는 15세부터 69세까지의 일본인을 대상으로 조사한 미디어별 접촉시간을 백분율로 환산하여 최근 10년간 일본인 미디어 접촉시간 점유율의 연도별 추이를 나타낸 것이다(출처: 博報堂DYメディアパートナーズ「メディ

ア定点調査2016」時系列分析). 이것을 보면 휴대전화, 스마트폰, 타블릿 PC와 같은 개인용 디지털미디어의 점유율은 증가하고 TV, 라디오, 신문과 같은 대중매체의 점유율은 감소한다는 것을 알 수 있다. 특히 휴대전화, 스마트폰의 점유율은 2014년부터 PC의 점유율을 능가하여 전체의 20% 전후를 차지하면서 꾸준히 증가하고 있는 것으로 나타났다.

7. 일본인 고교생의 경어의식[1]

길을 가다가 누군가를 만났을 때 건네는 인사말을 보더라도 우리는 항상 동일한 형식의 말을 하는 것이 아니라 그 사람과의 사회적, 심리적 관계에 따라 어디 가십니까?/어디 가세요?/어디 갑니까?/어디 가요?/어디 가니? 와 같이 여러 형태의 말을 사용하게 된다. 이와 같이 화자와 청자 간의 인간관계의 차이에 따라 바뀌는 언어행동을 보통 경어행동이라 하고 그 사람에게는 그렇게 말하는 것이 적당할 것이라고 생각하는 것, 즉 자신이 행한 경어행동이나 선택한 경어형식에 대한 판단을 보통 경어의식이라 한다. 그런데 경어의식이라는 것은 개인마다 조금씩 차이는 있을 수 있지만 각 언어사회마다 오랜 기간 동안 축적되어 온 일종의 문화이기 때문에 해당 언어사회의 구성원들은 해당 언어사회 특유의 대인의식으로서 경어의식을 공유하고 있다. 일반적으로 한국은 상하관계가 엄격한 유교사상이 전반적으로 지배하고 있기 때문에 직장의 상사나 선배 등과 같은 손윗사람과 개인적으로 아무리 친해져도 윗사람에게는 깍듯이 경어를 사용해야한다는 의식이 강하다.

그러나 잘 알려진 대로 일본어 경어에서는 ウチ(内)/ソト(外로) 대표되는 내외의식, 즉 친소도가 경어사용의 중요한 요인으로 작용한다. 따라서 일본에서는 가장 친한 관계인 부모님이나 손위 형제에게 경어를 사용하지 않지만 한국에서는 부모는 물론 나이 차이가 많이 나는 결혼한 형이나 누나에게도 경어를 사용하는 경우가 많다. 그런데 최근에는 한국에서도 부모님에 대한 경어사용 비율이 상당히 낮아지고 있으며, 특히 아버지보다 심리적으로 훨씬 가까운 어머니에게는 경어 사용비율이 많이 떨어지는데 이와 같이 심리적으로 가깝고 부담이 없는 사람에게는 경어를 잘 사용하지 않는 것이 일본인의 경어의식이다. 따라서 일본에서 지도교수나 직장의 상사와 친해진 후에도 계속해서 한국에서처럼 깍듯이 경어를 사용하면 오히려 상대방에게 거리감을 느끼게 하고 결과적으로 늘 서먹서먹한 관계가 되는 경우가 많다. 여기에서는 2010년 12월부터 2011년 6월 사이에 일본 오사카 지역의 고등학교에 재학하고 있는 고등학생

---

[1] 일본인 고교생의 경어의식은 홍민표(2012: 613-634)를 인용 및 참고하여 작성한 것임.

286명(남학생 162명, 여학생 124명)을 대상으로 실시한 일본 고등학생의 경어의식을 살펴보고자 한다.

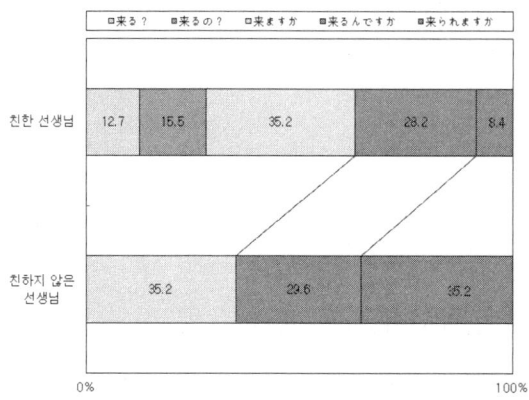

〈그림 13〉 선생님에게 「来るか」를 어떻게 말하는가?(남학생)

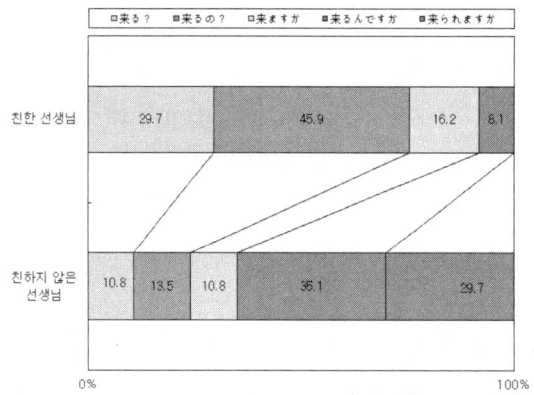

〈그림 14〉 선생님에게 「来るか」를 어떻게 말하는가?(여학생)

〈그림 13, 14〉는 일본고교생을 대상으로 「先生は朝何時に学校へ来るか」의 술어부분인 「来るか」를 친한 선생님과 친하지 않은 선생님에게 각각 어떻게 말하는가를 남녀별로 나타낸 것이다. 〈그림 13〉은 남학생이고 〈그림 14〉은 여학생인데, 이것을 보면 친한 선생님과 친하지 않은 선생님에게 하는 말이 많이 다르고 남학생과 여학생의 말도 많이 다르다는 것을 알 수 있다. 우선 친한 선생님에게 남학생은 「来ますか」「来るんですか」와 같은 정중체를 많이 사용하고 여학생은 「来る?」「来るの?」와 같은 친밀체를 압도적으로 많이 사용하는 것으로 나타났다. 그러나 친하지 않은 선생님의 경우, 남학생은 「来る?」「来るの?」와 같은 친밀체는 1명도 없고 정중체 또는 「来られますか」와 같은 존대말을 주로 사용하고 여학생도 「来る?」「来るの?」와 같은 친밀체를 사용하는 비율은 20% 전후로 현저히 줄고 남학생과 마찬가지로 정중체 또는 존대말을 주로 사용하는 것으로 나타났다. 이와 같은 결과로 볼 때, 일본의 남자 고교생들은 약 30% 정도, 여학생들은 75% 정도가 친한 선생님에게는 한국어의 반말에 해당하는 친밀체로 말을 한다는 것을 알 수 있는데 이와 같은 말투는 한국에서는 아무리 친한 선생님이라도 허용되지 않는 일본어경어만의 특징으로 볼 수 있다. 즉 일본어에서는 지위나 연령의 상하관계와 함께 친소관계도 경어사용에 큰 영향을 준다는 점에서 한국어의 경어의식과 크게 다르다고 할 수 있다.

〈그림15, 16〉은 일본고교생을 대상으로 「先生、ゆうべサッカー日韓戦を見たか」의 술어부분인 「見たか」를 친한 선생님과 친하지 않은 선생님에게 각각 어떻게 말하는가를 남녀별로 나타낸 것이다. 〈그림 15〉는 남학생이고〈그림 16〉은 여학생인데, 이것도 보면 친한 선생님과 친하지 않은 선생님에게 하는 말이 많이 다르고 남학생과 여학생의 말도 많이 다르다는 것을 알 수 있다. 우선 친한 선생님에게 남학생은 「見ましたか」「見たんですか」와 같은 정중체를 많이 사용하고 여학생은 「見た?」와 같은 친밀체를 압도적으로 많이 사용하는 것으로 나타났다. 그러나 친하지 않은 선생님의 경우, 남학생은 「見ましたか」「見たんですか」외에도 「見られましたか」와 「ご覧になり

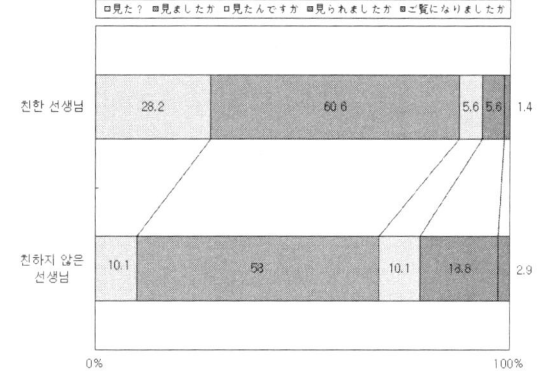

〈그림 15〉 선생님에게 「見た?」를 어떻게 말하는가?(남학생)

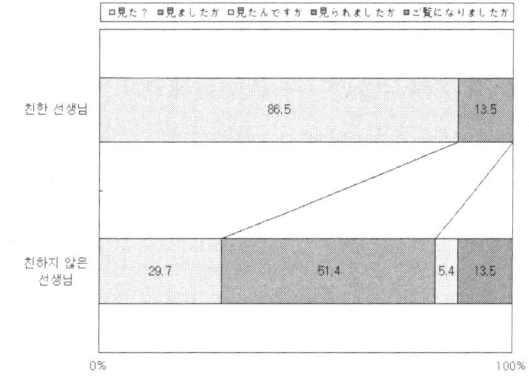

〈그림 16〉 선생님에게 「見たか」를 어떻게 말하는가?(여학생)

ましたか」를 사용한다고 응답한 학생도 30% 가까이 나타났다. 여학생도 「見た?」와 같은 친밀체를 사용하는 비율은 30% 전후로 현저히 줄고 남학생과 마찬가지로 「見ましたか」와 「ご覧になりましたか」와 같은 정중체 또는 존대말을 주로 사용하는 것으로 나타났다.

〈그림 17, 18〉는 고교생을 대상으로 「先生、これ一緒に食べよう」의 술어부분인 「食べよう」를 친한 선생님과 친하지 않은 선생님에게 각각 어떻게 말하는가를 남녀별로 나타낸 것이다. 〈그림 17〉는 남학생이고 〈그림 18〉는 여학생인데, 여기에서도 여학생은 친한 선생님에게는 「食べよう」와 같은 친밀체의 비율이 86.5%이지만 친하지 않은 선생님에

〈그림 17〉 선생님에게 「食べるか」를 어떻게 말하는가?(남학생)

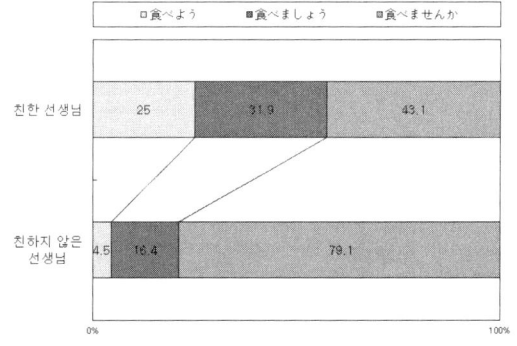

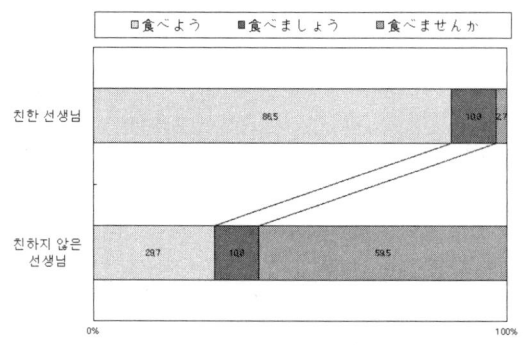

〈그림 18〉 선생님에게 「食べるか」를 어떻게 말하는가?(여학생)

게는 29.7%에 지나지 않는 것으로 나타났다. 그러나 남학생은 친한 선생님에게 「食べよう」와 같은 친밀체로 말하는 비율은 25.0%에 지나지 않고 「食べましょう」「食べませんか」와 같은 정중체로 말한다는 비율이 75%를 차지하고 있으며 친하지 않은 선생님에게는 「食べよう」와 「食べましょう」의 비율은 20.9%로 줄고 대신에 「食べませんか」의 비율이 79.1%에 이르고 있다. 이와 같이 친한 선생님에게 여학생은 86.5%가 「食べよう」로 말하고 남학생도 「食べよう」와 「食べましょう」의 비율이 56.9%에 이른다는 것은 한국어에서는 볼 수 없는 일본어만의 특이한 현상으로 그만큼 일본어 경어사용에서는 친소도가 크게 작용한다는 것을 말해주고 있는 것이다. 단, 이와 같이 친한 선생님에게 친밀체로 말을 하는 것은 초, 중, 고교에서만 볼 수 있는 현상이고 대학에서는 친한 교수님이라도 친밀체로 말하는 경우가 많지 않은 것으로 나타났다.

> 調べてみましょう

(1) 아래 표를 이용하여 한일 양국의 대학생은 평소 생활에 필요한 정보는 무엇을 통해서 얻는지를 조사하여 그 결과를 비교해 보자.

TV	신문	인터넷	잡지	라디오	전단지	휴대전화	기타

(2) 아래 표를 이용하여 한일 양국의 대학생은 평소 친구들과 무엇으로 연락을 하는지를 조사하여 그 결과를 비교해 보자.

Kakaotalk	Line	Facebook	Skype	Mail	Twitter	전화	기타

(3) 아래 표를 이용하여 한국의 대학생들은 평소 밑줄 친 부분을 어떻게 말하는지를 조사하여 한국어의 혼란스러운 상황(揺れ)을 확인해 보자.

제시문	〈보기〉
선생님이 학생들에게 공부를 _____.	① 가르치다　② 가리키다
손가락으로 나무를 _____.	③ 가리치다　④ 아리키다　⑤ 기타

(4) 아래 표를 이용하여 일본의 대학생들은 평소 밑줄 친 부분을 가능의 의미로 말할 때 어떻게 말하는지를 조사하여 일본어의 혼란스러운 상황(揺れ)을 확인해 보자.

提示文	選択肢	
明日１０までに(来るか)。	① 来られますか	② 来れますか
	③ どちらも使う	④ 分からない
彼女が来るなんて(考える)。	① 考えられない	② 考えれない
	③ どちらも使う	④ 分からない
明日、早く(出る)。	① 出れる	② 出れない
	③ どちらも使う	④ 分からない

(5) 아래 표를 이용하여 한일 양국의 대학생들은 휴대전화로 하루에 몇 번 정도의 문자메시지를 보내고 받는지 조사하여 비교해 보자.

구분	1～5회	6～10회	11～15회	16～20회	21～25회	26～30회	31회 이상
보내는 횟수							
받는 횟수							

참고문헌

홍민표(2010)『언어행동문화의 한일비교』, 한국문화사.
_____(2012)「경어사용의식의 한일대조 연구」,『일본문화연구』42, 동아시아일본학회.
_____(2016)「일본사회언어학의 연구동향」『사회언어학』24-1, 한국사회언어학회.
伊藤亜人他監修(2000)『朝鮮を知る事典』, 平凡社.
荻野綱男(1995)「言語生活」,『日本語学概説』, 朝倉書店.
時枝誠記(1941)『国語学原論』, 岩波書店.
米田正人(2014)「山形県鶴岡市における共通語化の調査」『日本語学研究』42, 한국일본어학회.
文化庁(2014)『国語に関する世論調査』
文化庁(2015)『国語に関する世論調査』

찾아보기

(ㄱ)

항목	페이지
가다 긴자부로(賀田金三郎)	71
가다 나오지(賀田直治)	71, 99
가미가제(神風)	124
가시마구미(鹿島組, 鹿島岩蔵)	72, 75, 79
가시이 겐타로(香椎源太郎)	71
가쿠 에이타로(加来栄太郎)	107
가쿠 츠기오(加来次夫)	111
각의결정문	31
간도(間島)	23
간도문제	38, 40
간도영유권	42
간도정책	41
간도협약	41
간부옹호파	110
간접발화	252
강제병합 100주년	47
객체화	200
건전재정주의	133
견수사(遣隋使)	155, 159
경부철도속성공사	78
경부철도회사	79
경사생산방식(傾斜生産方式)	123
경성경매신탁회사(京城競売信託会社)	101
경성역 신축공사	83
경성의 삼태랑(三太郎)	84
경성주식현물취인시장(京城株式現物取引市場)	100
경성증권신탁주식회사(京城証券信託株式会社)	100
경성토목건축조합(京城土木建築組合)	88
경성토목담합사건	94
경어의식	289
경어행동	289
경전선(慶全線)	84
경제9원칙	124
경제개혁	122
경제민주화	70, 122
경제백서	125
경제부흥금융공고(経済復興金融公庫=復金)	123
경제성장의 보틀넥(병목현상)	131
고노에 후미마로(近衛篤麿)	78
고도경제성장	122
고도경제성장기	124
고도성장의 왜곡	130
고도성장의 한계	130
고압경제(High Pressure Economy)	130
高콘텍스트(high context)	265
고쿠류카이(黒竜会)	78
고토 렌페이(後藤連平)	111
고토 요노스케(後藤誉之助)	125
공우구락부(工友倶楽部)	91
공익사(共益社)	103
공제신탁(共済信託)	99
공포영화	234
공화(共話)	256
과소화	205
관광문화	203
구와노 겐지(桑野健治)	110
구와노 료타로(桑野良太郎)	106
구와노파(桑野健治派)	106
구조불황	131, 133
국가 형성	13
국경	13
국민 만들기	14
국민국가	14
국제사법재판소	64
국채발행	132
군산신탁(群山信託)	99
군수중심형(軍需中心型)	121
궁내청	214

금달러 교환정지(닉슨쇼크)	135
금융공황	119
금융통제정책	99
기노시타 겐지로(木下謙次郎)	78
기본적 불균형	135
기술진보	127
기술혁신(이노베이션)	127, 128
기업계열(KEIRETSU)	123
기업별 노조	123
기카이가시마(鬼界が島)	142, 147
기타가키 린노스케(北垣林之助)	114
김재덕	190
김청(金淸)	175

(ㄴ)

나카무라 다하치로(中村太八郎)	78
남도로	160
남로	160
남선상사신탁주식회사(南鮮商事信託株式會社)	97
남송(南宋)	147, 149
남조선신탁(南朝鮮信託)	99
낭고손	205
내구소비재(耐久消費財)	125
내재적 국경(内在的 国境, embeded borders)	19
노동3법	123
노동관계조정법	123
노동기준법	123
노동자의 단결권	123
노동조합법	123
녹동서원	187
농지개혁	122

(ㄷ)

다케다 노리유키(武田範之)	83
단일환율제	124
단체교섭권	123
닷지라인	124
닷지불황	124
당국 소식(唐国消息)	161
당무염원비(唐無染院碑)	175, 176
당소식(唐消息)	161
대구담합사건	91
대금업자	98
대동아공영권(大東亞共榮圈)	121
대륙낭인	83
대마불사(大馬不死)	127
대선거간섭(大選擧干涉)	74
대인거리	261, 266
대인의식	256, 268, 289
도문선(図們線)	83
도요토미 히데요시(豊臣秀吉)	188
도카치선(十勝線)	77
도쿄올림픽	130
독도 영유권	57
독도문제	59
독서율	285, 286, 287
독점금지정책	123
동성아트홀	239
동아동문회(東亜同文会)	78
딘 러스크	34

(ㄹ)

랑그(langue)	246
러일전쟁	38, 79
러일전쟁과 독도	28
러일협약	39
룩 코리아(look korea)	49
류큐(琉球)	24, 140, 147
리키타케 가지로(力武嘉次郎)	111

(ㅁ)

마루다이중매점	106
마루야마(丸山忠作)	86
마루중매점	107
마스다 레이사쿠(增田禮作)	76
마에다 에이지로(前田栄次郎)	80
마츠다 긴이치로(松田金一郎)	108
마츠모토 쇼타로(松本勝太郎)	84

마츠모토구미(松本組)	82	부산신탁(釜山信託)		99
만주문제	41	부흥금융공고(復興金融公庫)		124
맞장구	245, 255	북로		157
매크로 호황, 미크로 불황	131	빅텐트(big tent)		123
모노하나레	135			
모리이(森井分司)	86	**(ㅅ)**		
모방(이미테이션)	127			
몸짓언어	262	사물놀이패		216
무라오코시	207	사쓰몬(擦文) 문화		144
문화교류	21	사야가(沙也可)		187
문화변용(acculturation)	225	사와이 이치조(沢井市造)		82
문화산업	202	사이토 마코토(斎藤実)		83
문화인쇄주식회사(文化印刷株式会社)	110	사카키야 센지로(榊谷仙次郎)		73
문화자본	194	사토 고타로(佐藤恒太郎)		102
미곡이입제한문제	96	사토 세이쿄(佐藤成教)		75
미노베 에이지로(美濃谷栄次郎)	111	사토 에이사쿠(佐藤栄作)		132
미쓰비시(三菱)	123	사토구미(佐藤組, 佐藤助九郎)		75
미쓰이(三井)	123	산미증식계획		87
미츠이물산(三井物産)	106	산요특수강(山陽特殊鋼)		132
민간차원의 교류	57	산지산업(地場産業)		211
민수형(民需型) 산업구조	122	상업영화		233
		샌프란시스코 강화조약		21
(ㅂ)		샌프란시스코 조약과 독도		33
		서대문역		83
바디랭귀지	263	서용사(瑞竜寺)		83
박영효(朴泳孝)	78, 119	서정창원(西正倉院)		214
반(反)중역파	107	석유위기		130
반대주주파	110	성장교신앙(成長教信仰)	127, 130
반동공황	119	성장굴절론		133
배당률	113	성장의 천정(天井) 또는 장벽(カベ)		130
백제마을	198	세계대공황		119
백제문화	213	세유카이 다카오카지부(政友会高岡支部)		95
백제왕 전설	202	세이요사(盛陽社, 久慈干治)		75
백제왕김치	221	세입보전국채(歳入補填国債)		132
백화정(百花亭)	211	세키 마토(関満登)		113
버블경기	126	센카쿠제도(尖閣諸島)		23
법제신문(法制新聞) 인천지국장	114	소득배증계획(所得倍増計劃)		126
베스트팔렌조약	14	소화대공황		119
병참기지(兵站基地)	124	속조몬 문화		143
보더리스(borderless)	277, 280	속조몬(続縄文)시대		143
복수환율제	124	수색역		83

순종황제 78
스가하라공무소(菅原工務所) 80
스기이구미(杉井組) 79
스미토모(住友) 123
슬슬(瑟瑟) 171, 172
시나가와 야지로(品川弥二郎) 74
시라카와고(白川郷) 193
시로카와구미(白川組) 82
시마 토쿠조(島徳蔵) 106
시마네 현 30
시마네 현 고시 제40호 36
시마다 다카유키(島田孝之) 74
시모다 쇼지(下田捷二) 114
시미즈 데츠타로(清水哲太郎) 114
시미즈구미(清水組) 72
시바 료타로(司馬遼太郎) 189
시부사와 에이이치(渋沢栄一) 69
시선접촉 249, 264
시와스마쓰리(師走祭り) 208
시키 신타로(志岐信太郎) 81, 84
시키구미(志岐組) 80
시행세칙 199
식민지 지배 21
식민지 지배 문제 54
식민지 지배의 유산 45
신3C붐(Color TV, Cooler, Car) 134
신경제(New Economics) 134
신도 사이이치(神藤才一) 78
신체언어 262, 271
신탁배당률 112
신탁보수 119
신탁업 통제체제의 완성 99
신탁업이 97
실재적 국경(実在的 国境, actual borders) 19
쓰루오카(鶴岡/山形県鶴岡市) 279

(ㅇ)

아가와구미(阿川組) 79
아라이 하츠이치(初一) 77
아라이 하츠타로(荒井初太郎) 70
아라이건설주식회사 79
아라이구미(荒井組) 73, 74
아라이상점 79
아리마구미(有馬組, 森清右衛門) 75
아마미제도(奄美諸島) 149
아베 이치타로(阿部市太郎) 97
아사노 타사부로(浅野太三郎) 111
아사히카와(旭川) 77
아이누 140
아쿠츠 히로시(堆浩) 102, 111
아쿠츠파(堆浩派) 106
아현터널 83
안봉선(安奉線) 81
안정공황 124
안정성장 133
애니메이션 236
야가미 우시노스케(矢上丑之助) 107
야마가타 아리토모(山県有朋) 27, 41
야마모토 조타로(山本条太郎) 71
야마토(倭/日本) 정권 146, 151
야전철도제리부(野戦鉄道提理部) 81
언어론적 전회(言語論的転回, Linguistic turn) 140
언어생활 245, 277, 278
에모리 모리타카(江森盛孝) 82
에미시(蝦夷) 142, 144, 146
에조(蝦夷) 143
엔고(円高)현상 135
엔닌(円仁) 169, 171
엣츄개신당(越中改進党) 74
역사인식문제 57
연변 조선족자차주 37
영토문제 64
오가와 헤이키치(小川平吉) 78
오노 규타로(小野久太郎) 114
오노노 이모코(小野妹子) 159
오바야시구미(大林組) 72
오사카사건(大阪事件) 74
오시마 요조(大島要三) 79
오오쿠라쇼(大蔵省=한국의 재정경제부) 127, 132
오오히라 가주로(大平嘉重郎) 110
오쿠라구미(大倉組) 72, 79

오타 로쿠로(太田六郎)	75	인천상업회의소	102
오타구미(太田組)	79	인천신탁합명회사	98
오호츠크	141, 145	인플레이션	123
와타나베 데이치로(渡邊定一郎)	84	인플레인션갭(inflationary gap)	122
외교에 관한 여론조사	46	일본공동증권(日本共同証券)	132
외일도(外一島)	29	일본대중문화	186, 229
요시다 도라마츠(吉田寅松)	79	일본대중문화의 개방	21
요시다 슈지로(吉田秀次郎)	101, 111	일본에 대한 이미지	52
요시다내각(吉田内閣)	124	일본에 대한 호감도	47
요시오카 히사시(吉岡久)	111	일본열도개조 붐	135
우록리	187	일본영화	229
우에노 야스타로(上埜安太郎)	74	일본의 독도편입	37
우츠미 요시오(内海淑郎)	107, 111	일본이질론(日本異質論)	127
우치다 료헤이(内田良平)	78	일본제국주의	69
우콘 곤자에몽(右近権左衛門)	97	일본증권보유조합(日本証券保有組合)	132
울릉도쟁계	30	일본형 노동관행	123
월미도유원회사	106	일진회	78
월파정(月波亭)	82	일한공업(日韓工業)	79
유길준	78	일한동지회(日韓同志会)	78
유후인초(湯布院町)	193	임진왜란	187
육군 제7사단	77		
이나가키 시메스(稲垣示)	73	**(ㅈ)**	
이나바구미(稲葉組)	80		
이다 히데미(飯田秀海)	75	자오저우염업공사(膠州塩業公司)	103
이마무라 가쿠지로(今村覚次郎)	111	자유민권운동	73
이마이 쇼조(今井省三)	111	작은 시마토쿠(小型島徳)	106
이명박 대통령의 독도방문	63	장박	78
이승우(李升雨) 변호사	115	장보고	163, 170, 171, 174
이시카와 야스지로(石川安次郎)	78	장석우(張錫佑)	103
이와쿠라 토모미(岩倉具視)	155	재벌해체	123
이와토경기(岩戸景気)	126	재조일본인	69
이자나기경기	126	쟁의권	123
이케다 요시토(池田勇人)	132	저성장으로의 이행론	133
이케다(池田) 내각	126	低콘텍스트(low context)	265
이케베 다케지(池邊竹次)	111, 112	적산법화원(赤山法華院)	170, 176
이케베 류이치(池邊龍一)	112	전류(銭鏐)	175
이코노미스트	126, 128	전통문화	211
이타가키 다이스케(板垣退助)	74	정우회(政友会)	76
인디영화	237	정중체	290, 291
인천곡물협회	110	정창원	210
인천미두취인소(仁川米豆取引所)	70, 94, 103, 107	제스처	249, 262, 271

찾아보기 299

제일국립은행	69
조동종(曹洞宗)	83
조선경제일보	114
조선권농주식회사	99
조선금융주식회사	98
조선기업금융주식회사	98
조선문제동지회	78
조선부식(朝鮮扶植)	95
조선산업사건	115
조선산업주식회사	115
조선상공운수(주)	106
조선상업은행	112, 115
조선신탁	100
조선신탁사건	106, 113
조선신탁업령	98, 113
조선신탁업령체제	99
조선신탁의 토지부정취득사건	116
조선신탁주식회사	70, 98, 99, 115
조선신탁합명주식회사(朝鮮信託合名会社)	98
조선연초흥업주식회사(朝鮮煙草興業株式会社)	115
조선우선주식회사	102
조선은행	69
조선재계	94
조선조선철공소	106
조선총독부	82
조선취인소	117
조선토목건축업협회	94
조선토목건축협회	84, 92
조선토지경영주식회사	103
조선토지신탁(朝鮮土地信託)	99
조선특수(朝鮮特需)	70, 122
조장(組長) 삼태랑	84
조중응	78
조희연	78
종로금융조합	115
종신고용제도	123
죠셉 닷지(Joseph Morrell Dodge)	124
죽도일건	30
죽마경제(竹馬経済)	124
중매인	107
중매인조합	107
중앙선(=京慶線)	84
중역파	107
지나보전(支那保全, 중국보전)	95
지역개발	190
지역관광	205
지역활성화	221
지주소작제	122
직접발화	252
진무경기(神武景気)	125
진재공황	119
진토쿠(仁徳) 천황	126
집성촌(集姓村)	188

(ㅊ)	
착석행동	261, 268
천진조약	27
청일전쟁	24
청춘물(青春物)	239
청해진(清海鎮)	173, 176
초국적(超国的)	184
초인플레이션(hyperinflation)	122
츠루 시게토(都留重人)	125
츠카모토 사다키치(塚本定吉)	111
친밀체	290, 291

(ㅋ)	
콘텍스트(context)	253, 265

(ㅌ)	
태정관	29
태정관지령(太政官指令)	29
토목청부업자	70, 78

(ㅍ)	
파롤(parole)	246

(ㅎ)

하기타니 가즈오(萩谷濤夫)	102, 111
하라 야스자부로(原安三郎)	71
하자마구미(間組)	72, 79
한국은행	69
한류	49
한상룡	70
한일관계	45, 56
한일병합	39, 42
한일우호촌	183
한일은행	115
한일의정서	33
함경선	83
해상(海商)	163, 174
해외 생산기지	121
해적	173
헤이시(平氏) 정권	147
혜산선(恵山線)	84
호감도	50
호암아트홀	239
호쿠리쿠 정우파(政友派)	75
호쿠리쿠구미(北陸組)	80
호쿠리쿠자유당(北陸自由党)	74
호쿠리쿠철도회사(北陸鉄道会社)	74
호쿠리쿠토목회사(荒井初太郎)	75
홋카이도(北海道)	76
홋카이도 개발	77
화용론(pragmatics)	253
황해사	84
회사인간(会社人間)	126
후지 도젠(富士洞然)	83
후지모토 합자회사(藤本合資会社)	97
후지와라노 키요카와(藤原清河)	161
후지이 흥업회사(不二興業会社)	97
휠드워크(field work)	278
흑자도산(黒字倒産)	129
흥덕왕	171, 172
히라야마 쇼타로(平山松太郎)	108
히로사와 쇼지로(広沢正次郎)	107
히로세 가메자쿠(広瀬亀作)	108

(1)

1965년 불황	130

(G)

GHQ(연합군총사령부)	124

(N)

NIES(신흥공업국가군)	127

한일 관계와 국경

저자 약력

▮ 이성환(李盛煥)
계명대학교 국제지역학부 교수(일본 정치외교론)
대표업적 『近代東アジアの政治力学』(東京: 錦正社, 1992), 『한국과 이토히로부미』(선인, 2009 공저), 『일본 태정관과 독도』(지성인, 2016, 공저)

▮ 황달기(黄達起)
계명대학교 국제지역학부 교수(사회인류학)
대표업적 『일본의 사회와 교환』(아세아문화사, 1992), 『일본인의 여행과 관광문화』(2006, 소화, 공저), 『일본의 축제와 지역사회』(제이엔씨, 2011)

▮ 홍민표(洪珉杓)
계명대학교 국제지역학부 교수(사회언어학)
대표업적 『현대일본어학입문』(한국문화사, 2009, 5인 공역), 『일본어 표현문형』(계명대출판부, 2009), 『언어행동문화의 한일비교』(한국문화사, 2010)

▮ 김명수(金明洙)
계명대학교 국제지역학부 조교수(경제사/경영사)
대표업적 『한상룡을 말한다』(도서출판 혜안, 2008, 역서), 『日本帝国勢力圏の東アジア都市経済』(동경: 慶応義塾大学出版部, 2013, 공저), 『인취성쇠기(仁取盛衰記)-미곡거래소 仁川米豆取引所의 흥망성쇠』(인천대학교 인천학연구원, 2015, 편역서)

▮ 고미야 히데타카(小宮秀陵)
계명대학교 국제지역학부 초빙교수(동아시아사)
대표업적 「8세기 신라·발해의 정보전달과 일본의 대당외교 -견당사 연구의 비판적 검토를 위하여-」 『한일관계사연구』38(2011), 「당 헌종대의 対藩鎮 정책과 국제관계」 『중국고중세사연구』36(2015), 「9세기말 신라의 対唐藩鎮 교섭과 그 성격 : 최치원 귀국의 배경과 관련하여」 『역사학보』226(2015)